ライブラリ 経済学15講 BASIC編 ❶

# 経済学入門15講

浅子 和美 著

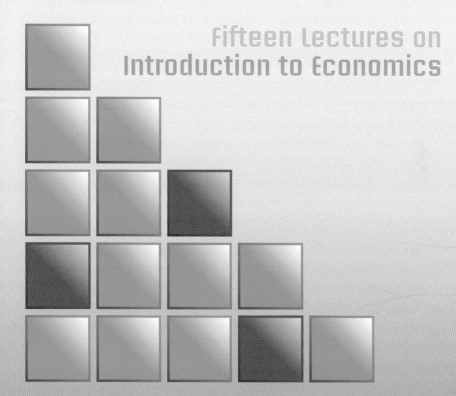

Fifteen Lectures on
Introduction to Economics

新 世 社

# 編者のことば

　「ライブラリ 経済学15講」は，各巻は独立であるものの，全体として経済学の主要な分野をカバーする入門書の体系であり，通年2学期制をとる多くの大学の経済学部やそれに準じた学部の経済学専攻コースにおいて，いずれも半学期15回の講義数に合わせた内容のライブラリ（図書シリーズ）となっている。近年では通年4学期のクォーター制をとる大学も増えてきているが，その場合には，15講は講義数を強調するものではなく，講義範囲の目安となるものと理解されたい。

　私が大学生のころは，入学後の2年間は必修となる語学や一般教養科目が中心であり，専門科目としての経済学は，早目に設置・配当する大学においても，ようやく2年次の後半学期に選択必修としての基礎科目群が導入されるというカリキュラムだった。一般教養科目の制約が薄れた近年は，多くの大学では1年次から入門レベルの専門科目が開講されており，学年進行に合わせて，必修科目，選択必修科目，選択科目といった科目群の指定も行われるようになった。

　系統だったカリキュラムにおいて，本ライブラリは各巻とも入門レベルの内容を目指している。ミクロ経済学とマクロ経済学の基本科目，そして財政学や金融論などの主要科目は，通常は半学期15回で十分なわけではなく，その2倍，3倍の授業数が必要なものもあろう。そうした科目では，本ライブラリの内容は講義の骨格部分を形成するものであり，実際の講義の展開によって，さまざまに肉付けがなされるものと想定している。

　本ライブラリは大学での講義を意識したものであるのは当然であるが，それにとどまるものでもないと考えている。経済学を学んで社会に出られたビジネスパーソンの方々などが，大学での講義を思い出して再勉強する際には最良の復習書となるであろう。公務員試験や経済学検定試験（ERE）などの資格試験の受験の際にも，コンパクトで有効なよすがになると期待している。また，高校生や経済学の初心者の方々には，本ライブラリの各巻を読破することにより，それぞれの分野を俯瞰し，大まかに把握する手助けになると確信している。

　このほかの活用法も含めて，本ライブラリが数多くの読者にとって，真に待望の書とならんことを心より祈念するものである。

浅子　和美

# はじめに

　本書は経済学に初めて接する学徒のための入門書を企図して誕生した。今日までに，経済学の入門書は多々出版されているが，本書はそれらとは若干趣が異なる。先例書の多くが経済学入門と銘打ちながら，内容はおおむねミクロ経済学とマクロ経済学の易しい解説が中心となっているのに対し，本書は経済学の内容そのものの解説よりも，学問体系や科学としての経済学の位置付け，成立ち，社会科学の雄としての使命，社会への貢献の在り方，そして豊かな経済の構築に関連しての経済学全体の関わりといった諸テーマを，広い視点から先入観のない解説をするものになっている。換言するならば，本書によっては経済学を理解するに至るまでに必要となる諸知見が身に付くはずであり，この入門書を習熟した後に次のステップとしてミクロ経済学・マクロ経済学をはじめ経済学の諸分野を学習する際に，それが備わっているか否かで大きく差異が生じることを知らず識らずに認識することになるだろう。

　本書を執筆するなかで自覚したことがある。まさに，もともとは経済学の易しい入門書として出発したのだが，第1講から第15講へと進めていくうちに，全くの初心者にとっては未知の専門用語なり理解困難なパラグラフに遭遇して戸惑うのではとの懸念が生じたのだ。そうした展開も入門書ではある程度はやむを得ないのだが，本書では，初級レベルを著しく超えるような場合には，該当する節や項のタイトルに上級マークのアスタリスク "＊" を附したので，初読の際や入門講座なりゼミナール等のテキストに採択されている場合には，担当講師の判断次第でスキップするのを推奨することとした。該当部分を除外しても，大筋では本書の流れを理解する上では支障ないはずである。

　入門レベルを超える内容が遍在するとの懸念からは，本書の別の位置付け，利用法に思い至ることともなった。これも入門書にはよくあることだが，経済学を一通り修めた読者が，何年か後に，再度経済学全般を思い起こす必要が生じた際に紐解くに値するのが本書というシナリオだ。所謂自己啓発としての「学び直し」用の案内書としてのテキストといってもいい。これには必ずしも数年の間隔を置くのが条件となるのではなく，経済学検定試験（ERE）や公務

員試験に代表される資格試験の受験時，あるいは大学の卒業時でも大学院の入学試験の準備としてでもよいだろう。これらの場合には，上級マーク付きの「未知の専門用語なり理解困難なパラグラフ」の遍在はかえって，経済学を体系だって思い返す上ではより効果的に働くと確信している。要するに，入門書であって同時に復習書でもあり，経済学全般の鳥瞰図としての役割も果たしているのだ。

その本書の内容であるが，全15講はそれぞれ完結する形をとっている。しかし，当然ながら，相互に完全に独立なものになっているわけではない。その意味で，随時関連する個所は明示的にリファー（引用・言及）した。読者はその言及に従って，その都度，なぜ言及されたのかを確認して頂ければと思う。それが理解できれば，本書における各講の役割や位置付けが納得できると期待している。全15講に流れる通奏低音でもある「市場経済の一般均衡」での資源配分，パレート最適性，経済政策の目標と手段，等々について，順を追って理解できるように鳥瞰図は描かれているのだ。本書の読後に，読者から「経済学ってこんなに奥深いものだったのか」とか，（囲碁や将棋の模範的な打ち方に模して）「経済学には数々の定石がある中で，どの定石をどのタイミングで選択するかが理解できたので，プロの一歩手前になれた達成感を得た」といった感想が出れば，経済学の入門書としての本書の役割を全うできたものと安堵したい。


さて，本書の刊行にあたっては，多くの人々からの助力を頂いた。心から感謝申し上げたい。経済学を専門とする研究者からは，日頃の研究会やその後の懇親会等の機会に，本書で取り上げたテーマを巡って意見交換してきており，その際のディスカッションの記憶が本書の立ち位置の偏りを排除し中立的なものにしたと考えている。私が担当してきた大学での学部・大学院でのゼミナールや市民講座での受講生とのディスカッションも，経済学に対する見方や期待感を受け留める上で大変役立った。

一時期同僚であった小畑二郎筑波大学・立正大学両校名誉教授からは，草稿段階の経済学説史関連の記述に対して貴重なコメントを頂いた。記して感謝申し上げたい。また，本書の出版に際しては，新世社編集部の御園生晴彦・谷口雅彦両氏にもその絶妙なタイミングでの執筆状況の問合せ（＝暗黙の催促）を頂いた経緯を感謝の念を抱きつつ想い起こしている。それらがなければ，本書

の刊行は「ライブラリ　経済学 15 講」シリーズの中でも最後尾になったかもしれない。もっとも，（これだけは明示的に感謝するわけにはいかないが，）新型コロナウイルス感染症（COVID-19）パンデミックによる自粛生活によって，思いのほか本書の執筆活動に割ける時間が増えたことの恩恵も大であった。

2021 年初夏

浅子　和美

# 目　次

# 第1講
## 経済学入門
## ──スタートラインに立つ

■第1講は，経済学への入門を促す基礎的情報全般の提供と基本となる知見やキーワードを紹介する。経済学が何たるかの内容には深く入り込まないが，そのフレイバー（匂い）を嗅いで，直観的な学び甲斐を抱いてもらえるように心掛けたい。馬を水辺まで引っ張っていけても，水を飲ませられるか否かは，ひとえに馬が水を飲みたいほど喉が渇いているかによる，…というのは真実だと考えるからだ。まずは知識を吸収しようとの意欲を抱いてもらえるかが，入門から次のステップに進めるかの分かれ道になる。「好きこそ物の上手なれ」なのだろう。

経済学に目を覚ましてもらえるか，経済学についての諦めの先入観から覆われてしまった鱗が目から剥げ落ちるか，警戒を緩めて，まずは騙されたと思ってトライしてみよう。

なお，1.3節では，一部で内容が入門レベルを超える箇所がある。とりわけ習っていない経済学の用語や経済学者の名前が多数登場し，行き過ぎと批判を受ける可能性がある。しかし，理解困難な箇所も柳に風と受け流して，粛々と前に進んで欲しく思う。上級（アドバンスド）コースに該当する箇所にはアステリスク（＊）を付したが，経済学の用語や経済学者の名前は，どのようなコンテクストで登場したのかだけは記憶するようにしたい。話の流れを記憶しておけば，いずれ役に立つチャンスが来るはずだ。当座は全く内容が理解できなくても，同じようなことを繰り返すうちに理解するコツが摑めるようになるのは請負である。

## 1.1 経済学とは何か，経済とは何か-------------

### ■ 経済学のすゝめ

　慶應義塾大学の建学の祖でもある福沢諭吉（1835-1901）が著した啓蒙書『学問のすゝめ』は，「天は人の上に人を造らず人の下に人を造らず」の冒頭の一節で有名であるが，実はそれは「〜と云へり。(…) されども今廣く此人間世界を見渡すにかしこき人ありおろかなる人あり貧しきもあり冨めるもあり貴人もあり下人もありて其有様雲と坭との相違あるに似たるは何ぞや」と続く。すなわち，「万民は生まれながらにして平等であると言われるが，現実には賢愚の差，貧富の差，身分上下の差が甚だしいのは何故だろう」と問題提起する。

　福沢が用意する答えは，「それは明白だ。賢愚の差は学ぶか学ばざるかによるものであり，貧富の差，身分上下の差も学問を修めて物事をよく知るか無学に留まるかによるのだ」という。ゆえに学問のすゝめとなる。『学問のすゝめ』は基本的に小学校の教科書となることを意識したもの，あるいは特段の学識のない一般国民を読者として想定したものであることから，福沢が薦める学問としては，和漢書や和算など高度のものではなく，日常生活に役立ついわゆる読み書き算盤（計算）といった実学や基本的な道徳などを念頭に置いていた。

　福沢のレトリック（修辞）をここでも繰り返したい。すなわち，意図するのは「経済学のすゝめ」である。経済学は一言でいえば「経済」を対象とする学問だ。経済学を薦めるのは，経済学が現代における代表的な実学の学問体系であることと，その知識のあるなしによって，福沢のご宣託をリピートするまでもなく，世の中を生き抜き良き生活を送る中での賢愚の差，貧富の差，そして身分上下の差までを大きく左右することになるからである。学ばざることで失うもの（機会費用と呼ばれる，**第14講**）がとてつもなく大きなものになってしまうのだ。

### ■ 経済とは？　用語の由来を訪ねて

　それでは「経済」とは何か？　経済を定義するのは一面では簡単であるが，よくよく考えると難しくもある。まずは用語の由来，語源を訪ねよう。よく知られているように，経済の由来は中国の古典にしばしば登場する「経世済民」あるいは「経国済民」に求められ，世（ないし国）を経め民を済う，すなわち

江戸時代中期の儒学者・経世家である太宰春台（1680-1747）の『経済録』によれば，天下国家を治め人々の暮らしを良くするとの意味合いを持つ。同書は日本で初めて「経済」がタイトルになった書物とされ，この頃の経世済民の学はきわめて広範な領域をカバーするものであった。もっとも，江戸時代後期になると，次第に貨幣・商品の流通が浸透したことから，「経済」が意味するものとして生産・消費・売買などの経済活動のウェイトが高まることになった。そのころの大阪商人の間では，金銀の事（金儲け）に長けた者を「経済家」と呼び合い，19世紀前半には「貨殖興利を以て経済と云ふ」との風潮もあったようである。

　幕末期になると，海外から経済学の文献が輸入されるようになり，「経済」の語は新たに economy の訳語として用いられるようになった。例えば，1862年に出版された『英和対訳袖珍辞書』では economy を「家事する，倹約する」とし，political economy に「経済学」の訳語を与えている（コラム1.1）。ただし，それがすぐに定着したわけではなく，1870年刊行の『百学連環』で後に獨協大学の初代学長にもなった啓蒙思想家の西周（1829-97）は，economy には「家政」を，political economy については国家の活計の意味を尽くす訳語として「制産学」を使うべしとした。後者をめぐっては「理財」の訳語が用いられたこともあり，明治初期の大学・専門学校もしばしば「理財学」を学科名とした。ちなみに，1897年には大蔵省に理財局が設置され，国庫課および国債課の2課が置かれた。

　さて，紆余曲折を経たとはいえ，漸次，個人・企業のミクロレベルとマクロの国家レベルを包括して「経済」とする用法が優勢となり，そのまま現代に至っている。ただし，江戸時代以来の貨殖興利との風潮も根強く，本来の経世済民に含意されていた「民を済う」との規範的な意味は，相対的には稀薄となっている。なお，以上の用法の流れにおいては経世済民の元祖の中国（明，清）での動向に影響を受けたと考えられるが，明治時代以降では，日本での用法が翻訳を通じて逆輸出され，以後中国をはじめとした東アジア文化圏全域で定着したとされる。

## ■ 何が経済問題となるのか——希少資源の有効利用

　経済とは経世済民で「何が経済学か，何が経済か？」の歴史上の流れが理解できたとして，次にその中身を見てみよう。すなわち，そもそも何が経済学の

　経済学の英単語である economics は，もともとはギリシャ語のオイコノミクス 'oikonomikos' からきており，「家を守る，やりくりする」とか「共同体のあり方」との意味がある。oikos（house）が家とか小さい共同体を意味し，nomikos は管理・運営を意味する nomosu の変化形だからである。ここから，'homo economicus' によっては，もっぱら「経済的合理性」に基づき個人主義的に行動する「経済人」を想定することになった。

　ミクロ経済学で，効用最大化によって財サービスの需要を決定する経済主体（家計や消費者），および企業利潤の最大化なり企業価値の最大化を行うように働きかける経済主体（企業や株主）——これが経済人，ホモエコノミカスなのだ。英語の economics には homo economicus の意味を前提とした上で，経済主体の合目的的，合理的行動を期待するニュアンスが感じられる。これに対して，political economy は，文字通りならば政治経済の要素があるところを，『英和対訳袖珍辞書』がそれに単に「経済学」の訳語を当てていることから，political には「国家の活計，財政」の意味があるが明示的には表に出さない暗黙の合意を秘めたといえる。

　その political economy と economics であるが，後出のマーシャルが 19 世紀末に意図的に前者から後者への呼称の変更を画策したという。確かに，同じ『経済学原理』を出版しているが，ミルの『経済学原理』（1848）は "Principles of Political Economy" なのに対して，マーシャルの『経済学原理』（1890）は "Principles of Economics" であり，中間の時代のジェボンズの『経済学理論』（1871）も "The Theory of Political Economy" であった（**第 3 講**）。マーシャルが，数学や物理学を意識して economics の呼称に転じたのは書物の内容如何というよりも，サイエンスに足る学問としての外形標準を意識したものと察せられるのである。言い換えるならば，経済学は極力政治的要因，歴史的要因，および社会学的要因を排除して，「科学としての経済学」を目指して純化する道を選んだのだ。

対象となるのかとの問いである。経世済民としての経済が，個人・企業のミクロレベルとマクロの国家レベルを包括しているとして，当然ながら個別にはいろいろな経済問題があり得るが，それらに共通な要素は端的にいえば資源の希少性になる。

　あらゆる資源が限りなく賦与されたユートピア（理想郷）や桃源郷では，所有や配分は問題にならない。いくら人々の需要があっても，それを上回る供給があるからだ。資源が有限で希少性（scarcity）があればこそ配分が問題になるが，その心配ご無用なのである。資源をめぐって経済問題が生じるのは，その資源が有限だからであり，その限りにおいてのみ，対処すべき問題となる。そ

して，そうした希少資源の有効利用の問題に応えるのが，経済学といえよう。経世済民を文字通り実践するには，上手に資源配分問題を解決する必要があるのだ。

　通常は希少性が問題とならない空気，里山に生えるキノコや山菜，花見や富士山の景色などの財サービスは自由財といい，需要を超えて供給が十分にあるために価格がゼロ，すなわち無料になる。価格がゼロで需要がいくら増えても，常にそれを上回る供給があるために，需要はすべて満たされ，価格の上昇を通じる需要の調整が必要ないのだ。もっとも，自由財か否かはそのものの属性というよりは周囲の環境に依存する面があり，チョモランマ（エベレスト）などの高峰の登山には有料の酸素ボンベが不可欠であり，花見や特定の場所からの富士山の景観（逆さ富士やダイヤモンド富士）にも，場所の確保をめぐって価格がつく可能性はある。

　自由財以外の多くの財サービスが経済財であり，プラスの価格がついて取引される。換言するならば，価格が変化することによって需要と供給の調整が行われ，資源の有効利用が図られる（**第4講，第8講**）。つまり，希少性のある経済財の有効利用に関する問題が経済問題となり，その背後では価格の調整が関係する。なお，財サービスの価格という場合には，商品の値段ばかりではなく，労働サービスの価格としては名目賃金が，金融商品の価格に関連しては利子率が含まれる。外国為替の価格が為替相場（為替レート）なのも然りである。

## ■ 経済主体の行動を考察する

　自由財と経済財の別は希少性にあるとして，経済学が目指すのは経済財をめぐって，以下の一連のいわばルーティンワーク（日常作業）を恙なくこなすことだ。すなわち，まずは消費者や企業といった経済主体がどのような目的をもってどのような行動をとるのか，その際に何らかの制約条件があるのか無条件なのか，有効利用とは具体的にはどのようなことなのか，等々の疑問に解答を提供することである。次に，解答をベースとして，個々の経済主体の行動の積み重ねがマクロレベルの経済にどのような影響を及ぼすのかを分析し，その上で，そうした経済主体の行動が世の中にとって役立っているのか否か，何らかの評価を下し指針を示す必要がある。もしマクロ経済が必ずしも望ましい状況になければ，何らかの政策を発動すべきか処方箋を用意し，その期待される効果を示すのも経済学の使命だ。

こうした一連のタスクは**第6講**，**第7講**でより詳しく取り上げるとし，ここではシンプルな例として，2人の経済主体の間での交換を取り上げよう。

## ■ 選択する——これすなわち経済問題

人が交換を望むのは，それが自分にとって better-off となる機会だからであり，改善となるのは交換相手も同様だ。しかし，交換が有利になる程度は交換する者の自己評価（すなわち主観）によるものであり，「どれだけ満足したか」には客観的な共通の尺度がなく，厳密な比較は不可能である。それでも交換をするか否か，すなわち yes or no の選択のみが問題となっている限りは，序数的な順序付けで十分だ。

現実には，どれだけ交換するかという数量の選択もある。交換の一方の当事者だとして，どの数量まで交換をすべきなのか，どのような指針や指標（もしあれば）に従って行動すべきか，そして行動の結果何がもたらされるのか，望ましい交換量は相手方の行動に依存するのか依存しないのか，…といったリストが連なる。相対の交換でなく，市場に出かけての取引だと何がどう変わるのか変わらないのか，といったこともある。コンビニや駅の売店での買い物のように，提示された価格で買うか買わないか（take-it or leave-it）との選択もあるだろう。

以上の交換の例において，自由に行動できる状況下で選択する機会があること，すなわち対象とする選択肢の間での優劣をつけること，これすなわち経済問題となる。後出（**1.3節**，**3.2節**）のロンドン大学のロビンズ（Lionel Robbins, 1898-1984）[†] によると，経済学は「代替的なさまざまな用途をもつ希少性のある資源に関連して，何とかして与えられた目的を達成するための人間行動を研究する科学」と定義できる。さまざまな希少資源を，さまざまな用途に対してどのように配分すれば，所与の目的の達成にとって最も効率的になるのか？この点の解明において，経済学は深く人間行動に関るというのだ。なお，ロビンズの定義においては，目的は外から与えられる。価値判断からの自由を意味するものだが，この点は改めて**第5講**で取り上げる。

経済学の定義の妥当性はともあれ，上で挙げたもろもろの疑問に対してどう答えるべきかをめぐっては，経済学の処方箋に期待するのである。現在におい

---

[†] 本書全体を通じて，英語名は例外を除いてファーストネームとラストネームのみを記す。例外は，親子などで類似の名前と区別する必要がある人物，および特定の慣習が優先される場合。

ては，経済学にはあまたのリクエストに応じられる蓄積があり，「経済学のすゝ
め」を大々的にアピールしても困らない態勢ができている。

## 1.2　経済学はサイエンスかアートか？----------

### ■ 人文科学，社会科学，自然科学

あらゆる学問分野は人文科学，社会科学，そして自然科学の3分野のどれか
に分類される——と考えるのが通常のことで，以下でもその3分類法を前提に
して議論するが，これとは別に，近年では形式科学と経験科学に2分する分類
法が流布していることを指摘しておく。形式科学（formal science）で扱うのは
記号システムによって記述される抽象的構造であり，結果は公理や理論上のア
イデアから推論のみによって導出される。具体的には数学，論理学，システム
理論，計算機科学，情報理論，統計学，言語学などが含まれ，経済学の中では
ミクロ経済学が該当する。形式科学以外の学問が経験科学（empirical science）
となり，広く自然や社会の現象・事象を実験や観察など経験的に実証する学問
として分類される。したがって，経験科学には3分類法のすべての学問，すな
わち通常の人文科学，社会科学，自然科学が含まれる。

人文科学（humanities）は人間や人為の所産を研究の対象とする学問とされる。
人文科学における研究方法の柱となるのが関連文献を引用・参照する方法であ
り，解釈の論理的整合性が最も重要で不可欠な要素となる。人文科学の英訳に
は science をつけないのが通例であるが，これは人文科学の分野の多くが実験
による実証ができないためだ。音楽や美術などの芸術は明らかなアートである
が，これらの実技系でなく音楽史・美術史や芸術鑑賞科目などは人文科学に分
類できるであろう。芸術の実技系も人文科学に組み込む考え方もあり得るが，
もしそうするならば，特に音楽などは「音は振動」であるから自然科学の対象
といってもいいかもしれない。

社会科学（social science）は端的には人間の行動を扱う学問であり，名が体を
表すように，社会への直接的な影響力が大きいという特徴がある。社会科学が
研究対象とする社会現象は，人々の意思や行動によって現象自体を変化させて
しまう可能性があるために，そうした戦略的行動をとる条件を与える情報量や
価値判断等についても研究の対象としなければならない（**第5講，第6講**）。自

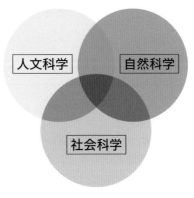

図 1-1　3 つの科学

然科学（natural science）は自然現象を対象とする学問であり，科学の原点となるものだ。社会現象と自然現象との最大の相違は，当該現象の構成主体あるいは構成物の戦略的行動や意図的操作によって現象の流れが変化するかどうかにある。変化する可能性があるのが社会現象，変化しないのが自然現象だ。

　以下では，後には言及するものの，形式科学と経験科学の分類はとりあえずさておき，人文科学，社会科学，自然科学の 3 分類法に沿って考察する。この際，もちろん境界にある学問や図 1-1 の集合論のベン図に見られるように，2つの分野あるいは 3 つの分野にまたがる学問もあり得よう（またがるのが空集合の場合もある）。例えば，経済学を細分化するならば，経済史，経済思想，経済学説史などは人文科学と社会科学の交わる集合に，数理経済学，数理ファイナンスなどは自然科学と社会科学の交わる集合に入るだろう。3 つの分野にまたがる集合には，ゲーム理論，計量経済史，動学的確率的一般均衡（DSGE：Dynamic Stochastic General Equilibrium）マクロモデルを用いた経済予測や政策シミュレーションが入ると考えられ，日々新しい分野も誕生している（**第 6 講**）。

　小括の問いともなるが，経済学はどこに入るのだろうか？　経済学が対象とする分野が広いということもあるが，全体としての経済学は社会科学プロパーな部分に入るのはもちろん，人文科学や自然科学との共通集合部分にも組み込まれ，さらには 3 つの分野の共通集合部分にも入ることになろう。図 1-1 のベン図では各集合部分の大きさは意味をなさないが，内実のない空集合か否か

は大きな意味をもつ。

## ■ 経済学は社会科学の雄

　経済学は経営学，商学，社会学，政治学，法学，国際関係論，政策科学などと同じく社会科学に分類される。否，むしろ社会科学の雄として，社会科学を牽引する役目を負っているといっても過言ではない（社会科学の女王といわれる場合もある）。一方では経済史，経済思想史，経済地理学などと人文科学との境界を成し，他方で社会科学の中では最も自然科学に近い方法論を確立しているからだ。もちろん，時代にもよるが，典型的な社会科学として隆盛を極めている分野もあるし，孤軍奮闘している分野もある。

　第3講で見るように，ジェボンズ（William Jevons, 1835-82）が科学的手法を導入する決意のもとに，経済学に数学によるモデル分析を導入し，限界革命の一翼を担った。ジェボンズには1862年の段階で限界効用理論の概略を述べた"General Mathematical Theory of Political Economy"との論文があり，経済学の数学化にただならぬ関心を示していたことが確認される。こうした問題意識は当時として数学に精通していたワルラス，マーシャル，ピグー等にも共有され，マーシャル（Alfred Marshall, 1842-1924）がそれまでの political economy に代って economics を経済学の呼称としたのは，語尾の"ics"に数学（mathematics）や物理学（physics）と同等の science たるべく思いを込めたものとも理解されるのだ（コラム1.1）。

　限界革命は本質的に数学の微分（derivative）を経済学に持ち込んだものだが，これは同時に最大値や最小値という極値の1階の条件（first order condition, FOC）にも関係することになり，数学モデルの中での経済主体の最適化行動を描写可能とする。すなわち，いったん数学モデルの構築に成功すれば，数学モデル内での演繹操作により，人間行動の分析が可能となるのだ（第6講）。これに有限資源の制約を課すと，資源の希少性が反映され，既述のロビンズの経済学の定義を満たすことが容易に確認できる。

## ■ 経済学における数学的手法

　微分概念の発見と科学への導入は，イギリス人のニュートン（Isaac Newton, 1643-1727）とドイツ人のライプニッツ（Gottfried Leibniz, 1646-1716）が独立に行った。ニュートンは「万有引力の法則」の発見者として有名であるが，物理

学全般に初めて微分積分学を適用した。ライプニッツは今日も使われている微分積分学の記法を開発した。これらは後出のアダム・スミスの『国富論』の出版以前のことであった。

　ジェボンズがニュートンを意識して経済学に数学的手法の導入を試みたのは，「経済学は量を取り扱う科学だから」であり，「経済学に量的概念が入り込むや否や，経済学は数学的科学でなければならない」という信念による。イギリスでは，ジェボンズの 200 年以上前に，社会科学への量的概念の導入として，統計学の創成期の研究者として知られ友人同士のグラントとペティが，ともに死亡率との関係で環境要因を取り上げた。すなわち，グラント（John Graunt, 1620-74）は 1662 年にイギリスの大気汚染と死亡率の関係を分析し，社会科学の数量化の魁として知られる『政治算術』の著者でもあるペティ（William Petty, 1623-87）は，1683 年にイギリスの都市衛生と伝染病による死亡の関連について報告している。

　この事実から推察するに，ジェボンズは単に数量を取り扱う科学として経済学を捉えていただけではなく，斯界の先陣役を果たす上では，あくまでも微分積分の解析学を用いる経済学に関心があり，それを一刻も早く実現したかったのが理解される。19 世紀後半における数理経済学の勃興は，イギリス経済学会（現在の王立経済学会）とその機関誌 Economic Journal の創設が 1891 年，後にロンドン大学連合に加入する LSE（London School of Economics）の創設が 1895 年と，経済学への期待（需要）が高まり専門化が進んだことが時代背景となっている。言い換えれば，たとえジェボンズでなかったとしても，経済学の数学化は時代の要請となっていたのだといえよう。

■ 科学たる条件

　科学に分類される学問では，いくつかの関門を通過する必要がある。まず第 1 に，論理実証主義（logical positivism）がある。これは，科学としての実証可能性を重視するもので，直接に検証不可能な形而上学に対しては無意味だとして否定的な立場をとる。論理実証主義者は，哲学者ヒューム（David Hume, 1711-76）によって論理的に誤りと断じられた観察や実験による帰納的推論の救出を試みた。科学哲学的・論理学的にはそれに必ずしも成功した訳ではないが，大多数の普通の科学者は，内心では多くの科学が帰納的推論に基づいて築かれたことを実感しているといわれる。

第2に，2人の科学哲学者であるクーン（Thomas Kuhn, 1922-96）とポパー（Karl Popper, 1902-94）の薫陶（くんとう）が試金石となる。一方で，クーンは主著の『科学革命の構造』（1962）で，「科学の歴史はつねに累積的なものになるのではなく，断続的に革命的ともいうべきパラダイムシフトが生じる」と指摘した。他方，ポパーは提唱される仮説には実験・観察による潜在的な反証可能性（falsifiability）が備わっているべきで，「反証され得ない理論は科学的ではない」と極言した。言い換えるならば，「あらゆる反証事例の検討に耐え抜いた仮説のみが科学的真理となる」のだが，それが正しいとして，どの仮説もいずれは反証される暫定的な真理に過ぎない。

　もっとも，科学とは何であるかを考える上で，科学哲学者は必ずしも全体でなくそれを構成する一部に対して厳格な判断を下す傾向が見られ，論理実証主義，クーン，ポパーは互いに批判を交わす（か）関係にある。すなわち，論理実証主義的な立場では非形而上学的言説や命題の意味を検証する理論に主眼を置くのに対し，ポパーは検証可能性は科学の基準としては厳しすぎるとして，問題の所在は科学性と非科学性を分ける反証主義にこそあると主張した。ポパーはまた，帰納的推論に基づく科学を否定し，「演繹と反証によってのみ科学の当為（えんえき）を判断するべきだ」とした。ポパーは，小さな問題を一つひとつ解決してゆくピースミール・エンジニアリング（piecemeal engineering）に拠って立つのが本道であり，『歴史主義の貧困』（1936 年）では万事を決定論的に位置付ける進化論や歴史法則主義を批判し，さらに人間生活のあらゆる現象をある歴史的な流れの内においてその生成と発展とを捉えなければならないとする（マルクス経済学などの）歴史主義（historicism）は邪道で誤りと論破したのだ。

　クーンやそれに続く科学者達は，事実との不一致があるからといってそのつど理論を捨てていては科学は成り立たないと主張する。パラダイムシフトはいつか起きるのであり，反証の危機に直面したからといっても，独断的に理論を保持することも必要である。つまり，批判的であることは科学の特徴ではなく，「科学者はパラダイムの系列の中で活動しており，反証主義者の方法論では科学が不可能になってしまう」と主張するのがクーンの立場なのだ。ポパーは，クーンに対しては，パラダイムシフトの内容を問うことになろう。

## ■ 経済学はサイエンスか？

　経済学はサイエンス（科学）か？　いくつかの基準があるかもしれないが，

とりあえず，経済学がサイエンスに足るには，実証可能性なり反証可能性の対象たり得るか，あるいはパラダイムシフトに遭遇することがあるか，を問うことが出発点となろう。論理実証主義，クーン，ポパーが競い合うとして，その当否や優劣に論争があるとすれば，ここではどれかに該当すれば事足れりと判断する。もっとも，経済学にもいろいろな側面があり，中には実証も反証も容易なものもあるし，中には困難なものもあろう。

　経済学には純粋理論を展開する「理論経済学」とデータを媒介とする「実証経済学」が併存しており，経済学全体としては両方の顔をもつし両者が適度にバランスした面もある。こうした併存状況は第2次世界大戦以降で顕著であるが，基本的には戦前にもあったし，マーシャル以降の新古典派経済学でも然（しか）りである。「理論経済学」は代数や解析といった純粋数学に近く，「実証経済学」は数値解析や統計力学などの応用数学といったところだろう。既述のように，時に数学は自然科学というより抽象的な形式科学に分類される。形式科学には，数学の他に論理学，システム理論，計算機科学，情報理論，統計学，言語学などといった分野が含まれ，経済学の中ではミクロ経済学が該当する。

　したがって，ミクロ経済学や計量経済学の理論を念頭に置くならば，経済学は十分数学同様の3分類法での自然科学，すなわちサイエンスに入ることになる。また，数量のデータが入手可能なものは，統計学や計量経済学の手法を用いて，帰無仮説を立て，それなりの有意水準を指定して，仮説検定をすることが可能である（**第10講**）。したがって，実証可能であり，より弱い意味では反証可能といえる。

　さらに，経済学は構造変化（structural change）ともいわれるパラダイムシフト（理論や価値観の大転換）を幾度となく経験してきた。**第3講**において指摘するように，アダム・スミス（Adam Smith, 1723-90）によって富の源泉が重商主義から労働価値説に取って代わるときに，また財サービスの価値が労働価値説の供給サイドから限界効用に基づく価値理論の需要サイドに転換する限界革命時に，それぞれ経済学のなかでのパラダイムシフトを経験した。さらには世界的大不況の1930年代にアメリカでケインズ経済学が伝播（でんぱ）するケインズ革命が，また1980年代後半期のバブル経済崩壊後の「失われた20年・30年」の日本経済が，および1991年のソ連崩壊後のアメリカ型資本主義によるグローバル化が，それぞれ大きな経済構造の変化という意味でのパラダイムシフトに値する（もちろん，ケインズ革命は経済学の中でのパラダイムシフトでもある）（**第3講**，

第9講）。1970-2000 年代にマクロ経済学を席巻した合理的期待革命も候補に挙がるが，これは 2008 年のリーマン・ショックとその後の 100 年に 1 度レベルの世界的大不況で雲散霧消してしまった感がある。2019 年末に中国で始まった新型コロナウイルス感染症（COVID-19）が翌年上半期中にパンデミック（世界的大流行）となり，人々の自粛生活，ロックダウン（都市封鎖），そして経済活動の大停滞をもたらした。第 1 次世界大戦中に勃発したスペイン風邪以来の大規模パンデミックに対する経済活動の防備体制が虚を突かれた結果であり，経済停滞は 1930 年代の世界的大不況に匹敵する。コロナ前とコロナ後の大変革を予言するもので，経済の変化とともに経済学にもパラダイムシフトをもたらすかもしれない。

　以上からは，経済学はサイエンスの資格をそれなりに有していることが窺われる。理科系の学問だけがサイエンスの資格をもつのではなく，経済学にも数学や物理学と同様の，サイエンスとしての基盤が備わっているとのお墨付きを頂いたのである。もちろん，違いがないわけではない。経済学はあくまでも社会科学であり，人間の行動を扱う学問であることは変えようがない。社会への直接的な影響が大きく，人々の意思や行動によって現象自体を変化させてしまう可能性もあり，これらは自然科学とは異なる。ゲーム論の用語法を用いるならば，経済学で登場するプレイヤーは人間であり，それが同じく人間相手とプレイする。それに対して，自然科学では，相手のプレイヤーは「自然」であり，まさに泰然自若の存在でプレイヤーが何をしようとも規則的に反応する（動物学や保健衛生学などは例外？）。

　ゲームとしては，ケインズの美人投票（最も票を集める美人を当てる美人投票）のように，プレイヤー全員の「心の内」を読む必要があり，何回も反射する鏡の間の中にいるように，プレイの反響を察してプレイする必要がある。ケインズ（John Maynard Keynes, 1883-1946）が株式市場での投資家の行動パターンを表す比喩として『一般理論』で示したもので，一般にお互いの行動を読み合う戦略的行動の際に言及される。経済学が扱う複雑なプレイ環境を端的に言い当てたものだ（第 13 講）。

## ■ 経済学はアートか？

　経済学はサイエンスだとして，それで幕引きとなるかというと，そうでもない。経済学はアート（art）でもある。この場合のアートの原意は，芸術という

より「術や技巧」との意味合いが強い。熟練した技術である。景気予測や株式運用を行ったりするのに，経済学を熟知した人からのアドバイスが望まれるとして，そのアドバイスがアートの賜物といえるのであろう。ここでは，アートとしての経済学は絵画・音楽の鑑賞との類似性もあり，多様な解釈の余地がある。脱線することになるが，光の画家として有名なフェルメール（Johannes Vermeer, 1632-75）は科学者でもあったとの説がある。ルネサンス期以降，絵画は科学の一つの分野と見なされていたからだ。

　ケインズは 1938 年のハロッド（Roy Harrod, 1900-78）との往復書簡で，「自然科学と異なり，経済学が対象とする経済構造は短期間の間にも絶え間なく変化するものであり，計量モデルを構築する際にはそれを適切に織り込むアート（術）が必要とされる」との趣旨を残している。また同じ私信で「経済学はモラルサイエンスであって自然科学ではない」との一節も残している。ケインズも 1921 年に『確率論』の本を書き上げるほど数学のテクニックには長けており，自然科学（natural science）とモラルサイエンス（moral science）の違いには敏感だったはずである。この場合のモラルサイエンスは社会科学とほぼ同じ意味だと思われるが，「経済学以外の知見も動員して総合判断する，価値判断を伴う社会科学」といったニュアンスだろう。

### ■ サイエンスでもありアートでもある

　以上の考察からは，「経済学はサイエンスかアートか」といった二者択一の呪縛にとらわれず，折衷的ではあるが「サイエンスでもありアートでもある」との弾力的で妥当な結論に至る。ここには，日本語でのサイエンスとアートの語感と，原語（本来はラテン語あたりだろうが，とりあえず英語）での語感が異なることに注視しよう。

　WEBSTER'S Dictionary によると，art = "the disposition or modification of things by human skill, to answer the purpose intended." つまり，「人間の営みによって作られるものすべて」と定義されており，対語は nature である。この辞書には見えないが，「art = things humans made, nature = things God made」との対比が，まさに言い得て妙だといえる。

## 1.3 誤解される経済学——真実は？・・・・・・・・・・・・・・・

　本節では，経済学入門のスタートラインに立つに当たって，経済学に対する
イメージを確認しておく意味で，誤った情報に接してきた結果として誤解が生
じてしまった可能性を取り上げる。問題にならない初歩的なレベルのものもあ
るが，中には単なる誤解なのか深い意味があるのか不明の際どいものもある。
具体例をいくつかリストアップしよう。

### ■ 経済学を学ぶと金持ちになれる

　最も多くの人が抱いている誤解は，経済学をマスターすると，誰でも金持ち
になれるというものだろう。経済学が金儲けの指南役になるとの誤解である。
人々の誤解は，まず第1に，経済学がお金に纏わるあらゆることに関係してお
り，したがってお金との接点があると思い込むことに始まる。第2には，経済
学は数学や数字を扱う学問であるから，計算に強く，預金に利息が付くように
（近年の預金金利はほとんどゼロであるが）確実にお金が増えていくとの期待感が
高まることが続く。これが，第3の実現願望（wishful expectations）と結びつ
くことにより，経済学への誤解が膨らむことになるのであろう。

　**1.1 節**で見たように，江戸時代からお金儲けや貨殖興利と経済が結びつい
ており，その風潮が現代にまで引き継がれ，経済学に対する誤解となっている可
能性もある。競輪競馬や宝くじでさえも博打だと理解して近づかない人も，リ
スクや不確実性がなく，ゆっくりながらも確実に増えるとなれば，自分の中で
納得ができ次第，思い込みを現実のものにする行動に打って出るであろう。こ
れが経済学に対する誤解の芽生えになる。もし，こうした誤解の芽生えに，第
3者が関与しており，その第3者への信頼が問題になる場合には，知人の評価
や悪意のある作為をきっかけとして，信頼感が高まり誤解形成の背中を押すこ
とになる（行動経済学でいう**ナッジ**だ，**第10講**）。マルチ商法や古来からのネズ
ミ講（無限連鎖講）に引き込まれてしまう人々は，こうした経緯で騙されてし
まうのだろう。

　しかし，実際問題として，経済理論や経済学の実証研究の成果を利用して，
金儲けの夢が叶うかである。世の中には身ひとつの状態から一代で財を成し，
大金持ちになった人は少なくない。それらの人が経済学の知識を利用したであ

ろうか？ 利用したかもしれないが，利用しなかった人ももっといるだろう。アンケート調査をしてみるといいかもしれない。

## ■ 株式市場で勝ち放題[*]

　金持ちになれるのと同じような誤解であるが，経済学の知識があると株式投資を始めとした資産運用が上手だろうとの思い込みが見られる。株式市場での運用成績をめぐっては，効率的市場（efficient market）仮説がある（**第14講**）。これは「何らかの特徴のある特定の手法によって特別儲かるような機会が，株式市場で放置されることはない」という考え方だ。そんな手法があれば，みんなが真似をするはずだからである。

　何が効率的かについては情報量の差によって，ウィーク型，セミストロング型，ストロング型，の３つのバージョンがある。ウィーク型は「過去の株価やその他の履歴の分析から市場平均を上回る報酬は得られない」というもので，セミストロング型は，「企業の業績などの新しい情報が得られたときにも速やかに偏りなく調整し，情報に則った取引では過剰報酬を得られない」とする。ストロング型はさらに進んで，「企業のインサイダー情報を含めて潜在的に有用な情報は（現在の）株価に反映されてしまい，追加的な報酬は得られない」とするものだ。

　ストロング型は理論的に興味深い逆説をもたらす。すなわち，グロスマン=スティグリッツのパラドックスといわれるもので，情報収集にコストが必要な場合に起こる。もともと市場参加者の私的情報が資産の真の価値，したがって株価にも反映されるモデルの均衡を念頭に置く。さて，もし現行株価から得られる情報があるならば，市場参加者の持っている私的情報は追加的情報をもたらさない。よって情報収集にコストがかかるのであれば，市場参加者は私的に情報収集を行うことなく，株価から得られる情報で資産の真の価値を推測する方が合理的となる。しかし，市場参加者が私的情報を持たなければ，そもそも株価に市場参加者の私的情報は反映され得ない。つまり情報収集にコストが存在する場合は，そもそもの均衡が理論的に存在しない。

　ここからの解釈としては，理論的欠点があるストロング型はデータによる検証も困難であることから除外するとして，ウィーク型とセミストロング型については，それらが成立するならば，株価変動はランダム・ウォークとなり予測不能になる。ランダム・ウォークは酔歩とも訳され，酔っ払いが右へ行ったり

左へ行ったりする千鳥足のごとく，株価が上がるか下がるかが予測できず，平均的には株価は現状を維持すると予測される状況をいう。

　実際の資産運用の上では，効率的市場仮説を意識したものとして，市場平均を目指す株価指数連動型インデックスファンドやETF（上場投資信託，exchange traded fund）が目覚ましく普及している。しかし，それが直ちに効率的市場仮説が正しいと認識されていることを意味するわけではない。むしろ，実証研究によれば，概して株式市場は効率的とはいえないとの報告が多い。効率的市場仮説に反する事象をアノマリー（anomaly）と呼び，兜町の「節分天井，彼岸底」，ウォール街の「感謝祭で買って新年に売れ」といった経験則から，実際の株式投資の運用成績が長期間平均を上回る例が記録されていることが挙げられる。

　例えば，ボラティリティ（株価の変動具合）の高低による運用成績の違い，熟練トレーダーと初心者トレーダーの実績の違い，過去3〜12ヶ月にわたって比較的高（低）い利益を生み出している株式は次の3〜12ヶ月も利益が高（低）くなるモメンタム効果，等々がある。1980年代後半期の日本では，株式市場ではバブルの膨張とその後の崩壊が認められたが，本来こうしたバブルの存在は効率的市場仮説とは相容れない。不動産バブルやICT（情報通信技術）バブルとかも同類である。

　さて，経済学が株価予測に役立つならば，株式市場はセミストロング型の意味で効率的市場ではないことになろう。セミストロング型での情報セットに経済学が入り，効率的市場仮説が棄却されれば，経済学は株式市場で役立っていることになる。ここまでの考察からは，効率的市場仮説は成立しない可能性が高い。しかし，その原因が経済学の知識にあるかの客観的検証は難しい。

　経済学者による株式投資の指南本として，プリンストン大学教授のマルキール（Burton Malkiel, 1932-）が40歳の時に著した"A Random Walk Down Wall Street"（初版1973年）という本がある。機知に富んだタイトルということもあり10回以上改訂され合計150万部以上売れているようだが，これはむしろ効率的市場仮説を紹介した啓蒙本だ。最終的には，株式市場において経済学に対する誤解があるかないかは，これも成功している株式投資家に対するアンケート調査をするしかないのかもしれない。

## ■ 経済学ではなんでもお金で測れると思い込んでいる*

　若くして大金持ちになった青年が愛人を殺害して逮捕され，「会社でもジェット機でも愛でもなんでも金で自由にならないものはなかった」と嘯く場面が推理ドラマ等にはしばしば登場する。典型的なお金がらみの青春の蹉跌（失敗）。愛，幸福，名声といった抽象的なものもお金で手に入れられる…そんな世界が経済学の対象だろうとの誤解もある。

　**第3講**で詳しく見るように，古典派経済学が立脚したアダム・スミスの労働価値説は限界革命で限界効用理論にとって代わられるが，効用は主観的に感じられるもので，他人には詳細は分からない。もちろん満面の笑顔で大喜びのようすが分かったり，焦燥しきった表情から哀しみの程度が察せられることはあったとしても，それを他人のそれらと比較することはできない。ピグー（Arthur Pigou, 1877-1959）が創立した厚生経済学がロビンズ（Lionel Robbins, 1898-1984）の批判によって新厚生経済学に取って代わられるのも，人々の効用を数値で表しそれを単純に合計して，いわば功利主義者とされるベンサム（Jeremy Bentham, 1748-1832）の「最大多数の最大幸福」の議論に連ねようとしたからである（**第8講**）。異なる人々の間の効用を比較できるのか，との疑問が提起され，それに対して基数的効用でなく効用の順序付けのみに基づく序数的効用を前提にした新厚生経済学が確立したのだ。

　人々の効用がお金で測れるか否かは，限界効用逓減の法則が「人々の所得に依存する効用」に当てはまるか否かと合わせた場合に，「金持ちから貧者への所得移転が社会的に正当化される」との議論に直結するからで，そうならば公正性の観点からは累進課税による所得再分配政策が正当化されることになる（**第5講**）。効用がお金で測れるとすれば，それは根本として基数的であり，誰の効用でも比較可能なものになる（円で測った効用とドルで測った効用も，為替レートで換算して比較可能）。そもそも効用は何にでも依存すると考えることができるので，その結果は「経済学は何でもお金で測る」となる。したがって，出発点の問題意識は「効用がお金で測れるか否か」になろう。

　ここにおいて新厚生経済学では，補償原理を持ち出す。これは，資源配分の変化を考える際に，パレート最適性（**第5講**）の基準によると，誰もが良くなる資源配分の変化（パレート改善）はまれなのに対し，誰かの利益は誰かの犠牲の上に成り立っているのが一般的といえる。しかし，この資源配分の変化はパレート最適性の基準ではどれでも同等であり，それ以上の判断はできない相

談となる。そこで，他の何らかの基準で判定できないかと考えたのが補償原理を導入した，カルドア（Nicholas Kaldor, 1908-86）とヒックス（John Hicks, 1904-89）による基準である（**第5講**コラム5.1）。

カルドア基準は「ある変化によって利益を得る人が損をする人の損失を補償することを考え，補償してもなお利益が残っているならばその変化を是認する」というもの。これに対して，ヒックス基準は「ある変化によって損をする人が当該変化を阻止することを考え，利益を得る人の逸失利益を補償しようとしてもパレート優位な状況をつくれないならばその変化を是認する」というものだ。

2つの基準の間には，「ヒックス基準は，逆の変化がカルドア基準でない」との関係にある。どちらかの基準のみだと，状態Aから状態Bへの変化を是認するにもかかわらず，状態Bから状態Aへの変化もまた是認するという矛盾が生じる可能性がある。この矛盾回避のための修正が工夫されており，補償原理は「効用をお金で測る，すなわちなんでもお金で測る」方向への動きを支える考え方なのだ。

世の中には何事においても慰謝料で決着との風潮が広まっているが，これは確かに「最終的にはお金で測れる」兆候と受け止められる。結論としては，唐突に「経済学ではなんでもお金で測れるとする」と指摘されると，それは誤解だということになるが，よくよく調べてみると，経済学ではそれに近づけようとの工夫を用意しているとも理解できる。ただし，補償原理が当事者に即座に受け入れられるかは疑問である。当事者は当初補償額を過大表示し，長期間続いた裁判の後にやむなく決着するもので，その間にかかる費用（これも機会費用を含む，**第14講**）は馬鹿にならないのが一般的なのであろう。

## ■ 数学ができないと経済学は理解できない

高校生が自分の進むべき分野を選択する際に情報交換し，「○○君のお兄さんは経済学部の大学院に進んで，数式ばかりの論文を読んでいるそうよ」「うん，経済学部は数学ができないとやっていけないからね。自分は歴史と数学が好きだから経済学部に決めた」といった会話が行き交っているようだ。経済学に数学は必須(must)か？ どのくらいの数学の知識が必要なのか？ 将来の進路選択をする高校生ならずとも，経済学に関心をもつ初心者が知りたいところだろう。

**第3講**で見るように，ジェボンズやワルラスによる限界革命を契機として，

経済学に数学的手法が導入された。それ以降今日に至るまで，数式体系として経済モデルを構築し，その枠組み内で最適問題を分析するパターンが隆盛を極めている。ワルラスの一般均衡モデルでは，「未知数の数と連立方程式の数が一致するので，一般均衡解が存在するはずだ」といったレベルの議論であったが，その後漸次分析は精緻化され，1950年代の一般均衡の存在証明では不動点定理が援用された（**第6講**）。また，1960年代には連続時間モデルでの最適成長経路の導出に変分法なり最大値原理が用いられ，同様の期間モデルではダイナミック・プログラミング（動的計画法）が用いられるなど，数学のレベルはかなり高度のものである。

　加えて，データを利用する計量経済学では，時系列データやパネル・データをめぐってさまざまな推計方法の開発がなされ，推計量の統計的性質も解明されてきた（**第10講**）。また，近年のファイナンス分野では，オプション価格などデリバティブ商品の価格付けにも高度の確率論の適用がなされており，テクニックも日増しに精緻化・高度化されている。マクロ計量モデルにおいても，大型マクロ計量モデルの有用性が低下する中で，経済主体の最適化行動をベースとした動学的確率的一般均衡（DSGE）マクロモデルが構築されているが，これにも高度の数学・数理統計学の知識が援用されている。

　以上のように，経済学の現状は高度の数学が使われているのは確かである。これを経済学部の平均的な学生がそのまま理解するのは，現実問題として不可能であろう。しかし，高度の数学を用いる経済学を，その途中のプロセスを逐次に理解しつつ結論も理解する必要があるだろうかとなると，その必要はないというのが回答になる。途中のプロセス（すなわち，数学的演繹作業）まで理解する必要性があるのは研究者または研究者を目指す大学院生，それに（望ましくは）実務担当者と政策当局者ぐらいであり，一般の平均的学生は結論とその応用可能性を学ぶので十分だ。結論に至る途中のプロセスはブラックボックスでも構わないとの立場になるが，これはパソコンでソフトウエアを利用するがごとく，結果のみに注目するので，目的の達成にはなると考えられるのである。すなわち，結論は「数学ができないと経済学は理解できない」は，まさに誤解だ。

### ■ 経済学部を出ると就職に有利

　文部科学省の調査では，経済学部（ここでは同じ学部で学科が別といった大学があることも考慮し，経営学部と商学部も含めて考える）は文系の主要学部として，

国公立・私立問わずほとんどの大学に設置されており，全国で所属している学生が最も多い学部である。その経済学部の卒業生は，他の学問を専攻した学生よりも就職戦線で有利といわれる。

　実際に，「大学通信」のデータによれば，2016年卒の経済系の平均就職率が87.6％なのに対し，人文系は83.3％と差がついた。また，2018年度末段階での都内有数の卒業生数を誇るある私立大学の調査によると，経済系学部卒の就職率が89.0％なのに対して，その他の文系学部卒は80.6％であり，かなり有意な差がついている。

　一般論としては，経済学部の卒業生は社会人になってから必要となる実務に直結した知識を学んでいるのが強みになろう。採用する企業側から見れば，世の中のお金の流れや仕組みを理解しているはずなので，業界・業種を問わず多くの企業が必要とする人材となる。経済学部卒ならば，いわば基礎的なトレーニングを受講済みとスクリーニング（振るい分け）され，学生側から見れば，業種選択を狭めることなく，どんな業種でも就職できる可能性がある。

　もちろん，経済学部卒の学生に資格取得者が多いのも高就職率につながっていることを忘れてはならない。公認会計士・税理士，証券アナリスト，ファイナンシャルプランナー，不動産鑑定士・宅地建物取引士，中小企業診断士，社会保険労務士などの資格試験や，日商簿記検定，銀行業務検定，マイクロソフトオフィス検定といった実力の程を示す検定試験もある。大学の枠を超えて経済学部卒の証明ともなる経済学検定試験（ERE）の成績や，英語の実力を示すTOEFL，TOEIC，英検といった検定試験の合格実績も高い評価につながろう。

　結論としては，確かに経済学部卒は他の人文・社会科学系の学部卒よりも就職戦線では有利のようだ。しかしながら，業種は限られるものの，理工系や医薬介護系の高就職率と比べるならば，必ずしも普遍的に有利とはいえない。また，資格試験や検定試験の合格者は，自らの努力の結果でもあり，ひたすら経済学部ゆえの恩恵（これもマーシャルの外部経済の一種と考えられる，**第11講**）というわけではない。

## 1.4　本講のまとめ

**第1講**では経済学入門のスタートラインに立つに当たって，**1.1節**ではまず

は「経済学のすゝめ」を開講の挨拶代わりとし，さっそく経済学，経済とは何かについて検討した。結局，何が経済問題となるのかをめぐっては，「そのもの」や「そのこと」が希少資源であり，制約条件があるもとで何らかの選択余地があることがリトマス試験紙的なクイックテストとなることが理解されたであろう。

　1.2 節では，経済学はサイエンスかアートか，あるいはそもそもサイエンス（科学）か否かを考察した。経済学が分析手法としてしばしば数学を用いるが，そのことによっていったんモデルを構築すると，そのモデル内での演繹操作によって結論に至るといった自然科学の手法が適応されており，その限りでは十分サイエンスの資格があるといえる。また，経済学は幾度となく大きな構造変化，すなわちパラダイムシフトを経験してきた。これはクーンの意味でのサイエンスの要件でもある。本節の結論としては，経済学は複数の顔をもち，サイエンスでもあるしアートでもあるとしたのだった。

　1.3 節では，経済学入門のスタートラインに立つに当たって，経済学に対するイメージを確認しておく意味で，何らかの誤解があるか否かを考察した。誤解にはいくつかのパターンがあるが，考察の結果，「数学ができないと経済学は理解できない」は完全な誤解であり，「経済学を学ぶと金持ちになれる」と「株式市場で勝ち放題」も誤解されている可能性が高い。「経済学ではなんでもお金で測れると思い込んでいる」と「経済学部を出ると就職に有利」は確かにそういう傾向はある（ただし，肯定的に断定もできない）ので，誤解とまではいえないことになる。

---

### ■ Active Learning

問題1.1　「経済学」から連想する言葉や事項，事件，出来事を挙げなさい。

問題1.2　「選択する――これすなわち経済問題」に納得したか？　否定する場合，当てはまらないと思う選択問題を挙げなさい。

問題1.3　あなたは，経済学はサイエンスだと思うか？　思わない場合には，そうではないという反例に思い当たるか。

問題1.4　あなたは，「経済学」ないし「経済学に関連すること」に関して，何か思い込みがあるか（あったか）？

# 第2講
# まずは日本と世界の数字を押さえておこう！

■第2講では，本書の全15講を進めていく上で半ば前提となる日本経済と世界経済の現況やそれまでにたどった歩みについて，最低限の情報を得ておくことに努める。対象範囲の広さと紙幅の制約とで，おのずから取り上げられる対象は限られたものになるが，それらだけでも第3講以降，「目から鱗が落ちる」ないし「一挙に頓悟とまではいかなくても漸悟できる」態勢が整うものと期待される。

具体的に扱う対象としては，まず日本と世界の人口動態を確認した上で，日本経済の経済活動水準の規模を確認するために，フローの国民所得勘定とストックの国民総資産や国富の規模と過去からの動向を見る。ストックの経済規模は年々のフローの経済活動から地道に蓄積されるのが，当然そうであるべき王道の関係であるが，日本では1980年代後半のバブル経済期には地価や株価といった資産価格の上昇でストック残高の時価評価が大幅に増大した経緯がある。これらのバブルは1990年代に入るや否や崩壊し，ストック残高の時価評価も大きく下がり，バブル経済期に過剰に貸出を行った金融機関の不良債権問題を惹起した。

次いで，日本経済にとって重い課題でもある財政問題，とりわけ財政赤字や国民負担率の現況を世界の国々の状況と比較する。このデータは財政赤字の持続可能性を議論する場合の判断材料ともなるもので，将来に向けて日本経済が抱える最大の難題となる（第12講）。また，「豊かな生活」も経済活動の水準と同様に，あるいはそれ以上に，日々の生活の関心事になるが，本講の後半では豊かさをめぐる諸指標についても，日本と世界を比較する。所得分布の不平等度の尺度の推移と世界の中での位置付け，心配なく生活が送れるかの安全性や地震・台風・集中豪雨などの自然災害の発生頻度や被害額の比較も行う。これらは人々が生活の中で実感している内容のものであるが，それが当然のことなのか，それとも世界でも稀で日本特有のことであるのか，世界の中での位置付けを確認することで各人が肌で理解することができるであろう。

本講の最後には，世界はリアルタイムでつながっているとの観点で考察する。21世紀に入って急激に進捗したICT革命や人やモノを移動・運搬させる費用の大幅な低下により，経済のグローバル化が相当程度進んだ。その結果，多くの経済指標での世界経済の連動性が高まっているのは確かであり，とりわけ2008年のリーマン・ショックや20年以降の新型コロナウイルス感染症のパンデミックによる経済への大きなマイナスのショックが，世界共通の大不況をもたらしたことで連動性，世界同時性が明確に実感されたろう。

## 2.1 国民経済の成立ち

一国の経済（国民経済という）の中には数多くの経済主体が活動している。経済主体（economic agent）は経済行動の意思決定者であり，家計と企業がベースになるが，公的部門としての一般政府を構成する中央政府と地方政府（社会保障基金や公的企業も入る）に，目的によっては銀行や証券会社などの金融機関，アメリカや中国などの海外部門も考慮する。政府を除く民間部門の経済主体は，それぞれ市場において分権的に意思決定し，自らの行動目的を達成しようとする。

### ■生活の中の経済

ある家計を取り上げよう。会社員だとすれば，毎朝，家を出て会社に行き，仕事をする（2020年に入って急展開した新型コロナウイルス感染症のパンデミック（世界的大流行）時には出社を控えて自宅で働くテレワークなりリモートワークの形態もあった）。工員であれば，工場の建物内で機械設備を操作しながら，会社の購入した原材料を用い自分の肉体的労働力を投下して（すなわち，これが働くということ）製品を生産する。工員はその労働の対価として，給料日には給料（日給や月給）を受け取る。事務職のサラリーマンや学校の先生だと，原材料を必要としない場合が多いし，また多くのカロリーを消費するという意味での肉体的重労働は投下しないが，それでも同じく「働く」ことによって，営業や経理事務等をこなしたり，児童・生徒や学生の教育や自らの研究を進める。

一家の中で家事を担当する人（近頃は主婦の専業とは限らないようだが……）は，掃除や洗濯のほか，家族の食事や生活維持のために買物に出かける。献立を決

めるに当たっては，価格やおいしさ，栄養のバランスなどが考慮される。家計の限られた予算の中で，自分や家族の満足度（経済学では「効用」という）を最大化するために日々努力しているわけだ。さらに，日々の経済活動には，所得に応じて所得税を納めたり消費に伴って消費税を支払うといった納税面や，公立の小学校・中学校の義務教育，消防署による火事の際の消火サービス，警察による治安の維持，あるいは公務員による行政サービス，などの公共サービスを享受する。

　10%の消費税ははっきりと意識される場合もあるが，内税（うちぜい）として価格に含まれている場合には意識されない場合もある。所得税については，通常は給料から天引きされ源泉徴収されている場合が多いが，レストラン経営者や八百屋といった個人営業者やタレントや作家などの自由業者の人々にとっては，毎年2月から3月にかけて税務署に所得を確定申告し納税することから，税額は強く意識されるだろう。他方，上で挙げた公共サービスの多くは直接的には無料で供給されていることから，そのコスト意識は低くなりがちだ。しかし実際は，その対価は税金として納めている。もちろん，国立大学の授業料や高速道路の通行料のように，有料制の公共サービスもある。一見無料の公共サービスには，その享受が選択できない場合もあり，自衛隊による国防や外国との外交関係など，国民の間で賛成・反対が分かれる場合も少なくない。

### ■ 経済循環の図

　具体例が長くなったが，要は，このような家計構成員一人ひとりの経済行動が総体となって日本経済の大きな構造を形成するのだ。もちろん経済を動かすのは家計ばかりではなく，生産活動を行う企業や行政サービスを提供する政府も大きな要素になる。これらの構成要素は，分権的とはいえ全く別個に存在するのではなく，相互に密着した形で影響を及ぼし合う。経済行動の意思決定者である経済主体としては，消費者や家族の集まりとしての「家計」，生産者や会社の集まりとしての「企業」，そして中央政府や地方自治体の総意としての「政府」の3者が登場し，これらの間で貨幣を媒介として財サービスが取引され，分権的市場経済（decentralized market economy）が成り立つ。

　もちろん，国民経済には経済主体は多数おり同じ消費者でも細部では消費行動が異なるのが普通だ。しかし，あまり多様に考えすぎると収拾がつかなくなることから，経済学では，ある程度合意が得られる平均的な部分を経済主体と

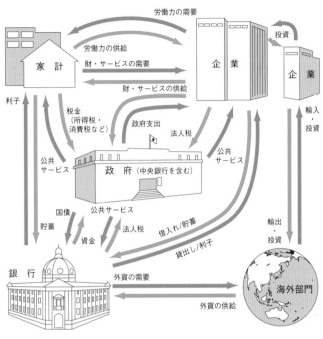

労働力の需要

労働力の供給

財・サービスの需要

財・サービスの供給

家 計

企 業

企 業

投資

利子

税金
（所得税・
消費税など）

政府支出

法人税

輸入・
投資

公共
サービス

公共
サービス

政 府 （中央銀行を含む）

国債

公共サービス

貯蓄

資金

法人税

借入れ/貯蓄

貸出し/利子

輸出・
投資

銀 行

外貨の需要

海外部門

外貨の供給

図 2-1　経済循環の図（経済主体の相互関係）

しての合理的（rational）な行動として体系化する。経済主体の合理的行動とは，例えば，消費者は予算の範囲内で効用を最大化するように行動するとか，企業は生産活動によって得られる利潤を最大化する，といった目的にかなった「合目的」的な行動をいう。こうしたコンセンサスが得られる部分があることが，経済学が文科系の社会科学の中で最も理科系の科学（science）に近い学問体系と評価される所以だ（**第1講**）。

「家計」「企業」「政府」の3者が主な経済主体であるが，実際には，対象とする経済活動を詳述する場合には，これら以外の経済主体も登場する。例えば，お金の貸し借りなどの経済の金融面を詳しく見る場合には，金融機関の代表として「銀行」の経済活動が重要になる。また，国内経済を外国から隔離して閉鎖的に捉えるのではなく，商品の輸出・輸入といった貿易活動やアメリカの国債を購入したりマレーシアに現地工場を開設するといった海外直接投資活動を

詳しく見る場合には，「外国」ないし「海外部門」と呼ぶ経済主体を考える。

　図2-1は，以上の国民経済を構成する経済主体同士の経済取引をまとめた経済循環の図になっている。取引の需要側と供給側に加えて，資金の流れが起こる原因についても記載してある。もちろん，これらが経済取引のすべてではないが，当該経済主体間の取引としては代表的なものである。

## ■ 日本の将来人口

　国民経済を俯瞰（ふかん）するとして，国土面積や気象・自然環境，経済がたどってきた行程，経済発展のどの段階にあるか，といったチェックリストと並んで重要なのが，その国民経済を支え牽引（けんいん）する国民であり，人口や人口の構造が問題となる。

　図2-2は1950年，2000年，そして2050年（推計）と50年おきの日本の人口構造をグラフィック化したものであり，文字通りの人口ピラミッド型が見られた1950年代から，2000年の「西洋鎧（よろい）の横顔」型を経て2050年には細身のトルソー（胴体影像）型の人口構造に移行すると推計されている。図2-3は過去1200年間の日本の人口の推移と今後80年間の予想人口の推移がプロットされている。今後については，基本となる中位推計とともに高位推計と低位推計も上下に添えた。人口統計は，かつては生命表や婚姻データに基づいて最も安定的に推計可能な統計データであったが，近年の女性の大幅な労働市場への進出や晩婚化・非婚化によって推計誤差が蓄積する統計データとなっている。言い換えるならば，人口統計の推定は慢性的に誤ったものになっており，しかも出生率と人口を高め，多めに推定するバイアスが顕著である。人口動態を純粋に推計するというよりは，（経済成長や年金財政の持続可能性含みで）その望まれる動態が先行して設定され自由に（あるいは最尤化（さいゆう）基準では）動かせないからだろう。

　日本の総人口は2004年の12,784万人をピークに以後減少しており，2020年に12,714万人で前年より0.21％減少し，今後も下降トレンドは続き2100年には4,771万人まで減少すると推計されている。なお，日本の総人口という場合，分かりにくいのは日本に居住する外国籍の人たちもカウントされることだ。人口推計を行う上で日本の総人口に含まれる外国人住民は，本邦内に常住している者（当該住居に3か月以上にわたって住んでいるか，または住むことになっている者）を対象とし，外国政府の外交使節団・領事機関の構成員及びその家族並

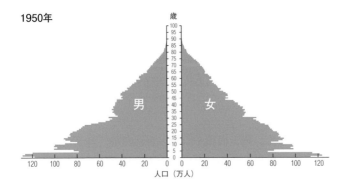

1950年

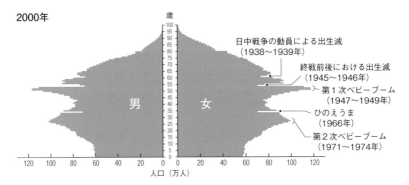

2000年

日中戦争の動員による出生減
（1938〜1939年）

終戦前後における出生減
（1945〜1946年）

第1次ベビーブーム
（1947〜1949年）

ひのえうま
（1966年）

第2次ベビーブーム
（1971〜1974年）

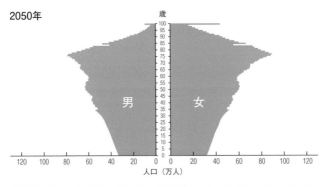

2050年

（出所）　総務省統計局「国勢調査」，国立社会保障・人口問題研究所「日本の将来推計人口（平
　　　成29年推計）」をもとに作成

図 2-2　**日本の人口構造**

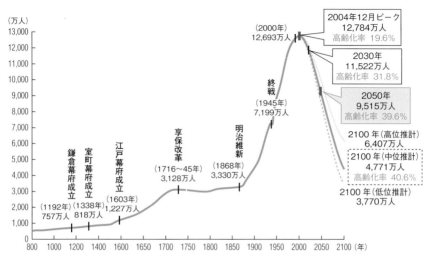

（出所）　国土交通省「『国土の長期展望』中間とりまとめ　概要」（2011 年 2 月 21 日）

図 2-3　日本の長期人口推移と予測

びに外国軍隊の軍人・軍属およびその家族は含まれない。もちろん短期滞在の観光客も対象外だ。この意味での該当者は，2000 年には 208 万人であったものが，20 年には 287 万人となっている。2020 年の外国人住民の割合は 2 年連続 2％を超え，2.25％となった。

　したがって，日本の総人口から外国人住民を控除した日本国籍の住民は 2020 年で 12,427 万人となり，2009 年をピークとして爾来連続で減少している。外国人住民を含めた日本の総人口のピークが 2004 年であったことから，04 年から 09 年にかけては日本人住民は増加傾向にあったわけで，外国人住民が一時的に減少傾向を示した中で総人口が減少していたことになる。2009 年以降は，リーマン・ショックの影響もあって当初は外国人住民は増加トレンドから逸れて減少した。その後は外国人住民の数は基本的に増加するが，その増加の程度が日本人住民の減少程度に比べて小さく総人口も減少している。

■ 少子高齢化

　日本の少子高齢化は世界に例がないほど急速に進んでいる。公的年金や医療

保険，赤字が累増した財政運営，そして民間企業の終身雇用や年功序列，退職金制度等の日本的経済システムの雇用慣行に至るまで，それらが維持できる根拠として人口増加による経済成長を想定してきた。したがって，この構造が崩れるとなれば，日本の経済経営システムや社会システムそのものの存亡に必然的に関わる問題となる。

2019年現在のデータだと，65歳以上が総人口に占める割合である高齢化率が28.4%に達し，過去最高，しかも世界最高になっている。この割合が14%を超えると高齢社会，それ以下は高齢化社会と定義されていることから，2020年の日本の状況は高齢化社会を通り越して高齢社会へ移行した段階にある。ちなみに，1950年代半ばにはこの割合は5%程度だったこと，そして2000年にも17.4%だったことから，日本の高齢者がいかに急速に増加したかが理解される。確かに医療技術の発達や公衆衛生の整備・管理によって平均寿命が延び長寿化したし，各種の難病・重症の疾病（しっぺい）が治癒可能にもなった。人間ドッグの普及による成人病の予防効果が大きく，乳幼児から介護老人に至るまでの篤（あつ）いケア体制が確立しているのも，世界一の高齢社会をもたらすのに貢献しただろう。

一方で，将来の働き手となる子供の減少が深刻だ。1人の女性が一生のうちに平均として何人の子供を産むかを示す合計特殊出生率（total fertility rate）は2019年に1.36に過ぎず，現在の人口を将来も維持するのに必要とされる2.07ないし2.08（若い女性の死亡確率や子供の男女比率などを踏まえて理論値の2を上回る）を大きく下回り，生まれた子供の数（出生数）は過去最少の86.5万人に落ち込んだ（いわゆる団塊の世代の出生数は260万人台で3倍に近い）。合計特殊出生率は，具体的には，1人の女性が出産可能とされる15歳から49歳までに産む子供の数の平均を示す。

高齢化率や合計特殊出生率の現状を踏まえると，これが今後も持続するならば，21世紀の第2四半世紀には人口が2割減少となる一方で，高齢化率は3割を超えると推計される。

## ■ 世界の出生率ランキング

日本の出生率は1970年代半ばに人口の維持に必要とされる2.07を下回って以来，50年近くその状態が続いている。2005年にはいったん1.26まで落ち込み，その後わずかながら上昇しているが，世界的に見ると低水準だ。2018年時点での世界の合計特殊出生率国別ランキング（表2-1）で見ると，1位のニ

## 表 2-1　世界の合計特殊出生率国別ランキング（2018年）

（　　は OECD 加盟国）

| 順位 | 国 | 率 | 順位 | 国 | 率 | 順位 | 国 | 率 | 順位 | 国 | 率 |
|---|---|---|---|---|---|---|---|---|---|---|---|
| 1 | ニジェール | 6.91 | 52 | パキスタン | 3.51 | 103 | ミャンマー | 2.15 | 154 | エストニア | 1.67 |
| 2 | ソマリア | 6.07 | 53 | ケニア | 3.49 | 104 | イラン | 2.14 | 155 | チリ | 1.65 |
| 3 | コンゴ民主共和国 | 5.92 | 54 | ナミビア | 3.40 | 105 | メキシコ | 2.13 | 156 | リトアニア | 1.63 |
| 4 | マリ | 5.88 | 55 | エジプト | 3.33 | 106 | レバノン | 2.09 | 157 | ベルギー | 1.62 |
| 5 | チャド | 5.75 | 56 | キルギス | 3.30 | 107 | クウェート | 2.08 | 158 | バルバドス | 1.62 |
| 6 | アンゴラ | 5.52 | 57 | レソト | 3.14 | 108 | トルコ | 2.07 | 159 | キューバ | 1.62 |
| 7 | ブルンジ | 5.41 | 58 | イスラエル | 3.09 | 109 | グレナダ | 2.06 | 160 | アルバニア | 1.62 |
| 8 | ナイジェリア | 5.39 | 59 | ミクロネシア連邦 | 3.05 | 110 | 米領ヴァージン諸島 | 2.06 | 161 | スロベニア | 1.60 |
| 9 | ガンビア | 5.22 | 60 | アルジェリア | 3.02 | 110 | ジョージア（グルジア） | 2.06 | 161 | ラトビア | 1.60 |
| 10 | ブルキナファソ | 5.19 | 61 | エスワティニ（スワジランド） | 2.99 | 113 | ベトナム | 2.05 | 163 | バミューダ | 1.60 |
| 11 | ウガンダ | 4.96 | 62 | ハイチ | 2.94 | 113 | エルサルバドル | 2.04 | 165 | オランダ | 1.59 |
| 12 | タンザニア | 4.89 | 63 | モンゴル | 2.90 | 114 | バングラデシュ | 2.04 | 165 | リヒテンシュタイン | 1.58 |
| 13 | モザンビーク | 4.85 | 64 | オマーン | 2.89 | 115 | マレーシア | 2.00 | 166 | ロシア | 1.57 |
| 14 | ベナン | 4.84 | 65 | ボツワナ | 2.87 | 116 | コソボ | 2.00 | 166 | ドイツ | 1.57 |
| 15 | 中央アフリカ | 4.72 | 66 | グアテマラ | 2.87 | 116 | グリーンランド | 2.00 | 168 | ノルウェー | 1.56 |
| 16 | ギニア | 4.70 | 67 | カザフスタン | 2.84 | 118 | アンティグア・バーブーダ | 1.99 | 168 | ブルガリア | 1.56 |
| 17 | 南スーダン | 4.70 | 68 | シリア | 2.81 | 119 | バーレーン | 1.99 | 170 | ハンガリー | 1.56 |
| 18 | コートジボワール | 4.65 | 69 | トルクメニスタン | 2.79 | 120 | ジャマイカ | 1.98 | 171 | スロバキア | 1.54 |
| 19 | ザンビア | 4.63 | 70 | フィジー | 2.77 | 121 | ブータン | 1.98 | 172 | タイ | 1.53 |
| 20 | セネガル | 4.63 | 71 | ヨルダン | 2.76 | 122 | ウルグアイ | 1.97 | 173 | スイス | 1.52 |
| 21 | カメルーン | 4.57 | 72 | ボリビア | 2.73 | 123 | ニューカレドニア | 1.97 | 174 | チャンネル諸島 | 1.51 |
| 22 | モーリタニア | 4.56 | 73 | ジブチ | 2.73 | 124 | 仏領ポリネシア | 1.94 | 175 | カナダ | 1.50 |
| 23 | 赤道ギニア | 4.51 | 74 | ラオス | 2.67 | 125 | ネパール | 1.92 | 176 | 北マケドニア | 1.50 |
| 24 | ギニアビサウ | 4.48 | 75 | フィリピン | 2.58 | 126 | 北朝鮮 | 1.90 | 177 | セルビア | 1.49 |
| 25 | アフガニスタン | 4.47 | 76 | カンボジア | 2.50 | 127 | アルバ | 1.90 | 178 | クロアチア | 1.47 |
| 26 | コンゴ共和国 | 4.43 | 77 | フェロー諸島 | 2.50 | 128 | セントビンセント・グレナディーン | 1.89 | 178 | オーストリア | 1.47 |
| 27 | スーダン | 4.41 | 78 | ガイアナ | 2.46 | 129 | フランス | 1.88 | 180 | ポーランド | 1.46 |
| 28 | ソロモン諸島 | 4.40 | 79 | パナマ | 2.46 | 130 | モルディブ | 1.87 | 181 | ベラルーシ | 1.45 |
| 29 | サントメ・プリンシペ | 4.32 | 80 | ホンジュラス | 2.46 | 131 | カタール | 1.87 | 182 | セントルシア | 1.44 |
| 30 | トーゴ | 4.32 | 81 | パラグアイ | 2.43 | 132 | ブルネイ | 1.85 | 183 | ポルトガル | 1.42 |
| 31 | リベリア | 4.32 | 82 | エクアドル | 2.43 | 133 | 仏領セント・マーチン島 | 1.81 | 183 | 日本 | 1.42 |
| 32 | シエラレオネ | 4.26 | 83 | ウズベキスタン | 2.42 | 134 | コロンビア | 1.81 | 185 | アラブ首長国連邦 | 1.41 |
| 33 | エチオピア | 4.25 | 84 | スリナム | 2.42 | 135 | スウェーデン | 1.76 | 186 | モーリシャス | 1.41 |
| 34 | マラウイ | 4.21 | 85 | モロッコ | 2.42 | 135 | ルーマニア | 1.76 | 186 | フィンランド | 1.41 |
| 35 | コモロ | 4.21 | 86 | セーシェル | 2.41 | 137 | アルメニア | 1.76 | 188 | ルクセンブルク | 1.38 |
| 36 | マダガスカル | 4.08 | 87 | 南アフリカ | 2.41 | 138 | コスタリカ | 1.75 | 189 | ギリシャ | 1.35 |
| 37 | エリトリア | 4.06 | 88 | ニカラグア | 2.40 | 139 | バハマ | 1.75 | 190 | キプロス | 1.33 |
| 38 | ルワンダ | 4.04 | 89 | ドミニカ共和国 | 2.35 | 140 | アイルランド | 1.75 | 191 | ウクライナ | 1.30 |
| 39 | 東ティモール | 4.02 | 90 | サウジアラビア | 2.32 | 141 | モンテネグロ | 1.75 | 192 | イタリア | 1.29 |
| 40 | ガボン | 3.97 | 91 | グアム | 2.31 | 142 | オーストラリア | 1.74 | 193 | ボスニア・ヘルツェゴビナ | 1.27 |
| 41 | サモア | 3.88 | 92 | インドネシア | 2.31 | 143 | デンマーク | 1.73 | 194 | モルドバ | 1.26 |
| 42 | ガーナ | 3.87 | 93 | ベリーズ | 2.30 | 143 | ブラジル | 1.73 | 195 | スペイン | 1.26 |
| 43 | イエメン | 3.79 | 94 | カーボヴェルデ | 2.27 | 143 | アゼルバイジャン | 1.73 | 196 | マルタ | 1.23 |
| 44 | バヌアツ | 3.78 | 95 | ベネズエラ | 2.27 | 146 | アメリカ | 1.73 | 197 | マカオ | 1.22 |
| 45 | イラク | 3.67 | 96 | アルゼンチン | 2.26 | 147 | トリニダード・トバゴ | 1.73 | 198 | シンガポール | 1.14 |
| 46 | パレスチナ | 3.64 | 97 | ペルー | 2.25 | 148 | ニュージーランド | 1.71 | 199 | 香港 | 1.07 |
| 47 | ジンバブエ | 3.62 | 98 | リビア | 2.24 | 148 | アイスランド | 1.71 | 200 | 台湾 | 1.06 |
| 48 | タジキスタン | 3.59 | 99 | インド | 2.22 | 148 | チェコ | 1.71 | 201 | プエルトリコ | 1.04 |
| 49 | キリバス | 3.56 | 100 | スリランカ | 2.21 | 151 | キュラソー | 1.70 | 202 | 韓国 | 0.98 |
| 50 | パプアニューギニア | 3.56 | 101 | チュニジア | 2.20 | 152 | 中国 | 1.69 | | 世界平均 | 2.42 |
| 51 | トンガ | 3.56 | | | | 153 | イギリス | 1.68 | | | （単位：人） |

（出所）　世界銀行（World Bank）「Fertility rate, total（birth per woman）」をもとに作成

ジェールの 6.91 を筆頭にアフリカ諸国が上位に並び，世界の平均は 2.42 と
なっている。

　先進諸国はおおむね世界平均以下で，人口の現状維持も危機ラインにあるが，
その中でも日本の 1.42 は極端に低い。ヨーロッパ諸国で最も高いのはフラン
スの 1.88 で，次いでスウェーデンの 1.76，デンマークが 1.73，イギリスが 1.68，
ドイツが 1.57 と続いている。その他ではアメリカは 1.73，中国は 1.69，ロシ
アは 1.57 と，日本の低さが浮き彫りになる。また，韓国が最下位の 202 位で
0.98 となっているのをはじめシンガポール，香港，台湾などアジア諸国が下位
に集中しているのも注目される。


## ■ 少子高齢化の影響

　少子高齢社会の到来は，経済学的に見ると具体的にどのような問題を引き起
こすだろうか？　少子高齢化がもたらす影響としては，しばしば次の点が指摘
される。

(1)　労働力人口が減少し，生産活動・経済成長の制約要因となる。
(2)　高齢者人口と労働力人口のバランスが崩れ，現役世代の負担の増大をもた
　　らす。賦課方式の年金制度の維持が困難となり，持続可能性が問われる（**第
　　12 講**）。
(3)　財政で社会保障関連費のウエイトが高まり，他の歳出項目を抑制する。

　もっとも，少子高齢社会の到来は経済を悪化させるばかりではない。高齢者
を対象としたシルバー産業，健康志向産業，世界一周クルーズなど高級観光業
への需要が高まり，産業界を牽引するビジネスに成長していく可能性がある。
時間的にも経済的にも余裕のある高齢者層の出現は，消費構造そのものを変革
していく可能性を秘めている。少子化に関連しては，1 人の子供に両親とそれ
ぞれの祖父母の計 6 人がモノを買い与えるというシックスポケッツ（6 個の財布）
と呼ばれる現象が生じており，子供 1 人当たりの消費額はむしろ増える傾向に
ある。また，人口減により 1 人当たりの社会的共通資本はかえって充実し，満
員電車や高速道路の渋滞，美術展・音楽会・スポーツイベントのチケット購入
難といった混雑現象の緩和や制度資本一般の 1 人当たりのサービスの向上も期
待される。

　少子化の象徴ともいわれる合計特殊出生率の低位停滞状態に対しては，働く

女性にとって子育てをしやすい環境を整備するなど，対策が講じられていない
わけではない。ただし，女性労働の増長スピードには追いつけず，託児所，保
育所，幼稚園などに抽選で落ちてしまい空き待ちとなる待機児童問題は後を絶
たない。出産・育児は家族の価値観やライフスタイルと深く関わり，行政が介
入するには限界があろう。それでも働く女性にとっては子育ては最大の関心事
であり，仕事が維持できるかにとっても喫緊の課題となる。2020 年の新型コ
ロナウイルス感染症のパンデミックで急遽脚光を浴びたテレワークなりリモー
トワークは，正規社員であっても自宅で仕事ができ，子育てと両立する新しい
雇用形態としてコロナ禍後にも持続される可能性が取り沙汰されている。

## ■ 世界で人口の多い国

　わずか十数年のうちに，地球上の人口は現在の 77 億人から約 85 億人に，さ
らに 2060 年までにほぼ 100 億人に達する見込みだ。この増加はごく少数の国
で生じる。いくつかの国の人口は急激な増大を続けるが，人口が減少に転じて
いる国も多数ある。同時に，平均寿命が地球規模で延び，出生率が低下の一途
をたどる中で，世界では高齢化も進んでいる。このような世界人口の規模と構
成の変化は，持続可能な開発目標（SDGs）の達成と，誰一人取り残さない世界
の実現に大きく影響する（**第 12 講**表 12-2）。

　表 2-2 は国連による，世界で人口の多い国のランキングであり，2019 年は
実績，2050 年は国連による推計である。2050 年は人口が 1 億人を超える国が
対象であり，19 か国に限られる。1900 年に 16 億余人だった世界の人口は，
1950 年に 25 億人，1987 年に 50 億人，2020 年現在は 80 億人弱に達し，国連
の推計では 2062 年に 100 億人を突破すると予想されている。表 2-2 の限られ
た統計からも，アフリカ諸国の増加が目立ち，食糧やエネルギー不足，貧困拡
大が心配されている。日本はロシア，ドイツなどとともに人口が減り，少子化
対策が進まないと，2050 年に 1 億人を維持するのは難しいとの推計が優勢だ
（図 2-3，表 2-2）。

## ■ 世界の人口動態

　国連による最新の世界人口の推計と予測を提示する『世界人口推計 2019 年
版』には世界の人口動態について，主要な 10 項目の観察がなされている。世
界の人口動態においても，世界の地政学的な地域差が色濃く反映され，とりわ

表 2-2　世界で人口の多い国，2019 年と 2050 年

| 2019 年 | | | | 2050 年 | | |
|---|---|---|---|---|---|---|
| 順位 | 国名 | 人数 | | 順位 | 国名 | 人数 |
| 1 | 中　国 | 14 億 3,378 万 | | 1 | インド | 16 億 2,000 万 |
| 2 | インド | 13 億 6,642 万 | | 2 | 中　国 | 13 億 8,500 万 |
| 3 | アメリカ | 3 億 2,907 万 | | 3 | ナイジェリア | 4 億 4,000 万 |
| 4 | インドネシア | 2 億 7,063 万 | | 4 | アメリカ | 4 億 0,100 万 |
| 5 | パキスタン | 2 億 1,657 万 | | 5 | インドネシア | 3 億 2,100 万 |
| 6 | ブラジル | 2 億 1,105 万 | | 6 | パキスタン | 2 億 7,100 万 |
| 7 | ナイジェリア | 2 億 0,096 万 | | 7 | ブラジル | 2 億 3,100 万 |
| 8 | バングラデシュ | 1 億 6,305 万 | | 8 | バングラデシュ | 2 億 0,200 万 |
| 9 | ロシア | 1 億 4,587 万 | | 9 | エチオピア | 1 億 8,800 万 |
| 10 | メキシコ | 1 億 2,758 万 | | 10 | フィリピン | 1 億 5,700 万 |
| 11 | 日　本 | 1 億 2,686 万 | | 11 | メキシコ | 1 億 5,600 万 |
| 12 | エチオピア | 1 億 1,208 万 | | 12 | コンゴ | 1 億 5,500 万 |
| 13 | フィリピン | 1 億 0,812 万 | | 13 | タンザニア | 1 億 2,900 万 |
| 14 | エジプト | 1 億 0,039 万 | | 14 | エジプト | 1 億 2,200 万 |
| 15 | ベトナム | 9,646 万 | | 15 | ロシア | 1 億 2,100 万 |
| 16 | コンゴ | 8,679 万 | | 16 | 日　本 | 1 億 0,800 万 |
| 17 | ドイツ | 8,352 万 | | 17 | ウガンダ | 1 億 0,400 万 |
| 18 | トルコ | 8,343 万 | | 18 | ベトナム | 1 億 0,400 万 |
| 19 | イラン | 8,291 万 | | 19 | イラン | 1 億 0,100 万 |
| 20 | タ　イ | 6,963 万 | | | | |

（出所）　国際連合「世界人口推計 2019 年版」

け 2050 年に向けて人口が増大する発展途上国での貧困拡大，持続可能な開発
目標（SDGs）の未達危機（**第 12 講**），国境を超える移民増大，等々の問題が鮮
明化する可能性が指摘される。その 10 項目は以下の通り。

(1) 世界人口は増大を続けるものの，地域によって増加率に大きな差がある

　世界の人口は 2019 年の 77 億人から 30 年の 85 億人へ，さらに 50 年には 97
億人，2100 年には 109 億人へと増える。サハラ以南アフリカの人口は，2050
年までに倍増する。その他の地域の 2019 年から 50 年にかけての人口増加率は
まちまちであり，オーストラリアとニュージーランドを除くオセアニア（56%），
北アフリカ・西アジア（46%），オーストラリアとニュージーランド（28%），
中央・南アジア（25%），ラテンアメリカ・カリブ（18%），東・東南アジア（3%），

欧州・北米（2%）となっている。

(2) 2050年までに予測される人口増加の半分以上は9か国で発生

2019年から2050年にかけ，最も大幅な人口増加が起きるのは，（予測される人口増が多い順に）インド，ナイジェリア，パキスタン，コンゴ（旧ザイール），エチオピア，タンザニア，インドネシア，エジプト，アメリカの9か国だ。インドは2027年頃，中国を抜いて世界で最も人口が多い国になる。

(3) 急激な人口増加で，持続可能な開発に課題

最速の人口増加が見込まれるのは最貧国であり，それらの国では人口増加により貧困の根絶（SDGsゴール1），不平等の是正（ゴール5および10），飢餓と栄養不良への対策（ゴール2），保健・教育のカバレッジと質の向上（ゴール3および4）に対して，追加的な課題が生じる（**第12講**）。

(4) 生産年齢人口の増大が，経済成長のチャンスになる国も

サハラ以南アフリカのほとんどの国と，アジアやラテンアメリカ・カリブ地域の一部の国では，最近になって出生率が低下したことで，生産年齢人口が他の年齢層よりも早いスピードで増加している。この人口ボーナスによっては絶好の経済成長が期待されるが，そのためには，政府が特に若者向けの教育と保健衛生に投資し，持続可能な経済成長を促進する条件を整備する必要がある。

(5) 出生率は全世界的に減少しているものの，一部では高止まり

世界人口の半数近くは，出生率が2.1人未満の国または地域で暮らしている。2019年の出生率が平均でこれを上回っている地域は，アフリカ，西アジアおよび中央・南アジア，オーストラリアとニュージーランドを除くオセアニアだ。全世界の出生率は，1990年の3.2人から2019年には2.5人へと低下し，2050年にはさらに2.2人へと低下する見込み。

(6) 平均寿命は延びているものの，最貧国は世界平均に7年及ばず

1990年の64.2歳から2019年には72.6歳へと延びた世界の平均寿命は，さらに2050年までに77.1歳へと延びる。2019年現在，後発開発途上国の平均寿命は，子供と妊産婦の死亡率が高止まりしていることに加え，暴力や紛争，HIV蔓延による影響の継続により，世界平均を7.4歳下回る。

(7) 世界人口は高齢化，65歳以上の年齢層が最速の拡大

2019年現在，世界人口の11人に1人が65歳以上だが，この割合は2050年までに6人に1人へと増える。2019年から50年にかけ，北アフリカ・西アジア，中央・南アジア，東・東南アジア，ラテンアメリカ・カリブの各地域では，

65 歳以上人口の割合が倍増する。2050 年までに，欧州・北米地域で暮らす 4 人に 1 人は，65 歳以上となる。2018 年には史上初めて全世界の 65 歳以上人口が 5 歳未満の子供の数を上回った。80 歳以上の人口も，2019 年の 1 億 4,300 万人から 50 年には 4 億 2,600 万人へと，3 倍に増える。

⑻ 生産年齢人口の割合低下が社会保障制度に圧力

25-64 歳の生産年齢人口の 65 歳以上人口に対する割合を示す潜在扶養指数は，全世界で低下を続けている。日本はこの割合が 1.8 と世界で最も低い。2050 年までに，欧州・北米，東・東南アジアをはじめとする 48 か国では，潜在扶養指数が 2 を下回る。こうした人口高齢化は，労働市場と実体経済に及ぼす直接的な影響のほか，間接的には高齢者向けの公的医療，年金および社会保障制度を構築，維持しようとする際の財政圧力を確実にもたらす。

⑼ 人口の減少を経験する国が増加

2010 年以来，27 の国と地域で人口が 1% 以上の減少を示した。この人口減の原因として，低い出生率と，場所によっては高い移民流出率が挙げられる。2019 年から 50 年にかけ，55 の国と地域で人口が 1% 以上減少するが，うち 26 の国と地域では，10% 以上の人口減少となる可能性もある。

⑽ 一部の国では，国際移動が人口変動の大きな要因に

2010 年から 20 年にかけ，欧州・北米，北アフリカ・西アジア，オーストラリアとニュージーランドは移民が入国超過となり，他の地域は出国超過となる。14 の国と地域で移民が 100 万人を超える純増となる一方，10 か国では，逆に 100 万人を超える移民流出が起きる。

## 2.2　フローとストックで見る経済規模----------

本節では，日本および世界の国々の経済規模について概観する。日本経済がどのような成長経路を経て今日の経済規模に到達したか，そして日本経済の規模は世界でどのくらいの位置にあるのか？　フローとストックの 2 つの意味での経済規模を探る。

### ■ 国民所得勘定と 3 面等価

国民経済計算における国民所得勘定は，国民経済計算の他の勘定である産業

連関表，資金循環勘定，国際収支統計，国民貸借対照表を 1 つの体系に接合するための媒介として中核的役割を果たす。

　国民所得勘定は，年や四半期など一定の期間内に生産された財サービスの価額を推計する。国民所得勘定の推計方法には，(1) 各財サービスの生産額から原材料等として使用された財サービス（中間投入）を控除して得られる付加価値を集計する生産面，(2) その期間内での最終需要を集計する支出面，および(3) 賃金や利潤等の分配された所得を集計する分配面，の 3 通りの接近方法がある。これら 3 面からの推計値は理論的に一致すべきものであり，これを 3 面等価の原則ないし直截的に GDP の 3 面等価という（**第 9 講**）。

　国民経済計算では以上の生産，支出，分配の 3 面からの接近方法が実践され，統計上，3 面の等価が実現されている。具体的には，まず消費，投資，政府支出，外需（輸出−輸入）の合計として支出面が推計され，別途に生産面と分配面が一致するよう作成されたデータとの間で事後的に生じる支出面との乖離を統計上の不突合として明示する。

　支出面での投資には意図されない在庫投資（すなわち売残り）も含まれることと，この統計上の不突合の導入により，支出面と生産面の 2 面等価（生産面に等しい分配面も合わせて 3 面等価）が成立する。すなわち，統計上の不突合との調整項目を介して，2 面ないし 3 面から推計した GDP を事後的に一致させている。

## ■ GDP とは何か？

　国内総生産，すなわち GDP（Gross Domestic Product）は「ある一定期間（四半期，1 年など）内に，国民経済の中で生産された最終生産物を，その市場価格で評価したものの総和」と定義される。ここでいう最終生産物（最終財）とは，そのままの状態で最終目的として使用される財サービスをいう。これに対して他の財サービスの原材料として用いられる状態にあるものは，中間財になる。中間財の概念は何段階もあり得て，中間財の原材料となるものも中間財となる。日々日常的に消費しているものはほとんど最終生産物だが，工場で使われているものはほとんどが中間財といえるだろう。物理的には同じものでも，用途によって最終生産物になったり中間財になったりするものもある。例えば，生鮮食品として店頭に並ぶイチゴは最終生産物だが，ジャム工場にジャムの原料として購入されるイチゴは中間財となる。クリスマスケーキに含まれるイチゴも，

購入した家庭では最終財になるが，製作したケーキ屋の段階では中間財だ。

中間財を最終生産物から区別するのは，1つの経済活動を2回以上も集計してしまうという二重計算を避けるためだ。二重計算を避けるには別の工夫も考えられる。中間財生産も含めたあらゆる生産工程で，その段階で生産した生産額から原材料として投入した中間財の投入額（いずれも市場価格で評価）を差し引いた付加価値を，すべての生産工程について集計するのだ。実は，1つの財サービスで確かめてみると理解されるように，その財サービスの生産過程で発生した付加価値を合計すると最終生産物になる。

さて，GDPの定義の中に，財サービスは市場価格で評価するとあった。これはいくつかの重要な意味をもっている。まず第1に，市場価格とは市場で評価される価格であり，前提条件として市場が存在する必要がある。ここでよく問題にされるのが，「家庭の主婦（主夫でもいい）の家事労働はGDPに入らない」という事実だ。その理由が，実際に市場で取引されているわけではないからだ。もっともこの扱いには例外もある。それを無視してしまうのがあまりに影響が大きいと判断されるものがそれで，持ち家の家賃部分が代表例になる。日本では，全国平均では6割強の世帯に持ち家があり，ここから発生する住居サービスは潜在的には大きな額になってもおかしくない。しかし実際は，住んでいる本人が家の所有者であり，支払いの事実はないのが普通だ。すなわち持ち家サービスを取引している市場がない。

しかし，家を借りて住むと家賃を払う。これには市場があり，家賃を支払っているということが「住居サービスを買う」ことになり，それを売る家主との間で取引が成立したことになる。すなわち，賃貸住宅の家賃はGDPに入れる条件を満たし，実際にGDPに入れている。ここで，賃貸住宅の家賃がGDPに入って，持ち家に住んで享受する住居サービスがGDPに入らないとすると，何かバランスを欠くのではと疑問が湧くだろう。しかも持ち家のウエイトが小さくないのだ。そこで考え出されたのが，持ち家にもそれとほぼ同じ条件の賃貸住宅で成立している家賃をつけて計算するという帰属計算だ。その価格を帰属価格（imputed price ないし shadow price）という。すなわち，市場のない財サービスにも帰属計算するという考え方がとられているのだ（その結果，家計最終消費支出の2割近く，名目GDPの約1割に達する）。

しかし，どんなものにも帰属計算が適用されているかといえば，むしろされていないのが現状といえる。昔の習慣で，たいして重要と思われていなかった

ものについては，わざわざそうした面倒くさい手続きをとることを嫌った経緯があり，家事労働はそうした例に入れられた。昔は，家事労働は当然主婦が行うものと受け止められ，しかも主婦はパートも含めていっさい勤めに出ることは想定されていなかった。いまは大分時代が変わり，2019年には女性の就業者数は初めて3,000万人を超え，女性の生産年齢人口（15-64歳）の70％強が何らかの職業に就き働いている。そういう環境では，当然，家で働くのと外で働くのの違い，否むしろ違わないことが意識される。それなのに，外で働く労働は賃金という市場価格で評価されるのに対し，家事労働には評価がつかない。あえていえば価格評価はゼロであり，こうした現状に矛盾を感じ異議を唱える声がだんだん大きくなってきたのは当然といえよう。1995年に北京で開かれた世界女性会議でも問題となり，このとき日本政府も家事労働の貨幣評価を行うことを決定したのだったが，まだそれがGDPに算入されるようになったわけではない。

　規模が大きいために無視できなかったものには，農家で収穫されたものなのにもかかわらず市場に出荷されず，農家が自ら食べてしまった自家消費分が入る。いまでは農家など第1次産業のウエイトは産業別就業者割合で4％とわずかだが，終戦直後の1950年には49％だった（名目GDPの割合では55年に21％）。当時の農家は大家族で家族数も多く，自家消費はおおよそ生産総額の1割としても名目GDPの2％となり，これは無視できないと判断されたようだ。結局，自家消費分は市場には出荷されないが，GDPの集計上の扱いは「いったんは出荷してから，農家が自ら買い戻した」のと同じ扱いになる。

　しかし，同じような性質と思われるものでも，休日にお父さんが釣ってきた魚類や，日曜大工の成果の犬小屋などは，GDPには入れない。ほんらいならば入れるべきだし，類似のものが市場でいくらで取引されているかも分かりやすいが，それぞれが占めるウエイトは昔も今も大きいわけではないので，集計対象とはしていない。

## ■ GDPの3面等価

　GDPには生産面，分配面，支出面が一致する3面等価の原則ないしGDPの3面等価が成立することに言及したが，実際の国民経済計算ではどうなっているかを図2-4で確認しよう。同図では，1行目の生産面でのGDPと3行目の分配面でのGDPは常に等しい。生産に貢献した生産要素への支払いが，生産

要素となる経済主体側からの所得，すなわち分配面となる。生産面と分配面が必ず等しいというのは，生産要素への支払いで残った部分があるとしても，それは企業の取り分として処分されるからだ（分配面の営業余剰・混合所得）。ただし，生産関数が規模に関して収穫一定ならば，生産要素がその限界生産力（限界生産性ともいう）に見合う報酬を受けるならば，生産物はすべて生産要素に分配され尽くす（限界原理，**第14講**）。

これらの2面と2行目の支出面が等しくなるからくりは，統計上の不突合で処理することは既述の通りだが，経済学の理論では，生産面は供給，支出面は需要で，これらが等しくなるのは需要と供給が一致する市場均衡においてだ。すなわち，GDPの3面等価が成立するのは，マクロ経済では総需要と総供給が一致する市場均衡においてなのだ（**第9講**）。

図2-4ではGDPの3面等価の原則に加えて，GDP（国内総生産）と後出のGNP（国民総生産）の間の関係，すなわち

$$GNP＝GDP＋海外からの純要素所得$$

が分かる。また分配面にある固定資本減耗（capital depreciation）は生産活動によって資本ストックが陳腐化する部分であり，減価償却の対象となり，企業は生産活動に当たり資本ストックを回復するために更新投資を行うことになる。この固定資本減耗（更新投資）を含めた投資が粗投資（gross investment）であり，更新投資を含めない投資は純投資（net investment）となる。すなわち，

$$粗投資＝純投資＋固定資本減耗$$

である。なお，粗投資と純投資の関係と同じく，固定資本減耗を含めるか否かで

$$国内総生産＝国内純生産＋固定資本減耗$$

となる（本講**2.4節**）。

分配面で，（間接税 − 補助金）が項目にあるのは，生産面でのGDPが市場価格で表示されることから消費税や他の間接税を含むからであり，その分は（補助金があれば相殺された後に）政府の租税収入となり，生産に貢献する生産要素には配分されない。なお，法人税や所得税などはGDPやGNPには影響しない。これらの直接税は経済主体別の可処分所得には関わるが，それら全体を合計した国民可処分所得には影響しない。直接税は所得の再配分となるが，再配分は国民総所得（GNI）やGDPそのものには影響が及ばないのだ。可処

図 2-4　**3面等価の原則を含む国民所得の諸概念**

分所得は，資産を処分したり負債を増やしたりすることなく，最大限財サービスの消費に使うことのできる価額であり，これを支払いの面から見ると，消費（民間および政府の最終消費支出）と貯蓄に処分される。

### ■ GDP の推移

　日本の GDP がどのような成長経路をたどったかを見たのが図 2-5 である。ただし，同図では GDP でなく GNP をとってある。フローの経済規模を測る代表的な指標は今でこそ GDP であるが，1980 年代後半のバブル経済期頃までは日本の経済活動水準や景気を測る指標として，主として GNP（国民総生産）が用いられていた。GDP は国内，すなわち国民経済内部での生産された付加価値の合計額であり，日本企業が海外支店等で生産した付加価値は含まない。一方，GNP は日本国民（厳密には国籍を問わず半年以上居住している経済主体すべてが対象。他方，2 年以上海外にいる日本人は非居住者扱い）に焦点を当て，国内に限らず，日本企業の海外支店等の所得も含んでいる。ただし，GDP のうち外国人や外国籍の企業が日本国内での生産に貢献した付加価値の分は控除される。

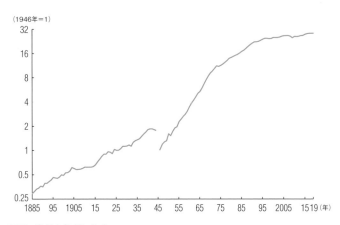

（出所）　以下の資料を参考に作成

1885-1930 年：大川一司・高松信清・山本有造『国民所得（長期経済統計 1）』（東洋経済新報社，
　　　　　　　1974 年）

1931-1954 年：溝口敏行「長期国民経済計算からみた 1940 年代の日本経済」，経済研究，Vol.47
　　　　　　　（2），1996

1955-1993 年：内閣府「国民経済計算（平成 10 年度）」（1990 年基準・1968SNA）

1994-2019 年：内閣府「国民経済計算（令和元年度）」（2015 年基準・2008SNA）

図 2-5　日本の実質 GNP の長期推移

　　国内の景気をより正確に反映する指標として GDP が重視されだしたのには，
冷戦の終 焉とともに経済活動が大幅にグローバル化した中で，国連によって
国民経済計算の指針としての 1993SNA が推奨されたのが大きい。1993SNA
では生産面での GNP の概念はなくなり，統計上の数値としては同じ値が分配
面での国民総所得（GNI，Gross National Income）として導入された。すなわち，
GNP は GNI として生き残ったものの，時系列データの連続性の上で言及され
ることを除くと，生産面の経済活動を代表する指標としては役目を終えてし
まった。

　　さて，図 2-5 は実質 GNP の対数値を縦軸にとって，1885 年から 2018 年ま
での時系列データをプロットしたものである。縦軸の目盛りは実質 GNP の対
数値であるため，グラフの傾きが対数の差分となり，実質 GNP の変化率とし
ての経済成長率になる（図の縦軸は等間隔で 2 倍になることから対数の底は 2 であ
り，自然対数に換算すると 3.32＝1/log2 倍する必要がある）。また図 2-6 は，GDP

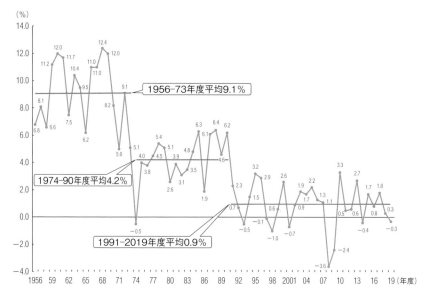

（注）　年度ベース。複数年度平均は各年度数値の単純平均。1980 年度以前は「平成 12 年版国民経済
　　　計算年報（63SNA ベース），1981〜94 年度は年報（平成 21 年度確報，93SNA）による。それ以降は
　　　2008SNA に移行。2020 年 10-12 月期 2 次速報値〈2021 年 3 月 9 日公表〉。
（資料）　内閣府 SNA サイト
（出所）　社会実情データ図録

図 2-6　戦後日本の経済成長率

をベースに，戦後日本の経済成長率を，1955-73 年の高度成長期，
1974-90 年の安定成長期，1991-2019 年の長期不況期の 3 期間に分けて平
均経済成長率を求めたものである。図 2-5 と図 2-6 からは，日本経済の長期
的な推移について以下の 3 点の特徴がうかがえる。

　第 1 に，戦前の日本経済は 1885 年から 1938 年まで，多少の揺らぎはあるも
ののほぼ一直線で推移しており，傾きの経済成長率は年平均 3.5％程度であっ
たとみられる。戦前の日本は明治維新以降「西洋に追い付き追い越せ」を目標
に，富国強兵・殖産興業政策を積極的に推進し，その結果が反映されたもので
ある。軍需費や社会資本整備の負担が重かったこと，主要産業が圧倒的に第 1
次産業であり TFP（全要素生産性，total factor productivity）の貢献が限定的であっ
たこと（第 9 講），そして資本主義国としての市場整備の過渡期であったこと，

等々を踏まえるならばそれなりに高い経済成長率だったといえよう。実際，日本の1人当たりGNPは最先進国であったイギリスとアメリカとの差を着実に縮小させており，1870年には英米のそれぞれ23%，30%に過ぎなかった日本の1人当たりGNPは，太平洋戦争直前には両国のそれぞれ42%，41%に到達していた。

　第2に，日本経済は第2次世界大戦によって規模が半分になるまでのダメージを受けたが，1950年代初頭には開戦前の水準を回復し，53年には戦前のピーク水準を上回った（図2-5の破線）。こうした戦後復興は順調に進捗し，高度成長期が始まる起点というべき1956年の『経済白書』では，「もはや『戦後』ではない」と宣言するまでになった。高度成長期は通常1955年から第1次石油ショックが起こった1970年代初頭までを指すが，確かにこの期間は図2-5においても実質GNPの対数値はほぼ直線で推移し，その傾きの経済成長率は戦前のトレンドを上回っている。図2-6からは高度成長期には18年間中8年間で2桁成長を記録し，平均成長率は9.1%となっている。

　第3に，図2-5の成長経路は1970年代初頭と90年代初頭の2度大きく屈折している。1970年代初頭には「日本列島改造論」ブームと固定相場制から変動相場制への移行，80年代後半期にはヴォーゲル（Ezra Vogel, 1930-2020）の著書『ジャパン・アズ・ナンバーワン』（1979年）で絶賛された日本的経済システムとバブル景気により，日本経済の絶頂期を享受していた。成長経路が屈折する契機となったのは1973年の第1次石油ショックの勃発と91年のバブル経済崩壊だったが，いずれもそれらによって経済主体の将来への期待形成が楽観から悲観へ転じたことが大きい（第4講，第12講，第13講）。

## ■ 産 業 構 造

　国民経済の生産活動の規模の尺度としてGDPを見てきたが，経済規模の中身を探る指標としては産業構造がある。産業についてはいろいろな分類法があるが，最も大きな分け方が第1次，第2次，第3次の3つの産業に分類する方法だ。

　第1次産業は自然の恵みを収穫する産業で，農家で収穫されたお米や野菜，漁師がとらえた魚，鉱山から掘り出された宝石の原石，などが入る。第2次産業は，自動車，パソコン，乾電池，陶磁器，衣料品，御土産品等々のモノを作る製造業と建設業からなる。第3次産業はその他の産業をすべて総称したもの

で，大雑把にはモノを作るのではなく，形のないサービスを生産する。第3次産業に分類されるのは，電力・ガス・上下水道などの公共サービス，電話，テレビやラジオの番組，劇場での観劇，ビデオ・CD で再生される映画や音楽，小売店や卸売店（問屋），銀行や証券会社，等々であり，さらには学校の先生，小説家や漫画家，弁護士，医者，デザイナー，公務員，タクシーやバスの運転手，プロスポーツの選手，と続く。

　国民経済の産業構造は，その国の国土特性，気候，地震といった自然環境やどのくらいの人口があり，経済発展のどの段階にあるかといったことにも依存して決まってくる。実際，どの国も時代とともに産業構造が変遷してきており，歴史的には，就業人口の比率および GDP に占める比率の重点が，第1次産業から第2次産業へ，そして最終的には第3次産業のウエイトが大きくなる傾向があり，これをペティ＝クラークの法則と呼ぶ。ペティ（William Petty, 1623-87）の『政治算術』中の記述から，クラーク（Colin Clark, 1905-89）が法則として提示した（第1講）。

## ■ 日本の産業構造の変遷

　図2-7 は 1920 年以降の日本の産業構造の変遷を産業別就業者割合の推移によって俯瞰したものである。一瞥してペティ＝クラークの法則が成立しているのが分かる。すなわち，1920 年に 53.8％を占めていた第1次産業は時の流れとともにほぼ単調にシェアを下げ，2015 年には 4.0％を占めるだけになった。1920 年に 20.5％であった第2次産業は，1940 年代に 26.0％までシェアを高めたものの第2次世界大戦の戦禍の中で 21.8％までシェアを下げ，その後は高度経済成長期を牽引した製造業の展開があり，1970 年には 34.0％までシェアを高めた。実際，高度経済成長期は昭和を象徴する産業の構造変化の時期といえ，第1次産業の激減と，第2次，第3次産業の急増による逆転が起こった。

　しかし，その後の第2次産業はそれ以上目立ってシェアを高めることはなく，1990 年まではほぼ同じシェアを維持していたものの，21世紀に入ると大きくシェアを下げ，2015 年には 25.0％になった。バブル経済が崩壊した 1990 年代以降は，ほぼ時を同じくして急速に進展した東西冷戦の終焉によるグローバル化への生き残り戦略として，日本を脱出し賃金の安い海外に生産拠点を移設した製造業の空洞化が起こり，それが第2次産業のシェアの急速な低下をもたらしたのだった。

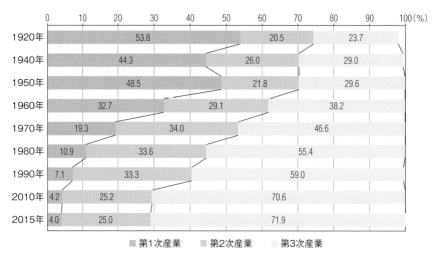

（出所）　総務省「国勢調査」をもとに作成

図 2-7　産業別就業者割合の推移

1960 年には，30％前後でほぼ同ウエイトの第 1 次，第 2 次の両産業を上回り，サービス業中心の第 3 次産業が 38.2％と最も大きな割合を占める国へと産業構造が変化した。ペティ=クラークの法則が貫徹したタイミングであり，その後 1980 年代後半のバブル経済期から平成の 30 年間で第 3 次産業のシェアは全体の半数を超えるまでに拡大し，2015 年にはさらにシェアを伸ばし 71.9％に達した。第 3 次産業内で最も就業者割合が拡大している分野としては，順に「医療，福祉」「情報通信業」「教育，学習支援業」が挙げられる。「医療，福祉」産業は少子高齢化とともに伸長したものであり，「情報通信業」と「教育，学習支援業」はいわば知識産業と呼ぶべき新たな領域が誕生したことを示すものであり，情報通信技術（ICT，Information Communication Technology）革命の進捗を反映した結果であろう。

■ 第 4 次産業革命
単に産業革命といえば，18 世紀後半のイギリスにおける蒸気機関の発明による産業の開花をいうが，これを「石炭燃料を用いた軽工業の機械化」が起こっ

た第 1 次産業革命と位置付け，現在は第 4 次産業革命の時代という。経済学の父となったアダム・スミスが進行形で眺めていた第 1 次産業革命に加えて，現在までに 3 つの産業革命があったことになる。

　第 2 次産業革命は，19 世紀半ばから 20 世紀初頭の「石油燃料を用いた重工業の機械化・大量生産化」であり，ガソリンを燃料とする自動車が普及するようになった。自動車自体は，第 1 次産業革命中に蒸気機関を用いた蒸気自動車が発明され，イギリスやフランスでバスに用いられていた。オーストリアやドイツでガソリン車の制作や特許取得も行われたが，1896 年にアメリカのヘンリー・フォード（Henry Ford, 1863-1947）がガソリン自動車を開発し，1908 年には量産化に成功したフォード・モデル T を発売し大人気となった。その後アメリカで急速に自動車が普及し，1910-20 年代には安価な大衆車も普及しはじめた。この自動車の例は，財サービスの特性次第では，電力を用いた大量生産大量消費パターンが一般化される魁となった。

　第 3 次産業革命は 1970 年代初頭における「機械による単純作業の自動化」と整理される場合が多いが，先立つ第 1 次，第 2 次産業革命と異なり，統一的な見解があるわけではない。しかし，時代を変革するほどの例には事欠かず，20 世紀半ばから後半にかけての原子力エネルギーの活用やコンピューターの発達・普及，1990 年代からの情報通信技術（ICT）革命による生産の自動化・効率化，21 世紀初頭のインターネットや携帯電話の発達，東日本大震災・原子力発電所融解事故を受けて原子力から再生可能エネルギーへとの人々の意識改革，等々が起こった。日本経済においては，グローバル化の影響もあって，長期的視野から短期的視野への変更が促される局面が続いた。

　第 4 次産業革命は，2010 年代から進んでいる現在進行形の産業革命であり，「機械による知的活動の自動化・個別生産化」と整理される。具体的には，2 つ特記される。1 つ目は，モノのインターネットである IoT（internet of things）やビッグデータを利用した経済活動の登場だ。工場の機械の稼働状況から，交通，気象，個人の健康状況までデータ化され，それらの集まりをビッグデータとしてネットワークでつなげ，これを解析・利用することで新たな産業が生まれる。2 つ目の機械による知的活動として外せないのは，AI（人工知能，artificial intelligence）の活用だ。近年の AI はコンピューター自らが深層学習（deep learning）し，一定の判断を下す。囲碁や将棋ではプロの第一人者に勝てるほどで，この頭脳を自動運転や複雑な作業に用いることで，カスタマイズさ

れたレベルで生産の効率性を高められる。加えて 3D プリンターの発展により，省スペースで複雑な工作物の製造も可能となっている。

さて，第 1 次産業革命から第 4 次産業革命まで 250 年以上を要したとして，1 つの産業革命が平均してほぼ 60 年持続したことになる。これは景気循環でいえば 40 年から 70 年とされる長期のコンドラチェフの波の平均的な長さに相当し，実際それぞれの産業革命は大発明や大発見に裏付けられたものになっている（第 9 講）。そうした過去の経験を踏まえて，次世代の産業革命となる第 5 次産業革命についても予測がなされており，その有力な見解は「コンピューター技術とバイオテクノロジーの融合」という。人工的な光合成が可能となり遺伝子操作も随意となればバイオテクノロジーにブレイクスルーが起こり，工業のみならず健康・医療や農業などさまざまな分野に革命をもたらすと期待される。

## ■ 景気循環

コンドラチェフの波の話になったからではないが，国民経済にとって経済成長と並んで重要なマクロ経済の軌跡となる景気循環にも触れておこう（第 6 講，第 7 講，第 9 講）。景気循環には，波長が短い順に，経験的に 3-5 年の小循環（キチン循環），8-12 年の中循環（ジュグラー循環），15-25 年の長期循環（クズネッツ循環）が観察され，平均的には各周期で規則的に繰り返すことが知られている。すなわち，1 つのクズネッツ循環には 2 つのジュグラー循環があり，1 つのジュグラー循環には 2 つないし 3 つのキチン循環が認められる。コンドラチェフの波はこれらとは次元が違う景気循環であり，その循環性よりも産業革命としての新機軸性や広範な産業への伝播性に注目が集まるだろう。

表 2-3 は戦後日本の景気循環日付をまとめたものであり，2020 年は戦後 16 番目の景気循環の後退期にある。在庫投資によって引き起こされるキチン循環に相当するもので，過去の循環の平均では，1 つの循環は 55 か月持続し，そのうち拡張期が 38 か月，後退期が 17 か月となる。

日本において政府が行う景気判断には，景気基準日付の決定と月例経済報告がある。ともに内閣府が担当しているが，前者が表 2-3 にまとめたような拡張期と後退期の景気局面の転換日付を確定するものであるのに対し，後者は毎月定期的に公表しているものだ。月例経済報告は，基本的には景気動向指数に基づきながらも，その他の経済指標の最新データを参照しつつ，景気の現況を

表 2-3　日本の景気循環

| | 谷 | 山 | 谷 | 期　間 拡　張 | 期　間 後　退 | 全循環 |
|---|---|---|---|---|---|---|
| 第 1 循環 | | 1951年 6 月 | 1951年10月 | （特需景気） | （ 4 か月） | |
| 第 2 循環 | 1951年10月 | 1954年 1 月 | 1954年11月 | 27か月 （投資景気） | 10か月 | 37か月 |
| 第 3 循環 | 1954年11月 | 1957年 6 月 | 1958年 6 月 | 31か月 （神武景気） | 12か月 （なべ底不況） | 43か月 |
| 第 4 循環 | 1958年 6 月 | 1961年12月 | 1962年10月 | 42か月 （岩戸景気） | 10か月 | 52か月 |
| 第 5 循環 | 1962年10月 | 1964年10月 | 1965年10月 | 24か月 （オリンピック景気） | 12か月 （40年不況） | 36か月 |
| 第 6 循環 | 1965年10月 | 1970年 7 月 | 1971年12月 | 57か月 （いざなぎ景気） | 17か月 | 74か月 |
| 第 7 循環 | 1971年12月 | 1973年11月 | 1975年 3 月 | 23か月 （列島改造ブーム） | 16か月 （第 1 次石油ショック不況） | 39か月 |
| 第 8 循環 | 1975年 3 月 | 1977年 1 月 | 1977年10月 | 22か月 | 9 か月 | 31か月 |
| 第 9 循環 | 1977年10月 | 1980年 2 月 | 1983年 2 月 | 28か月 | 36か月 （第 2 次石油ショック不況） | 64か月 |
| 第10循環 | 1983年 2 月 | 1985年 6 月 | 1986年11月 | 28か月 | 17か月 （円高不況） | 45か月 |
| 第11循環 | 1986年11月 | 1991年 2 月 | 1993年10月 | 51か月 （バブル景気） | 32か月 （平成不況） | 83か月 |
| 第12循環 | 1993年10月 | 1997年 5 月 | 1999年 1 月 | 43か月 | 20か月 | 63か月 |
| 第13循環 | 1999年 1 月 | 2000年11月 | 2002年 1 月 | 22か月 （ICT景気） | 14か月 | 36か月 |
| 第14循環 | 2002年 1 月 | 2008年 2 月 | 2009年 3 月 | 73か月 （いざなみ景気） | 13か月 （世界同時不況） | 86か月 |
| 第15循環 | 2009年 3 月 | 2012年 3 月 | 2012年11月 | 36か月 | 8 か月 | 44か月 |
| 第16循環 | 2012年11月 | 2018年10月 | | 71か月 | － | － |

（出所）　内閣府「景気基準日付」などより作成

　景気の名称は公に命名されるものではなく，自然発生的に広まるのが通例になっている。神武景気は日本開闢以来の好景気という意味で，第 1 代の神武天皇に由来する。それを上回るケースの好景気として，日本神話の天照大御神の岩戸隠れから岩戸景気が，さらにそれを上回る好景気として天照大御神の父親の伊耶那岐命（伊弉諾尊とも表記）からいざなぎ景気が浮上した。いざなぎ超えを果たしながらほぼ同規模の第 14 循環は，伊耶那岐命の妹でもあり妻でもある伊耶那美命から，いざなみ景気と呼ばれるようになった。他の命名は，景気の牽引役や局面を特徴付ける最大イベントに由来する。

判断する。内閣府が原案を作成し，経済財政担当大臣が関係閣僚会議に提出し了承されたのち政府公式見解となる。国内景気の状況を総合的に示す「基調判断」や「政策の基本的態度」は，景気対策の去就を決めるなど極めて重要な位置を占めている。

　この報告の特徴としては，毎月の景気動向を「弱さ脱する動き」「穏やかに回復」などといった微妙な文章表現の違いで伝えようとするために，景気判断として恣意性が強く疑問視する声もある。この原因は，政府が国会などで追求されないよう表現を意図して曖昧にしているためといわれる。また，景気動向指数の動きが景気実感に合わないことや速報性に欠けることから，景気ウォッチャー調査を導入し参考にしている。この調査は，各地の景気の動きを身近に

観察できる人達へのインタビュー調査であり，全国 12 地域で，百貨店・コンビニなどの小売店やレジャー業界で働く人，タクシー運転手など，景気に敏感な職種の約 2,000 人を対象としている。

## ■ 世界の GDP

日本は 1952 年の IMF（国際通貨基金）加盟，56 年の国連加盟，64 年の先進国の集まりの OECD（経済協力開発機構）加盟によって完全に国際経済に復帰を果たしたが，並行して進んだ高度経済成長を機に 1966 年にフランス，67 年にイギリス，そして 68 年には西ドイツを越えて世界第 2 位の GNP 大国となり，86 年には 1 人当たり GNP でも世界で 2 位となった。

GNP ないし GDP はその後もアメリカに次ぐ世界第 2 位の座を守ってきたが，43 年目の 2010 年に中国に抜かれて 3 位となり，その後は年とともに差が広まる一方で 2020 年にも地位は変わらない。他方，1 人当たり GNP や 1 人当たり GDP は大きく地位を下げ，IMF の 2017 年のデータでは世界 23 位となっている。すなわち，同データでは，1 人当たり名目 GDP の 1 位はルクセンブルクで 105,803 ドル（約 1,163 万円），2 位はスイスで 80,591 ドル（約 886 万円）。日本は 23 位の 38,440 ドル（約 422 万円）で，イギリスやフランスと同程度だ。中国は GDP では世界 2 位だが，人口が日本の約 11 倍の 14 億人を上回るので 1 人当たりの GDP は低く，72 位で 8,643 ドル（約 95 万円）となる。

2020 年分の世界全体に占める各国の名目 GDP の比率を，上位国について算出したのが図 2-8 になる。各国の名目 GDP を時価の為替レートで米ドルに換算したもので，一部は IMF の予測に基づく。図 2-8 では，アメリカと中国の 2 国だけで世界全体のおおよそ 4 割を占め，次いで日本，ドイツ，インド，フランス，イギリスが続く。シェアを示す国は 2% 以上の国のみを具体的な名前で挙げているが，これらの 10 か国で世界全体の約 2/3 の GDP になる。すなわち，大雑把にいえば，米中で 4 割強（＝5/12），残りの上位 8 か国で 1/4 強（＝3/12），それ以外の国を全部合わせて残り 1/3（＝4/12）となる。図 2-8 に名前の挙がっている 10 か国のうち 7 か国は先進国 G7 のメンバー，残りの中国，インド，ブラジルの 3 か国は新興工業国 BRICS の 3 か国であり，これらが実際の経済活動の上でも重要な役割を負っていることが理解される。

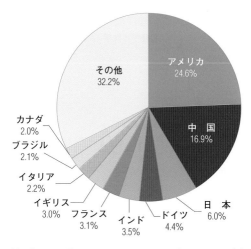

（出所）　IMF「World Economic Outlook（October 2019）」の予測値をもとに作成

図 2-8　世界全体に占める各国名目 GDP 比（2020 年）

### ■ 日本経済のストック化

　貯蓄を通じた資産蓄積が進み資産残高が増えるなり，資産価格の上昇を通じた資産評価額が増えると経済のストック化が起こる。このとき，一般的には対応するフローの取引も活発になる。すなわち，ストック化の進展によっては，各種の資産市場に厚みが増す。1980 年代に日本が急速にストック経済化したことは，世界一の債権国になったことや，80 年代後半の一時期には東京証券取引所上場の株式の時価総額が世界一を誇っていたこと，日本の土地の評価額が面積にして 25 倍近いアメリカのそれをはるかに上回っていたこと，といった象徴的なニュースとして表れた。1980 年代後半期には，この日本経済のストック化は地価や株価が大幅に上昇したバブル経済をもたらし，90 年代に入るや否やそのバブルが崩壊したことからその後の 30 年間の長期デフレ不況をもたらした（第12講）。地価と株価の推移については，図 2-9 に示した。

　1975 年から 2020 年の 45 年間を対象とした図 2-9 において，日本の地価と株価はほぼ全期間にわたって歩調を合わせており，特に 1980 年代後半期に急騰し 90 年代に入って急落したことが分かる。この原因は過剰流動性を供給し

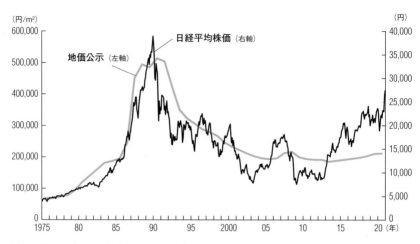

(注)　地価：地価公示（東京圏，住宅地。毎年7月1日時点における標準価格）
　　　株価：日経平均株価の月末値
（出所）　国土交通省「都道府県地価調査」，日経平均プロフィル「ヒストリカルデータ」をもとに作成

図2-9　**日本の地価と株価（1975-2020年）**

た金融緩和政策にあり，そのもととなったのは1985年9月のG5（米日独英仏）の大蔵大臣・中央銀行総裁が集まって協議したプラザ合意にある。すなわち，第2次石油ショック後にアメリカ経済を襲った高インフレ・高金利による行きすぎたドル高に対して，協調介入によるドル安政策に合意したのであり，日本はそれによってドル安・円高傾向が続くと判断した。輸出企業の先行き不安を解消するために5次にわたる公定歩合（**第11講**）の切り下げ（1986年1月の5%から87年2月には当時としては日本銀行創業以来の低金利である2.5%）による金融緩和策を断行し，円高のマイナス面を相殺させようとした。

　その結果，1986年11月に景気の谷を打った戦後10番目の景気循環が第11循環の拡張期に転じ，これは91年2月に山を打つまで51か月間持続した（表2-3）。すなわち，円高の景気抑制懸念は結果的に杞憂となったのであるが，強力に進めた金融緩和策が副作用をもたらした。金融緩和で生み出された過剰流動性が資産市場に回り，地価・株価の高騰の源泉となったのだ。この時期の資産価格の高騰は1990年代に入ってからの株価の暴落を経験した今日では，

マーケット・ファンダメンタルズ（基礎的条件）の裏付けのないバブルであった
のはおのずと明らかだが，当時としては，それほど自明なことではなかった。

　日本の株価が高すぎるとの立場は，例えば株価収益率（Price Earnings Ratio）

$$PER = \frac{株価}{収益}$$

を計算し，それが歴史的にも，諸外国との比較においても，かなり高いことが
根拠とされた。日本の PER は 1987 年段階で 50 の水準を超えており，これが
89 年末まではさらに上昇した。同時期のアメリカやイギリスの PER は軒並み
10 台の前半であり，それと比べると異常なまでに高かった。PER の国際比較
においては，会計慣行の相違や日本独特の法人間の株式持ち合いの有無で影響
を受ける。とはいうものの，企業の成長見通しや（不確実性や内在する変動リス
クを折り込んだ期待収益率の上乗せ分である）リスクプレミアムの低さを考慮して
も，なお日本の PER は高すぎるというものであった。これに対して，日本の
株価が高すぎることはないとの主張は，投資家が依拠する投資尺度が変わった
ことが評価された。具体的には，投資家の行動が企業の収益よりも資産価値を
重視するように変化し，株価の大幅な上昇は地価の大幅な上昇が契機となって
いると主張された。当時はやされた企業のリストラ（restructuring）が，将来収
益の流列を大きく変貌させるとの楽観論も，バブルを膨張させた。

　一方，地価については，バブルの存在についてはほぼコンセンサスが得られ
ていた。例えば，昭和 63 年版の「経済白書」に見られるように，東京の商業
用地と住宅用地について，現実地価とファンダメンタルズ・モデルから得られ
る理論地価を，1970 年から 87 年までの期間について比較した分析として，
1970 年時点で現実地価と理論地価が等しいとすると，商業用地と住宅用地と
もに，70 年代の後半に現実地価が理論地価をやや下回っている時期があるも
のの，残りの期間は現実地価が理論地価を上回っており，特に 86-87 年の乖離
幅が大きくなる。翌年の「経済白書」は，こうした比較を東京ばかりではなく
名古屋と大阪の商業用地と住宅用地に拡張し，期間も 1989 年まで延長した。
それによると，東京に比べて時期にはズレがあるものの，1980 年代末には名
古屋や大阪でも現実地価は理論地価を大きく上回って上昇したのだった。


■ 国民総資産
　一国のストック化を最も広く捉えるものとして，国民総資産を取り上げよう。

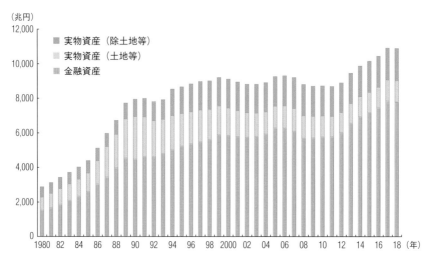

（出所）　内閣府「令和2年度　年次経済財政報告」長期経済統計をもとに作成

図2-10　国民総資産の推移

これは，機械や建築物の純固定資産と土地，および金融資産からなるが，耐久消費財や統計的に把握しにくい人的資本，自然環境，あるいは知識の蓄積などの無形資産は一部の例外を除いて対象外となる。

　図2-10は，その国民総資産の時系列推移をみたものであり，1989年末に7,757兆円（93SNA基準。68SNA基準では6,858兆円。以下の対GNP比率等は当時採用されていた後者の基準による）に達した。これは，フロー変数である同年の名目GNPの16倍に相当する。この比率は，1970年段階では8倍前後であったことから，20年ほどの間に2倍以上になった。すなわち，この間ストックはフローの2倍以上のスピードで蓄積した。ちなみに，アメリカの対応する比率は1989年末で約8倍であり，しかもこの数字は長期にわたってほとんど変化がなかった。

　この時期の日本経済のストック化は，貯蓄率の高さや対外競争力の強さ，あるいは技術進歩を梃子にして，長年高い経済成長を達成してきたことの結果である，すなわち，フローの蓄積の結果であると主張される場合もある。しかし，それだけでは説明がつかない。急速なストック化の背景には，株式や土地の価

格上昇による評価増（キャピタル・ゲイン）の効果も大きい。

　この時期に日本の地価や株価が絶対水準として高かったのには，いろいろな要因が関与している。しかし基本的には，土地神話や過去の株式市場のパフォーマンスから，リスク概念の希薄化が進んで需要が高まり，相対的に少ない供給と合わせて，価格がつり上がったと考えられる。土地については土地利用規制や土地税制での政策的歪みが，また株式については低い配当利回りがキャピタル・ゲインを助長した点，あるいは良い意味での企業のリストラへの期待があったかもしれない。しかし根本では，金融緩和政策による過剰流動性の供給が投機を助長し，バブルが発生していた。

## ■ 国　富

　国民経済のストック化の指標として国民総資産と同様に重視されるものに国富がある。国富は土地や住宅，工場などの資産から負債を差し引いた総額で，国全体の豊かさを示すと考えられる。家計や企業，政府などの各部門を合算する。国民総資産は金融資産を含めた資産総額だったが，国富は金融資産を含めない。誰かの金融資産は誰かの負債であり，日本人同士だと合算すると資産と負債は相殺されるからだ。もちろん例外はある。資産を保有するのが日本人，負債側が外国人の場合だ。国富の際には，外国人との間で資産と負債を相殺し

表 2-4　**国民総資産と国富（2018 年）**

| 国民総資産 | 10,883 兆円 | | |
|---|---|---|---|
| 　非金融資産 | 3,116 兆円 | 非金融資産 | 3,116 兆円 |
| 　　生産資産 | 1,882 兆円 | 生産資産 | 1,882 兆円 |
| 　　非生産資産 | 1,233 兆円 | 非生産資産 | 1,233 兆円 |
| 　金融資産 | 7,768 兆円 | | |
| 総負債 | 7,426 兆円 | | |
| | | 対外純資産 | 342 兆円 |
| 正味資産 | 3,457 兆円 | 国　富 | 3,457 兆円 |

（出所）　内閣府「国民経済計算年報」（2018 年版）

た正味資産を対外純資産として国富に加えるのだ。

　すなわち，国富は国民総資産から金融資産を除外し，対外純資産を加えたものとなる。表2-4は，内閣府の国民経済計算年次推計からの2018年の国民総資産と国富の統計を示すものだ。2018年末の正味資産なり国富は3,457兆円で，3年連続増加したことによって，20年前の1998年以来の水準に回復した。橋や道路などのインフラ整備が堅調で固定資産（生産資産）が過去最高となったほか，バブル経済崩壊後に大きく下落した地価ではあるが，近年において地価上昇が続いて非生産資産の押し上げ要因になった。

　より詳しく見ると，国富の増加の背景として，土地が5年連続で増加し非生産資産が1,233兆円となったことのほか，生産資産（固定資産）が6年連続増加して過去最高の1,882兆円となったことが挙げられる。活発な企業活動により機械・設備，研究・開発などの知的財産生産物が伸びたほか，盛んな公共投資を映してインフラなど構築物も増えた。また，対外純資産が342兆円と2年ぶりの増加となった。なお，日本全体の非金融資産は3,116兆円，金融資産は7,768兆円となり，総資産は1京883兆円となった。差額の負債は7,426兆円になる。

　1998年には前年の97年とともに金融機関の破綻が相次いだ。その後，国富は地価の下落とともに減少し，2000年代半ばになって増加に転じた。リーマン・ショックのあった2008年から減少したが，11年を底に地価上昇などで再び増加傾向となっていた。金融資産は株価の下落で縮小したが，計算上は負債となる外国人保有株の目減りで対外純資産は拡大して342兆円となった。

## 2.3　財政の状況

　日本経済の動向を俯瞰する上で，国や地方公共団体の財政の動向がどのような状況にあるかは市場経済と公的経済が共存する混合経済（mixed economy）の動向を見極める際に不可欠な情報となる。

### ■国の歳出・歳入・財政赤字の推移

　図2-11は，第1次石油ショック後の1975年度以降2021年度までの国の歳入と歳出，および両者の乖離差である国債の新規発行高，すなわち国の財政赤

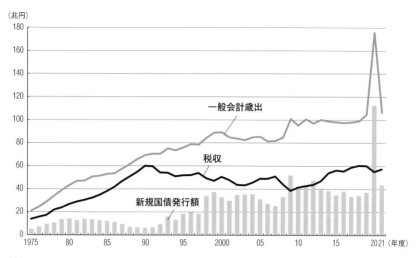

（注）　2019年度までは決算，2020年度は第3次補正後予算，2021年度は政府案による。
（出所）　財務省「日本の財政関係資料（令和3年4月）」をもとに作成

図2-11　国の歳出・歳入・財政赤字

字の推移をみたものである。戦前の財政赤字の累増の苦い経験から，戦後日本の財政は赤字を出さない均衡財政主義をとっていたが，1965年の昭和40年不況の際に戦後初めて特例公債を発行した。ただし，このときの国債は財政法4条で禁止されている赤字国債ではなく，使途が政府資本の蓄積等に限られた建設国債であった。すなわち，建設国債は公共事業費や出資金等いわば将来に残る投資的経費の財源に充てられる公債であり，財政法によってその発行が容認されている。これに対して，経常的経費部分の赤字補填財源として発行される赤字国債は，その都度特別の法律によって根拠付けられる必要がある。特例公債と呼ばれる所以だ。

　図2-11より明らかなように，1990年代末から2000年代初の世紀の変わり目の数年の歩止まり期を例外として，歳出はほぼ毎年増大してきた。第1次石油ショック後の不況に対して1975年には建設国債でない経常的に財政赤字を補填する赤字国債が発行され，以後特例公債とは名ばかりの織り込み済みの歳入源となった。本来の歳入面では，1990年をピークとしてバブル経済崩壊後

の 1990 年代や 21 世紀に入ってからも減収が続き，ようやく 2010 年を境に増収に転じたが，増大する歳出をまかなう意味で税収減は国債発行額の増大でまかなってきた。2010 年以降の税収増は，リーマン・ショック後の景気回復と 14 年からの消費税率の 8% への引き上げ，そしてアベノミクスによる景気浮揚によるものであり，それらの効果が 11 年の東日本大震災後の復興関連や他の多くの天変地異に伴う歳出増を上回るものになった。

　ともあれ，1980 年代までは税収と歳出がそれほど大きく乖離しておらず，各年度の国債発行額は 15 兆円を上回ることはなかった。しかし，バブル経済の崩壊後，度重なる財政出動や減税政策で収支は悪化，国債発行の増額で補填してきた。国債発行残高は，年々積み上がり，2020 年度末で 932 兆円（見込み）となる見通し。この額は一般会計税収の約 15 年分に相当し，国民 1 人当たりに換算すると 743 万円の借金に相当する（後出の図 2-15）。財政赤字が累積した国債発行残高には利息支払いが伴うのであり，いくら超低金利時代といっても，国債費の増大要因とはなる。

## ■ 一般会計主要経費別歳出構成比

　一般会計歳出の主要経費別構成比について詳しく見るために，2020 年度の当初予算についてみたのが図 2-12，また全体を国債費，地方交付税交付金等，一般歳出のうちの社会保障関係費，その他（文教及び科学振興費，防衛関係費，経済協力費，エネルギー対策費，主要食糧関係費），および公共事業関係費の 5 項目に分類し，その上で 1960 年度以降 10 年ごとの構成比を比較したのが図 2-13 だ。

　まず，図 2-12 により 2020 年度の構成をみよう。一般会計歳出は主要経費別には，国債費，地方交付税交付金等，および一般歳出に分けられる。さらに一般歳出は図 2-13 では社会保障関係費，公共事業関係費，およびその他の 3 項目に分けた。これは，その他に括られた経費もかつては 10% 以上のウエイトを占めていたものもあるものの，近年は一律そのウエイトを下げているからである。文教及び科学振興費は 5.4%，防衛費は 5.2% であるものの，経済協力費，エネルギー対策費，中小企業対策費，そして食料安定供給関係費はいずれも 1% を割るまでウエイトが下がっており，これらすべてをその他の項目にまとめたのだ。

　国債費は国債の利払いと償還費を合計したものであり，金利が高く，国債の

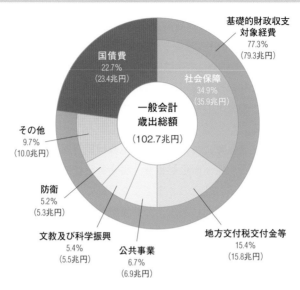

（出所）　財務省「財務統計」

図 2-12　一般会計歳出構成比（2020 年度当初予算）

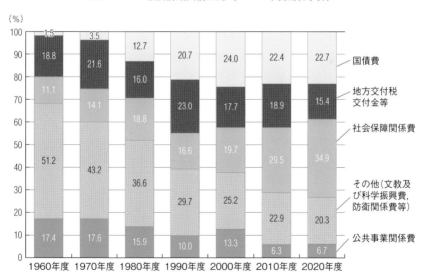

（出所）　財務省「財政統計」（各年版）をもとに作成

図 2-13　一般会計歳出構成比の推移

償還が大量に発生すると膨らんでくる。1960年度から80年度や90年度にかけて一般会計歳出に占める国債費の割合が急上昇し，その後ピークとなった2000年度以降はわずかながら減少し，2010年度には22.4％となり，以降高止まりしている。地方交付税交付金等は国税収入に応じて調整される項目であり，長年構成割合はかなりの程度安定してきた。したがって，国債費の割合の変動と逆相関する形で一般歳出の割合が変動してきた結果，一般歳出の割合は一貫して低下傾向にある。

　一般歳出の中の社会保障についてはその中身は社会保険費（年金と医療），社会福祉費，生活保護費，保健衛生対策費，失業対策費等からなるが，これらの経費は少子高齢化や経済・社会のさまざまな分野での二極分化・貧困層の増加を反映して必然的に増加傾向にある。公共事業関係費を大別すれば，道路・港湾・空港，農業農村整備などの産業基盤整備型，住宅・市街地，下水道，公園などの生活環境整備型，および治山・治水，災害復旧などの国土保全型に分類される。伝統的に景気対策の一環として補正予算の対象にもなるが，近年は天変地異，集中豪雨に対する国土強靱化としての社会資本整備も喫緊の課題となっている。

## ■ 構成比の推移

　次に，図2-13に基づき，1960年度以降最近時までの時系列的特徴をみよう。まず第1に，社会保障関係費のウエイトは一貫して上昇してきている。その際，1970年度から80年度にかけての上昇と1990年度から2000年度以降の上昇が注目される。前者の上昇は1970代前半に拡充された福祉政策の結果であり，70年代後半を通じて財政赤字が累増する契機となった。後者の上昇の背景には，1986年度から実施された基礎年金の導入や89年度の年金額の実質改善等に代表される公的年金制度体系の改正が挙げられる。

　公共事業関係費のウエイトは1970年度から80年度にかけて低下したが，これは1973年の第1次石油ショック後の「不況下の物価高」のスタグフレーション（第9講）に財政発動を抑制した結果だ。その後は，赤字国債の累増を警戒して財政再建の目標が掲げられ，公共投資のウエイトは徐々に低下した。1990年代に入ると，日本経済はバブル崩壊による深刻な不況に襲われ，景気対策としての公共投資のウエイトが上昇した。2000年度もその流れが持続したが，その後には財政再建への危機感が高まり公共投資は抑制されウエイトは大きく

減少した。公共投資の中身としては、戦後しばらくは国土保全中心の公共投資が行われたが、高度経済成長期には産業基盤整備型のウエイトが高まり生産力の増強に貢献した。1980年代に入ってからは生活環境整備型の公共投資の充実が図られた。

その他に分類されている文教及び科学振興費や防衛関係費については、時系列的に多少の変動はみられるものの、それらの相対的ウエイトはほぼ安定している。前者は義務教育費国庫負担金、独立法人となった国立学校特別会計への繰入れ、科学技術振興費、教育振興助成費等からなる。身近な例としては奨学金等の育英事業費が規模を縮小させているのが、当事者の学生に大きな影響を及ぼしている。後者の防衛関係費については、かつて「防衛費 GNP の1%枠」をめぐって賛否両面から議論が沸騰したものだが、現在は主要国で日本が唯一GDP の1%未満になっているようだ。

経済協力費のウエイトは日本の経済規模が大きくなった1990年代半ばまではほぼ一貫して上昇してきたものの、その後はバブル経済崩壊で予算の捻出が困難となり、低下に転じている。1970年度に6.4%を占めていた主要食糧関係費のウエイトは、80年代から90年代にかけて大きく低下し、その後のウエイトも下がっている。これら2つの項目の動きはいずれも日本経済が国際化してきたことと深く関係しており、特に後者に関連しては、1980年代に行われた米や麦の食糧管理制度（食管制度）の変更の影響が大きい。

### ■ 一般会計歳入の推移

一般会計の歳入面も概観すると、歳入の中心は租税（税金）だが、租税で足りない分は公債（国は国債、地方公共団体は地方債）の発行でまかなわれる。税の種類についてはコラム2.1で概観し、以下では主に租税収入と公債発行の配分について見る。

2020年度の当初予算で見ると、国の一般会計歳入総額102.7兆円（2019年の国内総生産 GDP の約18%に相当）のうちの61.8%の63.5兆円が租税・印紙収入からなる。その他税外収入（国営事業からの収入や国有財産の処分等からの収入）の合計が6.6兆円あり、残りの32.6兆円が国債発行による公債金でまかなわれる。租税・印紙収入のうちでは、所得税（19.5兆円）、法人税（12.1兆円）、相続税（2.3兆円）等の直接税の合計が33.9兆円であり、国税全体の55.9%を占める。間接税のうちでは消費税が最もウエイトが高く、21.7兆円の税収となっ

ている。個別の間接税で税収額が多いものには，揮発油税（2.4兆円），酒税（1.3兆円），たばこ税（0.9兆円）が挙げられる。

　以上は国税のみだが，地方税も含めた租税収入のウエイトを評価する基準として，国民所得に占める租税総額（国税＋地方税）の割合である租税負担率の概念がある。2020年度の地方財政計画では，地方税収入の合計は41.0兆円であり，地方財政の総歳入の43.8％を占める。したがって，租税負担率は21.5％に達することになる。ちなみに，租税に加えて公的年金や公的医療保険の保険料である社会保障負担も合わせた国民負担率は31.4％に上る。高齢化社会となる21世紀には国民負担率は今後さらに上昇することが予想されているが，アメリカの24.3％よりは高いものの，イギリスの33.5％，ドイツの38.2％，スウェーデンの43.9％，フランスの46.1％と比べると相対的には低水準にあるといえよう（コラム2.2）。

---

### コラム2.1　租税のいろいろ

　税の種類を納め先の違いで分類すると，国の収入となる国税と地方公共団体の収入となる地方税に分けられ，地方税は道府県税と市町村税からなる（基本的に，東京都は道府県税に相当する税を，23の特別区は市町村税に相当する税を課税しているが，完全に対応しないものもある）。納め方の違いで分類すると，税を納める主体と実質的に負担する主体が同じ直接税と，それらの主体が異なる間接税に分けられる。国税のうち主なものは直接税の所得税と法人税，それに間接税の消費税。地方税の主なものは住民税（道府県民税と市町村民税），事業税，固定資産税といった直接税になる。

　所得税は個人の所得にかかる税金で，1年間に得た所得の総額をもとにして基礎控除や配偶者控除（2020年に原則廃止），扶養控除，医療控除などの所得控除を差し引いた後の所得を課税ベースとする。2020年度では，課税所得金額が195万円未満の5％から4,000万円超の45％まで7段階の累進税率が適用される。納め方としては，給与所得者は源泉徴収により給料から天引きされるのが基本だが，複数の勤務先や副業から所得を得ていたり所得金額が多い給与所得者や自営業者などの納税者は自分で所得と税額を計算して税務署に申し出る（これを確定申告という）申告納税制度をとっている。

　法人税は株式会社などの法人所得にかかる税であり，各法人の事業年度末の翌日から2か月以内に確定申告をして納税する。2020年度の法人税率は，中小企業等の年800万円以下の所得の15％から年800万円超や大企業等の所得の23.2％と法人の種類に応じて異なるが，原則所得金額によらない一律の税率（比例税率）が適用される。現行では赤字決算の法人には課税されないが，景気後退期の減収を避けるために，事業所の規模や従業員の数といった客観的な数値によって課税する外形標準課税が一部で導入されている。

　消費税は1989年4月から導入された間接税であり，事業者が日本国内で事業として

---

対価を得て行う資産の譲渡や役務の提供に対して当初 3%の税率で課税され，97 年 4 月からは税率は地方税の部分と合わせて 5%になった。その後，2014 年に 8%，19 年に 10%（食料品などには据え置きで軽減税率 8%）に引き上げられた。消費税は生産・流通などの各取引段階で課税されるが，前段階までの課税分は控除され，商品やサービスに上乗せされた消費税分は最終的には消費者が負担する仕組になっている。消費税の導入に当たっては多くの政治的な駆け引きが展開され，その結果として簡易課税制度や納付税額の軽減措置（限界控除制度），あるいは基準期間の課税売上額が一定額（当初は 3,000 万円，2004 年度以降 1,000 万円）以下の事業者に対する免税措置などが設けられ，公平面からの不備が指摘される場合もある。なお，消費税の性格や社会政策的な配慮から，土地や株式の譲渡，保険料，商品券，出産費用，埋葬料，一定の学校の授業料・入学金，等々は非課税となっている。

　住民税には，そこに住む住民が等しく負担する均等割部分と前年の所得に応じて負担する所得割部分（利子所得部分は分離）がある。均等割の税額は，都道府県民税が 1,500 円，市町村民税はその標準額が 3,500 円になっている。所得割の標準税率は，都道府県民税が 4%，市町村民税が 6%となっている。ただし，これらはあくまでも標準であって，実際にどの税額や税率が適用されるかは，居住地の地方公共団体の条例によって定められる。

　事業税は，法人および個人の行う事業からの所得や収入金額（特定の事業のみ）に課せられる。都道府県税の中心をなすが，景気局面によって大きく変動しやすいこと，および都道府県による税源の偏在度が高いのが特徴となっている。固定資産税は市町村民税と並んで市町村税の根幹をなす。土地，家屋および償却資産の所有者に対し評価額に応じて課税され，事業税とは対照的に安定性に富むのが特徴となっている。もっとも，1980 年代後半のバブル経済期と 90 年代に入ってからのバブル経済崩壊期には地価が大きく変動し，固定資産税の収入にも大きく影響した。

> **コラム2.2　国民負担率の国際比較**

　ある程度の経済発展を成し遂げた先進国の集まりである OECD（経済協力開発機構）加盟国について，租税負担と社会保障負担を合わせた国民負担の対 GDP 比率である国民負担率を比較したのが図 2-14 だ。単純な金額ではなく，それぞれの国の対 GDP 比率で算出している。要は国内で新たに生み出された財サービスの付加価値のうち，どれほどが国民経済全体を支えるために徴収されているかを示したものと理解してよい。換言すると，国民が受ける広義の行政サービスに対する対価といってもよい。直近値は 2019 年分だが，一部の国ではそれ以前の値までしか公開されていないために，その場合は一番新しい値を適用する。

　国により社会保障制度に違いがあるために，同一基準で値を抽出すると社会保障負担率がゼロ，あるいはそれに近い値となる国がある。しかし，その国は社会保障が行われていないのではなく，租税からまかなわれていると解釈する。ただし，年金や医療など

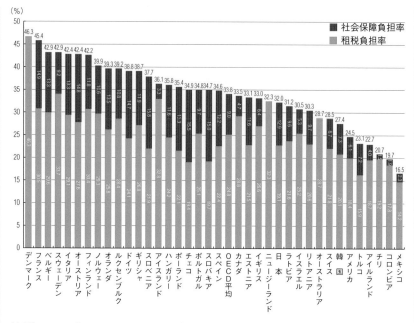

（出所）　OECD「Revenue Statistics 2020」をもとに作成

図 2-14　国民負担率の国際比較（OECD 加盟国，対 GDP 比）

どこまで社会保障がカバーするかも国によって異なるために，国民負担率の数値とは別に，ほんらいそのサービスの"質"も考慮しなければならない。

　また，OECD の国民負担率は対 GDP で算出しているのが特記されるべきで，これをGDP でなく国民所得で算出する場合もある。GDP と国民所得に違いが出てくるのは，図 2-4 にあるように，海外からの純要素所得と固定資本減耗の存在であり，純要素所得がプラスならば国民所得を GDP よりも大きくさせ，固定資本減耗は国民所得を GDPよりも小さくさせるし，逆ならば逆になる。図 2-14 での国民負担率が小さく算出されている傾向が認められるのは，この違いが大きいであろう。

　なお，国民負担率を比較する際に，財政赤字を考慮して潜在的な国民負担率を算出する場合もある。財政赤字分が国債発行でまかなわれるとして，国債の償還時には増税となるからであり，その分を現在の負担としてカウントするのだ。日本は財政赤字が恒常化しており，潜在的な国民負担率は表面的な国民負担率を上回ることになる。

## ■ 財政赤字の累増

　歳出と歳入の差が財政赤字であり，近年では当初予算の段階から常態化しており，その部分は国債発行でまかなわれる。例えば，2020 年度の当初予算では，

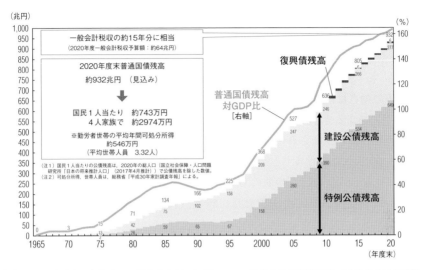

（注）　1. 公債残高は各年度の3月末現在額。ただし，2019年度末は補正後予算，20年度末は補正後
　　　　　予算に基づく見込み。
　　　　2. 特例公債残高は，国鉄長期債務，国有林野累積債務等の一般会計承継による借換国債，臨時
　　　　　特別公債，減税特例公債及び年金特例公債を含む。
（出所）　財務省「財政に関する資料」（2020年版）

図 2-15　対 GDP 比での累積国債残高

国の一般会計の歳入総額の31.7％に上る32.6兆円が国債発行による公債金で
まかなわれるように計画された。戦後日本の国債発行は1965年度の建設国債
の発行開始と，10年後の1975年度の赤字国債（特例公債）の発行開始が2つ
の契機となっている（公債は，国の場合は国債，地方公共団体の場合は地方債）。
国の一般会計の歳出規模が国内総生産の6分の1程あるにもかかわらず，租税
負担率が先進諸国と比較してそれほど高くない（コラム2.2）ことに象徴される
ように，不足部分は財政赤字となりその分国債が発行されてきた（図2-11）。
　図2-11には，赤字国債が発行され出した1975年度以降の各年度の新規公
債発行額もプロットされている。同図をめぐってフローの年々の財政赤字の経
緯については概観したが，図2-15は1965年度以降，年々の財政赤字に対し
て発行した国債の残高をトレースしたいわばストックの累積財政赤字を国債の
発行残高で見たものだ。同図では建設国債と赤字国債の別が分かるのと，金額

としては大きなものではないが，2011 年の東日本大震災からの復興事業に必要な財源として発行される復興債を公債残高に含めている。復興債は支出目的が限定されていることから，趣旨としては建設国債に含めて考えることができよう。

図 2-15 には対 GDP 比での累積国債残高も描かれており，以下では主にこの比率の動きに注目する。1965 年から 74 年までは建設国債のみが発行された。1975 年に始まる赤字国債の累積発行額は 1970 年代から 80 年代前半に急増し，財政再建目標が意識され出したのとバブル景気の増税収効果により 80 年代後半から 90 年代は高止まりし，1990 年度に積年の赤字国債の発行ゼロの目標が達成されたのだった。この間の GDP の成長もあって，それまでは上昇するのみだった累積国債残高対 GDP 比は，80 年代後半から 90 年代前半には減少トレンドを示した。

1990 年度から 4 年間は赤字国債は発行されなかったが，94 年度から発行が再開され，バブル経済の崩壊による「失われた 10 年」が「失われた 30 年」となる長期デフレ不況の中，度重なる財政出動や減税政策で財政収支は悪化，国債発行の増額で補填してきた。その結果国債発行残高は年々積み上がり，2020 年度末の累積発行残高は 932 兆円に達した。バブル経済崩壊後の累積国債残高対 GDP 比はウナギ登りに上昇し 160% を上回る見込みになっている。2020 年の新型コロナウイルス感染症へのパンデミック対策の財政支出も大幅なものとなり，この比率はさらに高まることとなった。

## ■ 世界の政府債務残高対 GDP 比

財政赤字の世界の動向を見ておこう。表 2-5 は IMF の統計による政府債務残高対 GDP 比を 1990 年以来原則 5 年おき（ただし起点年のみ 1991 年）にまとめたものである。最終年度である 2020 年度における予測データの高い比率の順に国を並べてある。世界には中央政府と地方政府なり公営企業なり多様な公的部門が有り得ることから，表 2-5 での政府は一般政府を対象とし，日本の場合では国と地方政府も合算することから，2020 年度の IMF 予測では 235.8% となっており，図 2-15 での 160% 超えと比べて格段に高くなっている原因でもある。

表 2-5 では，政府債務残高対 GDP 比が高い国は，日本をダントツの高債務国といえるが，続く存在で 2020 年度にギリシャ，イタリア，アメリカが 100%

表 2-5　世界の政府債務残高（対 GDP 比）

（単位：%）

| 国名／年 | 1991 | 1995 | 2000 | 2005 | 2010 | 2015 | 2020 | 政府純債務 |
|---|---|---|---|---|---|---|---|---|
| 日　本 | 63.5 | 95.9 | 137.9 | 176.8 | 207.9 | 231.3 | 235.8 | 169.2 |
| ギリシャ | 74.7 | 99.0 | 104.9 | 107.4 | 146.3 | 178.8 | 169.3 | |
| イタリア | 102.3 | 116.9 | 105.1 | 101.9 | 115.4 | 131.5 | 127.6 | 142.0 |
| アメリカ | | | | 65.2 | 95.7 | 105.3 | 110.0 | 103.2 |
| フランス | 36.3 | 55.8 | 58.6 | 67.2 | 85.1 | 95.8 | 95.6 | 104.3 |
| スペイン | 43.1 | 63.4 | 58.0 | 42.3 | 60.1 | 99.4 | 94.7 | 102.3 |
| ブラジル | | | 65.6 | 68.7 | 63.1 | 72.6 | 92.9 | 62.7 |
| イギリス | 28.5 | 43.9 | 37.0 | 39.9 | 75.6 | 88.2 | 86.5 | 93.8 |
| インド | 75.3 | 69.7 | 73.6 | 80.9 | 67.5 | 69.6 | 66.5 | |
| 中　国 | | 21.4 | 22.8 | 26.1 | 33.7 | 41.1 | 57.1 | |
| ドイツ | 39.1 | 54.8 | 58.9 | 67.0 | 80.9 | 71.0 | 52.6 | 50.0 |
| オーストラリア | 21.7 | 3.2 | 19.6 | 10.9 | 20.5 | 37.8 | 39.2 | 38.4 |
| ロシア | | | 55.7 | 14.8 | 10.6 | 15.9 | 15.9 | |

（注）　2020 年は IMF 予想値。空白は IMF によるデータ欠損期間。
（出所）　IMF「World Economic Outlook」

を超える。ギリシャもアメリカも政府債務比率が急激に上がり出したのは 2008 年のリーマン・ショックを契機としており，EU 加盟国のイギリス，ドイツ，フランスも同様にリーマン・ショック後の上昇が際立っている。ただし，同じ EU 加盟国のイタリアの場合はリーマン・ショックの影響は軽微で，むしろ慢性的に悪化した財政下で通貨ユーロへの参加条件として政府債務残高対 GDP 比を改善させた無理がたたったというべきだろう。ギリシャのデータについては過去に粉飾された経緯から実際はさらに悪い可能性があり，参考程度にすべきとの指摘もある。

　政府債務残高対 GDP 比の推移でその国の財政赤字を判断するならば，その値が 100％を上回ると黄信号が灯るといえようが，上に挙げた 4 か国を除くと，基本的にリストにある他のどの国も（少なくとも 2020 年において）該当しない。逆に財政の健全度を保っている国としては，主要先進国の中ではドイツが特筆され，2010 年代に入ってからも好調な景気を背景に政府債務残高対 GDP 比が大きく改善しており，水準も低水準となっている。

　新興工業国の BRICS 諸国の中では，ロシアの健全度が際立っている。ロシ

アはもともと政府債務残高対 GDP 比が世界的に見て低いことで知られるが，表 2-5 では特に，ソ連解体により市場経済が浸透し出した 2000 年以降大きく改善している。ロシアは国の収入において原油や天然ガスなどエネルギー関連の割合が高く，2000 年以降には原油をはじめとするエネルギー価格の上昇が大きく貢献した。

## ■ 政府純債務

表 2-5 の最右端の列には，一部の国について 2020 年度における対 GDP 比の政府純債務も記載してある。政府純債務は，政府総債務から一般政府が保有する金融資産（外貨準備や年金積立基金など）を差し引いたものであり，中央銀行も一般政府に属するとすれば，日銀が保有する国債も控除項目となる。日本は債務が多くても資産も多く保有しているから問題ないと言われることもあるが，2008 年以降政府純債務（対 GDP 比）でも 100％を超え，2016 年には 150％を超えてきており，その動向を注視する必要がある。

オーストラリアは財政が健全な国で知られる。2004 年から 2009 年の政府純債務はマイナス，すなわち資産超過となっていた。

## 2.4　豊かな生活-------------------------------------

国民経済で人々が経済活動を行う究極の目的は何だろうか？　この問いは経済学にとっての経世済民（**第 1 講**）の原義に立ち戻る契機になり，多くの人々が人生を顧みる機会にもなるであろう。経済学に入門しようとスタートしてまだ**第 2 講**の段階で，この問いの意味を理解するのは無理だろう。しかし，理解の参考となる資料を探すことは可能だ。本節では，いくつかの観点から必要な資料を探してみよう。

## ■ 幸福の指標

経済学を体系だって学んでいくに当たって，必ず突き当たるのが，消費者や家計あるいは企業は何を目的として行動するかとの考察であり，これを主体均衡の分析という（**第 4 講**，**第 8 講**）。より具体的には，消費者や家計は限られた予算の制約を受けながら財サービスを選んで効用（満足度）を最大化する。企

業は労働者を雇い資本設備を稼働して生産活動を行い，財サービスの供給者となる。どこまで生産を行うかは，生産活動によって獲得する利潤を最大化する生産量に決める。主体均衡の分析は市場経済での財サービスに対する需要と供給の意思決定を探る分析でもある。

　企業が利潤最大化を図るのは分かりやすい。市場で与えられた価格に生産量を掛けて売上となり，その生産にかかる費用も賃金支払いと原材料費，それに資本のレンタル料とすべて数量化され差額の利潤はいくらかと計算できるからだ。他方，消費者や家計の効用最大化は，当人は自覚して行動できるものの，周りの観察者からは分かりにくい。効用は主観的なものであり，周りからは数量化できないからだ。効用をめぐっては基数的効用を前提に異人間の効用を比較できるとの説と序数的効用のみを前提に他人の効用との比較はできないとする説で論争があり，前者の古典派経済学のベンサム的功利主義は廃され後者を前提とした新厚生経済学が誕生した経緯がある（第3講，第8講）。

　効用の異人間比較ができないとする前提を受け入れると，そもそも個々人に対するアンケート調査によらずに，幸福か否かを判断する基準も危ういものとなろう。ただし，消費者・家計や企業の主体均衡として，財サービスに対する需要曲線や供給曲線が導出できれば，その情報から消費者・家計の消費者余剰と企業の生産者余剰を算出可能で，これらが大きいほど資源配分の効率性の判断材料となる。生産者余剰は企業の利潤に他ならず直ちに理解可能だろう。消費者余剰は消費者・家計が支払ってもよいと評価する金額と実際に支払う額の差額であり，金銭単位で算出され，需要曲線が提示されさえすれば当人以外にも算出可能となる（第3講，第8講）。

　以上からは，主観的な感情である「幸福」を外から判断しようとするならば，個々人に対するアンケート調査を行うか需要曲線の情報を得て消費者余剰を算出するかの2つの方向が考えられる。アンケート調査を行うには，第1にアンケートの結果を分析する統計学や計量経済学の手法を適用する（第10講）。第2には，アンケートの内容を考案することから始めて幸福を解明する行動経済学や実験経済学の手法がある（第10講）。

　環境問題で利用される環境評価法を応用するアプローチも考えられる。これには基本的にはアンケートによって，例えば「環境保護にいくらまで支出する用意があるか？」といった質問をし，その回答の分布状況から仮想的な市場取引のデータを創出して手がかりとする仮想評価法，消費者余剰に基づく補償変

分と等価変分の試算，環境評価の手がかりとして空間移動の旅行費用をベースとするトラベルコスト法，環境を構成する複数の属性の和として捉え属性の価値から求めるヘドニック価格法，等々がある。

どの評価法も完璧なものではなく，主観的な感情である「幸福」の捉え方にも確たるものがあるわけではないことから，どのように「幸福」の算出につなげられるかの問題がある。しかし，近年少しずつ取組みが増えており，近い将来に大きなブレイクスルーないしパラダイムシフトが起きると期待される（**第1講**）。

## ■ 経済成長よりも幸福を目指すブータン

世界には経済規模の拡大となる経済成長は目指さずに，国民の生活レベルを高め国民総幸福量を大きくするのを目標とする国がある。その国はヒマラヤ山脈に連なるブータンであり，世界一幸福な国とか，国民の 97％が幸福な国と紹介される。ブータンは人口 70 万人に満たない小さな国で，国民 1 人当たりの GDP は 2006 年で 1,250 ドル，2017 年で 2,900 ドル程度で，通常の意味での経済発展には成功していない（**第 12 講**）。山間地ということもあり，賃金は安いとはいえ製造業を興して経済成長を達成するのは困難であり，隣国のインド，ネパール，バングラデシュが経済発展を遂げる中で，経済成長に代替する目標として設定されたのが国民の幸福だ。

ブータンの国民総幸福量（GNH，Gross National Happiness）は国民全体の幸福度を示す尺度であり，精神面での豊かさを数量化する試みといえる。2 年ごとの聞き取り調査により，国民総幸福量の 4 つの柱，9 つの指標にしたがって調査が行われる。4 つの柱は持続可能な社会経済開発，環境保護，伝統文化の振興，および優れた統治力であり，9 つの指標は，心理的幸福，時間の使い方とバランス，文化の多様性，地域の活力，環境の多様性，良い統治，健康，教育，および生活水準であり，これらの各調査には約 1 万人ほどの人々が選定される。聞き取り調査からどのようにして国民総幸福量を構築するかには「経済的な豊かさではなく，精神的な豊かさを重んじる」趣旨は理解できるが，4 つの柱，9 つの指標の選別はブータン特有なのか，他の国にもそのまま適用できるのか疑問が残るであろう。

## ■ 環境の評価

　幸福の数量化と並んで進んでいるのは，地球温暖化や酸性雨，大気汚染など
の環境の悪化の数量的な把握の試みである。国民経済計算（SNA, System of
National Accounts）なり国民所得勘定がGDPを算出する上で整備された体系で
あるが，環境問題の把握においてそれと同じような統計体系を整備する試みも
進められている。それが環境資源勘定の作成であるが，当然ながら経済活動と
切り離して環境を評価できるものではないために，環境・経済統合勘定（SEEA,
system of integrated environment and economic accounting）として，通常の経済勘
定とどのように整合的に勘定体系を構築するかが問題となる。その際には，環
境の価値をどのように評価するのか，経済勘定体系との重複計算をどのように
調整するのか，そして環境勘定の推計のためのデータ整備という課題がある。

　内閣府が検討している環境・経済統合勘定は，大別すると2種類の環境関連
計数からなる。一つは，SNAの既存計数から分離される環境関連のフローの
支出額（実際環境費用）やストックの資産額（環境関連資産額）であり，これにより，
経済活動中の環境保護活動の状況等が詳細に把握可能になる。もう一つは，経
済活動に伴う環境の悪化を，外部不経済効果として貨幣表示する帰属環境費用
の試算だ。この結果，経済活動全体の中において，どの経済主体がどのような
規模の環境保護活動を行い，また，どの程度の環境悪化を引き起こしているか等
が，貨幣表示される。

　実際の試算は，多少昔のことになるが，1998年に内閣府（当時は経済企画庁）
から初めて公表され，1970年から95年までの5年ごとの6年度分について行
われた。その後については，内閣府から公表されたものはないが，改善すべき
点を検討する研究会等は継続して開催されており，いずれ改良された形で公表
されることになるだろう。短い期間について公表された試算結果の概要は以下
の通り。

　基準となる1990年について，環境・経済統合勘定としての「経済活動と環
境に関する外部不経済」の全体像を見よう。実際環境費用としては，当時の
GDP430兆円に対して，環境保護活動の付加価値額は，産業が3兆円，政府が
1.5兆円の合計4.5兆円で，GDPの1.0%に達していた。環境に関連する生産
活動によって生産された環境関連の財サービスの総産出額は6.1兆円（総産出
額の0.7%）であり，そのうち3.9兆円が中間消費（総中間消費の1.0%）され，
2.2兆円が最終消費（総最終消費の0.8%）された。

環境関連資産としては，1990年中の人工資産の総資本形成額は135兆円に達したが，そのうち環境保護活動に使用される環境保護資産の総資本形成額は3兆円（2.2%）に上った。その結果，期末ストック額は，人工資産合計1,052兆円に対して，環境保護資産は35兆円（3.3%）で，内訳は産業が2兆円，政府が33兆円だった。一方，森林の期末ストック額は41兆円と算出された。

帰属環境費用は，総額で4.2兆円，対GDP比で1.0%（対NDP比1.1%）に上った。環境悪化の原因別では，産業の生産活動が2.4兆円（57.1%），家計の最終消費が1.8兆円（42.9%），また悪化した自然資産の種類別では，大気が2.4兆円，水が0.7兆円，土地が1.1兆円と，それぞれ57.1%，16.7%，26.2%を占めた。二酸化炭素による地球温暖化については，帰属環境費用の推計対象となる超過排出量は1990年の総排出量の76%に達し，このような量を削減可能な技術対策は存在しないため，その帰属環境費用は算定不能との暫定的な結論になっている。

## ■ グリーンGDPと新たな豊かさ指標

国内総生産（GDP，Gross Domestic Product）から固定資本の減耗額（減価償却）を控除すると国内純生産（NDP，Net Domestic Product）となり，さらに帰属環境費用を控除すると環境調整済国内純生産（EDP，Eco Domestic Product）となる。別名グリーンGDPと呼ばれるもので，1993年に国連統計部によって提案され，細部については各国の事情に応じてさまざまな基準がある。NDPがGDPから見た目には認知しにくい資本減耗分を控除した「純」概念になるのは，生産活動に伴って資本ストックの劣化が進行することから，その分を付加価値の減少分として計上しようとの発想があるからだ。同様に，経済活動に伴う自然資産の減耗額ともいうべき帰属環境費用をNDPから控除することによって，環境の劣化まで考慮に入れた「純かつ真」の付加価値額を求めようとするのがグリーンGDPを算出する意義になる。

日本における環境・経済統合勘定の作成の試みとしては，当初は国連の提唱に従って経済活動による環境負荷量を貨幣評価し，外部不経済として経済活動から控除したグリーンGDPを計測した。しかし，その後も環境負荷物質に対する貨幣評価手法が国際的に定まらず，より日本の実情に合う形で，経済活動量を測る国民勘定と，それに伴う環境への負荷を物量勘定として並列表記する経済活動と環境負荷のハイブリッド型統合勘定を開発し，1990年，95年，お

よび 2000 年について試算した。その結果，1990 年の NDP は 366.9 兆円であり，帰属環境費用 4.2 兆円を控除したグリーン GDP は 362.7 兆円と試算された。固定資本の減耗額を含めた環境調整済国内総生産（＝グリーン GDP＋固定資本減耗）は，1970 年の 179.7 兆円から 95 年の 460.4 兆円へと 2.56 倍になり，GDP が増加する一方帰属環境費用は減少したために，GDP の伸び（2.51倍）よりわずかながら大きく試算された。

　グリーン GDP に限らず，既出のブータンの国民総幸福量もそうだが，近年，従来から採用されてきた GDP（国内総生産）に代わって，環境指標を含めた真の豊かさを測る指標に世界的な関心が集まっている。多少古くなってしまった概念もあるが，過去にはマクロ経済指標として国民純福祉（NNW，Net National Welfare），eaNDP（environmentally-adjusted Net Domestic Product）などが，また複合指数型指標として人間開発指数（HDI，Human Development Index），Environmental Sustainability Index（ESI），およびエコロジカル・フットプリントがある。さらに近年では，持続可能性に重点を置いたさまざまな指標が工夫されている。

　2007 年には欧州議会，欧州委員会，ローマクラブ，WWF（世界自然保護基金），OECD が参加した Beyond GDP 会議が開催され，GDP を補完する新たな指標の開発に向けて合意が得られ，09 年には，欧州委員会が「GDP and beyond」を公表した。この流れの上で，OECD 発足 50 年に当たる 2011 年に，OECD によるグリーン成長指標が公表され，さらに 12 年にはリオ＋20 において，包括的富指標（IWI，Inclusive Wealth Index）が公表された。

■ 包括的富指標（IWI）

　2012 年 6 月，リオ＋20 サミット（国連持続可能な開発会議）で，国連大学地球環境変化の人間・社会的側面に関する国際研究計画（UNU-IHDP）は，国連環境計画（UNEP）など複数のパートナーと共同で「包括的富に関する報告書」（Inclusive Wealth Report 2012）を発表した。この報告書では，新たな経済指標である包括的富指標（IWI）が提案された。この指標は，従来の国内総生産（GDP）や人間開発指数（HDI）などのように短期的な経済発展を基準とせず，持続可能性に焦点を当て，長期的な物的資本ないし人工資本（機械，インフラ等），人的資本（教育やスキル），自然資本（土地，森，石油，鉱物等）を含めた，国の資産全体を評価し数値化する。

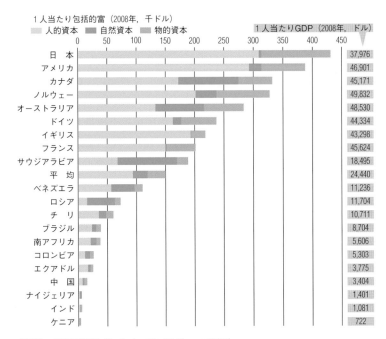

（出所）　UNU-IHDP「Inclusive Wealth Report 2012」

図2-16　1人当たり包括的富（2008年）

　さらに本報告書は，「経済成長の偏重は，将来の世代に深刻な被害をもたらし，資源を枯渇させる。IWIは，豊かさと成長の持続可能性を提示できる指標である」と有用性を自賛している。世代間効用なり世代間福祉（intergenerational well-being）が減少しないことを，持続的発展の必要条件とし，それには「各世代が，前の世代から受け継いだのと少なくとも同程度の富を，後の世代に遺す」のが要求される。効用や福祉は環境そのものなど財サービスの消費以外からも得られると考えると，国の豊かさを，GDPなどのフローによって測る視点から，さまざまな資本のストックの質や量によって測る視点へシフトするのが望まれ，そこで登場するのがこの包括的富指標なわけだ。IWIでは，資産が3つに分類される。それらは物的資本ないし人工資本（physical capital），人的資本（human capital），自然資本（natural capital）の3つだ。図2-16は，先進諸国

表2-6 1人当たり IWI，HDI，1人当たり GDP の成長率（1990-2008年）

| 1人当たり包括的富（IWI） | | 人間開発指数（HDI） | | 1人当たり GDP の成長率 | |
|---|---|---|---|---|---|
| 中 国 | 2.1 | 中 国 | 1.7 | 中 国 | 9.6 |
| ドイツ | 1.8 | インド | 1.4 | インド | 4.5 |
| フランス | 1.4 | ナイジェリア | 1.3 | チ リ | 4.1 |
| チ リ | 1.2 | コロンビア | 0.9 | ナイジェリア | 2.5 |
| ブラジル | 0.9 | ブラジル | 0.9 | ノルウェー | 2.3 |
| インド | 0.9 | ロシア | 0.8 | オーストラリア | 2.2 |
| 日 本 | 0.9 | ベネズエラ | 0.8 | イギリス | 2.2 |
| イギリス | 0.9 | チ リ | 0.7 | エクアドル | 1.8 |
| ノルウェー | 0.7 | フランス | 0.7 | アメリカ | 1.8 |
| アメリカ | 0.7 | ドイツ | 0.7 | コロンビア | 1.7 |
| カナダ | 0.4 | エクアドル | 0.6 | ブラジル | 1.6 |
| エクアドル | 0.4 | ノルウェー | 0.6 | カナダ | 1.6 |
| オーストラリア | 0.1 | イギリス | 0.6 | ドイツ | 1.5 |
| ケニア | 0.1 | サウジアラビア | 0.5 | フランス | 1.3 |
| コロンビア | − 0.1 | 日 本 | 0.4 | 南アフリカ | 1.3 |
| 南アフリカ | − 0.1 | ケニア | 0.4 | ベネズエラ | 1.3 |
| ロシア | − 0.3 | オーストラリア | 0.3 | ロシア | 1.2 |
| ベネズエラ | − 0.3 | カナダ | 0.3 | 日 本 | 1.0 |
| サウジアラビア | − 1.1 | アメリカ | 0.2 | サウジアラビア | 0.4 |
| ナイジェリア | − 1.8 | 南アフリカ | − 0.1 | ケニア | 0.1 |

（資料） Inclusive Wealth Report 2012 Summary for Decision-Makers, p.15
（出所） UNU-IHDP「Inclusive Wealth Report 2012」

と南米中心に世界の選別された20か国について，1人当たりの IWI を示したものだ。また，表2-6は，左側から，1人当たり IWI，HDI（人間開発指数），1人当たり GDP の1990-2008年にかけての平均成長率を比べたものだ。

　20か国中，1人当たりの包括的な富は，日本，アメリカ，カナダ，ノルウェーと続く。日本は，1人当たりの人的資本と物的資本でも世界第1位になっている。フローの GDP では中国に抜かれた日本だが，このストックの尺度で測れば，いまだに日本は中国より3倍近くも大きい。ただし，成長率はどの指標でも中国が1番となっており，遠くない時期に順位が変わる可能性はある。日本は，1990-2008年のほぼ20年間では，IWI と GDP の成長率がそれぞれ0.9％と1.0％とほとんど同レベルになっているが，各国との相対的な順位としては，GDP よりも IWI の成長率の方が高くなっており，フローよりもストック面での堅実性を示している。

3つの資産のうち最大となるのは，有数の産油国であるナイジェリア，ロシア，サウジアラビアの3か国を除くと，いずれの国でも人的資本だ。人的資本は，労働者が得られる賃金や引退するまでの予想労働年数などに基づいて計測するが，日本の IWI が大きいのはもっぱら人的資本の大きさによる部分が大きいといえる。人的資本は，イギリスの富の88％，アメリカの富の75％，日本の富の72％を占めている。ドイツや中国の例でも分かるように，包括的富の立場では，3種類の資本はそれぞれが相互に代替可能（substitutable），すなわち置き換えることが可能と考える。もちろん，これには異論もあり，枯渇性資源や美しい自然等の自然資源は，性質が全く異なり，物的資本では代わりが利かないとの見解もある。

　**第12講**では，枯渇性資源の下での持続可能な開発のためのハートウィック・ルールについて学ぶ。これは，通常の資源配分に関する効率性の条件（パレート最適性，**第5講**）に加えて，「各時点において，社会は枯渇性資源の利用にかかる競争的な使用料相当額分だけ再生産可能資本の蓄積を行う」というルールのことだが，別の言い方では，パレート最適な経路の中で，消費水準を維持するための条件になる。枯渇性資源に対して消費水準を維持し続けるためには生産能力自体を維持していく必要があり，ここでの包括的富の維持の観点では，そのためには枯渇性資源の減少分を投資によって人工資本を蓄積し生産能力を補う必要がある。すなわち，ハートウィック・ルールは，代替可能な包括的富の配分の問題として理解されるのだ。

## ■ 所得分布の不平等度

　豊かな生活を考える上では，所得や消費の絶対額が重要であるが，それと同時に関心を持つのは，それらがどのように分配されているのかという分配の平等性だ。所得分布の不平等度を測る指標としてはジニ係数がよく知られており，本書でもこの尺度を用いた所得分布については**第5講**で取り上げ，ジニ係数の導出法と係数値の解釈についても説明しているので，ここではジニ係数の世界ランキングを見ておこう。

　図2-17が元になる所得から租税を控除し年金や医療保険等の社会保障給付金を加えた再分配所得についての世界各国のジニ係数だ。租税制度や社会保障制度がほんらいの目的を果たしている国民経済ならば，一般論としては再分配所得のジニ係数は再分配前の所得によるジニ係数よりも小さくなる。この図の

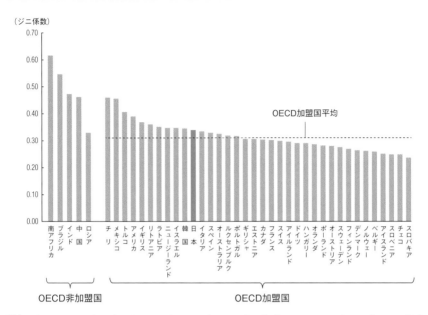

（注）　チリ・アメリカ・イタリア・スイス・アイルランド・ドイツ・デンマーク・アイスランドは
　　　2017年，中国・ロシア・メキシコ・オランダは2016年，南アフリカ・トルコ・日本は2015年，ニュー
　　　ジーランドは2014年，その他は2018年。中国，ブラジルはその他の国と算出基準が異なる点に注
　　　意が必要。
（出所）　OECD「Income inequality」と中国国家統計局，ブラジル地理統計院の公表値をもとに作成

図 2-17　ジニ係数の世界比較

対象国は OECD 加盟国と BRICS 諸国であり，国によって多少ズレはあるもの
のおおむね 2015 年以降のデータに基づく。
　図 2-17 より，日本は，OECD 加盟国全体の平均値よりもわずかに大きなジ
ニ係数となり，OECD 加盟国の中で大きい（すなわち，不平等な）順に 11 位に
ランクされている。先進国の中では所得分布の不平等度が特に大きな国でもな
いし，不平等度の小さな国でもないという結果と解釈される。高度経済成長期
や 1970 年代の日本でのアンケート調査で，自らを中の中として「1 億総中流」
と自己評価した時代があったが，図 2-17 からは日本は必ずしも平等度の高い
国とはいえないのだ。
　OECD 諸国の中で最も不平等度の大きいのは，チリ，メキシコ，トルコと

いった相対的に早期に経済成長を達成しOECDに加盟した諸国であり，1人当たりの所得水準はそれほど高くない国である。主要先進国の中では，アメリカが最も不平等度の大きな国であり，イギリス，ニュージーランド，イスラエルが続き，日本がそれらの後になる。OECDに非加盟のロシアと中国といった旧社会主義国ではかえって不平等度が大きい点が注目される。社会主義市場経済を標榜した中国の改革開放政策に象徴されるように，社会主義国に一挙に市場メカニズムが許容・導入された結果，その間に優勝劣敗が展開され所得格差が拡大したといえよう（**第4講**）。

　逆に不平等度の小さなことで目立っているのは，スロベニアを除くとアイスランド，ノルウェー，デンマークといった北欧諸国である。スウェーデンは一時期ほど格差の小ささは目立たなくなった。ドイツ，フランスは，北欧諸国とイギリス，日本の中間ぐらいに位置している。スロバキア，チェコ，スロベニア，ポーランド，ハンガリーは旧ソ連圏の社会主義国であった履歴効果として，これらの国で不平等度が小さいのは納得できる（**第5講**，**第11講**）。ロシアと中国ほど，資本主義国に転じた際の格差拡大の余地が少なかったと解釈される。

## ■ 安全指標

　世界平和度指数（Global Peace Index）は，イギリスの週刊新聞のエコノミスト紙が24項目にわたって144か国を対象に分析し，各国や地域がどれくらい平和かを相対的に数値化することを試みたものである。このランキングは2007年から毎年再推計されており，表2-7は2020年度版だ。もとになる情報は，内的状況（暴力，犯罪）と外的状況（軍事費，戦争）に分けられる。平和度の評価は，23項目（当初は24項目）の指標から決められており，それぞれの項目はイギリスに限らない多くの国の研究機関や大学からの情報やそれらの機関が開発した評価法に基づく数値情報であり，それらを一定のルールにより標準化変換し，すべての項目について加重平均する。

　数値データは，ある指標についてもともと5段階で評価されたものを出発点とする。その国（地域）の点数がx，リスト中の最小値をMin(x)，最大値をMax(x)として

$$評価ポイント = \frac{x - Min(x)}{Max(x) - Min(x)}$$

と加工する。この値は定義によって0と1の範囲をとるが，これを再度5段階

表 2-7　平和度指数による安全のランキング

| 順位 | 国名 | スコア | 順位 | 国名 | スコア |
|------|------|--------|------|------|--------|
| 1 | アイスランド | 1.176 | 21 | ウルグアイ | 1.606 |
| 2 | デンマーク | 1.333 | 22 | オランダ | 1.607 |
| 3 | ノルウェー | 1.343 | 23 | 香港 | 1.608 |
| 4 | ニュージーランド | 1.350 | 24 | ルーマニア | 1.611 |
| 5 | 日本 | 1.358 | 25 | オマーン | 1.612 |
| 6 | アイルランド | 1.410 | 26 | ブータン | 1.616 |
| 7 | ポルトガル | 1.412 | 27 | オーストラリア | 1.652 |
| 8 | フィンランド | 1.432 | 28 | イタリア | 1.653 |
| 9 | ルクセンブルグ | 1.446 | 29 | シンガポール | 1.673 |
| 10 | オーストリア | 1.449 | 30 | スペイン | 1.683 |
| 11 | カナダ | 1.451 | 31 | ポーランド | 1.687 |
| 12 | スイス | 1.465 | 32 | 韓国 | 1.691 |
| 13 | スウェーデン | 1.468 | 33 | カタール | 1.694 |
| 14 | ドイツ | 1.475 | 34 | コスタリカ | 1.701 |
| 15 | ベルギー | 1.485 | 35 | エストニア | 1.702 |
| 16 | スロベニア | 1.491 | 36 | フランス | 1.707 |
| 17 | チェコ | 1.501 | 37 | ベトナム | 1.720 |
| 18 | ハンガリー | 1.576 | 38 | マレーシア | 1.721 |
| 19 | チリ | 1.576 | 39 | ラトビア | 1.723 |
| 20 | スロバキア | 1.576 | 40 | ガーナ | 1.723 |

（出所）　The Economist（2020 年 6 月 10 日）

に分別する。それぞれの指標は同価値ではなく重要度を判定して重みが付けられ，さらに内的状況には 0.6，外的状況には 0.4 を掛けた後，総合点を算出する。結果が，表 2-7 のスコアとランキングとなる。

　この平和度指数を世界治安ランキングと勘違いしない方がよい。実際に，TOP10 に入っている国はアイスランドを除いて犯罪発生率が日本よりかなり高い。逆に，中東の産油国の中には治安維持に力を入れている国も多く，犯罪発生率が日本と同じ程度かサウジアラビアのように低い国も存在する。しかし，これらの国々は潜在的テロの危険性や周辺国の緊張，人権等の問題から大きくポイントが落ちる。要するに，総合評価による安全度であり，単純に殺人事件発生率や街中を歩いていてホールドアップ（強盗）にあう確率だけを反映するものではないということだ。

日本はランキング5位であり，世界の中では相当程度安全（平和）な国と評価されているといえよう。ランキングの上位の方はニュージーランドとカナダを除きヨーロッパの国々であり，アジアでは23位の香港が日本を除いて最上位になる。世界一幸福なブータンが26位にランキングされているのが特筆に値し，ランキング外の周辺国ネパール，インド，バングラデッシュを上回る評価となる。1人当たりGDPでは凌駕されるブータンの面目躍如といったところだ。

## ■自然災害

　生活の豊かさにとって重要な要因に自然災害があり，日本は世界有数の自然災害の多い国である。近年，日本各地で地震，津波，台風，集中豪雨などの自然災害が頻発しているが，過去50年における自然災害発生頻度の推移を見ると，発生件数は増加傾向にあり，被害額も拡大している。

　1971年以降を5年単位で括り，自然災害の発生件数と被害額の推移を見たのが図2-18だ。同図より明らかに，折れ線グラフが示す自然災害の発生件数は短期的な上下の増減があるものの，長期のトレンドとしては上昇してきている。また，棒グラフの自然災害の被害は，2011年に発生した東日本大震災の影響が大であろうが，2011-15年の被害額が大きく増加した。1991-95年の被害額が大きいのも，1995年の阪神淡路大震災の被害による影響が大きいだろう。なお，ここでの自然災害は，「死者が10人以上」，「被災者が100人以上」，「緊急事態宣言の発令」，「国際救援の要請」のいずれか1つ以上に該当する事象を災害として登録されている。

　2016年以降は，16年の熊本地震・大分県中部地震，17年の7月九州北部豪雨，18年の大阪北部地震，台風7号および梅雨前線の影響により岡山県倉敷市等を襲った平成30年7月豪雨（西日本豪雨ともいう），北海道胆振東部地震，19年九州北部豪雨，台風15号（令和元年房総半島台風）と台風19号（令和元年東日本台風），20年の熊本県の球磨川氾濫を中心に九州や中部地方など日本各地で発生した令和2年7月豪雨，等々発生件数も被害額も増加傾向にある（東日本大震災の被害を超えることはないだろうが……）。

　2016年以降の主な自然災害は地震と台風なり集中豪雨が中心となっている。今後についてもほぼ同様の傾向が続くだろう。地震については，関東から九州の広範囲で強い揺れと高い津波が発生するとされる南海トラフ地震と首都中枢

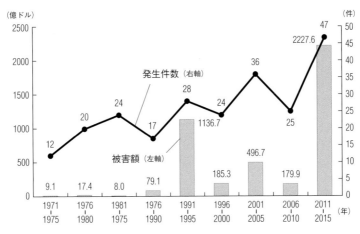

（資料）　ルーバン・カトリック大学疫学研究所災害データベース（EM-DAT）より
　　　　中小企業庁作成
（出所）　中小企業庁「中小企業白書 2019 年版」より抜粋して作成

図 2-18　日本の自然災害

機能への影響が懸念される首都直下地震が，今後 30 年以内に 70％の確率で発
生すると予想されている。また，地球温暖化が進むことで今世紀末には日本付
近を通過する台風の速度が現在よりも約 10％遅くなるといい，将来的に台風
の影響を長時間受け積算降水量が増大することで，河川の氾濫や土砂崩れなど
の被害が拡大する懼れがある。温暖化に関連しては，「50 年に 1 度レベルの記
録的大雨」との警報が頻繁に発出されているが，これが例外的な大雨でなく恒
常化する可能性もあろう。

■ 世界の自然災害

　日本は国土面積で世界の 0.28％，人口比率でも 1.9％しか占めていないが，
2014 年版の「防災白書」によると，世界のマグニチュード 6 以上の地震の
18.5％は日本国内で発生し，活火山の 7.0％が日本にある。また，災害死亡者
は世界の 1.5％にとどまるものの，自然災害で発生する被害金額は 17.5％にも
上る。環境省の「人と自然との共生懇談会」で公表された資料によると，日本
に自然災害が多い理由として

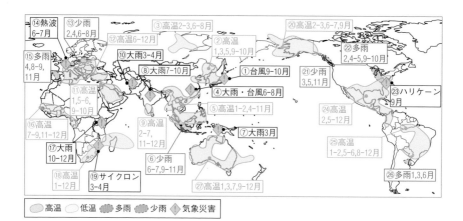

（資料）　気象庁「2019 年 世界の主な異常気象・気象災害」（2020 年 1 月 22 日発表）
（出所）　内閣府「令和 2 年版 防災白書」

図 2-19　世界の異常気象・気象災害（2019 年）

① 　日本列島が 4 つのプレートによって形成され，地震活動，火山活動が活発
　である

② 　急峻な地形を有し，河川の流れが急である

③ 　アジアモンスーン地域に位置し，梅雨と台風の時期にしばしば集中豪雨が
　起きる

④ 　土地利用が過密で，河川や海岸，火山に接して都市や農地が位置している

の 4 点が挙げられている。なお，この資料では，1900 年以降に発生した世界
の主な自然災害のうち，日本で起きている割合は気象災害（台風，洪水など）
が 9 ％（56 件中 5 件），地震・津波が 16 ％（55 件中 9 件）としている。

　図 2-19 は 2019 年の世界の主な異常気象・気象災害をまとめたものであり，
図中のコメントで図が一杯になるほど，世界では異常気象であふれたことが一
目瞭然となっている。世界全体を俯瞰するに，2019 年は高温となった地域と
多雨・大雨となった地域が目立っている。例年だと，どこかに高温の地域があ
ると，同時に別のどこかには低温の地域があったり，多雨の地域と少雨の地域
なり旱魃や山火事の地域が共存するものだが，2019 年はそうなっておらず，

世界的に高温・多雨な地域が優勢だったことになる。これが地球温暖化現象の表れなのかもしれない。

　2019 年 7 月から 10 月には，インドを中心とした大雨により，南アジアでは死者が合計で 2,300 人以上となるなど甚大な被害が発生した。インドの同年 8 月および 9 月の総降水量は 1983 年以来最も多かったなど，記録的な大雨となった。日本でも，近年の豪雨災害により大きな被害がもたらされており，2019 年も台風 19 号（令和元年東日本台風）による災害をはじめとする豪雨災害により，甚大な被害が発生した。また，2019 年の平均気温は世界の陸上の広い範囲で平年より高く，東アジア北東部含め世界各地で異常高温が発生した。一般に，異常気象は過去に経験した現象から大きく外れた稀な現象のはずだが，今後地球温暖化等の気候変動により，世界的に異常気象が増加する可能性も指摘されている。

## 2.5　世界はリアルタイムでつながっている┄┄┄

　インターネットや携帯電話に代表される情報通信ネットワークで，世界中の情報の受発信源が結ばれるようになった情報通信の技術革新 ICT 革命（information, communication technology revolution）により，経済活動に限らず人々の生活面でも大きな変化がもたらされている。中でも，国境を越え全地球的なレベルでのリアルタイムでの情報収集，情報交換が可能となり，これで製造業の企業活動も容易に国境を越え，グローバリゼーションも徹底化してきた。アメリカや EU といった先進諸国との関係は成熟期に達し，相互の直接投資や交易関係も安定的に拡大してきた。近隣では，東アジア諸国や ASEAN 諸国に加えて，中国やインド，ロシアの経済発展も進み，日本を取り巻く経済地図も様変わりした。

### ■ 世界同時経済危機

　リアルタイムでの世界中との情報収集，情報交換が可能となったこと，および飛行機や船，列車，自動車による人やモノの安価な移動・運搬も国内・国外間で実現されており，企業の立地問題や生産拠点の選択の際の自由度が高まっている。2011 年の東日本大震災時に注目を浴びた原材料・部品のサプライ

チェーンのネットワークも世界中に張りめぐらされており，一部で災害による切断があっても，最短でないながらも代替的なサプライチェーンを通じる供給体制も確立しているといってもよい。

　ともあれ，ICT 革命の洗礼を受け，製造業の生産でさえ国境を越えて連動する時代になった。2008 年のリーマン・ショック後の世界的大不況は好例であり，アメリカ発の不動産市場をめぐるサブプライムローン問題で証券会社のリーマンブラザーズが破綻し，それを機に世界中の株価暴落・不況の蔓延（まんえん）が起こった。世界同時不況は 1930 年代の大恐慌以来との意味での「100 年に 1 度レベルの大ショック」と称され，アメリカ，EU（ヨーロッパ連合），中国では公共投資を中心に大型のケインズ政策が発動された。バブル経済崩壊後の不良債権処理問題で苦汁を舐め（免疫を持った）サブプライムローン問題は大事に至らないと見なした日本も，在庫調整等でマイナスのショックとなり GDP も大きく落ち込んだ。ただし国内の景気対策と世界的な不況対策が功を奏した形で V 字回復につながり，2009 年 3 月から戦後 15 番目の景気循環の拡張期に転じた（表2-3）。

　リーマン・ショックに対しては主要国首脳会議の G7（日米独英仏伊加）に新興工業国を新規に加えた主要 20 か国・地域（G20）＝G7＋EU，露，および新興国 11 か国（中印伯墨豪韓，南ア，インドネシア，サウジアラビア，トルコ，アルゼンチン）が 2008 年に招集された。G20 は group of twenty の略で，2009-10年の 2 年間は半年に 1 回開かれ，11 年以降は毎年 G7 の開催に合わせて G20首脳会合を開催するようになった。G20 の中には新興工業国でも（国土面積や人口が大きいという意味での）大国であるロシア，中国，ブラジル，インド，南アフリカは BRICS 諸国として存在感を年々高めている。

　G7 は 1975 年以降毎年開催されてきたもので，サミット（先進国首脳会議）としてその年に発生した事件や関心が高まった問題について先進国で協調して対応するための会議であり，98 年からロシアを呼んで G8 に拡張されたが，ウクライナのクリミアをロシアが併合した 2014 年以降，ロシアはその参加資格を停止された。そうした経緯を踏まえた上で，G20 は全地球レベルでの政策協調が必要とされ，先進諸国と新興工業国をはじめとした発展途上国が合意の上で集まったもので，リーマン・ショック後の政策協調が成功裏に行われそれなりの成果を収めたことから，その後も G7 と同じタイミングでの首脳会議に加えて G20 財務相・中央銀行総裁会議，G20 労働雇用大臣会合などの開催が続

いている（第6講）。

　さて，リーマン・ショック同様の大きなショックとなったものに2020年の新型コロナウイルス感染症のパンデミック（世界的大流行）があり，感染症の拡散対策として国によっては都市封鎖（ロックダウン）や緊急事態宣言による移動自粛や移動制限が発動され，必然的に経済活動に急ブレーキをかけることになった。パンデミックの世界中への拡散スピードには目を見張るものがあり，経済活動へのマイナスのショックは結果的にリーマン・ショックを上回るものになった。各国ごとに国民に各種の給付金を配るなどの経済対策を行ったが，世界的経済停滞は確固たる世界同時経済危機の例となる。

### ■ 日米経済の連動性

　リーマン・ショックや新型コロナウイルス感染症パンデミックの例からは，世界経済の連動性が高まっている臨場感が伝わってくるが，これらは100年間に1回レベルなり空前の大きなショックに対しての反応であったわけで，いわば戦時であり必ずしも平和時・常時の姿ではない。確かに株式市場・債券市場間，国際金融面や大きなショックに対する対応やショックの伝播においての連動性は高まっており，まさに「世界はリアルタイムでつながっている」。しかしながら，そうでない分野があることも受け入れる必要がある。例えば，日本とアメリカの景気循環の連動性は，むしろ認められないとの観察もある。

　バブル経済崩壊後の1990年代を通じて長期不況感が漂った日本経済だが，この間日本とは対照的に，アメリカ経済は1990年代に空前の長期好況を続けた。過去においても，日米経済は対照的に浮沈を経験してきた経緯があり，20世紀の最後の20年ほどをとると，この傾向は特に鮮明だ。すなわち，日本経済の株価や地価の上昇が勢いづき景気も拡張期が定着した1987年10月19日（月）に，アメリカではブラックマンデーと呼ばれた株価の大暴落が起こり，その後の実体経済に深刻な悪影響を及ぼしたが，そこにはそもそも財政収支と経常収支の「双子の赤字」に苦しむアメリカ経済があった。この時期，日本経済は「ジャパン・アズ・ナンバーワン」と世界から称賛され，日本的経済システムは後発の発展途上国からは経済発展のお手本とさえなったのだった。

　しかし，1990年代に入ってからアメリカ経済は再生し，ブラックマンデー直後には2,000ドル前後であったダウ平均株価も2000年の新ミレニアム（千年期）初年には11,000ドルを超えるまでになり，2020年のパンデミック前には

30,000 ドル近くまで上昇した。一方，20 世紀末の段階では日本的経済システムは逼塞し，不良債権処理問題での混迷と景気低迷から，日本経済には沈滞ムードがはびこり続けた。こうした悲観状況は，いわゆる「日本売り」に反映され，株式市場や不動産市場の長期低迷をもたらした。実際，護送船団方式で守られてきた金融システム，非効率な流通システム，構造疲労が露呈してきた裁量行政，談合による不正や無駄の多い公共事業や許認可事業，不祥事を繰り返す官僚や企業経営者の低いモラル，など日本的経済システムにも多方面で綻びが目立ったのだった。結局，1980 年代以降の日米経済は，景気局面の意味では連動していたというよりも，むしろ逆比例していたといった観察もなされるほどなのだ。

　もっとも，変動相場制の下では，実体経済は隔離されるとの主張もある。ある国の実体経済に起こったショックはそれを相殺する経常収支の変動，すなわち為替レートの変動で吸収され，実質 GDP など実体変数には影響が及ばないのだ。マンデル=フレミング・モデルでの帰結であり，資本移動がこの隔離効果を増長させる（第 11 講）。この理論的帰結を踏まえるならば，日米の景気局面の連動が起こらないのは驚くに値しない。むしろ，固定相場制の下でのゼロサムゲームとなる近隣窮乏化政策のごとく，国内の実体経済のショックが経常収支を通じて他国に伝播し，経常収支がプラスとなるショックならば経常収支が赤字となる相手国を害し，経常収支がマイナスとなるショックならば経常収支が黒字となる相手国を利する，まさに近隣窮乏化だ。これが日米の相対する景気局面の背景とするならば，変動相場制下とはいえ為替レートの調整がなかなか進まず半ば固定相場制のメカニズムが働いた可能性が指摘できる。

　ただし，このストーリーに無理があるのは，図 2-20 にあるように，プラザ合意後の円高が進んだ 1985 年から 2005 年の間，対 GDP 比経常収支が 1.5%から 3.5% の間を循環的に変動しているのに対して，円ドル為替レートはリーマン・ショックが勃発する前のバブル経済崩壊後の長期デフレ不況時には相対的に変動幅が小さい範囲で安定していたことである。これを為替レートがほぼ一定の値で推移した固定相場制と見なせば，日米の対 GDP 比経常収支の動きがゼロサムの近隣窮乏化政策の状況と解釈できないわけではないだろう。

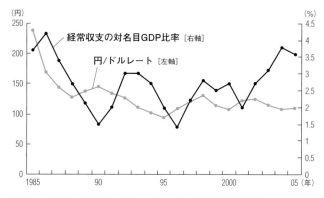

（出所）　内閣府「長期経済統計」, 日本銀行「主要時系列統計データ表」を
もとに作成

図 2-20　**経常収支と為替レートの推移（1985-2005）**

## ■ 選択の帰結としての連動性

　ICT 革命の浸透なり第 4 次産業革命や第 5 次産業革命の萌芽がみられ, 他方
多くの経済活動にグローバル化の波が押し寄せている昨今, 世界経済のリアル
タイムでの連動性が観察される分野が増えている。ただし, 変動相場制下の実
物ショックのように為替レートの調整的変動によって連動性が断たれるメカニ
ズムも存在する。もちろん, 政策として意図的に連動性を絶つことも考えられ
る。したがって, いろいろなデータの観察を通じて, 世界経済のリアルタイム
での連動性をチェックしても, それを予測通りに検証できる場合と, 逆に連動
性が断たれているのを検証する結末になる場合があろう。

　本書は, 必ずしもそのような検証を追求するものではなく, 市場経済のメカ
ニズムとしてグローバル化した世界経済のリアルタイムの連動性が高まる傾向
があることを, 経済主体の合理的行動から説明する。裁定行動による一物一価
の原則（第 14 講）が利子率や為替レート, インフレ率の連動性を牽引するし,
何よりもある行動を決行する際には相応の費用（機会費用という。第 14 講）が
かかることから, 連動性は経済学の王道でもある「選択」の結果として生起す
ると考えられるのだ（第 1 講）。

　本講では，本書の全15講を進めていく上で半ば前提となる日本経済と世界経済の現況やそれまでにたどった歩みについて，最低限の情報を得た。対象範囲の広さと紙幅の制約とで，おのずから取り上げられる対象は限られたものになったが，それらだけでも日本経済や世界経済がどのくらいの規模のものか，どのような経済構造になっているか，そしてどのようにお互いがリンクしているかを理解するきっかけになったであろう。

　具体的に扱った対象は，まず日本と世界の人口動態を確認した上で，日本経済の経済活動水準の規模を確認するために，フローのGDP（国内総生産）とストックの国民総資産や国富の規模と過去からの歩みをみた。次いで日本経済にとって最重要でもある財政問題，とりわけ財政赤字や国民負担率の現況を世界の国々の状況と比較した。このデータは財政赤字の持続可能性を議論する場合の前提条件ともなるもので，将来に向けての日本経済の最大の課題となる（**第12講**）。

　本書全体を通じて経済活動とともに課題となる生活の豊かさをめぐる諸指標についても，日本と世界の比較を試みた。所得水準と同時に所得分配を重視した所得分布の不平等度の尺度となるジニ係数の推移と世界の中での位置付け，心配なく生活が送れるかの安全性や地震・台風・集中豪雨などの自然災害の発生頻度や被害額の比較も行った。これらは人々が日常生活の中で実感しているものであるが，それが当然のことなのか，それとも日本特有のことであるのかが関心事となるところだが，これも世界の中での位置付けで各人が確認することができたであろう。

　本講の最後には，世界はリアルタイムでつながっているとの観点で考察した。21世紀に入って急激に進捗したICT革命や人やモノを移動・運搬させる費用の大幅な低下により，経済のグローバル化が相当程度進んだ。その結果，多くの経済指標での世界経済の連動性が高まっているのは確かであり，とりわけ2008年のリーマン・ショックや20年に急展開した新型コロナウイルス感染症のパンデミックによる経済への大きなマイナスのショックは，世界共通の不況や恐慌をもたらしたことにより連動性，あるいは世界同時性が実証されたといえよう。

問題 2.1　図 2-2 や図 2-3 において予測されている日本の将来人口についてどのように思うか？　これを変える妙案はあるだろうか？

問題 2.2　フローの意味とストックの意味での日本経済の経済規模は，どのような相互関係にあるのか？　また，どのような関係にあるべきか？

問題 2.3　「豊かな生活」は「効率的な資源配分」「高い経済成長率」等に代わって最優先されるべき政策目標なのか？

問題 2.4　**第 2 講**全体で受けた日本経済への印象はどのようなものか？　日本経済の世界の中での位置付けについてはどう評価するか？

# 第3講
# 経済学が歩んだ道のり

■第3講は，経済学の発展史（いわば経済学説史）を概観する。現在の経済学を語るに当たっては，その歩んだ道のりを理解しておくのが有用だからだ。しかし，経済学の発展を限られた紙幅の範囲で一気呵成に説明せんとするために，その細部の内容については最低限の言及にとどめざるを得ない。その制約に抗う心意気で，できるだけそれぞれの分野の貢献者をリストアップすることに努める。といっても，経済学が生まれてから約250年も経つことから，経済学は相当奥深い学問体系となっている。したがって，すべてをくまなく見渡すことは不可能な相談事であり，また生産的でもない。むしろ，本講ではそれらの最大公約数的なエッセンスを紹介することを目指す。

　経済学説史は，名前を挙げる経済学者がどのように考えていたかを1つの用語のみで代表させる場合が多いことから，いわばステレオタイプの経済学者を多数作り出すことになる。しかし，第1講の冒頭に記したことと同様に，本講でも，そうした経済用語や経済学者の名前については，それらが登場する脈絡に注意し，同時に記憶することを薦めたい。

## 3.1　経済学の誕生──時代の要請

### ■ アダム・スミスが経済学の父

　経済学はいつ頃誕生したのだろうか？　答えとしては，スコットランド生まれのアダム・スミス（Adam Smith, 1723-90）が経済学の父といわれることから，18世紀後半であり，ちょうどイギリスにおける産業革命の時期に重なる。経済学の父（対応する母がいるわけではない）といわれるのは，1776年出版の『国富論』あるいは『諸国民の富』と短縮して翻訳される主著 *An Inquiry into the Nature and Causes of the Wealth of Nations* が，まずもって当時までに出版さ

れていた経済学関係の書物の中では，考察対象の広範性という意味でも抜きん出ており，後に確立される古典派経済学が視座に据える着眼点のほとんどを含んでいたからだ。現在の理論化された経済学に連なる最古の経済学と評価されるからでもある。

　また，先行していたのは重商主義や重農主義の経済思想であったが，スミスはそれらを強く批判した。重商主義は金銀貨幣などを富と見なし，その富を海外貿易を通じて蓄蔵するために，輸出奨励・輸入抑制，植民地拡大を目指すべきだと主張した。国内取引では富の分配が変わるだけで，富の純増にはならないと考えたからだ。一方，ケネー（Françoi Quesnay, 1694-1774）に代表される重農主義は，農業を唯一の富の源泉とし，地主階級（貴族と僧職）の資金を農業に投入し生産力を高めることが国力の増強につながると主張した。ケネーが工夫した経済循環を表す『経済表』は，マルクスの再生産表式や現代の産業連関表の魁となるものであった。重商主義も重農主義も，建前としての議論は以上のように簡潔にまとめられるものの，その時代背景としては，政府として主要産業からの税収を上げるために自然な勧奨政策が求められていたのだ。

　スミスが経済学の父とされるのには，重商主義や重農主義に代わって，国の富は生活必需品をはじめとした消費財すべてであり，それらは年々の労働から生み出されると主張したのも大きい。この労働価値説は富の源泉についてのパラダイムシフトをもたらし（第1講1.2節），封建制社会から資本主義への移行を決定的なものとした産業革命を推進する，いわば精神的エンジンともなるものであった。その時代が要請した経済学の誕生といっても過言ではない。なお，スミスによると国富は消費財を生産する年々の労働にある。しかし，これはフローの概念であり，ストックの概念である富にはなじまない。現在の経済学の視点から厳格にいえば，年々の消費財なり労働量の流列を割引現在価値として資本化した額として理解すべきである。

### ■ スミスの経済学

　スミスの国富論は分業（division of labor）の利益を説くことから始まる。産業革命以前の農村部では機械を使わない手工業が，商人からの請負としての問屋制手工業や産業資本家が工場に労働者を集めた工場制手工業（マニュファクチュア）の形態で発達した。この過程で資本主義が芽生えるが，これらで特筆されるのは分業による協業が行われたことだ。スミスはこの分業ゆえの生産力の増

強を強調したが，蒸気機関の発明に加速された産業革命が機械制大工業を出現させたのも，労働生産力の増大に伴う賃金上昇や輸送費の増大がそれらの節約となる技術の導入を促した一方で，分業による協業の徹底が図られればこその当然の帰結であった。

　スミスはそうした時代背景にあって，分権的な経済社会を想定し，各人が自己の利益を追求する形で市場において利己的に競争すると，何が起こるかを提起した。そして，これが有効な資源利用を促し，意外にも，社会全体にとって望ましい結果がもたらされるのを確認した。人々が利己的に行動することが市場を通じて公益の増大につながるとするもので，自由放任（laissez-faire）の下でも，資源が有効に配分されると結論付けた。分権的市場機構（すなわち，市場メカニズム）が機能し，あたかも見えざる手（invisible hand）の招き入れに従うように，知らず識らずのうちに望ましい資源利用が達成されるのだ。この（神の）見えざる手の働きは，予定調和論として市場メカニズムを称える隠喩として有名になっており，アダム・スミスの名とともに現代の経済学のどの教科書にも掲載されているといっても過言ではない（第4講，第8講）。

　もっとも，ここは重要な点であるが，スミスは人間の本性が利己心に満ちていると前提したわけではなく，スミスの利己心は1759年に出版した『道徳感情論』で説いた利他的な共感（sympathy）と裏腹の関係にある。また，前提としていくつかの自然法的な正義の法に反しない限りで許されるものであり，全くの好き勝手にふるまうことではないことに注意する必要がある。スミスは経済学の父であると同時に，倫理学者でもあったのだ。

## ■ 古典派経済学の思想

　アダム・スミスを父とする経済学は，以下で順次取り上げるように，マルサス，リカード，ミルと踏襲され，古典派経済学と総称されるようになった。ひと括りにされるのは，スミスが主張した労働価値説が受容されているからであり，経済社会を資本家階級，労働者階級，地主階級の3つの階級に分けて分析する共通点もある。産業革命は産業資本が利潤動機により労働者を雇い商品を生産させる資本主義（capitalism）が浸透する時代でもあり，それを踏まえた経済学が political economy と呼ばれていた時代である（第1講コラム1.1）。

　**3.2節**や**第9講**で見るように，1930年代の世界的大不況に直面して古典派経済学を批判するケインズ（John Maynard Keynes, 1883-1946）によれば，古典派

経済学は「供給は自らの需要を創造する」とのセイ法則（セイの販路法則ともいわれる）を前提としており、その下では貯蓄と投資は常に等しく労働市場で完全雇用が成立する。労働市場や財サービス市場で賃金や財サービス価格が伸縮的に調整して、すべての市場で需給均衡が達成されるからで、これがセイ法則や労働市場での完全雇用をもたらすのだ。スミスの見えざる手を「見える化する」と、賃金・財サービス価格の調整が浮かび上がるのであり、そこには競争をベースとした市場メカニズムがある。

　スミスにとって市場経済の条件は正義の諸法をクリアするものであり、それゆえ市場での競争は（第4講で議論する市場の失敗をもたらすものでない限りにおいて）是認され、それが社会の公益（第8講に登場する社会的総余剰に当たる）の最大化に資する。現代の経済学では、このご宣託は厚生経済学の基本定理（第8講）と呼ばれ、分権的市場経済の効率的な資源配分機能を保証する定理だ。スミスの時代にこの結論に至ったのは慧眼であり、まさに「経済学の父」に値する。厚生経済学の基本定理が厳密に証明されるのは20世紀に入ってからであるが、古典派経済学はそれを直観的に感じ取り、ほぼ同時進行した産業革命や資本主義の精神的支えとなったのだ。

　もっとも、スミス、マルサス、リカードがすべて一枚岩というわけではなかった。

## ■ マルサスの人口論

　マルサス（Thomas Malthus, 1766-1834）の時代は産業革命の進行によって、経済不況や労働者階級の貧困・悪徳といった社会問題も頻発し、フランス革命の衝撃もあって、政治経済制度への批判が高まっていた。こうした時世においてマルサスは、（自らも僧職にあったこともあるからか？）地主階級主導の既存の体制を擁護する立場で1798年に『人口論』を出版し、「人間の生存に不可欠な食物生産は算術級数的にしか増加しないのに、人口増加は幾何級数的なものになるので、放任すると過剰人口による食物不足は避けられない」と断じた。したがって、貧困は死亡率を高める積極的制限となり悪徳は出生率を低める予防的制限となることから、過剰人口の抑制力として是認されると主張した。このような初版の非情な主張は世間の強い反発を招いたために、マルサスは第2版以降はよりマイルドな主張（結婚の延期などの道徳的制限）へと改訂を続けたが、餓死に対する恐怖こそが過剰人口を抑制するとの信念は変更することはなかっ

た。

　1820 年には『経済学原理』を出版し，後述するように，穀物法に反対した
リカードと対決した。穀物の高価格は農業投資，地代を増加させ，製造品への
需要を創出すると主張したが，産業革命の進行とともに経済成長が続くイギリ
スでは正統の地位をリカードに譲った。しかし，20 世紀になって世界的大不
況の時代になると，有効需要を重視したケインズによって再評価されることに
なる（第 9 講）。

## ■ リカードの比較優位

　リカード（David Ricardo, 1772-1823）は 14 歳から 42 歳までロンドン証券取引
所の仲買人として勤め，金銭的には大変裕福になった。27 歳の 1799 年に偶然
『国富論』を読んだことから経済学に興味を抱き，独学で研究を深化させ，特
に自由貿易を擁護する立場で各国が比較優位をもつ産品を輸出し合うことで，
お互いの厚生が高まるとの比較生産費説を唱えた。比較優位とは，ある国がす
べての財の生産においてその貿易相手国ほど効率的でなかったとしても，不利
の程度が相対的に小さい財を輸出し，不利の程度が大きい財を輸入すべしとい
う，相対的な優位劣位を指す。財と財の間の交換比率，すなわち相対価格の差
異を上手に利用するのが秘訣だ。

　主著の『経済学及び課税の原理』（1817 年）では，比較生産費説のほかに，地
代が人口増加につれて成長すると結論付け，1810 年代に起こった職人や労働
者の機械打ち壊し運動（ラッダイト運動）に対しては，当初は機械の導入は労働
者にとって利益になると考えていたが，同書の第 3 版では短期的な失業の可能
性を認めた。リカードは，マルサスが地主階級を擁護したのに対し，資本家階
級を擁護する立場をとったが，古典派経済学の思想という点では一致すること
も多かった。例えば，リカードは人口については異なった見解（生存賃金説）
から無制限に増えることはないと考えていたが，マルサスの人口論に強く反駁
することはしなかった。また，救貧法にはそろって反対であった。

## ■ 穀物法をめぐる論戦

　リカードとマルサスは経済政策の問題では論争に終始したが，とりわけナポ
レオン戦争終結後の 1815 年に制定された穀物法をめぐっては，自由貿易が大
きなテーマとなった。この穀物法は，戦後も穀物価格を高く維持するために，

国内価格が一定の水準に達するまで穀物輸入を禁じた。地主階級側に立って穀物法の撤廃に反対のマルサスに対して，リカードは資本家側に立って自由貿易を主張した。資本家が穀物法の撤廃を主張したのは，当時の工場労働者の賃金は最低限の生活費が基準になっており，穀物価格の高騰が賃金水準の上昇をもたらす仕組みになっていたことによる。安価な穀物を輸入し賃金の引き下げを狙う資本家と安価なパンを求める労働者が，穀物法廃止で利害の一致をみていたのだ。

## 3.2　古典派経済学から現代の経済学まで--------

　リカードが亡くなった 1823 年以降の 50 年間ほどは，パラダイムシフトを惹起するほどの経済学の大きな進展はなかった（**第 1 講**）。ただし，リカードを引き継いで古典派経済学を修正・精緻化したミル（John Stuart Mill, 1806-73）は特筆に値し，実際に，ミルの『経済学原理』（1848 年）がリカードの『経済学及び課税の原理』に代わって，当時の古典派経済学の代表的な教科書となった。また，労働価値説という意味ではマルクス（Karl Marx, 1818-83）の『資本論』（1866 年）もリカードの影響を受けたのは確かであり，古典派経済学の系列に入れてもおかしくはない。ミルも社会主義には興味を抱いていたようだが，マルクスと合流することはなかった（**3.4 節**）。

### ■3 人による限界革命

　1870 年代の初めになって，ほぼ同時にイギリスのジェボンズ（William Jevons, 1835-82）の『経済学理論』（1871 年），オーストリアのメンガー（Carl Menger, 1840-1921）の『国民経済学原理』（1871 年），スイス・ローザンヌのフランス人ワルラス（Léon Walras, 1834-1910）の『純粋経済学理論』（1884 年）が出版され，3 名の経済学者がそれぞれ独立に限界効用に基づく価値理論を発表した。これらでは，限界原理というべく限界概念が経済学に導入され，生産や分配の理論にも展開され，現代の経済学の礎を築いた（**第 14 講**）。これによって経済学に一斉に新しい気運が起こり，それによるパラダイムシフトは限界革命（marginal revolution）と呼ばれることになった。

　スミスやリカードなどの古典派経済学においては労働価値説が前提されたこ

とから，財サービスの価値は供給サイドのみで決定される。それに対して限界革命においては，追加的な消費がもたらす追加的な効用，すなわち限界効用に基づく価値理論となる。限界効用理論からは財サービスの需要が導かれることから，需要サイドでの価値理論ともいえる。

　限界革命は，消費者行動を限界効用理論で説明するが，同様に限界概念を企業の生産行動に適応したのが限界生産力説になる。生産要素がその限界生産力の価値に等しい報酬を受け取るとき，生産関数が規模に関して収穫一定（例えば，すべての生産要素の投入を2倍にすると生産物も2倍になる）ならば，生産物の価値は過不足なく分配され尽くすことも，同時代の経済学者によって証明された。

## ■ 古典派経済学から新古典派経済学へ

　限界革命以降の経済学，とりわけイギリスのマーシャルの経済学は，**3.4節**で取り上げる制度派経済学の創始者の一人であるヴェブレンによって（先祖返りとの皮肉を込めて）新古典派経済学と命名される。古典派経済学からは労働価値説からの脱却によって富や価値の源泉をめぐって転換し，経済学への数学的手法も導入されるものの，スミスが強調した見えざる手，すなわち市場メカニズムに対する信頼があること，また，マクロ経済は完全雇用経済が対象となることから，古典派経済学にとって代わるものではなく，その延長上で発展した経済学との認識によるものだ。

　ヴェブレンが命名した新古典派経済学は当初はマーシャルを念頭に置いたものだったが，現在では，マーシャルやマーシャル以降のイギリスの経済学のみならず，広く経済主体の合理的行動（主体均衡）と市場での需給均衡（市場均衡）を対象とする一般均衡分析を行う経済学全般を指して用いられる。マーシャルの弟子のケインズはこの用語法を認めず，本節後出のように，マーシャルを含めた経済学をすべて，完全雇用経済（セイ法則）を前提する古典派経済学と変わるものがないと十把一絡げにして批判対象とした（**第9講**）。

## ■ 新古典派経済学の総帥：マーシャル

　限界革命を経てイギリスの新古典派経済学を牽引したのがそのマーシャル（Alfred Marshall, 1842-1924）であり，早逝したジェボンズの教科書に代って，主著の『経済学原理』（1890年）は長期間最も使用された教科書となり，ケンブリッジ大学教授としてケンブリッジ学派を築き上げた。この教授職はマー

シャルの後，ピグー（Arthur Pigou, 1877-1959），ロバートソン（Dennis Robertson, 1890-1963），ミード（James Meade, 1907-95）と継承されたが，ケンブリッジ学派としてはインド省の官僚から大学に戻って遅れて教授になったケインズ，ジョーン・ロビンソン（Joan Robinson, 1903-83），およびカルドア（Nicholas Kaldor, 1908-86）を輩出した。ケンブリッジ大学経済学教授就任講演（1885年）での，経済学徒はすべからく「冷静な頭脳と温かい心情（cool head but warm heart）」を持たなければならないとの金言は，今日も経済学徒の心構えとしてしばしば言及されるところになっている。

マーシャルは新古典派経済学の基礎的ツールを構築する上で八面六臂（はちめんろっぴ）の貢献をし，ミクロ経済学では，需要供給分析（両刃のハサミ）（**第13講**），需要の価格弾力性，消費者余剰と生産者余剰，ワルラスの一般均衡分析に対しての部分均衡分析，需給不均衡下の価格調整に対する数量調整（マーシャル的調整過程），マーシャルの外部経済，国際貿易のマーシャル・ラーナー条件，またマクロ経済学では貨幣の流通速度の逆数であるマーシャルの k，等々の業績をあげるか創始者として名前を残している。

ケンブリッジ学派の面々は必ずしも結束して新古典派経済学を盛り立てたわけではなく，それぞれが得意の領域に棲（す）み分け，「いざ鎌倉」という危急の際には力を合わせる用意があるという程度の連合であった。暗黙裡（あんもくり）にではあるが，いざ鎌倉の集合がかかったのは，内輪（うちわ）のケインズが離反して古典派経済学，新古典派経済学を十把一絡げ（じっぱひとから）にして批判したのが契機となった。師のマーシャルはすでに亡く反論は不可能であったものの，兄弟子のピグーや後輩のロバートソンは，やや向きになってケインズに反論した。ケインズはマーシャルの後継ポストはピグーに譲ったものの，ケンブリッジ学派の正統は自分との自負もあり，内輪の戦いには激しいものがあった。

ケインズをめぐる論点は本節の後半と**第9講**で取り上げるとして，それぞれに棲み分けた結果，ピグーは経済学の規範研究全般を対象とした主著『厚生経済学』（1920年）のほか消費のピグー効果（実質資産残高効果）や外部効果補正のピグー税（**第11講**）で，ロバートソンは景気変動論，カルドアは厚生経済学や経済成長論で，ジョーン・ロビンソンは不完全競争の理論やポストケインジアンの一員としてそれぞれ名を残した。ケインズは，それまでの経済学をマーシャルやピグーも含めてすべて古典派経済学と総括した上で，いずれも完全雇用経済を対象としていると批判し，1930年代の世界的大不況の真っ只中の36

年に，有効需要不足による非自発的失業が発生するのが一般的な状態だとした『雇用・利子および貨幣の一般理論』（以下本書では一般理論と略称）を出版した（もちろん，ケンブリッジ学派の間では出版以前から物議を醸していた）。

---

### コラム3.1　経済学の古典の日本上陸

　本コラムではいまや古典と呼ばれる図書がいつ頃日本語に翻訳されたかを見ることによって，その書物の日本での扱いを窺い知るよすがにする。翻訳者を始めとして，多くの研究者は原書を読んで理解するであろうから，翻訳は一般読者（それでもかなりの読書家だろう）向けの啓蒙サービスとも解釈できる。もちろん，研究者が研究の一環として翻訳する場合もあろう。翻訳が原書をくまなく理解する上では最も有効と考えられるからである。翻訳は幾人かによって別々になされる場合も珍しくないが，以下では，最初の翻訳本の出版の年をベースとする。

　『国富論』（1776 年）の原書は江戸時代に日本に入ってきていた記録があるが，日本語訳が最初に出版されたのは 1888 年（明治 21 年）のことであった。これと比べると，リカードの『経済学及び課税の原理』（1817 年）は 1928 年と相当遅れての翻訳であるが，マルクスの『資本論』（1867 年）の翻訳が日本でのマルクス・ブームが起こった 1920 年代の 24 年であることを踏まえれば，それなりに妥当な時期であることと理解される。これらと比べると，同じく古典派経済学の古典ではあるが，マルサスの『人口論』（1798 年）の翻訳は 1962 年と，むしろ第 2 次世界大戦前には翻訳出版されなかったのが注目される。スミス，リカード，マルクスに比べれば，マルサスの注目度が低かったことを反映したものであろう。

　続いてミルの『経済学原理』（1848 年）が 1939 年，マーシャルの『経済学原理』（1890 年）は 1928 年になる。この時期の近代経済学（近経）の古典の翻訳は遅れたのではないかと忖度してみたが，レーニン（Vladimir Lenin, 1870-1924）の『帝国主義論』（1916 年）の翻訳も 1961 年であり，必ずしもその解釈は当たらないようだ。実際，近経でもケインズの『一般理論』（1936 年）の翻訳が 1941 年，ヒックスの『価値と資本』（1939 年）の翻訳が 1951 年と相対的には日数を要しなかったことと比較すると，ミルやマーシャルの翻訳が一歩遅れて年数を要した感は否めない。翻訳書がどのタイミングで出版されるかは，翻訳される原著書のインパクトの大きさや経済学全般の流れに依存するのだろうが，ピグーの『厚生経済学』（1920 年）の翻訳が 1953 年であることを踏まえるならば，なおさらである。

　最後に，マルクスの『資本論』についてのニュースであるが，自身の書き込み入りのドイツ語初版第 1 巻の手沢本がマルクス・エンゲルス共著の『共産党宣言』（1848 年）の草稿とともに，2013 年に国連ユネスコの「世界の記憶（記憶遺産）」に登録された。自筆サイン入りは世界で 15 冊確認されており，そのうち 4 冊は日本にある（小樽商科大学，東北大学，法政大学，関西大学が各 1 冊所蔵）。経済学関係でユネスコ世界記憶遺産に登録された書物は，今のところ他にない。

## ■ ライバルのオックスフォード大学とロンドン大学

なお，この時期のイギリスでは，ケンブリッジ大学に比肩するオックスフォード大学にはエッジワース（Francis Edgeworth, 1845-1926），ハロッド（Roy Harrod, 1900-78），およびヒックス（John Hicks, 1904-89）がいた。エッジワースは契約曲線やエッジワース・ボックスで（第8講），ハロッドはハロッド=ドーマー型経済成長モデルやハロッド中立技術進歩で（第9講），またヒックスは経済学のほぼすべての領域で業績を残した巨匠として名を馳せた。『価値と資本』（1939年）では無差別曲線，所得効果と代替効果など現在のミクロ経済学での需要曲線の導出がすべて説明され（第8講），補償原理のヒックス基準（第5講）や一般均衡論での理論的枠組みを支える時間の流れとして「ヒックスの週」の概念が展開される。マクロ経済学でのIS-LM分析も，ヒックスのケインズの『一般理論』の解釈だが，これが現在のマクロ経済学の主流派の解釈になっている。経済成長分野ではハロッド中立技術進歩に対してヒックス中立技術進歩を提唱した。

イギリスの経済学をめぐっては両大学に加えて，ロンドン大学（連合）も多くの分野の経済学の精緻化に貢献した。ジェボンズ，ロバートソン，ロビンズ（Lionel Robbins, 1898-1984），カルドア，そしてヒックスはロンドン大学に所属していた時代もあった。ちなみに，スミスはグラスゴー大学，マルサスはケンブリッジ大学出身だったが東インド会社カレッジでそれぞれ教鞭をとった。リカードやミルは青壮年期に正式な形で大学に職を得たことはなかった。

## ■ ミクロ経済学の体系化

新古典派経済学（特にケンブリッジ学派）はピグーが提唱した厚生経済学（welfare economics）で躍進することになるが，この際，ピグーは効用の個人間比較を可能と考え，効用の絶対水準を問題とする基数的効用に依拠した。これをロビンズが痛烈に批判し，効用の個人間比較は意味がなく，同一人の効用においても相対的順番のみを問題とする序数的効用に依拠する新厚生経済学を提唱した。こうした流れの到達点がヒックスの『価値と資本』であり，資源配分の効率性の基準としてパレート最適（Pareto optimum）ないしパレート効率性（Pareto efficiency）と呼ばれる概念を確立した。

この概念はイタリア人の経済学者・社会学者のパレート（Vilfredo Pareto, 1848-1923）が提唱したもので，いろいろな表現が可能だが，端的には「希少資

アダム・スミス　　マルサス　　リカード　　ミル

マルクス　　ワルラス　　ジェボンズ　　マーシャル

ヴェブレン　　ピグー　　ケインズ　　フィッシャー

ヒックス　　アロー*　　サミュエルソン**　　フリードマン

\*　© Linda A. Cicero / Stanford News Service 2008
\*\*　© Innovation & Business Architectures, Inc. 1997

図 3-1　経済学を築いた人々

源を無駄なく有効利用している状態」であり，「誰を取ってみても，他者を犠牲にすることなく厚生を改善する余地がなくなっている状態」をいう。パレート最適性（Pareto optimality）は資源配分の効率性を判断する基準として新厚生経済学で定着し，あわせて，既述のように，それによって今日のミクロ経済学の体系化がヒックスの『価値と資本』で完成を見ることになったのだ（**第5講, 第8講**）。

## ■ 世界的大不況とケインズ革命

ケンブリッジ学派のピグーがその厚生経済学への批判を受けた同時代は，1929年のニューヨーク証券取引所での株価の大暴落を契機として，1930年代を通じた世界的大不況に突入した時代であり，ケインズが古典派経済学批判を開始した時代でもある。既述のように，ケインズはケンブリッジ学派の正統と自任していたことから，マーシャルの後継ポストに就いたピグーには，兄弟子とはいえ好感を持っていなかった。ケインズがピグーとロビンズの厚生経済学論争ではロビンズ側に肩入れし，『一般理論』に対して「名目賃金の引き下げがあれば完全雇用均衡が復活する」と主張するピグーやロバートソンには，ケインズは真っ向から論駁した。

既述のように，ケインズは十把一絡げにした古典派経済学はセイ法則を受け入れており，その限りにおいて完全雇用経済が前提となると主張する。しかし1930年代はアメリカやヨーロッパ諸国もそうであったように（日本にも影響があった），長年失業率が2桁台（アメリカでは最高で20％台，ドイツでは30％台）を記録し，明らかに完全雇用経済ではなかった。そもそも，恐慌ともいうべき世界的大不況を克服する政策論議においては，見えざる手としての賃金・財サービス価格の調整が機能しない世界を相手にする必要があった。言い換えれば，古典派経済学は1930年代のデータによって否定され，長期不況対策としては公共事業などによる有効需要管理政策が必要だとのケインズの『一般理論』の経済学，すなわちケインズ経済学ないしその思想のケインズ主義が説得力を増したのだった。

そうした中で産まれたのが，後世ではケインジアン政策と呼ばれるアメリカのルーズベルト大統領によるニューディール政策（新規巻き直し政策），イギリスやフランスの域内と域外を隔離した上で域外を犠牲にして国内・植民地経済の興隆を図った近隣窮乏化政策（保護貿易政策）としてのブロック経済，および

日本の高橋是清蔵相による積極財政（高橋財政）である。これらの政策効果と第2次世界大戦に突入したことによる軍需拡大によって，1940年代に入る頃には世界的長期不況から脱却し，大戦終結後は戦勝国は隆盛を誇ることになった。

　戦後におけるケインズ主義の経済学はGDP（国内総生産）や国民所得といった所得関連指標を重視したことから国民所得論や所得分析と呼ばれるようになり，ここから今日のマクロ経済学に発展した（第9講）。逆にいうならば，ケインズ経済学が広く浸透するまでは，今日のミクロ経済学とマクロ経済学の対峙といったものは明確ではなく，ピグーやケインズを含めた当時の経済学者には，厚生経済学もケインジアン政策も，同等の経済政策をめぐっての研究対象や論争対象であると受け止められていた。

## 3.3　移る舞台──イギリスからアメリカへ‥‥‥‥‥

### ■ 勃興するアメリカ経済と経済学

　第1次世界大戦後の世界まで戻るとして，世界の覇権はかつては全世界に植民地が広がり日が沈むことがなかったという大英帝国からアメリカに移行するが，経済学も1930年代に入る前後から徐々にアメリカで広まり，その中心がイギリスからアメリカに移ってきた。例えば，貨幣数量説，フィッシャー方程式の『利子論』（1930年），そして負債デフレーションで名を成したイェール大学教授のフィッシャー（Irving Fisher, 1867-1947），ハーバード大学での博士論文をベースとした本格的な経済学の数学化を体化した『経済分析の基礎』（1947年）を始めとして，消費者行動の顕示選好理論，景気循環の乗数・加速度モデル，ケインズ経済学と古典派経済学の融合を試みた新古典派総合，世代重複モデル，純粋公共財等々，経済学全般の基礎理論に貢献したMIT（マサチューセッツ工科大学）教授のサミュエルソン（Paul Samuelson, 1915-2009）がいる。教科書の『経済学』は初版発行の1948年以来19版（12版以降はノードハウスとの共著）を数え，全世界で1,000万部を超える発行部数を誇る超ベストセラーとなっている。サミュエルソンは人生を振り返って，『経済分析の基礎』は名声を，『経済学』は富を与えてくれたと回顧している。

　そのサミュエルソンによって伝えられる，ケインズ経済学のアメリカ大陸への進出のエピソードがある。1936年の『一般理論』の刊行後，大不況の真っ

只中に，ケインズ経済学がいかにアメリカ中に伝播したかは，「南海島民を全滅させた疫病のごとき猛威をもって，年齢35歳以下の経済学者をとらえた。50歳以上の経済学者は免疫をもち，中間にある経済学者は時が経つにつれ，その熱に感染しはじめた」という趣旨の比喩に表れており，クライン（Lawrence Klein, 1920-2013）はこの伝播の実態を著書で「ケインズ革命」と命名した。

　経済学の中心がイギリスを始めとしたヨーロッパからアメリカへ移ったのは第2次世界大戦を経て決定的なものとなるが，戦中・戦前から，ユダヤ系などの理由で迫害を逃れて移住しアメリカで活躍した経済学者も多かった。具体例としては，創造的破壊イノベーションのシュムペーター（Joseph Schumpeter, 1883-1950）と自由主義思想家のハイエク（Friedrich von Hayek, 1899-1992）はオーストリアから，国民所得論のクズネッツ（Simon Kuznets, 1901-85）と産業連関分析のレオンチェフ（Wassily Leontief, 1905-84）はロシアから，メカニズムデザインのハービッツ（Leonid Hurwicz, 1917-2008）はポーランドから，多部門経済成長論やゲーム理論で経済学にも貢献した数学者のフォン・ノイマン（John von Neumann, 1903-57）はハンガリーから移住した。

### ■ 百花繚乱の経済学

　第2次世界大戦後の経済学はミクロ経済学とマクロ経済学が両輪となり，バランスよく発展を遂げてきた。全体としては影響力を発揮する大著の出版を通して理論なり思想を伝えるという手法は後退し，経済学者の業績は査読（レフェリー）付きの専門雑誌に掲載される場合が多くなり，科学的知見は多くの経済学者による断片的（piecemeal）な貢献の蓄積によって，少しずつ進展してきたといえる。そのような連続的な歩みの中で，時に，適度な間隔を置いて独創的な視点で新課題に取り掛かる創始者が現れ，そこでは多少大きなジャンプが起こり，なかにはパラダイムシフトを引き起こしたのだ（**第1講**）。

　第2次世界大戦後3四半世紀が経ち，この間の経済学の進展には目覚ましいものがある。進展は，何よりも現実経済の広がりや経済発展を反映して，経済学が対象とする視界が大幅に広がり，それぞれの射程も大幅に伸びたことがある。例えば，かつて国際経済学と一括された分野は，国際貿易，国際マクロ経済学，国際金融論，開発経済学などと細分化され，それぞれ充実した内容になっている。また，例えば25-30年前には存在さえしなかった分野が，いまや経済学の中の一大分野となったものとして，ゲーム理論は別格として，行動経

済学，実験経済学があり，環境経済学，法と経済学などが続く。最も新しく台頭した分野には観光経済学や無形資産の経済学があるが，これらは近年の観光客の急増や無形資産が株価や成長会計に及ぼす影響を反映したものである。コラム3.2では，めぼしい経済学の分野ないしテーマをいくつか，それらに貢献した主な経済学者とともにリストアップしている。もちろん，これらが百花繚乱の経済学をすべてカバーし尽くしているわけではなく，また3人までとした貢献者の選抜も別の見方・評価があり得ることも付言しておく。

---

**コラム3.2　百花繚乱の経済学と主な貢献者**

- 数理経済学（一般均衡の存在・一意性・安定性，厚生経済学の基本定理）：アロー（Kenneth Arrow, 1921-2017），デブリュー（Gerard Debreu, 1921-2004），宇沢弘文（1928-2014）．[**第8講**]
- 新古典派成長論：ソロー（Robert Solow, 1924-），宇沢弘文，クープマンス（Tjalling Koopmans, 1910-85）．
- ポスト・ケインジアン：カレツキー（Michal Kalecki, 1899-1970），スラッファ（Piero Sraffa, 1898-1983），ジョーン・ロビンソン（Joan Robinson, 1903-83）．
- マネタリスト・ケインジアン論争：フリードマン（Milton Friedman, 1912-2006），トービン（James Tobin, 1918-2002），モジリアーニ（Franco Modigliani, 1918-2003）．[**第10講**]
- マクロ経済の経験則：フィリップス（Alban Phillips, 1914-75），オークン（Arthur Okun, 1928-80），テイラー（John Taylor, 1946-）．
- 合理的期待革命と新しい古典派：ルーカス（Robert Lucas, Jr., 1937-），サージェント（Thomas Sargent, 1943-），バロー（Robert Barro, 1944-）．[**第11講，第13講**]
- ケインズ経済学のミクロ的基礎：フェルプス（Edmund Phelps, 1933-），ブランシャール（Olivier Blanchard, 1948-），清滝信宏（1955-）．
- 計量マクロ経済学：クライン（Lawrence Klein, 1920-2013），プレスコット（Edward Prescott, 1940-），シムズ（Christopher Sims, 1942-）．
- 現代ファイナンス：シャープ（William Sharpe, 1934-），ファマ（Eugene Fama, 1939-），シラー（Robert Shiller, 1946-）．
- ゲーム理論：フォン・ノイマン（John von Neumann, 1903-57），ナッシュ（John Nash, Jr., 1928-2015），ティロール（Jean Tirole, 1953-）．[**第6講，第15講**]
- 情報の経済学：アカロフ（George Akerlof, 1940-），スティグリッツ（Joseph Stiglitz, 1943-），スペンス（Andrew Spence, 1943-）．[**第14講**]
- 行動経済学・実験経済学：スミス（Vernon Smith, 1927-），カーネマン（Daniel Kahneman, 1934-），セイラー（Richard Thaler, 1945-）．[**第6講，第10講**]

## ■ ノーベル経済学賞

　ダイナマイトなどの発明で財を成したアルフレッド・ノーベルが遺言で設立したノーベル財団が，1901年以来「人類のために最大たる貢献をした人々」に対して5分野（物理学，化学，生理学・医学，文学，平和）での授与を決めたのがノーベル賞だ。これに加えて，スウェーデン中央銀行の設立300周年を記念して，1969年以降経済学および周辺の学問分野を対象にノーベル経済学賞が授与されてきている。コラム3.2でリストアップした人々のうち青色のゴチック体としたのが受賞者の一部だ。

　ノーベル経済学賞の受賞者は1969-2018年の50年間で合計80人に達するが，そのうちの54人がアメリカ国籍（USAとその他の国の二重国籍者も主活躍場のアメリカ人としてのみカウントした）なのに対し，イギリス国籍は7人，その他国籍が19人となっている。こうした数字からも，経済学者の活躍場が完全にイギリスからアメリカに移ったことが確認される。その他国籍者のうちにもアメリカで活躍している経済学者が5-6名程度はおり，実質4分の3以上が「アメリカ人」といえよう。

　なお，80名中アジアからは唯一のインド人がいるが，そのセン（Amartya Sen, 1933-）も主な活躍場はイギリスとアメリカだ。2018年までの50年間に，日本人の受賞者はいない。ノーベル賞受賞者はアメリカ型資本主義，とりわけ自由主義・市場原理主義を標榜するシカゴ学派に偏っていることが指摘されている。百花繚乱でリストアップしたイギリスのジョーン・ロビンソンを始めとした（ケインズの経済学を引き継いだ）ポスト・ケインジアンは誰も受賞しなかった。カナダ出身であるがケネディ大統領の下でのインド大使やアメリカ経済学会の会長も務めた制度派経済学者で『ゆたかな社会』や『不確実性の時代』など多くの啓蒙書の著者のガルブレイス（John Galbraith, 1908-2006）が授与されなかったことも偏向の証左とされる。

　宇沢弘文東京大学名誉教授（1928-2014）は，長らく日本人受賞の第1候補と目され続けた。数理経済学や2部門経済成長理論，内生的成長モデル，投資の調整コストのペンローズ関数，不均衡動学，社会的共通資本の経済学，地球環境問題の経済学と幅広く経済学の発展に貢献し，アロー，ソロー，アカロフ，スティグリッツらからの信頼も厚かったが，自省も込めたシカゴ学派批判やジョーン・ロビンソンとの交流がノーベル財団を躊躇させたとの見方がある。

## 3.4 制度派経済学とマルクス経済学-------------

　以上では，古典派経済学から新古典派経済学，ケインズ経済学へ，あるいはイギリスからアメリカへと，経済学の発展履歴をたどったが，これらの道のりはあくまでも各時代の主流派経済学を追跡しており，その隆盛の背景に追いやられつつも誕生・存続・消滅する，いわばバブルのような傍流経済学，異端の経済学には触れなかった。**第3講**の最後に，それらについて言及する。しかし，既述のように経済学が対象とする経済問題は大幅に視界を広めており，多くの対象の中から選別せざるを得ない。本節では，日本における展開を中心に制度派経済学とマルクス経済学を取り上げる。

### ■ 制度派経済学とは

　制度派経済学は，19世紀末から20世紀初頭にかけて主流派経済学となった新古典派経済学に対抗する，アメリカの異端経済学の一潮流を指した。マーシャルを新古典派経済学と揶揄した（**3.2節**）ヴェブレン（Thorstein Veblen, 1857-1929）を創始者の一人とし，戦後はガルブレイスやハイルブローナー（Robert Heilbroner, 1919-2005）らに引き継がれている。進化論，プラグマティズム（実用主義）などをベースとし，文字通り経済制度を重視する経済学であるが，問題とする制度はそれぞれ異なるのが一般的である。

　ヴェブレンの最初の著作『有閑階級の理論』（1899年）では，富豪たちの生活様式をめぐり見せびらかしの消費（conspicuous consumption：誇示的消費，顕示的消費，衒示的消費ともいう）の意義を語り，『営利企業の理論』（1904年）では，物を作る目的の産業（industry）と金儲けの手段としての営利企業（business）を対比し，後者は産業を推進せずにむしろ産業を侵食していくと主張した。ヴェブレンは1929年に世界的大不況の直前に亡くなったが，その知見はアメリカでのケインズ経済学の受容後に再発見された。社会資本の役割に注目し，「社会資本は決して利潤追求の対象となってはならない。社会資本の各部門は専門的知見に基づき管理されなければならない」と提言しており，宇沢弘文の社会的共通資本観に影響を与えた。

　なお，近年ゲーム理論などを用いて，人々の不確実性下の合理的行動の結果として制度を説明する分野があり，これを新制度派経済学と呼ぶ場合がある。

しかし，主流派経済学との立ち位置の点では，全く正反対にある。すなわち，ヴェブレンらの制度派経済学は主流派経済学から見て異端であったのに対し，新制度派経済学は主流派の経済学の一角を占める。このため，最近は単に制度経済学と呼ばれることが多い。歴史的事実を説明する諸契約を説明するプリンシパル・エージェント理論，共有地（コモンズ）の悲劇の回避策（**第11講**），青木昌彦（1938-2015）の日米企業の比較制度分析などがある。

さらに，以下でもマルクス経済学の一つの分野として紹介するレギュラシオン理論の流れは，経済制度をレギュラシオン（調整）の対象としていることから，制度経済学（および制度派経済学）とは切っても切れない関係を保っているといえよう。

## ■ マルクスの経済学

『経済学批判』（1859年）や『資本論』（1866年）に代表されるマルクス（Karl Marx, 1818-83）の経済学方法論に依拠した経済学の体系をマルクス経済学（Marxian economics）という。マルクスが全3巻の『資本論』で理論化したのは，当時最も発展した資本主義国であった19世紀イギリス資本主義であり，その意味では現在の資本主義の実態を把握できていない可能性は十分ある。しかし，マルクスは理論的な演繹によって資本主義経済を整合的に解釈しようとしたのであって，20世紀以後飛躍的に発展し変貌した資本主義にはマルクスの後継者が対応することになった。

マルクスは「商品の価値はその生産に費やされた労働の量によって決まる」とのアダム・スミスとリカードの労働価値説を継承したが（**3.1節**），その際に労働と労働力を区別し，資本家と労働者の間で売買されるのは労働力であるとした。そして，労働力は賃金分を超える剰余価値を生み出し，資本の利潤の源泉となる。商品は使用価値と交換価値の2つの価値を持ち，市場で商品と商品が等価交換される（貨幣の媒介もある）のは後者による。その際の等価の基準は抽象的人間労働の量である。価格は，交換価値が貨幣の一定量として表現されたものになるが，『資本論』では，こうした価値の規定（第1巻）と商品の価格の規定（第3巻）の間に矛盾があるとの転形問題（転化問題ともいう）が残っているとされる。すなわち，マルクスは市場における利潤率の均等化の結果として成立する価格を『資本論』第3巻で生産価格と呼んだが，この価格は必ずしも投下労働量に比例するものではないため，ベーム-バヴェルク（Eugen

von Böhm-Bawerk, 1851-1914）が第1巻の投下労働価値説と矛盾するのではない
かとの論争に火を点けたのだ。

## ■ 日本におけるマルクス経済学

　日本の経済学は，長く西欧での主流派経済学の近代経済学（近経）とマルクス
経済学（マル経）が対峙し，歴史的にはマルクス経済学の勢力の方が強かった。
日本におけるマル経には大きく分けて4つの学派がある。講座派の流れをくむ
正統派，宇野学派，レギュラシオン派（市民社会派），そして数理マルクス経済
学派，である。

　マル経全体としては，明治以来第2次世界大戦前の帝国大学（東京大学，京
都大学など）ではマルクス派が多数を占めた一方，早稲田大学，慶応義塾大学，
東京商科大学（現一橋大学）ではマルクス派は少数派にとどまった。戦後にな
ると，右翼系の学者が追放され，その後任にマルクス派が充てられ，マル経の
優勢が決定的となった。戦後しばらくは講座派・労農派らによるマル経が主流
であり，高度成長期やその後の日本経済を支えた官公庁の役人，日本銀行や大
手の金融機関職員を始めとして，やがてトップに立つ一般企業の社員の多くも
マル経を学んだ学生が職を得ており，中庸志向の日本社会の基盤を形成した
ともいえる。

　ここで講座派とは，日本資本主義論争を展開したマル経学者のうち，1930年
代前半に出版された『日本資本主義発達史講座』（岩波書店）を執筆したグルー
プが中心であり，戦後は民科（民主主義科学者協会）・新講座派を引き継ぐ日本
共産党系の人たちである。代表的人物には，山田盛太郎（1897-1980），平野義
太郎（1897-1980），野呂榮太郎（1900-1934）がいる。労農派は1927年創刊の雑
誌『労農』によった非共産党系のグループで，大内兵衛（1888-1980），有沢広
巳（1896-1988），向坂逸郎（1897-1985）が挙げられる。

　日本資本主義論争では，「明治維新後の大日本帝国は絶対主義国家であるとし，
まずは民主主義革命が必要であるとの2段階革命論」を論じた講座派に対し，
労農派は「明治維新はブルジョア革命，維新後の日本は近代資本主義国家であ
り次が社会主義革命」と主張した。論争は明確な結論に達することなく政治弾
圧で中断してしまったが，総括するならば，独自の近代化を遂げた日本がマル
クス・レーニン主義のモデルで説明できるかをめぐるイデオロギー論争であっ
た。

## ■ 宇野学派の3段階論

東北大学や東京大学などで研究畑を歩んだ宇野弘蔵（1897-1977）は，マルクス経済学を社会科学として確立させるために社会主義イデオロギーを排除し，経済学の研究を原理論・段階論・現状分析の3段階に分けた。そのうちの原理論は資本主義経済の法則を純粋に解明するだけで，社会主義への移行の必然性を論証するものではないと主張したため，主流派（宇野によってマルクス主義経済学者と命名）からは強く反発された。段階論も資本主義経済の歴史的な発展を把握し典型的な経済政策を論じるだけとし，現状分析において初めて原理論や段階論の研究成果を前提として，現実の資本主義経済を分析するものとした。この3段階論により，マルクスの『資本論』は原理論に，レーニンの『帝国主義論』は段階論に位置付けられ，資本主義経済が19世紀の自由主義段階から20世紀の帝国主義段階に移行しても，『資本論』は原理論としての有効性を失わないとされた。この3段階論の後継者が宇野学派と呼ばれるグループだ。

## ■ レギュラシオン理論とマルクス数理経済学

日本のマル経のうち残りのレギュラシオン派（市民社会派）と数理マルクス経済学派は，正統派マル経や宇野学派と比べると異端ともいうべき存在であるが，それなりの存在感を維持している。

レギュラシオン理論は1970年代にフランスの官庁エコノミストたちによって提唱されたもので，この理論のレギュラシオンは英語のレギュレーションのニュアンスとは異なり，社会全体を通じた経済主体間の利害調整のあり方を示し，政府による規制のみを単純に示すものではない。マルクス経済学の「歴史」の観点とケインズ経済学の「市場の不均衡」の2つの観点で，資本主義経済を分析する。マルクス経済学においては，経済は下部構造であるところの賃労働関係を重要な柱とする生産体制（蓄積体制）により規定されるが，レギュラシオン理論においては，ある蓄積体制にはその蓄積体制に応じた経済・社会制度が成立し，その調整を受けることで初めて十分に機能すると考える。蓄積体制と調整様式の関係は相互的ないしは補完的なのだ。

日本におけるレギュラシオン理論は，近年，山田鋭夫・植村博恭・原田裕治・藤田菜々子『市民社会と民主主義：レギュラシオン・アプローチから』（2018年）などを通じて人口に膾炙しており，市民社会派とも呼ばれている。しかしなが

ら，もともとの市民社会派は 1980 年代に「マルクスの資本主義理解の背後には資本主義を成り立たせている所有・分業・交換を軸とした社会認識（市民社会）がある」とした高島善哉（ぜんや）（1904-90），内田義彦（1913-89），水田洋（1919-），平田清明（1922-95）などの思想的影響を受けた者のグループだった。一時期レギュラシオン学派に吸収され消滅したと言われた時期もあったが，近年，資本主義の民主化と民主主義の再生のプログラムを提案し，「市民からレギュラシオンを介して政策形成へ」との思いで活動しており，制度経済学とも手を携え，市民社会の水先人となっている。

　マルクス数理経済学は，マルクス経済学の数理経済学版である。マルクスを始めとしてマルクス経済学者は伝統的に数学によるモデル分析を敬遠してきたが，価値と価格の転形問題などの論争において，矛盾しているか否かの条件を数式によって確認することは非常に有用であり，多くの研究の蓄積を促した。特にこの分野での日本人研究者の貢献には大きなものがあり，その勢いは現在に至るも継続している。代表的な書物としては，置塩信雄（おきしお）（1927-2003）の『再生産の理論』（1957 年）と『蓄積論』（1967 年），森嶋通夫（みちお）（1923-2004）の『マルクスの経済学』（1974 年），ポスト・ケインジアンのスラッファの『商品による商品の生産』（1960 年，翻訳は 1978 年）がある。リカード以来の労働価値説を不要と断じたスラッファの本の出版は，マルクス経済学批判としても爆弾を投下されたような混乱を生じさせた。スラッファを以後ネオリカーディアンと呼ぶ契機にもなった。

### ■ マルクス・ルネサンス

　日本にはじめてマルクスが紹介されたのは世紀の変わり目の頃といわれるが，ロシア革命によって共産主義国家が生まれた後の 1920 年代には，日本でもマルクス・ブームが起きた。1917 年に『貧乏物語』を出版した河上肇（はじめ）（1879-1946）も，この時代にマルクス主義を広めようと奔走（ほんそう）し，日本のマルクス経済学も 1920 年代を通じて深化し，30 年代の日本資本主義論争を経て確立したと言ってもよい。第 2 次世界大戦前および戦中期間のマルクス主義者への弾圧は，かえってマルクス主義信奉者の信念を強める結果となり，戦後のほんもののマル経の隆盛をもたらした。既述のように帝国大学での戦後のマル経勢力は伸長し，1960 年と 70 年の 2 度の安保条約（日米安全保障条約）改定時の反対闘争はマルクス主義の最盛期をもたらした。

実際，1968年は大転換の年になった。すなわち，チェコスロバキアでのプラハの春，フランスのゼネストからの5月革命，中国の文化大革命の始まり，日本では東大闘争から全国の大学・高校での学生運動の始まり，等々に見られる左翼運動の高まりやマルクス・レーニン主義の変革の時代に突入した。マルクス経済学の上では，マルクスの再発見・再注目ともいうべきマルクス・ルネサンスが胎動しだした。

　最初の波としては，アメリカでラディカル・エコノミクス（急進派経済学）が登場した。既存の経済学を革新しようとしたアカデミックな運動であり，ボウルズ，ギンタス，マーグリンらの若手経済学研究者によって結成されたラディカル政治経済学連合（URPE）に由来する。アメリカでは1960年代後半からベトナム戦争の拡大や都市・人種問題などの深刻化が時代を覆い，既存の新古典派経済学の説明能力が疑問視されるようになった。ポスト・ケインジアンのジョーン・ロビンソンが1971年のアメリカ経済学会での講演の際に，経済学が市場の失敗や貧困・経済格差の問題に無策との「経済学の第2の危機」を問題視したのが拍車をかけ，この頃から「経済学の危機」とその再生の必要性が叫ばれるようになっていた（第1の危機は大量失業へのケインズ革命で対処）。

　第2の波はすでに取り上げたフランスでのレギュラシオン理論であり，その他にも第3，第4の波として，スラッファなどポスト・ケインジアンの理論における階級の要素の再発見，ロールズ（John Rawls, 1921-2002）の『正義の理論』（1971年）やローマクラブの『成長の限界』（1972年）の出版も直接・間接に影響したといえよう（第5講，第12講）。

■ 落日のマルクス経済学

　マルクス・ルネサンスによってマルクス経済学の隆盛をみた後は，まさに絶頂期があればそれが転換点となり，以降は下り坂となる。日本でマルクス経済学の退潮が明らかになるのは，1970年代以降，マル経が優勢だった大学においても，漸次，新規人事において近経にポストを譲るケースが増えてきたことから始まる。この頃から近経にとっては，「欧米並みのカリキュラムを確立しようとするには，ポストの絶対数が足りないが，せめてミクロ経済学とマクロ経済学はしっかりと講義ができる体制にしたい」との方針で，人事を進め出したことが大きい。

　また，この頃は主な近経の若手研究者はアメリカの大学で学位（ph.D.）を取

得して帰国する者が多く，やがて彼らが近経のサークル内ばかりでなく，政府系研究機関の若手客員研究員，日経新聞の経済論壇や雑誌『経済セミナー』の連載，経済学の教科書の執筆，といった方面で目立った活躍をし出すのに対し，マル経の若手研究者の活躍の場は縮小し，あったとしてもなかなか表に出てこなくなったことが挙げられる。近経とマル経が同席する機会は限られ，仮に同じ大学の人事教授会で顔を合わせるとしても，漸次，近経が多数派となって多数決で押し切るケースが続くことになった。近経としてみれば，それでもポストの絶対数は慢性的に不足状態にある。欧米の大学の経済学部では，日本のマル経に当たるポストはないかあってもせいぜい 2-3 人であり，半分近くがマル経では学部・大学院のカリキュラムが機能しない。

　1970 年代末から 80 年代になってもその状況は変わらないか，むしろ加速する動きが出た。この間，中国では毛沢東（1893-1976）の死による文化大革命の終結から 1978 年には改革開放路線に転じ，後に 92 年からは社会主義市場経済の道を歩み出した。ただし，1989 年の天安門事件に象徴されるように，政治と経済は必ずしも歩調を合わせたものではなかった。ヨーロッパでは，1989 年のベルリンの壁の崩壊を契機に次々と東欧社会主義諸国の政権崩壊が起こり，91 年末にはソ連（ソビエト社会主義共和国連邦）が崩壊し，11 の共和国による独立国家共同体（CIS）の設立となったが，やがて CIS も有名無実のものとなる（第 4 講）。いずれにしても，こうして中国の変貌と東西冷戦の一方の極にあった社会主義国の突然の消滅によって，多くのマルクス経済学の信奉者にとっては，その拠って立つ学問的根拠も消失したとの衝撃が走ったのに違いない。

　実際，冷戦終結後，大学でマルクス経済学を学ぼうとする学生が減少し，旧帝国大系などの国公立大の経済学部を始めとして，多くの私立大学においてもさらなる近代経済学への移行がみられた。マル経の教員の中には自らをマル経の専門家と自称するのを止め，講義科目は「マルクス経済学」や「経済原論」から「社会経済学」や「政治経済学」へと名称を変え，可能な限り退潮を阻止しようとするのが精一杯の奮闘となった。多くのマル経学者はもはや社会主義について語らなくなったのだ。

## 3.5　本講のまとめ------------------------------

　本講では，経済学の発展史（経済学説史）を急いで振り返った。アダム・ス
ミスを父とする古典派経済学，限界革命からの新古典派経済学，厚生経済学と
新厚生経済学，ケインズ革命，そしてイギリスからアメリカに移行した後の百
花繚乱の経済学がいわば主流派経済学（正統派経済学と呼ばれる場合もある）の
変遷である。加えて本講では，日本におけるマルクス経済学の変遷と現状につ
いても言及した。

　主流派経済学（mainstream economics）は時代とともに歩んできており，これ
が日本での近代経済学（modern economics）の呼称となる。近代経済学は日本
独特のものであり，modern economics は和製英語に近く，海外では漠然すぎ
て何を指すのか話が通じないであろう。マルクス経済学が強かった日本で，
『資本論』以前の古典派経済学は除外して，限界革命，新古典派経済学以降の
「マルクス経済学以外の経済学」を指すための用語法であり，ミクロ経済学も
マクロ経済学も計量経済学も含まれる。近代経済学の呼称により，「近代の経
済学」であるとの意味合いを強め，正統なマルクス経済学からみて限定的な経
済学の集合体に過ぎないと下目に見たのであろう。対比の対象であったマル経
自身の衰退後，この呼称は日本でも死語になった感がある。

　そのような経緯であるから，メインストリームの主流派経済学（これは古典
派経済学も含めるのが妥当であろう）の全貌は必ずしも経済に対する見方の一致
が見られるわけではない。マルサスとリカードの論争，効用の比較可能性をめ
ぐる厚生経済学と新厚生経済学の論争，古典派経済学とケインズ経済学の論争，
財政政策や金融政策などのマクロ安定化政策をめぐるマネタリスト・ケインジ
アン論争，これらはすべて主流派経済学内部での論争である。

　アメリカでは「海水経済学」対「淡水経済学」の対立がある。海水経済学
（saltwater economics）は，アメリカの東海岸のハーバード大学，MIT，イェー
ル大学および西海岸のスタンフォード大学とカリフォルニア大学バークレー校，
といった海に面した地域にある大学に属する経済学者の考え方，淡水経済学
（freshwater economics）はアメリカの五大湖地方にあるシカゴ大学，ロチェス
ター大学，ミネソタ大学などの経済学者の考え方を指す。淡水経済学はシカゴ
学派の市場原理主義の発想をベースとし，海水経済学はケインズ経済学の発想

に根差した論陣を張る傾向がある。

問題 3.1　アダム・スミスの見えざる手を，10 文字以内の言葉で表しなさい。

問題 3.2　マルサスの人口論と裏腹に，いまや世界の人口は 80 億に届こうとしている。マルサスはどこで間違えたのか？

問題 3.3　アルフレッド・ノーベルが自分では数学や経済学をノーベル賞の対象分野としなかったのには，どのような理由が考えられるか？

問題 3.4　退潮したマルクス経済学がもう一度復活することはあるだろうか？　それはどの国においてだろうか？

# 第4講
# 市場経済と計画経済は
# 対峙する

■第4講では，経済学の中でも最も重要な経済哲学的なテーマでもある市場経済と計画経済の対峙（たいじ）について検討する。市場経済は多くの経済主体がてんでんばらばらな分権的な体制で自由に経済活動を行う場であり，そういう場があるのは資本主義の前提でもあるし資本主義そのものでもある。他方，社会主義・共産主義の経済運営の理論的な必要十分条件が計画経済となるが，現実の計画経済の運営は容易ではなく十分なパフォーマンスを挙げられず，ソ連をはじめとした多くの社会主義・共産主義国家は崩壊してしまった。また中国やベトナムでは，社会主義国家に市場経済を導入し語義矛盾をきたす「社会主義市場経済」を国の公式の経済体制と外に向かって宣言した。

本講では，第5講以降では前提とするところの分権的市場経済をめぐる基本事項について，計画経済と対比しながら整理する。

## 4.1 市場経済と計画経済

### ■ 市場経済とは？

ダニエル・デフォー『ロビンソン漂流記』（1719年）によると，無人島に漂着したロビンソン・クルーソーは自給自足の生活を送る。生きながらえていること自体が経済活動といえるが，取引する相手がいないことから，交換はない。しかし，漂流生活が大分経ってから近隣島の原住民であるフライデーが現れ，ここから役割分担が起こり，経済活動の観点からは物々交換が始まったと考えられる。

ロビンソン・クルーソーの世界は（物々交換が行われていても）市場経済とはいえない。登場人物が2人では市場が形成されたとは考えにくいが，同じ島国経済でも人数が増えるならば市場が形成され，物々交換経済が始まると考えら

れる。市場経済にとっては，貨幣の媒介があるかないかは関係なく，物々交換でも交換する場としての市場（market）があれば，市場経済が誕生したといえるであろう。昔は市での取引もあった。いまでも観光地（例えば，石川県輪島市や岐阜県高山市）などで朝市が立ち，観光客は物珍しさで早朝から駆けつけるが，こうした市は地域の核となる市場へ，そして市場は一般の市場へと変化を遂げたのだ。もっとも，市場経済に必要なのは文字通りの取引場所ではなく，むしろ大勢が取引する慣習・制度が整っているとの要件が重要である。取引場所としての市や市場の存在は，そのための必要条件でも十分条件でもない。

　コンビニやスーパーでの買物は日常生活に欠かせないし，ピザの出前を取ったり，通信販売で洋服を買うこともある。これらを含めて，広く誰でもアクセス可能で，価格が提示され，購入する気になれば購入できる態勢が整っているのが，購入サイドから見た市場のイメージだろう。販売するサイドからの市場のイメージは，価格を提示して商品を陳列するか，カタログ販売とかで出品しておいて，購入者が現れるのを待つことになる。どちらも取引場所としての市場（＝物理的空間）そのものは必要ない。相手の目にとまる仕組みが整備されていれば，取引が成立し得るのである。

### ■ 分権的市場経済

　市場経済を考察する際には，取引する場所の有無は特に問題とはならない。むしろ，その前提となる要件が満たされているのかが問題となる。要件の一番は人数だろう。市場の厚みといってもよい。市場に厚みがあると，いろいろな選好の買い手といろいろなコスト条件の売り手がいるので，取引が成立しやすい土壌が用意されることになる。土壌が整ったとして，実際に取引がなされるまでにはどのような段階が踏まれるのであろうか。

　ここで市，市場，市場とステップごとに見ていこう。例えば朝市では，何件もの露天店舗に野菜，海産物，海産物加工品，工芸品と並んでおり，気に入ったものがあると立ち止まり，「お客さんいかが，安くしておきますよ！」に対して「これいくら？」と声をかけ合い，値段の交渉となる。定価通りの場合もあるし，多少安くなる場合もあるが，要は値段や購買量は相対での交渉によるということだ。野菜や海産物の卸売市場では，通常競りが行われる。売り手はいくらでもかまわない覚悟で出荷・出品する。買い手（仲買人が多い）の方はお互いに価格を提示して競い合うことになる。競い方としては，競売人に対

して各人が（紙に書いたりして）一斉に提示する方法や競売人に対して口頭で叫んで伝え競い合う方法などがあり，その市場の歴史や慣習によって千差万別だ。クリスティーズやサザビーズといった美術品のオークションでも同様の競りが行われ，買い手が拮抗すると驚くべき値段で決着することもある。築地から移転した豊洲市場での正月のマグロの初競りで，青森県大間産の本マグロ278キロが3億3,360万円（1キロ当たり120万円）で買われたとのニュースが流れたこともある。通常ならば1キロ当たり300円から12,000円ぐらいが相場のものだという。

さて，通常の市場ではどうなっているだろうか。昔ながらの下町の八百屋や魚屋では朝市のような相対の取引も行われるであろうが，典型的なコンビニやスーパーでの買物では，匿名の取引となる。買い手は陳列された商品を定価で買うか買わないか（take-it or leave-it）の判断を下し，売り手は，売れた商品は直ちに補填するように日々商品管理を行う。近年の商品管理はPOS（point of sale）systemを導入した店舗が多い。このシステムは販売時点情報管理を行うもので，バーコードを読み取ることにより販売時点での商品売上情報をつかみ，コンピューターに接続して情報を転送することで自動的に在庫管理も行う。このシステムは製造業の部品管理でもあるサプライチェーン（supply chain）にまで広がっている。すなわち，原料の段階から製品やサービスが消費者の手に届くまでの全プロセスにおいて，個々の企業の役割分担にかかわらず，生産や調達などの体制を柔軟に対応することで余剰在庫の削減など適正な生産体制を整えている。

市にしろ，市場にしろ，市場にしろ，市場経済における取引においては，国民経済のあちらこちらで勝手に行われていること，すなわち分権的に行われていることが重要であり，これを分権的市場経済（decentralized market economy）という。分権的市場経済では，個人（消費者，家計）や企業といった経済主体は自らの意思によって日々の生活に必要な経済取引を行っている。これらの経済主体が何を目安にして経済行動を決定するかが，**4.4節**で議論する価格メカニズムないし市場メカニズムそのものになる。

### ■ 計画経済

分権的市場経済の対極にあるのが中央集権的な計画経済である。中央集権的計画経済（centrally planned economy）は，唯一の中央計画当局（政府）が財サー

ビスの生産とその配分を決める体制をいう。それを可能にするために，生産手段の私有は認められずに国有（共有）とし，生産も政府所有の企業や農場で行われる場合が多い。財サービスの価格は中央計画当局が決定し，財サービスの配給を行う。その際に，しばしば価格が低水準に設定され，財サービスの需要に対して生産（供給）が足りずに割当（rationing）が行われるという，統制経済（command economy）の側面ももつ。

　計画当局が全知全能のラプラスの悪魔（Laplace's demon）ならば，当初から需要と供給を等しくさせる割当価格を設定し，財サービスの配給が適切になされ得るが，天文学的に多数の財サービスをすべて過不足なく調整するのは何かの助けがなければ，まず不可能である。分権的市場経済ではそこに「見えざる手」の招きがあるのだが，ラプラスの悪魔は計画経済に力を貸してくれるわけではない。

　ただし，そもそも一発で均衡に到達するのを求めるのではなく，試行錯誤しながら均衡解に近づくので良しとする考え方（ワルラスの tâtonnement に相当）もある。ソ連など実際の計画経済ではそれが精一杯できたことであろうし，1930 年代の世界恐慌を乗り切ったといわれる第 1 次 5 か年計画（1928-32）など，ソ連での計画経済によっては，公表された資料による限りにおいては，しばらくは良好なパフォーマンスが得られていたようだ（内実は単純ではなかっただろうが……）。

### ■ 分権的市場経済と中央集権的計画経済はどちらが効率的か？

　分権的市場経済と中央集権的計画経済は国民経済のあり方として表と裏，あるいはレコードの A 面と B 面の関係にあるのだが，両者の資源配分をめぐっては，歴史上，社会主義計算論争（socialist calculation debate）があった。ほんらいは，どちらの経済体制がより効率的な資源配分を達成するかとの疑問に答えようとしたものだが，実はとりあえずの結論としては両者は同等になる。なぜならば，資源配分の観点からは，どちらも限界革命の推進者の 1 人であるワルラスが提示した一般均衡の連立方程式体系の解法の違いに過ぎず，そうであれば当然ながら同じ正解（均衡相対価格体系）とその下での資源配分が得られるからだ。

　しかし，もう少し深く考えると，両者の解き方が異なることは重要であり，分権的市場経済では市場メカニズムがアダム・スミスの見えざる手の役割を果

たしてくれるのである。すなわち，自由放任でよいのだ。一方，計画経済では中央計画当局が膨大な計算を行わなければならない。ラプラスの悪魔ならずとも，今の時代のスーパーコンピューターならば不可能ではないだろうが，論争が行われた 1930 年代頃にはとてもそれが可能とは考えられなかったに違いない。さらに，オーストリア学派のフォン・ミーゼス（Ludwig von Mises, 1881-1973）やハイエク（Friedrich von Hayek, 1899-1992）らは，計画経済に内在する情報の欠如，大量の情報収集の必要性，およびインセンティブ問題などを指摘したのだった。

それでも，中央集権的計画経済を支持する立場のポーランドの経済学者のランゲ（Oskar Lange, 1904-65）やロシア生まれでアメリカに移住したラーナー（Abba Lerner, 1903-82）は国家が運営する経済は，計画当局が適切に価格システムを利用すれば，自由放任を上回る効率性を達成できると主張した。実際にソ連では，市場経済社会主義ともいうべきランゲ=ラーナー・モデルによる資源配分を実践に移した時期があったが，その成果は必ずしも芳しいものではなかった。

そして，いうまでもなく 1991 年末に，行き詰った経済状態と硬直化した官僚体制への不満などからソ連は崩壊した。中央集権的計画経済の壮大な（失敗に終わった）実験であったといわれる所以だ。

## 4.2 資本主義 vs 社会主義・共産主義

### ■ 資本主義とは？

唯物史観をとるマルクス主義歴史学において，生産関係の上部構造と下部構造の間の弁証法的な発展解消をベースにすると，古代ギリシアや古代ローマ社会を典型と見なす古代の奴隷制が生産力の進歩によって，領主が生産者である農民を農奴として支配する中世の封建制（feudalism）に取って代わり，その封建制度が 18 世紀後半に始まる産業革命によって資本主義（capitalism）に取って代わられた。唯物史観ではこの必然的な変遷はヨーロッパだけでなく，中国や日本でも同様の歴史をたどったとする。

この唯物史観が普遍性をもったものであるか否かは論争があるところだが，その資本主義は，マルクス経済学の用語法でいえば「生産手段を私有する資本

家が労働者から労働力を商品として買い入れ，それを上回る剰余価値をもつ商品を生産して利潤を獲得し，それを次の段階の生産に再投入して拡大再生産を繰り返す。生産活動は利潤追求を原動力とする市場メカニズムによって運営される」となる。すなわち，資本主義は分権的市場経済を前提として，労働力を売る側（労働者）と買う側（資本家）に分かれて，自由に経済活動を行える経済システムといえる。主流派経済学（近代経済学）の用語法に翻訳するならば，資本主義は「分権的市場経済を前提として，企業が資本や労働といった生産要素を投入し利潤最大化を図り，同時に設備投資によって企業成長を企図し企業の市場価値を最大化する経済システム」となろう。

いずれの定義にしろ，資本主義経済では，資本家と労働者で経済的格差が生じやすい特徴がある。もちろん経済格差は古代の奴隷制や中世の封建制でも見られたものであるが，資本主義では格差が年々拡大する傾向があるのはピケティ（Thomas Piketty, 1971-）が『21世紀の資本』（2014年）で指摘した通りである。ただし，資本主義では労働者が非自発的な失業状態に陥る可能性がある半面，事業が成功して大金を手にして一気に低所得者から資本家にジャンプできる可能性もある。大発明や大発見による事業の成功（石油王のロックフェラー家やマイクロソフトのビル・ゲイツなど），野球やサッカーの有名選手となったり宝くじの当選による一攫千金の夢，各種のアメリカンドリーム・ジャパニーズドリーム，等々。

### ■ 社会主義・共産主義とは？

資本主義に対峙するのが，社会主義と共産主義だ。生産手段の社会的共有・管理によって平等な社会を実現しようとする思想が社会主義（socialism），そこからもう一歩進んで私有財産制を廃止して，全財産を社会全体の所有物としてみんなで共有するのが共産主義（communism）だ。どちらも資本主義の欠点や矛盾を指摘・批判し，新たな社会を建設するために提唱された。

マルクス・レーニン主義（第3講3.4節）では，資本主義から共産主義へとプロレタリア革命により移行すると考えるが，その移行過程での第一段階が社会主義体制であり，各人は能力に応じて働き，働きに応じて分配を受ける。社会主義では国が主導して生産活動を行うことで，経済格差が起きにくいと考えられる。一方で，結果としての平等が優先されると，労働者のモチベーションが上がらずイノベーションや生産活動の効率化が起こりにくく，資本主義経済と

比べて経済が停滞するか経済成長が遅くなる傾向がある。

　共産主義は，マルクス・レーニン主義においてプロレタリア革命によって実現される最終段階の体制であり，そこでは資本家と労働者との階級は消滅する。財産の私有が否定され，生産手段・生産物などすべての財産が共有となることによって，貧富の差のない社会が実現されるとの思想・運動を体現する。

### ■ 分権的市場経済，資本主義，自由主義，民主主義

　第4講のここまでの考察から，分権的市場経済と資本主義が合体し，自由な経済活動が保障される自由主義（liberalism）社会が実現される。これに政治体制としては国民主権・多数決制の民主主義（democracy）が加わることにより，現在の先進国のほぼすべてが当てはまる国民経済の姿が浮かび上がる。分権的市場経済を資本主義の必要条件として含めて括るならば，資本主義・自由主義・民主主義の三位一体が完遂する。

　ただし，厳格な意味では，分権的市場経済は資本主義の下でしか成立しえないというわけではない。実際，中国では社会主義市場経済（socialist market economy）が公式に導入されている。これは，天安門事件などにより中国共産党の改革派指導者が失脚し国際社会からの風当たりも強くなる中で，1992年に，最高指導者であった鄧小平が改革開放路線を推し進めるために深圳などの都市をめぐり声明を発表（南巡講話）し，「社会主義体制下でも市場経済を導入し，経済発展を進めることが可能」としたのだ。この方針は，1993年に中華人民共和国憲法に盛り込まれ，中国の経済政策における基本方針と位置付けられている。

　本書で展開する経済学入門は，背景として三位一体が成立している国民経済を前提とする。次節の4.3節で議論するアメリカ型資本主義が中心になるが，日本もほぼ三位一体を満たす経済システムを戴いていると想定可能だ。すなわち，分権的市場経済が資本主義の本意である自由な経済活動の下で展開されており，経済政策の実践は民主主義体制下で行われる。もっとも，政治体制が民主主義か否かは本書にとっては副次的な問題であり，以下一貫して，経済問題に対して決定的な役割を果たすことはない。

### ■ 中央集権的計画経済と社会主義・共産主義

　資本主義と分権的市場経済がほぼ同等の意味で使われることを示したが，そ

れ以上に中央集権的計画経済と社会主義・共産主義はほぼ同義語として用いられる。なぜならば，中央集権的計画経済では国家が主導して生産活動を行うが，その際の生産手段の共有化・国有化による経済運営が社会主義・共産主義の十分条件になるからだ。次に，社会主義・共産主義では一部では市場メカニズムを援用するとしても，基本は中央集権的計画経済の青写真通りの計画に則して生産・投資・消費を実行するであろうから，計画経済であることは社会主義・共産主義にとっての必要条件となる。したがって，中央集権的計画経済と社会主義・共産主義は（ほんらいの用法において）お互いにとって必要十分条件となるのだ。

## ■ 世界の社会主義国家・共産主義国家はどうなっている

　1917年のロシア革命により，22年に世界初の社会主義国家としてソビエト社会主義共和国連邦が成立し，その後多くの社会主義国家が続いた。それらを順に見ていく。

　まず第1に，過去においても現在においても，「○○共産主義国」との名前がついた国はない。しかし，名前はともかく実質的な共産主義国家はあったのかを確認するために，①共産党が一党独裁支配し，他の政党は認められていない，②共産党が国家を指導している体制がとられている，の2つの条件を同時に満たしている国を共産主義国家としよう。経済状態よりは政治体制を優先して，実質的な共産主義を解釈する基準である。

　これらの基準によると，中国（中華人民共和国），北朝鮮（朝鮮民主主義人民共和国），ベトナム社会主義共和国，ラオス人民民主共和国，およびキューバ共和国の5か国において，①②の条件が厳格に満たされている。これらの国における経済のうち，食糧など日常品の配給制など比較的古いタイプの計画経済を維持しているのが北朝鮮，ラオス，およびキューバであり，中国とベトナムでは市場経済と混交して社会主義市場経済となっている。

　文字通りの呼称が共産主義国家とまではいかなくて「社会主義」の名前がついた国は，現在はベトナム社会主義共和国とスリランカ民主社会主義共和国の2か国，過去にはソ連（ソビエト社会主義共和国連邦）をはじめとした東欧諸国のうちのアルバニア，チェコスロバキア，ルーマニア，ユーゴスラビア，その他地域のエチオピア，ビルマ，リビアの合計8か国あった（3か月未満の暫定政権を除く）。これら10か国および「○△人民共和国」や「△○民主共和国」な

どの名称も含めて,「憲法などの国家基本法などで社会主義であることを明示した国家」は,過去にあった国々を含めて 37 か国となる(過去のユーゴスラビアは現在は 7 か国に分裂したが,合わせて 1 か国としてカウント)。なお,ほんらい共和国(republic)とは君主国に対峙するもので,君主が存在しない国家(共和制の国家)を指す。北朝鮮は親子 3 代の実質的な君主が世襲しており,とても共和国を名乗れないはずだが,国名に変更はなく違和感がある。他にも羊頭狗肉的な国名はあるかもしれない。

## 4.3 資本主義の多様性----------------------------

　前節の考察からは社会主義も多様な内実があることが理解されたが,資本主義についても同様に,各国の国民経済によってさまざまなバリエーションがある。しかも,すべての資本主義において純粋の形態のものはなく,どの国民経済も分権的市場経済の中に政府による公的な経済活動が混在している。

### ■ 混 合 経 済

　資本主義体制下で分権的市場経済と公的部門が併存している状態を混合経済(mixed economy)という。混合経済も政府なり公的部門がどれだけ分権的市場経済に進出し,民間の資本主義と競い合っているか,あるいは民間経済と補完関係にあるか,といった面での特質なり程度の違いがある。公的経済としては財政の 3 つの機能として,

① 　三権(立法・行政・司法)の維持管理,夜警国家(国防・警察・消防)経費,その他の公共財の供給(港湾・道路インフラ・公園など)を通じる資源配分機能

② 　経済活動への課税や補助金の給付といった観点での所得の再配分機能

③ 　マクロ経済の景気安定化機能

がある(**第 11 講**)。

　どの国も行政関係の予算だけでも相応の公務員給与負担や組織の維持管理費用が必要であり,国の予算も硬直している場合が多いだろう。所得の再配分機能に関連しては,「高負担高社会保障」か「低負担低社会保障」といった租税や社会保障料の負担の選択があり,この選択においては政権選択も関係するだ

ろう。景気安定化機能をめぐっては，1930年代のケインズ革命によって，有効需要原理に基づく景気浮揚策に理論的根拠が与えられ，第2次世界大戦後は公共投資に頼る景気対策は各国で花盛りだった。

しかし，やがて財政政策の乗数効果の減衰がいわれ，累増する財政赤字が巨大なものになるにつれ，アメリカをはじめ日本やその他の先進諸国でも，肥大化した政府の非効率性が問われるようになった。また，1970年代の2度の石油ショック後のスタグフレーション，サプライサイド経済学，新自由主義の台頭による規制緩和・小さな政府志向と時代も変遷し，1980年代以降，財政政策による景気対策の発動には批判の声が大きくなった。混合経済の意義そのものが，公共投資による経済成長から適切な所得再配分へ変質し，多くの分野での規制緩和による構造改革が求められた。近年では，地球環境問題への対策が叫ばれ，そのための混合経済としての位置付け・意義付けが検討課題となっている。

## ■ アメリカ型資本主義

資本主義の典型はアメリカ型の資本主義といえよう。イギリス型の資本主義もこれに近いため，両者を合わせてアングロサクソン型資本主義という場合もある。第3講で見たように，経済学を誕生させたのがイギリスの産業革命であり，それを継承して主流派経済学として大きく育んだのが第2次世界大戦後のアメリカの経済繁栄であった。したがって，アメリカ型資本主義は主流派経済学と同じコインの表裏の関係にあり，現代のミクロ経済学やマクロ経済学ばかりでなく，百花繚乱の多くの経済学分野にわたるまで，それらの枠組み形成のバックボーンとなったのだ。

学問としての経済学と現実経済の間の相互浸透や相互依存の関係，およびそうした関係の時代の流れを踏まえるならば，アメリカ型資本主義はまさに主流派経済学そのものであり，お互いに「入れ子」の関係にあるといってもよい。例えば，典型的な企業（株式会社）の特徴は次のようにまとめられよう。

企業は内部留保してあった資金や増資による内部資金，あるいは社債発行や銀行借り入れによる外部資金を調達し，それらの資金をベースに長期的視野で株主の利益が最大化されるように設備投資計画を立て，順次実施する。より長期的視野からは外部企業のM&A（吸収合併・買収）も選択肢になる。株主利益の最大化は企業の市場価値の最大化，すなわち証券取引所で評価される株価の

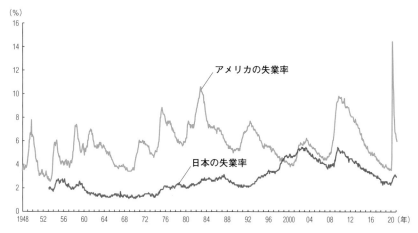

(%)

（出所）　アメリカ労働統計局「Unemployment rate」（1948 年 1 月〜2021 年 3 月）
　　　　総務省統計局「労働力調査」（1953 年 1 月〜2021 年 2 月）をもとに作成

図 4-1　大きく変動するアメリカの失業率：日米の失業率の推移

最大化で達成される。業績は四半期レベルで公表する財務諸表によって判断され，株価に反映される。業績が伸びるようであれば原材料の在庫管理や雇用の拡大を図るし，逆に業績が悪化した場合は，株主価値を維持するために積極的に雇用を調整する。軽微な雇用調整ならば残業などの時間外労働の減少で調整するが，調整が閾値（いきち）を超えれば積極的に人員を削減する。アメリカでは再雇用を条件とした一時解雇であるレイオフ（lay-off）の対象とする。このため，アメリカ型資本主義では，確かに景気状況が直接失業率に反映されやすく，時系列データとしても変動が激しく不安定になる（図 4-1）。

　アメリカ型資本主義では，労働者の賃金については，労働者の成果によって賃金が支払われる成果主義をとっている企業が多い。いわばケインズが『一般理論』で展開した「労働の限界生産力＝実質賃金率」となるところまで労働を需要するとの古典派の第 1 公準であり，企業にとって利潤を最大化する必要条件だ（第 6 講，第 9 講）。

　アメリカ型資本主義は，一般に特定の規制を伴う政策の発動を嫌う。小さな政府，自由な経済活動を信奉する自由主義が念頭にあるからで，ハイエクやフ

リードマン（Milton Friedman, 1912-2006）が先導したシカゴ学派の伝統を体化する形で形成されてきた（**第3講**）。機会の均等が与えられれば，あとは自由な競争による優勝劣敗が経済効率を高めると考えているからだ（**第5講5.2節**のロールズの正義）。もっとも，アメリカ型資本主義といえども，自由放任を金科玉条のごとく順守したわけではなく，1930年代の大不況時代に導入されたニューディール政策並みと称された2008年のリーマン・ショック後に成立したアメリカ再生・再投資法は，総額でGDP比5.5%に及ぶ過去最大規模の景気刺激策であったのが特筆されよう。また，もっぱら第2次世界大戦後に整備された全国土を網羅する州間高速道路網（正式名称はアイゼンハワー全米州間国防高速道路網）には，（基本は各州の予算が割り当てられたものの）連邦政府予算からの支出も相当な額を占め，それなりの混合経済を意識するプロジェクトだったといえよう。

　2020年に急展開した新型コロナウイルス感染症のパンデミック（世界的大流行）に対しては，多くの国が人命尊重の観点から経済活動の自粛やロックダウン（都市封鎖）を断行したが，アメリカも例外ではなかった。これには大規模な赤字となる財政支出を覚悟した。1930年代の世界的大不況やリーマン・ショックとは異なったタイプの緊急事態であり，経済活動への負のインパクトは計り知れないものがある。

### ■ ヨーロッパ型資本主義

　アメリカ型ないしアングロサクソン型の資本主義が分権的市場経済の自由主義に則したものであり，経済効率性や経済成長を重視するのに対して，イギリスを除くヨーロッパ型の資本主義は概して人々の生活・福祉重視，社会性重視といった側面をもつ。スウェーデン，ノルウェー，デンマークといった北欧型が顕著であるが，旧東ドイツを吸収して3割弱ほど人口が増え文字通り欧州連合（EU）で1番の大国となったドイツを中心とした経済圏の資本主義やフランスを代表とする南欧型資本主義でも見られる特徴がある。それは端的には，ゆとりや思いやりのある社会を作り，貧富の差を縮め，治安のよい状態を維持しようという傾向だ。

　アメリカ型資本主義が典型例であるが，市場メカニズムはもともと分権型で競争経済を前提とするため，優勝劣敗を是とする論理を内包している。このため，ピケティがフランスのデータからも確認したように，貧富の差をますます

拡大していく（**4.2節**）。これに対して，ヨーロッパ型の資本主義は，経済効率性を軽視するわけではないが，それと並んで福祉や環境問題など社会性重視といった特徴をもつ。そのために，伝統的な経済政策として政府が直接産業の保護や育成に乗り出したり，逆に民間の経済活動を規制することも少なくなかった。それが，最終的には国民の利益に適（かな）うと判断したからであるし，それがまた国民に支持されてきたからである。

　このようなヨーロッパ型資本主義に対して，フランスの保険会社経営者でエコノミストでもあったアルベール（Michel Albert, 1930-2015）がその著書『資本主義対資本主義』（1991 年）で，アングロサクソン型資本主義に対して，ライン型と命名した。ソ連崩壊後で資本主義が勝利した旨を宣言した後に，しかし資本主義も多様であるとして比較したもので，ヨーローパの中央を流れるライン川に因（ちな）んだ。ライン型資本主義（ヨーロッパ型資本主義）も細部では国によって異なるものの，後に見る日本型資本主義と同様に，メインバンク制をとるなど間接金融が優位であり，会社経営に際しては，経営者・株主だけでなく従業員の利害をも重視し，終身雇用，小さい賃金格差，従業員との協議による経営，愛社精神などに配慮するのを特徴としている。相対的に格差の小さいことから共同体意識を生み，社会は安定して推移してきた。

　しかしながら，近年の EU では，移民問題が各国の受け入れ限度を超え出していることから，伝統的なヨーロッパ型資本主義の枠を超えて，各国事情にもよるが，保守的ナショナリズムや排外主義の高まりがみられ，それを煽（あお）るポピュリズム（大衆迎合主義）の台頭が起こっている。

## ■ 日本型資本主義

　日本型資本主義もアメリカ型なりヨーロッパ型の資本主義とは異なった様相を呈する。この際に注意すべき点として，日本型資本主義は 1980 年代後半期に経験したバブル経済期を境にして大きく変質したのであり，**第 1 講 1.2 節**ではこれをパラダイムシフトの一つの例として挙げたほどだ。この大きな構造変化は，日本型資本主義を議論する際に核心をなす日本的経済システムの盛衰によって説明される。

　日本的経済システムは，第 2 次世界大戦後の高度成長期から 1970 年代の 2 度の石油ショックを経て，80 年代後半期に最盛期を迎えた日本経済を一貫して支えた日本特殊的な経済制度ともいうべきものであり，ハーバード大学教授の

ヴォーゲル（Ezra Vogel, 1930-2020）の著書『ジャパン・アズ・ナンバーワン』（1979年）で世界に冠たる経済システムとして絶賛された。しかし，最盛期を支えたバブル経済もその崩壊を転機として以後「失われた10年」が3回も改定され30年間も続く長期デフレ不況を招くことになったのだった。

　バブル経済は1985年のG5（先進5か国，日米英独仏）蔵相中央銀行総裁会議によるプラザ合意以降急激に進展した円高局面における金融緩和によってもたらされたが，この時期はフローのインフレは進まなかったものの，ストック価格（株価・地価等）の高騰には急激なものがあった。円高によって抑えられたフローのインフレが，ストック価格にバブルを発生させたとも理解できよう。このストック価格の動きはバブル経済，ひいては日本的経済システムに対する評価を反映するものだったことから，まずは株価の推移を確認しておこう（**第2講**図2-9）。

　ストック価格のバブルについては次のように考えられる。何らかのきっかけでいったんストック価格が上がりだすと，新たなバブルの発生とみて多くの投資家がまとわりつき，しばらくバブルの膨張が持続する。経験を積んだ投資家の行動は，どのタイミングで売り逃げするかだが，「もうはまだなり，まだはもうなり」との兜町の格言が脳をよぎったに違いない。「もうはまだ」により，1989年の大納会（最後の取引日）の日経平均は38,915円の天井を打ち，その後の下落は「まだはもう」により2003年4月28日の7,604円まで暴落し大きく反転した（その後2008年に発生したリーマン・ショックにより同年10月28日にはさらに安値となる6,995円まで下落したが，**第2講**図2-9からはこれが2番底だった）。

### ■ 日本的経済システムはどのようなものだったか？

　日本的経済システムについては，いくつかの面がクローズアップされるが，ここでは日本的雇用慣行，日本的経営慣行，そして日本的官民関係の3つの側面を見ておこう。

　まず第1の日本的雇用慣行は，終身雇用制，年功賃金制，企業別労働組合の3つの慣行を中心に，ボーナス制度，退職金制度，OJT（オンザジョブ・トレーニング＝在職社内教育制度），子会社や関連企業への出向制度，残業・パート労働の常用，といった補助的慣行から出来上がっていた。これらの慣行は，労働者が特定企業に長期的に勤務するのを有利ならしめ，それゆえ企業に対する帰

属意識・忠誠心を醸成させる。全体として，従業員の雇用条件や生涯所得は勤務する企業の業績や成長に大きく左右されるが，それはまさに労使ともどもが企業のステークホルダー（利害関係者）として利益共同体化するインセンティブになるのだ。

第2の日本的経営慣行の特徴としては，短期間に利益を計上し株主に配当として還元することが望まれるアメリカ型資本主義の経営者と比して，日本的慣行では，端的にはすべからく時間の視野が長く設定される。企業経営者は目前の利益よりも業界でのシェアを高める市場開拓や新製品の開発を重視し，株主への配当を優先するわけではない。この際，コーポレート・ガバナンス（企業統治）に関連して「会社は誰のものか？」の問いを発すると，アメリカ型資本主義では「株主のもの」と，単刀直入で明解な回答が寄せられるのに対して，日本では「株主，経営者，従業員，銀行，取引相手，顧客といった多くのステークホルダー（利害関係者）のもの」だと，ヨーロッパ型資本主義と同様の回答が返ってくる。次に，企業間の取引形態における長期志向であり，系列企業との間では長期の継続取引が行われる。**4.1 節**で取り上げたサプライチェーンのネットワークにおいても，系列企業間の長期契約に基づく取引が主流となっている場合が多い。長期間の系列取引を支える補助的制度としてメインバンク制や株式持合制などもある。

第3の日本的官民関係についても，ヨーロッパ型と同様，アメリカ型資本主義とは対照をなす。近年は地方分権が声高く叫ばれるようになったが，政府は国の徴税機構を通じて中央に集められた租税が各自治体へ配分される交付税交付金や各種補助金，および小泉純一郎政権によって民営化されるに至った郵便貯金や簡易保険など政府系機関が集めた資金が配分される財投（財政投融資計画）を通じて，地方財政や各種の政府系機関の経済活動に影響を及ぼすなど，国が前面に出る中央集権的性格が認められた。さらに，政府による産業構造調整もあった。あるべき産業構造が政府によって設定され，その実現に向けて産業構造を誘導する産業政策が大きな役割を果たしたのだ。

こうした日本的経済システムに対しては，経済学の立場からも理論的に支持されることもあった。すなわち，伝統的な主流派経済学ではうまく解釈できなかった日本的経済システムのメリットが，契約理論やゲーム理論によってその合理性が説明されるようになったのだ。『ジャパン・アズ・ナンバーワン』がベストセラーになる流れに乗った 1990 年度「経済白書（平成 2 年度年次経済報

告)」が，日本の技術開発力の強さを長期的な契約を前提とした日本の企業内・企業間の取引慣行に求め，その合理性と普遍性を強調したのにもそうした背景があった。

## ■ 日本的経済システムの陰

　日本的経済システムに問題がなかったわけではない。日本的雇用慣行については，労働市場が主として企業内の「内部労働市場」となり，「外部労働市場」は流動性に欠け厚みのない市場となる。その結果，マクロ的には衰退する産業から成長する産業へと労働力がスムーズに移動すべきところが機能せず，非流動的な労働市場が形成された。図4-1ではアメリカと日本の失業率の推移を比較したが，日本の失業率に変動が少なかった代価が，こうした労働市場の低い流動性だったのだ。それがいつの間にか日本経済の全要素生産性（TFP）上昇を阻み，ひいては国際競争力の低迷につながっている。日本の経営慣行についても，長期的視野にとらわれすぎ短期的視野を軽視したことが，国際競争力を失う結果をもたらしてしまったのであり，それはまさに株主を軽視したコーポレート・ガバナンスが問われているのだ，といった類の批判である。

　日本的官民関係については，さらに厳しい批判対象となる。長年の根深い官民の癒着体質に端を発するのが「ジャパン・アズ・ナンバーワン」の実態であり，世界標準から評価した際の日本的経済システム全般には「市場原理主義」貫徹の視点が欠けている。それは，内から見れば日本的経済システム全体がぬるま湯に浸かって生きながらえた秘湯の源泉であり，外から見れば日本経済への参入障壁として機能し，結果的に日本経済に大きな機会費用（**第14講**）を支払わせたのだ。一刻も早く日本経済全般で構造の見直しをすべきだとの批判だ。

　こうした日本的経済システムへの批判は，バブル経済が崩壊したタイミングと冷戦終焉後のアメリカ型資本主義のグルーバル化が一斉に日本的資本主義を襲った1990年代から熾烈化することになった。1980年代末にはすでに日米構造協議でも議論されたように，日本的経済システム全般が特殊で市場閉鎖的であるという批判があった。要は「アメリカ型資本主義がグローバル・スタンダード（世界標準）であり，日本型資本主義もグローバル・スタンダードに収斂すべきだ」という批判であり，当初はジャパン・アズ・ナンバーワンの立ち位置を根拠に静観していたものの，「失われた10年」として経済の長期低迷がはっきりするにつれて，国内からも疑問の声が上がるようになった。

日本的経済システムは，基本は第2次世界大戦中の統制経済としての1940年体制が戦後も続いてきた残滓であり，いまや時代の流れに適合できなくなり制度疲労も目立ってきている。グローバル化の進展に当たっては，「IT革命の波に乗って一段の成長を持続する世界標準のアメリカ型資本主義に近づかなければ，日本経済は世界から取り残されてしまう」という議論である。これには，日本国民の意識の上で，企業中心社会からの生活者重視社会への脱皮が必要という批判も絡んでいる。余儀ない長時間労働や過労死の多発などが問題視されるようになったのだ。

## ■ 進められた構造改革

　日本的資本主義ないし日本的経済システムの改革に向けては，早くは1980年代の中曽根康弘政権（1982-87）での「戦後政治の総決算」の一環として規制緩和，民活・民営化など小さな政府を志向し，バブル経済期に電電公社，専売公社や国鉄の民営化を実現させた。バブル経済崩壊後の橋本龍太郎政権（1996-98）では行政改革，財政改革，社会保障改革，金融システム改革，経済構造改革，教育改革からなる六大構造改革を進め，それを受けた小泉純一郎政権（2001-06）は郵政民営化を始めとした聖域なき構造改革に取り組んだ。

　こうした構造改革がどこまで進んだのか，改革は成功したのか不成功だったのか，あるいはそもそも改革方向は正しかったのか，については評価が分かれるものがある。中でもさまざまな分野での規制緩和が日本経済の多方面で格差を生み出し，二極分化を引き起こした。正規社員・非正規社員間格差，大企業・中小企業間格差，地域間格差はいうまでもなく，かつて1億総中流と自己表明していた国民も優勝劣敗の競争社会の中で，勝ち組と負け組に分かれた所得・資産格差に思いを致すに至ったのである。効率と公正のテーマは第5講で詳しく取り上げるが，構造改革をめぐっては国民にとって政権選択とも絡む大きなテーマである。実際，小泉純一郎政権の後継の安部晋三（2006-07），福田康夫（2007-08）・麻生太郎（2008-09）とほぼ1年間ずつ続いた自公連立政権の「痛みを伴う構造改革」が，国民にとって耐え難い痛みとなって2009年の民主党（社民・国民新党との連立政権）政権への政権交代につながったのだ。

　構造改革が不成功に終わった分野はほかにもある。例えば橋本政権の六大構造改革の一環として1999年の学習指導要領の改正で導入が本格化した「ゆとり教育」は，明らかな学力低下をもたらし，2008年の再改定でゆとり教育か

らの転換がはかられた。また，やはり六大構造改革の行政改革として行われた中央省庁改編は，厚生労働者，総務省，国土交通省といった巨大省庁を生んだが，これらの機動性回復を狙った再分割が議論されている。

## 4.4　市場メカニズムは機能しているか？---------

### ■ 価格メカニズムが市場メカニズム

　市場経済で取引を行うとして，まずは市場での取引を前提としよう。いま，ある財サービスについてそれを需要する複数の経済主体とそれを供給する複数の経済主体がいる。これらの経済主体（すなわち，消費者や企業）は，需要サイドも供給サイドも価格次第で取引を希望する数量が異なる。価格水準と取引を希望する数量との間の関係を，それぞれのサイドで需要関数と供給関数と呼び，それを横軸に取引希望数量，縦軸に価格水準を取って図 4-2 のように描いたのが，それぞれ需要曲線と供給曲線だ。

　図 4-2 では，需要曲線は右下がりに，供給曲線は右上がりに描いてある。つまり，価格が高くなると，財サービスの需要量は減少し，供給量は増加する。これらはもっともらしい関係であるが，厳密にはどちらも条件が必要である。

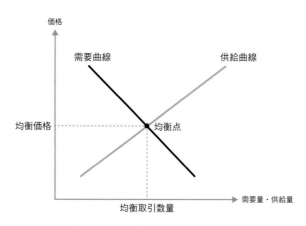

図 4-2　需要曲線・供給曲線と市場均衡

例えば，ヴェブレン（Thorstein Veblen, 1857-1929）の見せびらかしの消費（誇示的消費，顕示的消費，衒示的消費）が優勢だと，価格が高いほど消費が伸びる可能性がある（**第3講3.4節**）。下級財で所得効果が大きいギッフェン財でも同様である。固定費用部分が大きく平均費用が逓減する産業では，供給曲線が右下がりとなる可能性もある。

さて，細部はともあれ，需要曲線と供給曲線が交差するのが当該財サービスの市場均衡点であり，この点に対応する均衡価格において需要量と供給量が等しくなる。この市場均衡点は価格の調整によって達成される。価格が均衡価格よりも高ければ，需要量は供給量を下回る超過供給状態にある。ここから均衡に至るには，価格が下がる必要がある。逆に，価格が均衡価格よりも低ければ，需要量が供給量を上回る超過需要状態にあり，ここから均衡に至るには，価格が上がる必要がある。これらが市場で実践されるのが価格メカニズムのなせる業である。価格の調整によって，市場均衡が達成されるのが，アダム・スミスの「見えざる手」ないし「見えざる手の招き」によるのであり，それがまさに価格メカニズムである。

価格メカニズム（price mechanism）は価格機構ともいい，さらに市場メカニズム（market mechanism）や市場機構ともいう。価格メカニズムは価格の調整機能に着目した用語であり，市場メカニズムは市場の仕組みに着目した用語だが，内容は同じく見えざる手の招きを指すのだ。

## ■ 価格調整と数量調整

市場メカニズムなり価格メカニズムは，市場均衡点から乖離した状態では，市場において需要量と供給量が一致しない状態に置かれ，それゆえに一般に市場価格または需要サイドないし供給サイドの数量が調整することになる。市場均衡点からの乖離が起こった際にもとの市場均衡点の数量と同じ状態にない限り，数量の調整は必然的に起こるが，厳密に分類するならば2つのケースに分けて考える必要がある。まず第1は，市場価格の調整が起こった結果として，需要曲線上なり供給曲線上を移動して数量の調整が起こるケースであり，第2は何らかの理由により，価格の調整なしでも数量の調整が起こるケースである。

第2のケースは数量調整と呼ばれ，ときにはマーシャル的調整過程ないしマーシャルの調整過程とかケインズの数量調整ともいわれる。第1のケースは標準的なケースであり，ワルラス的調整過程ないしワルラスの調整過程と呼ばれる。

市場価格や取引数量がどの調整過程に従うかによって，その調整が時間を通じて安定的か不安定的かが決まってくる。ここで調整過程が安定的（または不安定的）というのは，時の流れとともに，その市場の新たな均衡点にダイナミック・動学的に収斂（または発散）する場合をいう。この特性は，個別の財サービスごとの市場といったミクロレベルでも，一般物価水準と総産出量といったマクロ経済レベルでも適応される（第7講，第9講）。調整過程が安定的ならば特段の安定化政策が不在としても市場均衡が維持されるであろうが，調整過程が潜在的に不安定的ならば，市場均衡を維持するには何らかの安定化政策の発動が必要となろう。

なお，調整過程が安定的か不安定的かがマーシャルの調整過程とワルラスの調整過程で定性的に同様になる場合があるのは驚くに値しないが，その特性がどの調整過程の下かによって正反対の結論をもたらす場合もあることに注意する必要がある（講末の **Active Learning** 問題4.2）。

## ■ 価格の伸縮性

マーシャルの調整過程とワルラスの調整過程で大きく異なるのは，端的には価格がどれだけ伸縮性を示すかにある。ワルラスの調整過程では価格は超過需要（＝需要量−供給量）に応じて変化し，これは価格メカニズムの具体的内容の描写にもなるし，需要供給の法則（law of supply and demand）と呼ばれることもある。ワルラス的調整過程のメカニズムが強く機能するか弱いかは，需要の価格弾力性や供給の価格弾力性の大きさ如何による。ここで，例えば需要の価格弾力性とは，価格が1%上昇した際に需要が何%減少するかを示す感応度の尺度となるものだ。需要の価格弾力性が（絶対値で）大きければ，価格のわずかな変化に対して需要量が大きく変化する。逆に言うならば，需要の大きな変化に対しても，対応する価格の変化はわずかなものとなる。なお，いうまでもなく，通常は需要の価格弾力性はマイナス，供給の価格弾力性はプラスになる。

特定の規模の「数量」の調整に対してどれだけの「価格」が調整するかを測る尺度として価格の伸縮性の概念を導入する。価格が全く変化しない場合は価格は非伸縮的というが，ほかに価格は非弾力的とも硬直的ともいう。この価格の伸縮性と需要や供給の価格弾力性の間には密接な関係がある。ただし，そもそもの数量の変化が生じた外生的ショックがどこで起こったのか等々別の要因も関与するために，両者に1対1の関係といった厳格な関係があるわけではな

い。

その限界を認識した上で，需要の価格弾力性と供給の価格弾力性の両方が（絶対値で）小さいとしよう。この場合には，価格のわずかな変化によっては，需要も供給もわずかな調整にとどまる。この状態は，数量の価格に対する反応が弱い状況といえる。この状況下で何らかの外生的な要因によって「価格」が影響を受けた場合に，その分の価格の変化に対して，需要や供給の数量は相対的にわずかな変化にとどまる。しかし，逆に言うならば，同じ状況下で需要や供給の「数量」が小さく変化する外生的なショックが起こっても，その際に対応する価格の変化は，相体的には（数量の変化に比して）大きなものとなる。

以上でみたように，「価格」と「数量」の調整は，そもそも調整を引き起こす契機となるショックがどこで起こったかによって異なったパターンになる可能性がある。需要や供給の価格弾力性が大きければ，外部要因で生じた「数量」の調整に対して「価格」の調整は相対的に小さなものとなる。これがマーシャル的調整過程の背景にある市場経済での経済構造といえよう。もちろん，より直截には，何らかの理由で価格が規制されているなりして価格に硬直性が認められる場合（価格に対する弾力性は極限として無限大になる）には，価格の変動なしに数量調整が起こり得る。マーシャル的調整過程の中でもとりわけケインズの数量調整という場合には，硬直的な価格を想定しているといってもいいであろう（第9講）。

念のために，需要や供給の価格弾力性が小さい場合に結論は逆転するであろうか？ この場合には，推論を続けると，外部要因で生じた「数量」の変化に対して対応する「価格」の調整は（数量の変化に比して）相対的に大きなものとなる。需要や供給の価格弾力性が小さい前提だからだ。したがって，確かに需要や供給の価格弾力性が小さい前提だと，数量調整よりもワルラス的な価格調整が優勢な経済構造になるといえよう。ただし，もともとの「数量」の変化がどのような外部要因によって生じたのかの特定が重要であり，需要サイドと供給サイドのどちらに起こった外生的ショックかの見極めも肝要である。

### ■ 市場均衡，主体均衡，一般均衡

需要曲線と供給曲線が交差するのが，当該財サービスの市場均衡点であったが，この点に対応する均衡価格において需要量と供給量が等しくなる。図4-2において，市場均衡点は需要曲線と供給曲線の交点として求められた。すなわ

ち，市場均衡は需要と供給が等しくなる点であり，この市場均衡点は価格の調整によって達成される。この調整過程の候補がワルラス的調整過程やマーシャル的調整過程であり，需要供給の法則の如く，超過需要や超過供給（＝マイナスの超過需要）に合わせて価格が上下し，それによって市場均衡に収斂する（発散してしまう場合もないわけではない）。

このように市場均衡（market equilibrium）とは，市場で需要と供給が数量として等しい状態，すなわち均衡状態にあることをいう。市場経済において，市場均衡にあることは最も重要な定性的要件であり，次には，各経済主体は需要曲線上および供給曲線上にとどまっていることが肝要である。需要曲線は家計や消費者が需要を決定している状況にあることを示し，供給曲線は生産者や企業が供給を決定している状況にあることを示している。各経済主体が需要曲線上や供給曲線上にあることは，各経済主体がそれぞれが直面する制約条件の下で最適化行動をとっていることを示し，これを主体均衡（subjective equilibrium）にあるという。この主体均衡状態は，経済主体が与えられた環境下で自分にとって最適な行動をとっている，あるいは与えられた制約条件を踏まえた上で最良の意思決定を実践している（あるいは実践する意思がある）ことを表明している。言い換えるならば，主体均衡は経済主体にとってその状態を実践・維持するインセンティブ（行動誘因）を有していることを自己表明するものであり，経済主体の取引可能性の有無の境界となる。

市場均衡と主体均衡が同時に成立している状況を，問題とする財サービス市場の一般均衡（general equilibrium）という。すなわち，一般均衡では，需要と供給が等しいという意味での市場均衡に加えて，経済主体がその状態で取引するインセンティブを有しているという意味での主体均衡にあることを示している（**第6講**）。一般均衡では，人々は喜んで取引に参加し，取引に過不足が生じない状態にあるのだ。しかも，**第3講**での厚生経済学の基本定理で言及した通りに，また後に**第8講**でも確認することになるが，取引による需要者側と供給者側の満足を金銭単位で合計した**社会的総余剰**は市場均衡での取引の量で最大になる。アダム・スミスの神の見えざる手の招きが市場均衡に到達させるのは，社会的総余剰の増大が望まれる中で，期待通りの成果をもたらしていることになるといえよう。

## ■ 市場の失敗

市場均衡が社会的総余剰を最大化するという意味で社会にとって最も良い状態だとして，そうであるならば，すべからくできるだけ純粋な形で市場均衡が実現されるようになって欲しいと望むのが自然の摂理になる。実は，**第8講**で強調するように，厚生経済学の基本定理が正しく成立するのは，取引に当たってどの経済主体も小さい原子的存在で自らの意思決定が経済全体にはいっさい影響を及ぼさない環境にあること，すなわちより具体的にはすべての経済主体は価格を与えられたものとして消費や生産の意思決定を行い，そのことが直接与えられた価格を変化させることはないという想定が重要になる。これは市場経済が完全競争の状態にあれば満たされる想定であり，厚生経済学の基本定理を云々する際には必ず慎重に心すべき想定だ。

ただし，市場が完全競争の状態にあったとしても，別の面で問題がある場合には，市場均衡で社会的総余剰が最大化されない場合がある。「別の面での問題」はもともと市場経済では対処できない問題であり，これらには公害などの環境問題によって発生する外部経済・外部不経済や，国立公園・世界遺産の整備や空港・ダムの建設，新幹線網の拡張整備などの公共財供給，および一部の財サービスで問題となる独占や寡占などの原子的でない経済主体の登場，などが含まれる。これらの場合がなぜ問題を起こすかについては**第8講**や**第11講**でも議論するが，要は間接的にであれ，完全競争の想定が満たされなくなるからである。かくして資源配分を市場における自由な競争に委ねるのが市場経済の市場経済たる所以との経済哲学も，無誤謬を貫くことなく，経済学の理論的な命題としても市場経済における資源配分は効率的なものでなくなるケースが発生するのだ。これらのケースは，市場の失敗（market failure）と呼ばれる。

**4.3節**で言及した橋本龍太郎首相なり小泉純一郎首相が進めた構造改革は，確かに多くの分野の経済構造を改革しようとしたものであったが，実際にあった改革の内実としては，それまであった諸規制の撤廃や一部解除することが主であった。こうした規制緩和は市場メカニズムがより有効に機能することを目指したものであり，経済主体にとってはインセンティブを伴う主体均衡の範囲が広まる効果があったと推察される。しかしながら，規制緩和には主体均衡の範囲の拡大・拡張とのプラス面と同時にマイナス面もある。これも前項で指摘したところの経済主体間の格差拡大である。日本的経済システムの陰の面として触れたが，規制緩和が日本経済の多方面で格差を生み出し，二極分化を引き

起こしたことである。

　一般論として，既存の規制は経済主体に対して，「規制によって市場から閉ざされている」者と「規制によって市場で守られている」者といった対立を惹<sup>じゃっき</sup>起し，にもかかわらずそれぞれに既得権益をもたらしていた。規制緩和によっては，その既得権益の体制が崩れ，新しく勝ち組と負け組が産まれた。既得権益のリシャッフルが行われ，新しい既得権益体制にとって代わられたといってもよい。規制緩和にめざとい経済主体が勝ち組となり，その動きに気付かなかった経済主体，あるいは気付いてはいたものの資金制約や既得権益の絆ゆえに身動きがとれず結果的に負け組になったのである。

　市場経済の振興の名目では，往々にしてアダム・スミス以来の自由放任（laissez-faire）が叫ばれる。しかしながら，規制緩和に見られるように，自由放任によっては既得権益間の争い，すなわち競争が起こる。この競争が完全競争の想定下で展開されるならば，優勝劣敗でも，それなりに資源配分の効率性の向上に役立つかもしれない。しかしながら，既得権益間の競争は，定義によって，既得権益をもつものが有利な状況にあるだろうから，競争も原子的に小さな存在の経済主体間の競争とはならない。規制緩和による自由放任が必ずしも一本調子で当該市場の効率性の向上とはならないのである。市場の効率性向上を企図する市場への政策介入も，それゆえの市場の失敗を招来する可能性があるといってもよいであろう。自由放任を標<sup>ひょうぼう</sup>榜する考え，あるいは市場メカニズムに自由な競争の帰結を委ねる考えは市場原理主義と呼ばれるが，その主張が過度なものになると，往々にして効率と公正の選択問題に入り込んでくることになる（**第5講**）。

　20世紀から21世紀にかけての日本の構造改革の帰結も例外ではなく，さまざまな分野で二極分化となるほどの格差拡大をもたらしたのだった（**第2講**）。橋本6大構造改革なり小泉構造改革路線によっては，「失われた30年」の長期不況とともに「勝ち組・負け組」対策としての社会保障関連支出の膨張がもたらされた。政府による公共支出は市場経済に委ねると市場の失敗に直結するのであるが，**第11講**で見るように，その市場の失敗を回避するなり失敗を修正するための市場介入に踏み切るかは，市場経済における政府の重要な役割になる。市場が失敗する以上に政府が失敗する可能性もあるからだ。

本講のまとめ------------------------------------

　第4講では市場経済についての理解を深めるために，多角的な視点で市場経済の仕組みやその果たす機能を整理した。まずは4.1節では市場経済と計画経済を対峙させ，どこがどう違うのか，どちらがより効率的な資源配分を達成できるのかを理論的に考察してみた。それは次のように推理する。計画経済では，中央集権当局が正しく制御するならば，市場経済で達成される資源配分を現出できるはずである。しかも市場均衡が最善の資源配分であれば，計画経済で達成される資源配分も市場均衡と同じにするはずである。それが最も効率的なものなのだから。

　4.2節では，市場経済と計画経済を論じる際に根本の差異をもたらす，資本主義と社会主義・共産主義の間の本質的な違いを対比した。かつての東西冷戦は西側に位置する資本主義諸国と1991年に崩壊したソ連を代表とし相対的に東側に位置した社会主義・共産主義国家との覇権（ヘゲモニー）争いであったが，これはソ連の崩壊でほぼ決着がついた。しかし，資本主義国家がすべて純粋な市場経済になっているわけではない。

　そこで4.3節では資本主義にも国々によって多様性があることを論じた。この際に，まず認識すべき点として，現代の資本主義経済には政府部門や公企業などの公的セクターも共存しており，混合経済となっていることに注意しなければならない。国民経済によってはそのウエイトが3割から4割に達する場合も少なくなく，純粋な市場経済はむしろ稀である。多くの国では公的セクターに分類される鉄道，高速道路，電信電話，郵便などを民営化する傾向があるが，それにもかかわらず公的セクターのウエイトは漸増しており，過度の混合経済ゆえの弊害も生じている。4.3節で具体的に取り上げた多様な資本主義は，アメリカ型資本主義，ヨーロッパ型資本主義，および日本型資本主義の3つのタイプであり，日本型資本主義においては日本的経済システムや橋本龍太郎政権や小泉純一郎政権で進められた構造改革についても説明した。

　4.4節では市場経済がうまく機能しているかを，市場経済の根底に戻って考察した。市場経済では市場メカニズムが貫徹しているのが望まれるが，これには伸縮的な価格の調整が不可欠になる。市場の需給の動向によって伸縮的に価格が調整されれば，この調整過程（ワルラス的調整過程）が安定的に市場均衡

に導いてくれるはずである。アダム・スミスの「神の見えざる手の招き」の背景には，この安定的なワルラス的調整過程がなければならないのだ。市場経済には価格の伸縮性とは別に，市場メカニズムへの信頼を失墜させる「市場の失敗」も起こる。無防備なまでの自由放任を標榜する市場原理主義には適度な沈思黙考が必要なのだ（**第11講**）。

## ■ Active Learning

**問題4.1** 2020年に急展開した新型コロナウイルス感染症のパンデミックに対して，国によってはロックダウン（都市封鎖）が宣言され経済活動が制限された。これは市場経済を停止し，統制経済ひいては計画経済に移行したと見なせるか？

**問題4.2** マーシャルの調整過程とワルラスの調整過程とで市場均衡の安定性が違ってくるのはどのような場合か？ 例を1つ挙げなさい。

**問題4.3** 需要関数を次のそれぞれとする。需要の価格弾力性 $\eta$ を求めよ。

(1) $p=1/x$

(2) $p=10+1/x$ （$p=20$, $p=10$ のとき）

(3) $p=10-x$ （$\eta<0$ となる $p$ の範囲）

**問題4.4** 日頃から市場メカニズムが機能していないと感じている経済活動があるか？

# 第5講
# 現実を知り，
# あるべき世の中を探る

■第5講では，経済学の知識を総動員し経済を理解する上で重要な分析手法を学ぶ。2つの分析手法があり，それらを巧みに駆使するのが大学生の経済学徒が卒業までに身につけるべき目標となる。既に消費者なり企業の一員として経済の内側で活動する経済主体ならば，自らの意思決定が適切なものであるとの確信をもてるように常時研讃しておくべき分析手法でもある。これらの分析手法は，事実解明分析と規範分析だ。現実がどうなっているかを整理するのが事実解明分析であり，経済の状況について望ましい状態ないし理想の姿を特定し実現するにはどのような施策があるか，といったプランを立案しその効果を検討するのが規範分析である。

　2つの分析手法には明らかな相異があり，それは価値判断が下されているか否かになる。経済学においては，資源配分の効率性は経済分析を行う際に最も関心のあるテーマだが，その際には極力価値判断を排除する。そのための効率性の判断基準となるのがパレート最適性ないしパレート効率性になる。

　経済全体に関わる規範分析の際には価値判断に沿う集団の合意形成が前提となるが，この問題についてはアローの不可能性定理があり，いくつかの必須条件を挙げて，それらすべてを満たす形での集団の合意形成は理論的に不可能と証明されている。この定理は多数決原理に特有のことではなくあらゆる社会選択ルールに適応されることから，経済学のみならず世論調査・選挙分析，果ては政治学全般にも暗雲をもたらしたのだった。

　第5講の終盤では広く所得分配を考える。パレート最適な資源配分は多数考えられ，多数のうちのどのパレート最適な資源配分が実現されるかは，完全競争の想定がなされたとしても，経済取引が行われる前の当初の資源がどのように賦与・配分されているか，および取引に付随した先立つ経済活動なり技術水準がどのようなものか，に依存して異なったものとなる。このようなこともあり，パレート最適な資源配分だったとしても，結果としての所得・資産分布は履歴効果を示し，世界各国の所得分布の不平等度を表す「貧富の格差」やジニ

係数といった統計的尺度にも反映される。

## 5.1　事実と規範-------------------------------------

### ■ 事実解明分析と規範分析

　経済問題に関連して疑問があった場合に，どのような解答があれば満足したものになるかを考えよう。ここで候補に挙がるのが，「現実はどうなっている？」と「これこれしかじか，だからこうあるのが理想！」といった２つのタイプであり，前者は現実なり現行の解説であり，後者はこうなって欲しいとの願望なり要望となっており，政府が政策介入する場合の根拠となるものでもある。これらはそれぞれ，事実解明分析と規範分析である。**第５講**の表題でいえば，「現実を知る」のは事実解明分析に分類され，「あるべき世の中を探る」のは規範分析になる。

　より詳しく見るならば，まず事実解明分析（positive analysis）は現実の諸データに統計学を用いた計量分析を施してファクト・ファインディング（事実発見，現実観察）するなど，事実・現実（evidence）を解明する分析手法である。また，過去にわたるデータを蓄積し，時系列（time series）的な動きにメスを入れることもある。「日本人の平均寿命は男より女の方が長い」や「日本で一番降雨量が多いのは高知県だ」などが事実解明分析によって得られた知見といえるが，これらが正しいのか誤りがあるのかは，データの正しい解明によって判断される。事実解明分析によって解明される仮説なり事実には，当初の見積もりや思惑に反して正当性がなく，仮説を棄却したり事実誤認だったと認めざるを得ない顛末となることもある。それも事実解明になるのだ。**第３講**で展望した百花繚乱の経済学の中には，仮説を立ててそれを（データによって棄却されるべき）帰無仮説とした検証を行い，そうした作業によって事実解明に貢献した研究業績も多い（**第10講**）。なお，事実解明の上で行う分析や政策提言には，近年ではしばしば evidence-based との冠が付く傾向にある（**第６講**）。

　英語の positive analysis に対して，かつては日本語では実証分析の用語が充てられていた時期があったが，実証分析は理論分析の対語として実際のデータを用いる分析全般を指すことから，それには positive analysis でなく empirical analysis を対応させようとの気運が高まり，positive analysis が対象とする分析

は事実解明分析となった経緯がある。もちろん，英語の positive には「プラスの，正の，前向きの，確実な」などの意味があるが，その延長で「現実の，実在する，実際的な」といった用法に連なり，そこから「実証的な」に突き当たったのだろう。positive analysis には「現実にあるものを正しく認定する」との意味合いがあり，そうならば実証分析よりも事実解明分析が相応（ふさわ）しいという流れだ。

　規範分析（normative analysis）は，「環境保護のために，すべての発電は再生可能エネルギーによる発電にすべきだ」とか「消費税率は 2030 年までには 10％から 20％に上げるべきだ」といった類（たぐい）の政策提言や要望交じりの主張が該当する。一般に特定の集団・グループの構成員の間で認識される共通の決まりや守るべき行為をノルム（norm），すなわち規範というが，その決まりを守るべきだと働きかけるのが規範的（normative）なアドバイスになる。これとは別に，果たすべき行為の量や仕事量をノルマ（norma）というが，語源としてはノルムと同じと考えてよく，ともに規範的な意味合いがある。

　要するに，事実解明分析によっては，その分析結果の記述は「〜である」との文章が中心になる内容なのに対して，規範分析の分析結果の記述は「〜すべきである」ないし「〜するのが望ましい」といった文章になる。事実解明分析は現実を説明するだけでそれをどうするのがよいかまでは判断しない。換言するならば，事実解明分析は価値判断から自由なのに対して，規範分析では価値判断が伴うことになるのだ。

## ■ 価 値 判 断

　事実解明分析と規範分析を分かつのが価値判断の有無だとして，それではその価値判断とはなんだろうか。いま，いくつかの文章を取り上げる。

(1)　このバラの花は赤い。
(2)　このバラの花はとても赤い。
(3)　このバラの花は美しい。
(4)　このバラの花はとても美しい。

　これらの 4 つの文章のうち，分かりやすいのは，まず (1) は淡々とした事実解明分析であること，そして「とても」という程度を表す副詞のある (2) と (4) は規範分析に分類されることであろう。程度を表す副詞には，その善悪や正否

にかかわらず明白に価値判断が入り込んでしまうものである。(3)は事実解明分析とした(1)とほとんど同じ構文だが，(1)の「赤い」は見た目そのままでありいわば中立的な描写なのに比べて，(3)の「美しい」には主観的な評価が入り込んでおり，これは価値判断になる。

　次の4つの文章はどうだろうか。

(5)　バブル経済崩壊後の日本の経済成長率は低い。

(6)　バブル経済崩壊後の日本の経済成長率はとても低い。

(7)　バブル経済崩壊後の日本の株価の上昇率は高い。

(8)　バブル経済崩壊後の日本の株価の上昇率はとても高い。

　新しい4つの文章のうち，既述のように，「とても」のある(6)と(8)は規範分析に分類される。ただし，日本の株価を観察するに，(8)の文章は現実には正しくない。内容の間違った文章としても，価値判断は下されており，その限りで規範分析の文章になっている。(5)と(7)は事実解明分析による描写だが，(5)は正しいものの(7)は(8)同様誤った内容になっている。しかし，(5)と(7)では価値判断が関与しない事実解明タイプの文章と言える。

　以上の例では，単純な短文の語彙をベースに価値判断の有無を検証したのであるが，通常は事実解明分析か規範分析かは一群の諸分析をまとめて総合判断するものであり，「とても」のような程度を表す比較級なり最上級の形容詞や副詞の存在ですべてが決まるわけではない。


■ 価値判断論争

　価値判断を回避した上での資源配分の効率性の判断が脚光を浴びるにつれて，経済学の中でも，必然的になにがしかの価値判断を伴う所得分配問題が傍流に追いやられることになったきらいがある。伝統的に，経済学に限らず社会科学全般にとって価値判断は重要な問題であり，それをめぐった論争が繰り返されてきている。詮ずるところ，「価値判断は主観的なものであり，真に客観的に正当化され得る基準はあるだろうか？」といった問いと，「事実判断または事実認識は価値判断から自由になされ得るか？」といった中立性をめぐる論争なのだが，それが過度にデジャビュ（既視感）として分配問題に消極的になるよう影を落としていると言ってもよいだろう。

　歴史的には，価値判断論争というと，1904-13年にドイツの社会政策学会を

舞台に後期歴史学派のシュモラー（Gustav von Schmoller, 1838-1917）と社会学を始め社会科学全般を研究対象としたウェーバー（Max Weber, 1864-1920）との間でなされた論争（シュモラーは客観的な価値判断が可能であるとし，ウェーバーが疑義を呈した）が有名だが，**第3講**で概略をみたように，厚生経済学の始祖のピグー（Arthur Pigou）と新厚生経済学の間でも，効用の比較可能性とともに価値判断をめぐる論争も行われ，その流れの延長上でパレート最適として最適性（optimality）の概念が登場することになったのだった。

## 5.2 パレート最適性

### ■ 価値判断からの自由

　経済学の歴史において，**第4講**で取り上げたいわゆる主流派経済学は，経済に関する分析を行う際に先入観で判断することをできるだけ回避してきた。マルクス経済学や制度派経済学などの非主流派経済学では一部で例外もみられたが，価値判断からの自由を標榜する主流派経済学の基本的スタンスは，価値判断から距離を置くのに鋭意努力した。もっともこの際の価値判断は，前節で展開したほどの過度にテクニカルな問題を内包するものではなく，分配に関して介入するという意味の限られた狭い意味で用いられる。具体的には，資源配分の効率性の判断をする際に，経済取引に参画する経済主体の間の取り分，すなわち結局のところの所得分配や資産分配には介入しないことを指す。

　この際に登場するのがパレート最適性ないしパレート効率性（Pareto efficiency）の基準だった。すなわち，ケンブリッジ学派のピグー（Arthur Pigou, 1877-1959）が効用の個人間比較を可能とする基数的効用に依拠しつつ提唱し，ロビンズ（Lionel Robbins, 1898-1984）が同一人の効用においても相対的順番のみを問題とする序数的効用に拡張し，ヒックス（John Hicks, 1904-89）が1939年に上梓した『価値と資本』（*Value and Capital*）の中で，資源配分の効率性の基準として確立した（**第3講**）のだ。この概念はもともとパレート（Vilfredo Pareto, 1848-1923）が提唱したもので，端的には「希少資源を無駄なく有効利用している状態」であり，「誰を取ってみても，他者を犠牲にすることなく厚生を改善する余地がなくなっている状態」をいう。この基準でいけば，ある資源配分の下で，もし特定の資源が未利用のまま残っているとしたら，それは当然パレート最適

ではない。なぜならば，ほかの誰も不利にすることなく，少なくとも1人は有利となる資源利用の道があるからだ。この意味で，パレート最適基準は物事の優劣をつける上での最低限の決まりといえよう。

　ここで注意が必要なのは，パレート最適性（Pareto optimality, Pareto optimum）は，資源配分についての基準を示すものではあるが，常に特定の資源配分のパターンを示すものではないことだ。言い換えるならば，パレート最適な資源配分には唯一無二の決まりがあるわけではなく，むしろ多数（実は無数）の可能性があることである。ただし，パレート最適な資源配分の中で優劣の順位が付くことはある。例えば，完全競争下での市場均衡がパレート最適な資源配分の中で，全員にとって最も有利となる資源配分となるのであって，これが厚生経済学の基本定理の内容の一部となる（**第3講**，**第8講**）。

### ■ パレート最適と資源配分の効率性

　パレート最適な資源配分は，定義によって，誰もが他の経済主体の誰かの効用を悪化させることなしに自らの効用を高めることができない資源配分の状態だ。資源配分上は出払い状態にあり，いっさいの資源に未利用で無駄状態なものはない。すなわち，「パレート最適ならば資源配分は効率的となる」のであって，これがパレート最適性がパレート効率性と呼ばれる所以（ゆえん）でもある。このパレート効率性の命題（AならばBである）が正しく真であるならば，その対偶命題（BでないならばAでない）も論理学的には真であるので，「資源配分が効率的でないならばパレート最適でない」も論理的に正しい命題になる。そこで，パレート最適な資源配分を見出そうとするならば，資源配分が効率的なものを探索すればよい。

　**第8講**の完全競争市場の要件で詳しく考察するように，資源配分が効率的な状態ではすべての経済主体に同じ相対価格体系が提示されている必要がある。なぜならば，もし経済主体によって適応される相対価格体系の相異があれば，相対価格が高い財サービスと相対価格が安い財サービスの所有者（当人で重複可）の間で対称的で実質的な所得移転が起こる（**第14講**での裁定取引を参照）ことから生ずる所得効果によって，少なくとも1人の取引者の効用が高まる選択が可能になるからだ。これはパレート最適性に反するし，資源配分が効率的であることにも反する。したがって，背理法（帰謬（きびゅう）法）によって，資源配分が効率的な状態では，すべての経済主体に同じ相対価格体系が提示されている必

要がある。

　市場経済では完全競争になっていればその条件が満たされており，それゆえ市場均衡では資源配分は効率的になり，パレート最適性も満たされる。しかし既述のように，パレート最適な資源配分はユニークではない。完全競争下の市場均衡も，取引に参加する経済主体に当初どのような資源が賦与されていたかという初期条件に依存して異なったものとなる。パレート最適な市場均衡がユニークにならない原因である。さらに，初期条件が同じでも，経済主体の財サービスに対する嗜好（しこう）や生産関係の費用構造次第でも，市場均衡が異なったものとなる。このようなことから，資源配分の効率性を満たす資源配分のなかでもパレート最適な資源配分はいくつもあるのだ。完全競争下の市場均衡でもパレート最適となる資源配分が多数となるのは変わらない。

## ■ 効率と公正

　パレート最適性を満足する資源配分がユニークでないとして，それらは何が異なるのだろうか。資源配分の効率性という意味では優劣がつかないとして，パレート最適性で問題となるのは，資源の取り分ないし分け前の動向だ。単刀直入には分配の多寡（たか）であり，一般論としては所得・資産分布の形状に関わる問題になろう。

　かくてパレート最適性をめぐっては，資源配分の効率性と分配の分布が問題となり，その議論の末には結局のところ「効率」と「公正」の間の選択問題ともなる。この選択問題では，効率と公正に常に強いトレード・オフ関係があるというわけではなく，例えば図 5-1 にあるような，両者の代理指標の間で緩い負の相関が認められるようなものになろう。同図の点 A の周辺では，効率と公正の両指標を同時に改善することも可能であることが示唆される。

　資源配分の「効率」性の側面は，経済学の中心をなすテーマでもあり，ミクロ経済学・マクロ経済学の基礎科目をはじめとして，厚生経済学，公共経済学，経済政策，産業政策，等々の応用経済学の諸科目でも考察対象となる。これに対して，「公正」の側面は「効率」性の側面と比べて相対的に厳格な考察を展開するのが困難な分野であり，補償原理に関する議論（コラム 5.1）やジニ係数（コラム 5.2）などの具体的な不平等の指標に関する考察を除くと，精密な考察なしでの記述描写による曖昧模糊（あいまいもこ）とした議論が展開される場合が多い。

　ただし，精密性や精緻性（せいち）が欠けているとしても，「公正」をめぐる議論は不

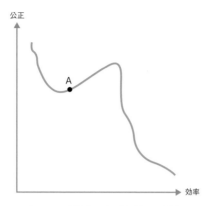

図 5-1 「効率」と「公正」の選択

可避であるべきで，そのありとなしでは「効率」をめぐる論究も，醤油と少量の山葵があると鮮魚の刺身の味が引き立つような求道者が求める効果は期待できない。鼻についてピリリと辛い山葵は邪道と主張する向きには，粉山葵を溶いたものと生の山葵の違いに思い当ってもらえば，ここでの主張の真意が理解してもらえるだろう。さように「公正」は常に「効率」に寄り添って言及されるべきなのだ。

### ■ 公正・公平・衡平・平等

　**第5講**では「公正」の用語が頻繁に登場するが，その詳しい意味については不問としてきた。この公正（justice, fairness）は，やや古くなった国語辞典（三省堂『新明解国語辞典』）では「特定の人だけの利益を守るのではなく，誰に対しても平等に扱う様子」とある。もちろん間違いではないが，経済学では狭義に「権力のある者が他者の処遇（利益やコストの分配，権限や機会の賦与など）にかかわる決定をする際の，1つの社会的決定に関する評価」となっている。具体的な公正の基準は多様であるが，一般論としては，人々をその資格条件にふさわしく処遇することと定義される。この意味での公正と関連して，公平と衡平，それに平等といった用語がある。

　古い国語辞典には「こうへい」として公平と衡平のうち公平しか載っていな

い。その公平は「自分の好みや情実などで，特別扱いをすることがなく，問題になっているものをすべて同じように扱う様子」とあり，公正の説明とあまり変わらない。それでは衡平はと，別の辞書などで確認すると，「つりあいがとれていること，とれるようにすること」とあるが，より突っ込んで調べると「法規を機械的に適用したのでは不適切な結果を生じる場合に，抽象的な法規を具体的事例に適するように調整する基準」とあり，衡平にはかなり恣意性が入り込む余地がある。そして最後に平等は「社会を構成する，すべての人を差別なく待遇すること」とある。

## ■ ロールズの正義の理論

　1971 年にロールズ（John Rawls, 1921-2002）の『正義の理論』（*A Theory of Justice*）が刊行された。ロールズは政治哲学者で当時ハーバード大学の教授であったが，その考え方は経済学にも浸透することになった。ロールズの正義論では，ピグー以来の厚生経済学が依拠した功利主義（utilitarianism）を批判し，代わって民主主義を支える倫理的価値判断の源泉としての正義を中心に据えた理論を展開する。この際，ロールズの正義概念は人間的な思考や感情と調和しており，「正しさ」と「善さ」とは矛盾せず，理論的に導出された正義論が現実の人間的基盤を有している様相を明らかにしていく。

　ロールズは，まず「相互利益を求める共同の冒険的企て」が正義であると定義し，それは「社会的諸制度・諸問題がまずもって発揮すべき効能」だとした上で現実への適用可能性を検討し，沈思黙考との反照的均衡（reflective equilibrium）の到達点として正義の 2 つの原理に至った。社会活動によって生じる利益は分配される必要があるが，その際最も妥当で適切な分配の仕方を導く社会的取り決めが社会正義の諸原理になるのだという。

　ロールズの提唱する正義の 2 つの原理とは

　第 1 原理：各人は，平等な基本的諸自由の最も広範な制度枠組みに対する
　　　　　　対等な権利を保持すべきである。

　第 2 原理：社会的・経済的不平等は，(a) そうした不平等が各人の利益にな
　　　　　　ると無理なく予期し得ること，かつ (b) 全員に開かれている地位
　　　　　　や職務に付帯することである。

これらのうち第 2 原理の (a) は格差原理，(b) は機会均等原理と言及され，ロールズの正義論が功利主義を離れて不平等を容認する根拠となるものだ。

ロールズはこうした正義の2つの原理を，ホッブズ（Thomas Hobbes, 1588-1679），ロック（John Locke, 1632-1704），そしてルソー（Jean-Jacques Rousseau, 1712-78）が築き上げた社会契約説に基づいた思考実験によって導出する。その下で，正義の根拠を，自由かつ合理的な人々が無知のヴェールに覆われた原初状態（original position）におかれた際に合意するであろう諸原理に求めた。この原初状態では，人は最悪の状態に陥ることを最大限回避しようとする（マキシミン原理）はずであり，その結果，上の正義に関する原理が導き出されるとしたのだ。

　功利主義では最大多数の最大幸福（the greatest happiness of the greatest numbers）を金科玉条とすることから，一部の少数の人々は不利益を被ることがあるが，ロールズの正義論では格差原理により，全員が同じ条件下で生じたものなど，人々が納得する筋道があれば不平等になる顛末も許容され得ることになる。ロールズが民主主義を支える倫理的価値判断の源泉としての正義を論じた所以である。

## ■ 正義の理論と経済学

　不平等を容認するロールズの正義論には各方面からの批判も多いが，経済学での効率と公正の議論においても多大な影響を及ぼした。特にマキシミン原理（maxmin principle）は，最悪の状態に陥ることを最大限回避する行動をとるとするために，結果としてすべての人々の所得なり効用を均等化する提案に至る（もちろんその結論に至るのに障害がない場合）。この含意は，出発点としての初期賦存状況にかかわらず，人々が特定の資源配分のパターン（ただし，これがパレート最適性を満たすとは限らない）に望んで収斂することから，そうした反応を織り込む形で政策を発動し，期待通りの政策効果が得られることになる。

　以上のシナリオは経済学の多くの分野で興味を引いており，例えば功利主義に代わるマキシミン原理に基づく最適成長問題や環境問題をベースとする持続的成長（sustainable growth）問題に，具体的には経済成長と環境悪化の間での持続可能な経済発展の可能性が世代間の利害調整と絡めて考察されている。この際にはマキシミン原理によってすべての世代で同じレベルの効用（満足水準）を得ることが持続可能な経済発展にとって重要であり，通常そうした持続的経済発展にとっては，経済成長に向かう低発展段階の経済では初期状態が，環境汚染問題が制約となる場合には到達する将来の状態が，最低限の効用をもたら

す可能性が高い。したがって，前者ではマキシミン原理は経済成長を抑制する要因となり，後者では環境問題が成長余力が残る経済の足枷（あしかせ）となることになろう。

ロールズの正義は原初状態が思考の出発点となることから，貧富の格差が始原する以前の段階で設計されるプログラムでの公正な所得・資産課税のあり方や年金・医療保険のデザインにも，マキシミン原理を適応する研究も進められている。ロールズの正義論では，事前的な機会均等が保障されている限りある程度までは事後的に発生する不平等を容認することから，より現実味のある政策提言に至る可能性が高いとの目論見がある。

## 5.3　集団の合意形成

### ■ 社会選択理論

ロールズの正義論における反照的均衡とも関連することになるが，多くの人々なり特定の集団での合意形成が現実にはどのようになされるかを考えよう。このような問題は社会選択理論（social choice theory）と括（くく）られ，多様な選好で特徴付けされる個人をベースに，個人の集合体としての社会がどのような選好を示すか，その選考の集計方法，社会による選択のルールの決め方，矛盾のない社会的決定がなされるためのメカニズムデザイン，などを解明する理論体系が経済学や政治学で研究されてきている。

社会選択理論の実際としては，2つのアプローチがある。第1は，資源配分のある変化が全員の経済厚生を改善するとは限らない（すなわちパレート改善でない）ときでも，その変化を是認すべきか否かを判断する基準として，損害を受ける人に補償してもなお余るほどの利益が社会全体で得られるか否かを判断基準とする補償原理（compensation principle）の考え方である。第2は社会的厚生関数の考え方である。第1の補償原理のアプローチはコラム5.1で検討するとして，ここでは第2の社会的厚生関数の考え方について敷衍（ふえん）しておこう。

> **コラム5.1　補償原理**
>
> 厚生経済学の基本定理（**第8講**）によれば，所得の適切な再配分を施した後に完全競争に資源配分を委ねることによって，任意のパレート最適な資源配分に到達すること

が可能になる。この際に，ある変化が全員の経済厚生を改善するとは限らない（すなわちパレート改善でない）ときでも，その変化を是認すべきか否かを判断する基準が望まれる。例えば，100 人からなる集団で，1 人がすべての資源（ダイアモンド鉱山にしよう）の権利を独占し，残りの 99 人には何の権利もない状況を考える。ここから出発して，1 人の独占者は 99 人，あるいは少なくともその一部の人々にダイアモンドの権利を譲渡すべきだろうか？ 集団全体の利益になるのは，どのような再配分だろうか？ このような問題に応えるために考案されたのが，損害を受ける人に補償してもなお余るほどの利益が社会全体で得られるか否かを判断基準とする補償原理（compensation principle）だ（第 1 講 1.3 節）。

　カルドア（Nicholas Kaldor, 1908-86）は，「ある変化によって利益を得る人が損をする人々に補償を支払っても，なお利益が残っているならばその変化を是認する」とのカルドア基準を提唱し，ヒックスは，「ある変化によって損をする人がこの変化を阻止しようとして，利益を得る人々の逸失利益を補償してもパレート改善となる状況を作れないならば，その変化を是認する」とのヒックス基準を提唱した。なお，本講の **5.2 節**でみたように，もともとの命題が真ならばその待遇命題も真であることから，ヒックス基準は逆の変化がカルドア改善でない場合をも意味する。

　しかし，補償原理には，状況によっては，状態 A から状態 B への変化も状態 B から状態 A への変化も認められる，という論理的不整合性が発生し得る。そこでシトフスキー（Tibor Scitovsky, 1910-2002）は，カルドア基準とヒックス基準の両方を是認する変化に限り是認するシトフスキーの二重基準を提唱したが，これにも推移律が満たされないという論理矛盾が発見された。これらの経緯を踏まえてサミュエルソンが補償原理を完成させたが，人々に利害対立が生じる場合に，序数的な立場からそれを解決するのは至難であるとの結論となり，以後解決の途(みち)を閉ざす形となってしまった。

　バーグソンとサミュエルソンによる社会的厚生関数（social welfare function）の議論は，このような補償原理とは別のアプローチとして発展したのだったが，本文中で概観するように，社会的厚生関数の存在については，アローの不可能性定理が悲観的な裁定を下したのだった。

　社会的厚生関数（social welfare function）の議論は，バーグソン（Abram Bergson, 1914-2003）とサミュエルソン（Paul Samuelson, 1915-2009）によって進められた。社会的厚生関数とは，経済社会を構成する諸個人の判断ないし選好を考慮に入れてさまざまな社会状態を倫理的に順序付ける方法論だ。つまり，A，B という社会状態について，すべての個人が A を選択するのであれば，当然 A を選ぶ。2 つの社会状態の優劣に関して判断が一致しない場合にも，社会的厚生関数はこの対立を裁定して倫理的な優劣を順序付けられるようになっていなければならない。このような要件を満たす社会的厚生関数はどのようなものだろうか？

## ■ アローの不可能性定理

社会的厚生関数に期待感が高まったタイミングで，アロー（Kenneth Arrow, 1921-2017）による社会選択のルールについての研究が，そもそものその存在について疑問を提起した。アローは，選択肢が3つ以上あるとき，民主主義的な合理性，パレート最適性，情報的効率性，非独裁性といった社会的選択ルールを提示し，その条件を満足する社会的選択ルールは論理的に存在しないというアローの不可能性定理（一般可能性定理ともいう）を証明したのだ。個人的選好を矛盾なく集計することができないとの一般可能性定理の否定的な御宣託は，社会的厚生関数のフィールドでの可能/不可能の定性的特性に対して同様のインプリケーションを持つものと評価されることになった。すなわち，序数的な立場から厚生経済学が規範的な何らかの決定を行うことは，論理的に困難が伴うことが示されることになったのである。

なお，アローの不可能性定理の実質的内容に関しては，ここでの経済学の視点での解釈である「序数的効用を中核に据える新厚生経済学の困難性を示す」のほかに，主として政治学の視点での「民主主義の不可能性を意味する」というものもある。アローが考察した社会的選択ルールが広範な社会環境下に適応できるものであることを示しているが，「民主主義の不可能性」となると，改めてその重大性や深刻性にも思い及ぶであろう。

## ■ 多数決原理

アローの不可能性定理は，集団の合意形成が困難なことを示すが，それが全く不可能だというわけではない。選択肢が3つ以上あるときが対象になっており，しかも民主主義的な合理性，パレート最適性，情報的効率性，非独裁性といった社会的選択ルールの制約を課している。これらの社会的選択ルールの制約すべてを課さない場合，あるいは選択肢が2つの場合，また選択肢にそれなりの制約（例えば選好が単峰形で極端にならない）がある場合，不可能性定理は緩和される。

例として多数決原理を取り上げよう。投票者が3人で3つの社会的選択肢（選挙の候補者）を多数決原理で決定することを考える。投票のパラドックス，あるいはコンドルセのパラドックスとして言及される極端な例ではあるが，3人が3つの選択肢をそれぞれ $(x \gg y \gg z)$，$(y \gg z \gg x)$，$(z \gg x \gg y)$ と評価しているとしよう。ここで，例えば，1番目の投票者の $(x \gg y \gg z)$ は，$x$ が1番望ましく，

$y$ が 2 番目に望ましく，$z$ を 3 番目に望ましいと判断していることを示す。2 番目，3 番目の投票者も同様の選好をもつが，ここでの問題は，3 人 3 様であり，このときの単純多数決の各選択肢のペアごとの社会的評価は，$x$ は $y$ より望ましく，$y$ は $z$ より望ましく，$z$ は $x$ より望ましいという 3 すくみの状態になってしまうことに注目する。このような推移律が成立しない社会的選好の循環は，社会的決定を行う上で大きな障害となる。ちなみにコンドルセ（M J-A-Nicolas Condorcet, 1743-94）は数学者，フランス革命時の啓蒙思想家であった。

投票のパラドックスが生じるのは，3 すくみとなる特殊な設定と単純多数決制という社会選択のルールが原因となっていると思う向きもあるだろうが，アローの不可能性定理は，投票のパラドックスのケースばかりでなく，あらゆるほかの設定にも生き延びるのがポイントだ。すなわち個人的選好を矛盾なく集計することができないとの一般可能性定理のエッセンスは，3 すくみとなる特殊な設定と単純多数決制には依存しない。アローは投票のパラドックスをはじめとして，この分野でのアノマリー的なパラドックスは熟知しており，不可能性定理は，それらを踏まえた上での話なのだ。

しかし，アローが考察した基礎となる「選択肢が 3 つ以上あるとき，民主主義的な合理性，パレート最適性，情報的効率性，非独裁性といった社会的選択ルール」の設定を緩めると投票のパラドックスも解放されることになる。選択肢が 3 つでなく $z$ を除いた 2 つだとしよう。すると，3 人の選好は $(x \gg y)$，$(y \gg x)$，$(x \gg y)$ と退化し，単純多数決制によっては，常に 2 対 1 で $x$ が $y$ に勝利することになるので，投票のパラドックスは生じない。このとき，もちろんアローの不可能性定理の対象にもならないのである。

## ■ 選挙のマニフェスト

社会選択理論の成果では，個人的選好を矛盾なく集計することができないとのアローの不可能性定理の否定的な響きが人口に膾炙しているが，後のノーベル経済学賞の受賞（第 3 講コラム 3.2）にもつながる研究業績にもかかわらず，この定理と現実世界の関係については，アロー自身は「大半の制度は常にうまくいかないわけではない。私が証明したのは，すべてがうまく行かないことが時にはあると言うことだ」と述べたという。そんなに悲観的になる必要はないという感触であろう。

現実の世界では，社会的選択ルールの中でとりわけ問題になりそうなのが，

選択肢をどのように選ぶかであり，社会選択ルールのうちの情報的効率性に関連することになろう。2009年の政権交代があった総選挙の際に用意された民主党，社民党をはじめ5つの政党のマニフェストでは多方面の選挙公約が公になったが，投票者はそれらのマニフェストをセットで受け入れ投票するか否かの選択に迫られた。総選挙の勝利によって政権についた民主党のマニフェストについては，その政策実行・達成率が自己評価で3割にとどまったとして，選挙時のマニフェスト公表のブームは去ってしまった。政権についていた期間が短かったとか，東日本大震災の勃発が政策の優先順序を狂わせたとかの説明もなされるが，有権者にとっては政権公約の危うさや不確実性がもろに出てしまった悪例となっている。

投票のパラドックスのケースに戻るならば，3つの選択肢の $(x \gg y \gg z)$ の $x$, $y$, $z$ がベクトルで構成されているようなもので，$\gg$ は（より好む）程度の選好関係を表すと解釈できる。この場合選択肢がスカラーで単純に順序付けが可能な場合と比べると，ベクトルで構成される場合には，投票者が多少悩むことになろう。それはさておいたとして，現実の社会選択ルールに欠陥があるとしたら，アローの不可能性定理はより自明に成立するのであろうか？ それともより精緻な分析が必要になるのであろうか？ 一般論としては，アローの不可能性定理の背景の設定条件の一つが排除されることから，不可能性定理の証明はより容易になろう（すなわち，集団の合意形成には至りにくい）。

## 5.4 資源配分と所得分配

**第5講**のここまでのまとめとしては，パレート最適性は資源配分の効率性の尺度としてそれなりの根拠をもつが，パレート最適な資源配分は多数あることが理解された。多数のうちのどのパレート最適な資源配分が実現されるかは，完全競争の想定がなされたとしても，経済取引が行われる前の当初の資源がどのように賦与・配分されているか，および取引に付随・先立つ経済活動なり技術水準がどのようなものか，に依存して異なったものとなる。このようなこともあり，パレート最適な資源配分だったとしても，結果としての所得・資産分布については何の情報も得られない。厳密には，何の情報も得られないというよりは，結果としての所得・資産分布は履歴効果を示すといえよう。

## ■ 所得分配と履歴現象

　ここで履歴効果ないし履歴現象（hysteresis）とは，市場均衡なりの経済の均衡状態やダイナミックな経済経路の収 斂状態（定常状態）がそれに至るまでの歴史的経路によって異なるものとなること，換言するならば，均衡状態がたどった経路に依存する効果をいう。所得・資産分布はまさにそのような様相を呈しており，例えば同じ規模の GDP（国内総生産）の国々の所得分布の不平等度をとってみても，不平等度の指標は必ずしも同程度の値にならない。これは直接データを見ると一目瞭 然だ。

　図 5-2 は世界の 151 か国について，所得水準と貧富の格差の組合せについてプロットしたものだ。多数の国が関わることから一斉にデータが得られる年

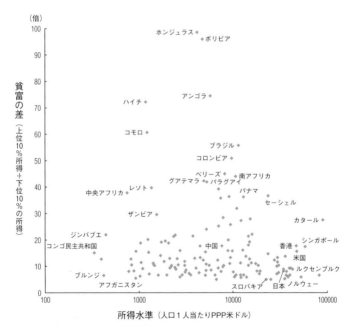

（データ出所）　世界銀行「World Development Indicators」（2012），IMF「World Economic Outlook Database」（2011）
（出所）「社会実情データ図録」

### 図 5-2　所得水準と貧富の格差（世界 151 カ国）

次は多少古くなり，所得水準のデータは 2010 年であるが，貧富格差は1995-2011 年のうちのデータが利用できる最新年であり国によって異なる。ここでの「貧富の格差」は，富裕層上位 10％の所得を貧困層下位 10％の所得で割った倍率であり，全く平等ならば最小値の 1 になり，不平等の値はいくらでも大きくなり上限値はない（なお所得のデータが使えない場合は消費のデータを用いた国もある）。

図 5-2 で明らかなように，分布の形は所得水準も貧富の格差も全体として二等辺三角形を形成するようにプロットされており，横軸も縦軸も特定の偏<sup>かたよ</sup>りをなしていない。すなわち，縦軸の「貧富の格差」はどの所得の水準の国も，その所得水準特有の貧富格差に決定付けられているわけではなく，どの格差にも陥る可能性がある。言い換えるならば，どの国も所得も含めたその国特有の要因によって貧富の格差が特徴付けられており，決して所得水準のみによって特徴付けられるわけではない。ここにその国がたどった歴史経路が関与しているのだ。

このことをより直截<sup>ちょくせつ</sup>に表すのが，図 5-3 の「貧富の格差」の歴史的推移をみたものである。この図では，日本，アメリカ，イギリス，フランス，イタリア，およびスウェーデンの 6 か国について，1820 年から 2000 年までの選別された特定の年について，ジニ係数の長期推移をプロットしてある。ジニ係数はコラム 5.2 で説明されているように，所得分布の不平等度を測る尺度として工夫された指標で，分布が完全に平等ならば下限値の 0 を，逆に完全に不平等ならば上限値の 1 をとるように工夫されている。ここでのジニ係数は基本的に税引き前の当初の家計所得（全世帯）ベースで算出されている。

図 5-3 は限られた 6 か国のみの推移の様子であるが，これらから理解されるのは，1820 年から 180 年間の推移の様子は，各国とも結果的には大きく変動し平等化しているものの，「貧富の格差」推移の各段階においては，戦争などよほどの「大事件」が起こらない限り，確かに推移は連続的なものであったことである。言い換えるならば，各国はおおむね歴史を引っ張りながら推移してきたのであり，フローの経済活動で記録される「貧富の格差」ながら，それは「系列相関」を伴っており，あたかもストックの経済指標さながらの持続性，安定性の症状を呈しているのだ。この持続性，安定性の症状が履歴効果，履歴現象を生み出すと考えられる。

国民経済によって，第 1 次・2 次・3 次の産業構造が異なり，発展途上国な

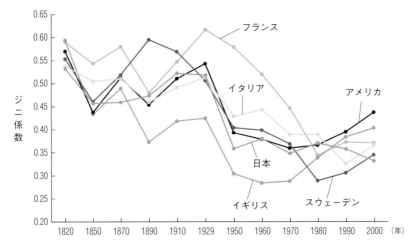

（データ出所）　Clio-Infra「Income inequality」（2014）
（出所）「社会実情データ図録」（一部改変）

図 5-3　「貧富の格差」の歴史的推移

どには高い経済成長を誇り，産業構造の変化にも激しいものがある国も多いが，それでも「貧富の格差」はゆったりと高い系列相関を示しながら推移する。産業構造の変化が起こっても，人々の所得はバランスを保って上昇していくのが経験則として理解されており，いたずらに動揺したりしないことで，結果としての「貧富の格差」は大きく変動しなかったものと考えられる。しかも，一般論としては産業構造の変化が一朝一夕に達成されるわけではないので，その意味でも国民経済全体での「貧富の格差」の推移は，スムーズなものになる傾向が助長されよう。

　なお，日本も基本的には長期トレンドとして経済格差は縮小しているが，1910（明治 43）年と 29（昭和 4）年には格差拡大が起こり，戦後となる 1950 年以降は穏やかな縮小が続いている。大正時代前後で不平等度が上がったのには，**第 2 講**図 2-3 で確かめられるように，この時期に急激な人口増加が始まったことが挙げられる。人口および所得分布調査の対象となる家計が増えると，新しい家計は所得の低い層が多いであろうから，ジニ係数としてはどうしても大きくなる。1950 年に大幅に平等化するのは，財閥解体，農地解放，地方から

大都市圏への人口移動，大家族から核家族化，労働三権の獲得，等々の戦後改革や新憲法に基づく制度改革の役割が大きいであろう。

　所得や資産など一般に分布形をなす統計データの分布形としての不平等度を測る指標として，「貧富の格差」の他にも多くの指標が工夫されている。それらの中でも最も頻繁に計測されるのは，イタリアの統計学者ジニ（Corrrado Gini, 1884-1965）によって1936年に考案されたジニ係数だ。この不平等指標は0から1の値をとり，0はみんなが同じ所得を得ており完全に平等であることを意味する。逆に，値が1に近いほど格差なり不平等が万遍なく広まっていることを指し示す。

　ジニ係数を理解するに当たって，まずローレンツ曲線について知る必要がある。ローレンツ曲線とは，個人なり世帯を所得の低い順番に並べ，横軸に個人・世帯の累積割合をとり，縦軸に対応する所得の累積割合をとって個人・世帯間の所得分布をグラフ化したものだ。もしも，全員が同じ所得ならばローレンツ曲線は45°線と一致する。所得の分布に偏りがあると，一般にローレンツ曲線は下方に膨らんだ形になる。

　さて，ジニ係数は45°線とローレンツ曲線とで囲まれた三日月形の面積を対角線の三角形の面積（これは両軸は0から1までなので0.5に等しい）で割った比率で，結果的に三日月形の面積の2倍の値になる。全員が同一所得だとジニ係数は0，1人が全所得独占しているとジニ係数は1，そして完全に二極分化して半数が所得ゼロ，半数が同じ所得とすると，ジニ係数は0.5だ。完全に平等な3分割から，第1のグループの所得がそっくり第3のグループに移転した際には，ジニ係数は0.5以下の4/9≒0.44に

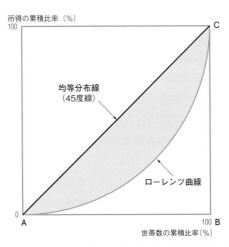

ジニ係数＝ ◢ の面積/三角形 ABC の面積（×100%）

図5-4　ローレンツ曲線とジニ係数

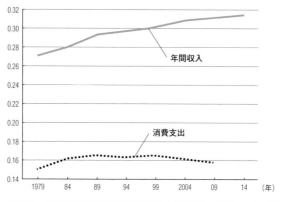

図 5-5　**年間収入および消費支出のジニ係数の推移**

なる。一般に，0.4 から 0.6 ほどの不平等度が社会騒乱が起きる警戒ラインと認識され
ている。

## ■ 所得分配：機能的分配と個人的分配

　**第 2 講**で確認したように，国内 GDP（国民所得）には 3 面等価という特性
がある（**第 9 講**）。生産面（国内総生産），分配面（国内総所得），支出面（国内総
支出）が等しいというもので，この関係を利用すると，生産活動によって生ま
れる付加価値の合計である国内総生産が，生産要素への報酬として労働，資本，
土地などに分配され，（生産関係が規模に関して収穫一定ならば）生産要素に分配
され尽くす。そして，生産要素に分配し尽くされた国内総所得は，最終的には
何らかの財サービスの支出に向けられる（**第 9 講**）。

　3 面等価が成立する過程での各生産要素への所得分配は，所得の機能的分配
（functional distribution of income）と呼ぶ。これに対し，同じ所得分配でも，異
なった生産要素の所有者としての個人に対して結果的に帰着する分配は，所得
の個人的分配（personal distribution of income）と呼ぶ。個人的分配は文字通りの
個人ばかりでなく，消費者や世帯（家計）による分類，会社や地域による分類
も該当しよう。本書で問題となる所得分配は所得の機能的分配よりももっぱら
所得の個人的分配になる。

## ■ 二極分化する日本

　グローバル化が浸透した日本経済は，それが残された唯一の選択肢のように，日本的な経済システムからアメリカ型の資本主義への転換を目指した。その直截的な帰結が，経済のさまざまな分野での勝ち組と負け組の顕在化であり，個人・世帯間，企業間，地域間でも二極分化が進んだ。

　所得分配の不平等度の指標であるジニ係数（全世帯，年間収入）で見ると，コラム 5.2 の図 5-5 にあるように，1980 年代後半期のバブル経済時に不平等化しだしたところ，バブル崩壊後もさらに不平等化している。不平等度は税金や社会保障による所得の再分配を考慮すると和らぐが，それでも悪化している傾向は変わらない。

　ちなみに，図 5-5 では消費についてのジニ係数の推移もプロットしてあるが，所得に比べて消費の不平等度はかなり低く，1990 年代以降も不平等化しているわけではないことが分かる。直観的には，消費するにも限度があることから，所得が多いからといっていたずらに消費を増やすことができず，消費の不平等度の上昇に歯止めをかけていると考えられる。このことは，所得の不平等化している部分はもっぱら貯蓄の不平等化に反映され，それは結局年月が経つにつれストックとしての資産分布の不平等化につながることを意味する。

## 5.5　本講のまとめ ------------------------------------

　**第 5 講**では，経済学の知識を総動員し経済を理解する上で重要な分析手法を学んだ。2 つの分析手法があり，それらを巧みに駆使するのが大学生の経済学徒が卒業までに身につけるべき目標となり，消費者なり企業の一員として経済の内側で活動する経済主体ならば，自らの意思決定が適切なものであるとの確信を持てるように常時研讚しておくべき分析手法になる。これらの分析手法は，事実解明分析と規範分析である。

　**5.1 節**では事実解明分析と規範分析がどのようなものかを具体例を示しながら説明した。現実がどうなっているか，過去からどうなってきたか，今後どうなっていくかを整理するのが事実解明分析であり，これによって現実の動向を理解する。他方，経済の状況について望ましい状態ないし理想の姿を特定し実現するにはどのような施策があるか，といったプランを立案しその効果を検討

するのが規範分析である。2つの分析手法には明らかな相違がある。しかしながら，両者を区別するのが困難な場合も多い。決定的な相違となるのは価値判断が下されているか否かになるが，その評価が微妙な場合も多いからだ。

5.2節では，すでに第3講で所得分配に関連して登場したパレート最適性について詳しい説明を施した。経済学において資源配分の効率性は経済分析を行う際に最も関心のあるテーマだが，そもそも資源配分の効率性はどのように判断するのか。その一つの解答がパレート最適性ないしパレート効率性なのだ。続く5.3節では，集団の合意形成についてまとめた。この問題に対しては，アローの不可能性定理があり，いくつかの必須条件を挙げて，それらすべてを満たす形での集団の合意形成は理論的に不可能なことを証明する。この定理はよく採用される多数決原理に特有のことではなくあらゆる社会選択ルールに適応されることから，経済学のみならず世論調査・選挙分析，果ては政治学全般にも暗雲をもたらしたのだった。

5.4節では広く所得分配について考察した。パレート最適な資源配分は多数考えられ，多数のうちのどのパレート最適な資源配分が実現されるかは，完全競争の想定がなされたとしても，経済取引が行われる前の当初の資源がどのように賦与・配分されているか，および取引に付随した先立つ経済活動なり技術水準がどのようなものか，に依存して異なったものとなる。このようなこともあり，パレート最適な資源配分だったとしても，結果としての所得・資産分布は履歴効果を示し，世界各国の所得分布の不平等度を表す「貧富の格差」やジニ係数といった統計的尺度にも反映されるのだった。

### ■ Active Learning

問題 5.1 あなたが価値判断を下して「……するべきだ。」と考えていることを記しなさい。この価値判断は，他の人を巻き込むことになるのか，それとも巻き込むことはないのか。

問題 5.2 パレート最適性に代わってあなたの名前を冠した「○○最適性」を考えよう。これはどういうものになるだろう。

問題 5.3 アローの不可能性定理で何がはっきりしたか？

問題 5.4 バブル経済崩壊後の日本で，世の中がさまざまな分野で二極分化したのは何が契機だったのだろうか？

# 第6講
## 経済を分析する
### ——理論と実証

■経済問題の解明を目指すとしてどのような方法をとるのがいいだろうか？ このような状況にあったとして，考えられる方法は2つで，理論的な分析を展開するか可能な限り入手できるデータをもとに実証分析を行うかである。**第5講**では事実解明分析と規範分析の2つの分析手法を対比したが，**第6講**では理論分析と実証分析の2つの分析手法が考えられることになる。理論分析は，解明すべき経済問題を文字通り理論的枠組に組み込んで，その背景を適切に設定した上でモデル（模型）を構築し，モデル内で演繹的推論を展開し，政策効果を確認したりシミュレーション分析を行う。実証分析の手法や具体的テクニックについては**第10講**に譲り，本講では演繹的推論と帰納的推論を対比し，事実解明分析と実証分析の相違を説明する。

　本講では，経済を分析する際に歴史がどう関わるか，および演繹的推論を展開する際の経済モデル（模型）のあり方についても整理する。経済モデルを用いた分析の実際は後の講義（**第8講**，**第9講**，**第11講**など）で展開する。本講では「極力モデルは簡明なものがよい」，あるいは「極力不必要なものは削除すべきだ」とのオッカムの剃刀の箴言を説明し，経済モデルの構築の際の心構えを諭す。

　現実経済をモデル化する際には，経済主体が選択する主体均衡の定式化はとりわけ重要であり，結果的に一般均衡としての市場均衡の特性を決定付ける。主体均衡は経済主体が最適化行動なりの結果として自ら望むものであり，すべての経済主体が同様の行動をとるならば，市場経済で達成される一般均衡は効率的でパレート最適になる。この際，経済主体がゲーム理論的環境で行う，相手の出方を確認してないし想定してとる戦略的行動は，主体均衡の様相を一変させる可能性があり，世の中が大そう複雑化する。

### ■ 経済を理解するために

　**第1講**や**第5講**でも取り上げたことだが，経済を理解するために，解明すべきテーマについてそれが問題化された経緯と現状，そして（放任した場合の）将来見通し，および将来の問題がある場合に現在から将来にかけてどのような経営・管理や政策的介入が必要かを処方することが挙げられ，それら一連の診断の結果，将来的にはマネジメントサイクルとしての PDCA（Plan-Do-Check-Act）あるいは PDS（Plan-Do-See）にのせて試行錯誤的に実践していくのが望まれる。もちろん，こうした流れは何らかの新しい経済問題がテーマになった場合のことであり，実際の多くの場合は，既存の経済問題に対して，それを理解することから始めるのが大多数を占めるであろう。

　この際，経済学には純粋理論を展開する「理論経済学」とデータを媒介とする「実証経済学」が屹立（きつりつ）しており，経済学全体としては両方の顔をもち，また両者が適度にバランスした面もある。この理論・実証の緊張関係が経済学の奥深さを表すものでもあり，仮に学問としての経済学が，現実世界から遊離し，理論経済学とその外延的な応用科目ばかりからなるか，あるいは全く逆に現実経済のレポートとなる新聞や業界雑誌の記事や企業などの訪問記ばかりからなる場合には，経済学に対する世間の評価は現在受けている評価を大幅に下回るものになっていたであろう。全国の大学の経済学部に対する受験生の評価や入学試験の受験者数も，大幅に現状を下回るものになったであろう。

　現状の経済学といえば，「理論経済学」と「実証経済学」は適度に，あるいは適切に黄金分割され，その偏りのなさが奥深さとなっている。これから経済学を学ぶ（と忖度（そんたく）される）本書の読者は，この奥深い経済学を習得するために，大学等で履修コースが課されている学生はできるだけバランスの取れた履修科目の選択と時間配分を心掛けてもらいたい。大学等で履修科目を選択する機会のない読者は，自らを律することになるが，できるだけ平衡感覚を研ぎ上げ，経済学および経済に対しては極力（本書を羅針盤として）公平・公正を心して対処して頂きたい。

## ■ 演繹と帰納

一般論になるが，演繹と帰納について整理しておこう。経済問題の解明に当たって，経済主体の合理的行動なり完全競争下の市場均衡を前提して，その下での財政金融政策の効果を理論的に考察するのは演繹的分析（deductive analysis）の一例，消費税率引き上げによって消費支出はどうなったかを各家計にアンケート調査し，その平均値や分散を計算して傾向を調査するのは帰納的分析（inductive analysis）の例になる。

このように，演繹（deduction）はいくつかの前提条件を設定し，その下で合理的な思索をめぐらし，論理的な矛盾がない推理を経て結論に至る道筋をいい，帰納（induction）は逆に現実の観察やさまざまな事実・事項を収集し，それらに統計的処理を施し，何らかの規則や有意な統計的関係を見出す道筋をいう。帰納は個別的・特殊的な事例から一般的・普遍的な規則・法則を見出そうとする論理的推論ともいえる。いわば，演繹は「理論を現実へ」あるいは「理論から現実へ」，帰納は「現実から理論へ」とのキャッチフレーズが合う分析手法になっている。ここでの現実は事実と置き換えてもよい。

演繹と帰納は全く逆の道筋であるが，対象とする問題が真であれば，演繹によっても帰納によっても，その真であることを解明可能なはずである。真偽を解明する問題について，前（あるいは右）から探索するか後（あるいは左）から探索するか，あるいはもっと別のルートから探索するかによっては，履歴現象（**第5講**）が認められない限り同じ解答が得られるはずのものだろう。その意味では，演繹と帰納で相異が生じ，しかもその相異が致命的ともなるのは，まさに履歴効果が関与する。

科学哲学者で反証主義的観点から論理実証主義を批判したポパー（Karl Popper, 1902-94）（**第1講1.2節**）は，また，帰納的推論に基づく科学を否定し，「演繹と反証によってのみ科学の当為を判断するべきだ」とした。演繹法が論理的に正しい方法なのに対し，帰納法は科学的方法としては誤りを知るのに役立つ方法だが，帰納法自身には証明を完結できる能力がないと論破したのだ。演繹においては前提が真であれば結論も必然的に真になるが，帰納においては前提が真であるからといって結論が真であることは保証されない宿命なのだ（なお，どのような状況であろうと，前提が偽ならば結論は明らかな誤りがあったとしても，論理学上は必ず真となる）。

## ■ 演繹的分析の例：3段論法

演繹の具体例としてよく取り上げられるのに 3 段論法がある（ただし，念のため，3 段論法のみが演繹的分析になるのではない）。

3 段論法では，まず最初の第 1 段として，一般的な規則を立てる。これをいま，命題「A ならば B である」とし，一般的な大前提となる規則であるものとする。第 2 段としては，大前提の命題に当てはまる個別の事実を前提とする。すなわち，a は A に当てはまる。すると，結論としての第 3 段としては，「a は B となる」というのが，3 段論法である。すなわち，3 段論法での演繹的手法は，大前提（第 1 段）に当てはまる個別の事実を前提とすること（第 2 段）で，別の個別的事実（第 3 段）を導出するという論理立てになっており，これは論理学的に正しい論理付けになる。与えられた前提から，論理に従った導出を経て結論に至る道筋が演繹なのであり，通常は，一般的な前提を立てて，個別的な結論を導くことになる。

3 段論法の具体例を挙げよう。(1) 大前提（第 1 段）と (2) 小前提（第 2 段）を，それぞれ

(1)　大前提：「A ならば B（一般的な規則)」
(2)　小前提：「a（という個別の事実）は A（という一般的な事実）に当てはまる」

とする。すると次の結論が正しく演繹される。

(3)　結　論：「a（という個別の事実）は B（という一般的な事実）となる」

ここで，より具体性をもたせるために

A ＝ 経済学
B ＝ 社会科学に分類される
a ＝ GDP がどのように決定されるかを学ぶこと

として，上の (1), (2), (3) を確認してみよう。確かに 3 段論法になっていることが分かるだろう。

## ■ 帰納的分析の例：数学的帰納法

帰納といえば，真っ先にはデータを集めて共通する特性を見出すことに頭がいくであろう。例えば，7 個の数字の集合 {2, 8, 6, 12, 26, 16, 4} で気が付く

ことといえば，「それらがすべて偶数」であることで，その結論に至ったのは，頭の中での黙考の結果であろうと帰納的分析の賜物といえよう。

別の例として，数学的帰納法を取り上げる。「$n$ を自然数として，1 から $n$ までの自然数を足し合わせると，$n(n+1)/2$ になる」ことを示せとの課題を考える。まず，(1) $n=1$ の初期値の場合には，明らかに正しい。(2) いま，$n=k$ で正しいとして，その次の自然数 $k+1$ でどうなるかを試す。すなわち，$k(k+1)/2+(k+1)=(k+1)(k/2+1)$ となるが，$(k/2+1)=\{(k+1)+1\}/2$ であるので，全体として，$n=k+1$ でも正しいことが分かる。したがって，(1)(2) より，初期値の $n=1$ を含めて，すべての自然数で正しいことが確認される。言い換えると，$n=1$ で正しいので $n=2$ でも正しく，よって $n=3$ でも正しい，よって $n=4$ でも正しい…，との連鎖が無限に続くことが示されたのだ。

このように，ある命題について，「(1) 初期値で正しい。(2) $n=k$ で正しいとしたときに $n=k+1$ でも正しい。」が主張できれば，この命題がすべての $n$ で成立することを証明できる。この証明のパターンを数学的帰納法と呼ぶ。

なお，ここでの数学的帰納法は文字通りの用語法と異なり，実際には帰納ではなく演繹を行っている。論理的思考を展開しているからだ。ただし，上の例のように，命題の証明には確かに数学でいえば演繹的分析を行っているが，その実態は，命題の正しさを，1 から始めてすべての自然数で確認することを行ったことと同等であり，まさに帰納的分析の約束事を尽くしているのだ。

## ■ 論理実証主義と検証可能性

**第 1 講**で考察したが「科学に分類される学問では，いくつかの関門を通過する必要があり，その第 1 が論理実証主義とした。これは，観察や実験による帰納的推論の重要性を主張するものだが，確かに科学哲学的・論理学的には問題があるものの，大多数の普通の科学者は，内心では多くの科学が帰納的推論に基づいて築かれたことを実感しているといわれる（1.2 節）。**第 1 講**では，経済学がサイエンスに足るには，実証可能性なり反証可能性の対象たり得るか，あるいは理論的にはパラダイムシフトに遭遇することがあるか，を問うことが重要とした。

日常的に経済分析を実践する際には，これほどまでの過度の緊張感は必要ない。論理実証主義，帰納的推論，そしてパラダイムシフト等の鍵となる用語は押さえておくとしても，日常的な経済分析を進める上では，むしろ過去に行わ

れてきた分析に追加的に考察を加えることで，淡々とピースミールな分析結果の蓄積を図っていくので善しとするのでよい。ポパーのいう漸進的社会工学（piecemeal social engineering）であるが，これは理工系科学の分析方法論に近いものだ（第1講）。

これも第1講で説明したが，経済学には純粋理論を展開する「理論経済学」とデータを媒介とする「実証経済学」が併存しており，経済学全体としては両方の顔をもつし両者が適度にバランスした面もある。「理論経済学」は代数や解析といった純粋数学に近く，「実証経済学」は数値解析や統計力学などの応用数学といったところだろう。既述のように，時に数学は自然科学というより抽象的な形式科学に分類される（第1講1.2節）。形式科学には，数学の他に論理学，システム理論，計算機科学，情報理論，統計学，言語学などといった分野が含まれ，経済学の中では数理経済学，ミクロ経済学，ゲーム理論などが該当する。これらの「理論経済学」系の科目群を念頭に置くならば，経済学は十分数学同様の3分類法での自然科学に入り，演繹的分析が主流のサイエンスに仲間入りを許されよう。

他方，数量のデータが入手可能なものは，統計学や計量経済学の手法を用いて，帰無仮説を立て，それなりの有意水準（＝帰無仮説が正しいのに棄却してしまう確率）を指定して，仮説検定をすることが可能である（第10講）。したがって，実証可能であり，より弱い意味では反証可能といえる。帰無仮説の仮設検定は反証可能か否かを統計的に判断するものであり，これもポパーがサイエンスに課した反証可能性の要件に合ったものである。

学問としての経済学にとって，科学哲学者のポパーの箴言がどれほど決定的なインパクトがあるのかは定かではないし，仮に経済分析の担当者がその箴言を承知していたとして，実態として何らかの影響が及ぶのかとの疑問が残る。帰納的分析は否定され，サイエンスとしての経済学はすべからく演繹的分析を目指すべきだとなると，多少の先入観が芽生えるかもしれない。しかし，もともと演繹的分析が中心の「理論経済学」はともあれ，データを媒介とする「実証経済学」の分野において，何らかの演繹的分析が意識しだされているだろうか？

■ 実証分析に演繹的手法を組込む
この問いに対して，近年の「実証経済学」における演繹的分析手法への流れ

として，3つほどの試みを取り上げる。それらは，DSGE と呼ばれるマクロモデルの構築とそれを用いた政策シミュレーション，エビデンス（根拠）に基づいた政策立案と政策評価，そして実験経済学や行動経済学の興隆だ。

第1の動学的確率的一般均衡（DSGE，Dynamic Stochastic General Equilibrium）マクロモデルとは，経済主体の異時点間の最適化行動をモデル化したマクロ計量モデルのことで，モデル内で不確実性のショックを発生させ，そのモデルが生み出す日本経済の変動が現実の変動と似たものとなるまでマクロモデルを特定化する未知のパラメータを調整し（カリブレーション，calibration という），その結果を用いて景気予測や政策シミュレーションを行う。大変な一連の作業だが，そのためのコンピューターソフトが開発されており，そのプログラムが利用できる。DSGE ではマクロモデルの推計に工夫がなされており，実証経済学の範疇（はんちゅう）に入るのは確かだが，カリブレーションによって推計されたパラメータを得た後は，その設定の下でモデルベースド（モデルに基づいた）の計算による演繹的推論を行う。その意味で，DSGE マクロモデルによる景気予測や政策シミュレーションは「実証経済学」における演繹的分析手法への流れとなっている。

第2の，根拠に基づいた政策立案（EBPM，evidence-based policy making）は主に政策立案に際して現実がどうなっているかを厳しく評価するもので，評価に当たってはあらかじめ定められたプロセスを順守し，とりわけエビデンスがあることを出発点としなければならない。2018年12月に閣議決定された「平成31年度予算編成の基本方針」では，「各省庁は全ての歳出分野において行政事業レビューを徹底的に実施するとともに，EBPM を推進し，予算の質の向上と効果の検証に取り組む」とされた。エビデンスを提示するのには，一般に単なる「実証経済学」を超えたレベルでのデータ解析を必要とすることから，ここでも演繹的推論が待望とされるであろう。なお，EBPM は医療におけるパラダイムシフトをもたらしたとされる evidence-based medicine（根拠に基づく医療）に見習うもので，この evidence は事実というよりも「入手可能な範囲で最も信頼できる研究成果」との意味合いになる。

第3の実験経済学や行動経済学は，経済学を含めた社会科学で不可能としてきた社会的実験を行い，その結果から社会での現実の動向を推論するものである。経済主体は合理的に行動するか，人々は地域のお祭りや環境保存をどれくらい評価しているか，といった問題をアンケート調査や普段の行動から評価す

る。実験経済学や行動経済学の分析結果は，往々にして伝統的な経済分析では仮定されていたことが否定的に示される場合があるが，これはまさにアンケート調査等からの演繹的分析のなせる業といえるのだ（**6.3節**コラム 6.1）。

さて，このような「実証経済学」の演繹的分析手法への流れは，数学的帰納法が（問題によっては）実態は演繹的分析を行っているとの指摘に相通じるものがある。現実のデータを扱っているという意味では帰納的分析の色合いが濃いのは確かだが，単なるデータの機械的処理ではとどまらない理詰めの演繹的分析の役割が高まっているのだ。

### ■ 事実解明分析と実証分析

**第 5 講 5.1 節**では，実証経済学の「実証」分析には，かつては positive analysis と empirical analysis の 2 通りの英語が対応していたが，現在は positive analysis は誤解が生じないようにと事実解明分析となり，現実のデータを扱う分析には empirical analysis の用語が与えられるようになったと記した。これと同時期頃から，経済学の研究者の専門領域としては，まずは大きな領域として理論経済学か実証経済学かが問われるようになった。この場合の実証経済学は，理論経済学以外で広く empirical analysis を行う経済学とのニュアンスをもつようになった。

英語の positive analysis と empirical analysis は割合と厳格に区別されるが，日本語の事実解明分析と実証分析は，それほど厳格には区別されない傾向にある。事実解明分析の知名度が低いのが原因のようで，一律 empirical analysis のつもりで実証分析が使用されている。事実解明分析にはまさしく事実を解明しようとの強い意思が感じられるのに対して，empirical analysis の実証分析にはそうした強い意思は感じられず，むしろ消極的で受動的な姿勢が伝わってくる。

## 6.2　歴史を顧みる ----------------------------------

### ■ 歴史から学ぶ

当たり前のことだが，現在は過去からの継続であり，未来への中継点でもある。過去から連続してつながっていることから，現在においての当事者は過去を，すなわち歴史を誇れる特権をもっているのであり，それゆえにまた歴史か

ら学ぶことができるのだ。歴史もいくつかのレベルで語ることができる。宇宙の歴史，地球の歴史，人類の歴史，資本主義の歴史，日本経済の歴史，……。**第6講**では，せいぜい第2次世界大戦以降（すなわちこれ，戦後）の日本経済を対象とするが，**第1講**や**第3講**でもみたように，経済学の歴史は少なくともアダム・スミスの18世紀までさかのぼる。しかしここでは，数学的手法が導入され，しかもモデルをベースに経済が理論的に再構成され，コンパクトな形で経済の全体像が手軽に語られるようになった時代以降を念頭に置く。

　経済学の理論やモデル分析を行うのには歴史は必要ないと思う向きが多いだろうが，そうではない。ポパー（Karl Popper, 1902-94）が指摘するように（**第1講**），経済学はピースミールな研究成果が積み上がったものなので，仮に今の経済学が「完成形」だったとしても，そこまで来るまでにおいて多くの研究者の労苦が費やされ，僥倖も含めた恩寵の賜物だった可能性がある。**第3講**では概観しただけだったが，経済学説史には奥深いものが隠れており，ポパーの主張する反証可能性のチェックを受け，修正を加えて耐えてきたのではないだろうか。

　それはともあれ，中学校や高校で学んだ世界史や日本史では，記憶すべき歴史的大事件としては，古くは戦争とその終結となる講和条約が結ばれた年月と地名がほとんどであり，他にはあるとしたら宗教関係か文明・文化関係が中心で，真面目なところ経済問題が登場することはほとんどなかった。18世紀後半の産業革命が起こるまで，経済は世の中を大きく変えるほどのことはなかったというのも説明になるかもしれないが，イタリアのルネサンスや大航海時代のスペイン，ポルトガル，オランダ，イギリスといったところは，経済的利益を目指した重商主義なのは確かだ（**第3講**）。

　歴史上の事件で明らかな経済問題以外は日常的な経済活動に関係ないかというと，それは見識が狭いだけだ。実際は，経済を含めた（マルクス経済学でいう）社会の下部構造が85％ぐらいを占めており，残りの15％のうち10％が衣食住がらみ，そして最後の5％ぐらいが政治的活動や旅行・余暇といったところだろう。そのような生活の中で歴史に目が行くのは，ほんの一握りの国民に過ぎないかもしれない。しかし，イギリスの1660年の王政復古，フランスの1852年のナポレオン3世の第2帝政クーデター，日本の1867年の明治維新，等々一見すると突然の出来事のようだが，歴史をたどるならば，これらは潜在的に歴史が生きていたゆえに起こり得たのであって，（当時生きていた人々にとって

は）過去とのつながりが実感されたのではないだろうか。

　例え話としては全く異なるが，こうした過去とのつながりの実感が経済モデルからも得られるのだ。もっとも，実際の歴史が直接モデルを通して見えるわけではない。歴史はモデルの形状に反映される。ここでの用語をもちいるならば主体均衡のあり様，すなわち主体均衡の関数形に反映される。主体均衡を1次式などで表し，それらの係数パラメータを最小2乗法などの計量経済学的手法で推計する際には，過去のデータを用いて係数パラメータを推計する。精緻な推計法では，可変パラメータとして歴史が関与する程度によってパラメータが変動する定式化も行われる。より直截的な定式化としては，個別の歴史的イベントをダミー変数（該当する事項の有無で1，0の値をとる変数）として，そのイベントを考慮するか否かによって主体均衡の説明力に有意な変化が起こるかを確かめることが可能だ。時代によって，あるいは何かのイベントの前後で主体均衡の行動様式に変化が起こったかは構造変化（structural change）に相当し，その原因が過去のイベントないし歴史にあるというのはよくあることだ。

　しかし，経済の分析が歴史から学ぶのは，以上のようなどちらかといえば分析上のテクニックに限るわけではない。決定的に重要なのは，むしろ経済分析を担当する当人に歴史の素養があるか否か，経済の現状を歴史のどこかにリンクさせる閃きが湧くか，といった一般教養（liberal arts）が問題と思われる。経済学はサイエンスであると同時にアートでもあるのだ（**第3講**）。

## ■ 歴史は繰り返す

　「歴史は繰り返す」とは，多少離れた過去において起こった事件などの歴史と似通った事件が，新たに発生する際に言及される格言だが，確かに経済事象は歴史的に繰り返すことが多い。まず第1に，景気循環といわれる景気の波は，経験的に3-5年の小循環（キチン循環），8-12年の中循環（ジュグラー循環），15-25年の長期循環（クズネッツ循環）と，平均的には各周期で規則的に繰り返すことが知られている（**第9講**）。第2に，親世代から子世代への相続が30-50年ぐらいの周期で起こり，これが耐久消費財や住宅需要を引き起こすであろう。第3に，相続まで行かなくとも，子世代の生長や年齢とともに，ライフサイクルは新たなフェイズ（位相）に転移するのであって，そのたびに繰り返す歴史に思い当たることが多い。第4は，外生的ともいえる地震や台風などの天災，政権が打ち出す経済政策，オリンピックやスポーツのワールドカップ大会の開

催，等々が一定の間隔をもって発生し，それらの事前・事後で前回との比較で語られる頻度が高まる。

かくて繰り返す歴史を念頭に，その歴史から学ぶべきところを押さえておく必要が生じる。第1の景気循環の特徴を理解しておけば，その局面に応じての効果的な財政金融政策の発動が景気循環の平準化に役立つだろうし，災害からの復旧・復興に迅速に対応可能となる。第2，第3のライフサイクルの局面転移はある程度予測可能であり，まさに歴史から学び事前に準備しておくことが可能である。

歴史の知識がかえって裏目になる場合もある。地震や台風の天災を過小評価してしまい，実際の災害が予測を超えた規模になった場合だ。2011年3月の東日本大震災や2019年秋の台風トリオ15号・19号・21号の集中豪雨による関東・甲信・東北地方をはじめとした全国での大量の河川堤防の決壊・浸水はそれぞれ大きな被害をもたらしたが，これらは確かに想定を超えた自然災害であった。とはいえ，そこには過去の経験内での判断があったのであり，その経験の枠（想定）外が生起した現実への迅速な対応が欠けていた。従来の地震発生状況から想定した結果的に被害を過小評価してしまったマグニチュードの地震およびその後の津波被害，そして従来の降雨量データから「50年に1度あるいは100年に1度の記録的大雨」レベルとの予報とその予報を上回った実際の降雨量，といった状況判断ミスが，自然災害の規模を増幅してしまった可能性がある。

歴史が文字通りの教訓となるのは，もともと歴史が繰り返される「定常状態」にある場合だ。地球温暖化に伴って台風の規模などの気象現象が悪化傾向にあるとすれば，過去の経験を上回る災害になり得るのは十分予測可能であり，もしそうであるならばほんらい災害予報に取り入れなければ人々の行動を誤らせてしまう。地球温暖化は1つの可能性に過ぎず，織り込むべき同様の「社会の基底となる部分」の変化は多い。経済学ではしばしば言及される社会の構造変化だ（**第1講，第4講**）。

歴史が教訓となった大きな出来事の具体例を挙げておこう。後に詳述する2008年のリーマン・ショックの際には，1930年代の世界的な大不況の経験を想起し国際協調による迅速な対応が行われ，結果的にショックが長引く世界的大不況となることを回避できた。1979年の第2次石油ショックの際には，6年前の73年の第1次石油ショックの教訓が役に立ち，日本では74-75年に賃金

物価のスパイラルとして生起してしまった狂乱物価の再現を回避することができた。

## ■ 100 年に 1 度レベルの大ショック

2008 年 9 月のリーマン・ショックに端を発する世界金融危機・世界同時不況に際して，これはニューヨーク証券取引所での 1929 年 10 月の暗黒の木曜日の株価大暴落に匹敵し，1930 年代に世界中に波及した大不況以来，すなわち 100 年に 1 度レベルの大きなショックとの見立てが喧伝された。リーマン・ショックのショックたる内容事項そのものはそうした評価に値する規模の金融界のショックであり，実体経済への相応の悪影響が危惧されたのだ。

100 年に 1 度レベルの大ショックに起因する世界金融危機・世界同時不況には早急に市場介入し，大規模の財政政策の発動も決断すべしとの学界からの意見具申も多かった。リーマン・ショックが起きる前までの経済学界では，1970 年代の 2 度の石油危機，80 年代のレーガノミクスをはじめとした市場原理主義の台頭，90 年代のソ連の崩壊によるアメリカ型資本主義の世界市場への浸透・グローバリゼーション，と目まぐるしいまでの大事件や大きな出来事が次々と続発した。

リーマン・ショックに対しては主要国首脳会議の G7（日米独英仏伊加）に新興工業国を新規に加えた主要 20 か国・地域（G20）＝ G7＋EU，露，および新興国 11 か国（中印伯墨豪韓，南ア，インドネシア，サウジアラビア，トルコ，アルゼンチン）が 2008 年に招集された。G20（ジートゥエンティ）は group of twenty の略で，2009-10 年の 2 年間は半年に 1 回開かれ，11 年以降は毎年 G7 の開催に合わせて G20 首脳会合を開催するようになった。G20 の中には新興工業国でも（国土面積や人口が大きいという意味での）大国であるロシア，中国，ブラジル，インド，南アフリカは BRICS 諸国として存在感を年々高めている。

G20 は全地球レベルでの政策協調が必要とされる中で，先進諸国と新興工業国をはじめとした発展途上国が合意の上で集まったもので，リーマン・ショック後の政策協調が成功裏に行われそれなりの成果を収めたことから，その後も G7 と同じタイミングでの首脳会議に加えて G20 財務相・中央銀行総裁会議，G20 労働雇用大臣会合などの開催が続いている。2019 年は日本が首脳国会議の開催国に当たっていたこともあり，さらに関連会議として，G20 外務大臣会合，G20 貿易・経済大臣会合，G20 エネルギー関係大臣会合，G20 保健大臣会合，

G20観光大臣会合などの開催が開催時期や開催場所をずらしながら続いた。

## ■ 経済学説史と経済論争の教え

　**第3講**で経済学の歩みをたどったが，そこでは古典派，限界革命，新古典派，ケンブリッジ学派，…と多くの学派なり経済学の考え方があった。**第3講**では制度派経済学とマルクス経済学の歩みもたどった。百花繚乱の経済学の一端にも触れ，経済学としては対象とする分野が随分と広がった。その必然的な帰結というわけではないが，学問の細分化も進み，研究者の中にも自分の専門とする分野以外の分野の研究動向をフォローしておくのに，特別なエネルギーが必要になってきている。数年前ぐらいまでは，いくら細分化されたとはいえ，どの分野でも経済学のエッセンスは共通であって，論理的思考（すなわち演繹的推論）は苦労なく展開することが可能だった。経済学を学ぶ経済学徒にとっても大変な時代になってしまったのだ。学ぶべき経済学の科目数が増え，論理的思考（演繹的推論）だけでは済まず，アドホックな経済知識を多数記憶しなければならなくなってしまった。

　ここにおいて経済学説史と経済論争をしっかり押さえておくことが，想定外のところで役に立つことが理解される。細分化された文字通りの細部のところは理解できなくとも，経済学説史や歴史に残った経済論争で学んだ知識を想起することによって，細部の論点が理解され，ビルトインされたそれなりの対処法が自然に湧き出てくるだろう。百花繚乱の経済学が頭の中で整理できていると，それも論理的思考（演繹的推論）には大いに役立つだろう。とりわけ経済学の学派のあいだでの経済論争は，学派を代表する論者はしばしば誇張して批判し合うことから，経済学説史上でも何らかのエピソードが残されている場合が多く，それはまたその経済論争の名を馳せる効果がある。

　経済学説史や経済論争のエピソードはそれらを記憶するためにだけでなく，エピソードを梃子の支点にして，作用点となるような論理的思考（演繹的推論）を展開することが期待されるのだ。

## 6.3　経済をモデル化する-----------------------------

　経済を分析するにはそもそもの経済の基本構造を理解しておくのが肝要で，

まずは経済活動水準の決定メカニズムの深い理解が先決だ。そのためには，経済のモデル（模型）を構築し，そのモデルをベースにして，経済がどのように循環し活動水準が決まるかのメカニズムを理解するのがよい。

## ■ モデル（模型）とは？

経済のモデル（模型）とはどのようなものであろうか？ この場合のモデルとは，プラモデルのモデルと同じ用法のモデルであり，実物を縮小して臨場感を維持しながら，国民経済の模型を構築することになる。ミクロ経済のモデルならば，例えば家計（消費者）がそれぞれの世帯主の年齢（ライフサイクル）に応じて消費計画をどのようにするのがよいかを生涯所得，資産保有高，家族構成などを想定して予測する。あるいは，企業の最適な設備投資計画を企業の収益状況，業界での競争状況，業界の将来予測，などをベースに作成する。前者は世帯主が家族の将来を案じて計画するもので，後者はいわば企業診断士や経営コンサルタントの仕事になるようなものだ。

マクロ経済のモデルならば，家計（消費者）や企業，政府，海外部門などの経済主体から構成される国民経済の縮小版を念頭に置き，それぞれの経済主体の行動を特定化して国民経済全体に生気を与え，財政金融政策が発動された場合に GDP や物価水準にどのような影響が及ぶかを精査するのである。こちらは日本経済の将来を予測するシンクタンク等の仕事になる。

これらの例が示すように，経済のモデル化によって，現実を把握するよすがが整理され，目標となる成果をあげるのにどこに手をつけたらよいか，どのような経路をたどって目指す効果が現れるのか，といったことが理解される。こうした結論が本当に正しいものなのか否かは，構築されたモデルが現実を正しく縮小してモデル化できているか，経済主体の行動がどれだけ合目的的に設定されているか，等々に依存して正確度が左右されるだろう。

## ■ オッカムの剃刀

経済のミクロモデルなりマクロモデルを構築する際には，高級自動車や戦艦のプラモデルのように，現実を正しく模倣したものになっているかが重視される。ただし，モデルはあくまでもモデルなので過度に詳細に現実を模倣する必要はない。理論的分析を追求するならば，その理論にスポットライトが当たるようにモデル化するのが肝要であり，現実を近似できれば十分であるという考

え方もある。現実を簡素化する比喩にスコラ哲学由来で，14世紀の哲学者・神学者のオッカムが多用したことで有名になった**オッカムの剃刀**（Occam's または Ockham's razor）がある。

オッカムの剃刀とは，「ある事柄を説明するためには，必要以上に多くを仮定するべきでない」とする指針で，ここから「必要が無いなら多くのものを定立してはならない。少数の論理でよい場合は多数の論理を定立してはならない」とオッカムが主張，それを端的に示す用語としてオッカムの剃刀が残された。剃刀を使ってまでも，すべからく複雑さを削り落とすべしとの箴言を体現したものだ。

オッカムの剃刀の考え方は一般にモデル構築に当たっての原則として，統計学や機械学習の分野では，モデルの複雑さとデータへの適合度とのバランスを取るために，オッカムの剃刀的な発想を利用する赤池情報量規準（AIC）やベイズ情報量規準があり，**けちの原理**（principle of parsimony）の適応例として実際に統計モデルの最適なパラメータ数の選択基準等として用いられている。発想はこうだ。ある測定データが与えられたとき，一般に，モデルを複雑にすればするほど測定データをうまく説明できる。しかし，そのようなモデルは不必要に複雑なモデルであり，過去のデータに過剰に適合（過適合）してしまい，将来のデータについてはかえって説明力が落ちてしまうのが常なのだ。

## ■ 合理的に行動する経済主体

一般均衡経済モデルを構築すると思い当たることであるが，経済主体の行動原理においては，すべからく合理的な行動をとると前提する必要がある。何らかの合理性がないと一般均衡がユニークに決まらない（**第4講4.4節**）。経済主体の行動に合理性を課すことが演繹的推論を展開する上で不可欠なのだ。もちろん，加えて一般均衡では需要と供給が等しいという市場均衡も成立する。

数学的な表現をするならば，市場均衡は「需要＝供給」の条件より，1つの方程式を与える。そもそも，主体均衡の条件は需要サイドと供給サイドの経済主体の最適化行動を課すことにより，2つの方程式を与える。それぞれ需要曲線と供給曲線の2つだ。需要曲線と供給曲線の交点としての市場均衡より，均衡での価格と数量が決定される。数式としては，需要曲線と供給曲線に登場する価格と数量を等しくさせ，価格か数量のどちらかを消去することにより市場均衡が求められよう。

第4講でみたように，市場均衡，主体均衡，一般均衡は市場経済の3羽ガラス，3種の神器，スリートップ，トリニティといろいろな表現が可能だが，一言でいえば市場経済で確実に起こるマスト（must）だ。市場経済をモデル化しようとするならば，この3つの均衡は必ず取り込まなければならない。合理的な主体均衡を前提にすると，市場均衡と合わせると，完全競争の下で行われるならば一般均衡はパレート最適になる。すなわち効率的な資源配分となるのだ（第5講）。

もし，経済主体が合理的に行動しなければ，主体均衡はパレート最適性をもたらさない。したがって，市場均衡が達成されたとしても，一般均衡は効率的なパレート最適にはならない。需要と供給が一致せず市場均衡が達成されなければ，効率的な形での一般均衡は実現されない。すなわち不均衡のままではパレート最適にはならない。未利用のまま資源が残されたり，未実現の取引が残る非効率な資源配分となるのだ。そうなることが既知なので，市場経済の経済モデルを構築する際には，市場均衡，主体均衡，それらを合わせた一般均衡は市場経済のマストになるのだ。

---

**コラム6.1　経済主体は合理的に行動するか —— 行動経済学による発見**

経済学で登場する経済主体は，すべて自分たちのベストを尽くし，目標を達成するものと想定される。経済主体にとっての主体均衡（subjective equilibrium）の達成・維持であり，消費者や家計であれば予算制約の下での効用最大化，企業であれば短期的には可変的な生産要素を有効利用しての利潤最大化，長期的なダイナミックな観点の意思決定では投資計画を実行しての企業価値（市場で評価される株価）の最大化，といったところだ。労働市場での，企業の利潤最大化による労働需要の導出（古典派の第1公準），家計の労働供給と余暇の選択に基づく労働供給の導出（古典派の第2公準）にも，経済主体の主体均衡が前提される。ただし，古典派経済学の体系では第1公準も第2公準も前提され，その結果完全雇用均衡が達成されるのに対して，ケインズ経済学の体系では第1公準は前提されるものの第2公準は名目賃金の下方硬直性によって否定される（第9講）。

こうした経済主体の合目的的行動，とりわけ目的を達成するための合理的行動による主体均衡は経済学の出発点ともなるものであり，市場均衡と合わせて一般均衡状態を規定する。合理的な主体均衡は経済主体の行動から恣意性を取り除くための科学的方便ともいえ，同時に主流派の経済学がサイエンス足りえる必要条件ともなっている（第1講）。恣意性が除かれることによって，他の事情が同じ（*ceteris paribus*）で同一の条件ならば同一の結果となるといった再現性が備わり，経済モデルを用いた予測や統計的推定・検定が可能となるからだ。この意味で，経済主体の合理的行動を取り除くと，経

済学の体系が崩れ落ちる危機に直面する。古典派の第2公準を否定したケインズ経済学が体系を保っているのは，第2公準に代わって名目賃金の下方硬直性や有効需要原理によって労働雇用量（および非自発的失業）が決定されるメカニズムを確立したことによる。

　それほど重要な経済主体の合理的行動だが，経済理論上の役割は理解できるとして，現実の経済では果たして妥当しているのだろうか？ これに対して否との答えを出したのが行動経済学の結論である。もっとも，すべての面で否なのではなく，ある程度の合理的行動がとられているものの，相当程度複雑な意思決定においては完全な合理的行動ではなく，7分目から8分目ぐらいの合理性にとどまるとの限定合理性（bounded rationality）が現実的とした。アンケート調査などに対する回答もこみ入った質問になると真剣に考えずに「どちらとも言えない」「分からない」と答えたり，設定されたデフォルトを好んで選択する結果となる。

　行動経済学（behavioral economics）は，端的には，経済学の数式モデルに心理学的にあるいは経営学・実務的に観察された事実を取り入れていく研究手法である。行動経済学は当初は経済合理性を前提とする主流派経済学に対する批判的な異端派として生まれたが，1990年代以降に急速に発展し，アメリカでは主流派経済学の一部として扱われるようになっている。行動経済学は，経済学説史上は時代により2つの世代に分けられる。

　第1世代は1950-60年代にまでさかのぼる。主流派経済学の合理的行動を批判対象として，効用最大化や利潤最大化に反して，経済主体は一定の満足が得られれば最大化でなくてもそれで良しとする満足化基準などのアイディアを提案した。しかし，それらの多くは一般性を欠いていたために第2世代の行動経済学に直接受け継がれることはなかった。ただし，人間の経済行動は完全に合理的なものではなく，必ずしも綿密でなく直感で素早く解に到達するヒューリスティックスや行動バイアスに左右されるとの基本的な人間観は，第2世代の行動経済学にも踏襲されることになった。第1世代の研究者としては，サイモン（Herbert Simon, 1916-2001），カーネマン（Daniel Kahneman, 1934-），セイラー（Richard Thaler, 1945-）らがノーベル経済学賞を受賞している（**第3講**コラム3.2）。

　1990年代以降の第2世代の行動経済学では，社会心理学的な観点から主流派の経済モデルの問題点を指摘するだけでなく，代替的なモデルを作り出す潮流が生じた。具体例は多岐にわたるが，主流派経済学のモデルを踏襲しつつも，前提とされていた利己性・合理性・時間整合性などの仮定を緩和することによって，心理学的エビデンスや経営学・実務上のエビデンスと整合する理論の構築を目指している。そうした試みの中の代表例がナッジ（nudge）の考え方で，強制やインセンティブ（金銭的動機付け）に頼らずとも，ちょっとした工夫によって人々を賢い選択へと導くことができると主張する。意思決定をためらっているときのナッジの例として，肩を叩いたり背中を押す，他人の例を挙げる，デフォルトとして選択肢を用意しておく等々があり，本人もそれと気が付かないまま自らの意思決定であったものと認識していることを各種のデータで示してい

る。人々は 100％計算してとことん合理的な意思決定をするわけではなく，あるところ
から先は自らの固い意思を通すのではなく，いわば人任せにしてしまうのだ。
　なお，行動経済学と分析手法が似通ったものに実験経済学がある。行動経済学と実験
経済学はほんらいは全く異なるものであるが，両分野が統合して 1 つの分野に向かいつ
つある。大学のカリキュラムでは，いずれは 4 単位科目として行動実験経済学ないし実
験行動経済学が確立するであろう。

## ■ 連立方程式体系としての経済モデル*

　完全競争市場での市場均衡をモデル化するならば，市場均衡，主体均衡，一
般均衡の 3 つの均衡概念は必ず考慮されなければならない。これらの均衡は具
体的には数式で表現され，結果的には連立方程式体系としての経済モデルが構
築される。ここまで来るとその先の演繹的分析は自然に進行する。**第 3 講**の百
花繚乱の経済学の中では数理経済学として括ったところだが，パレート最適な
市場均衡については，1950 年代を中心に活発な研究が展開され，一般均衡の
存在証明と一般均衡の一意性や安定性について精緻を極めた研究がなされ，そ
れらの性質が示される必要条件や十分条件が確認されたのだ。言い換えるなら
ば，一般均衡の存在・一意性・安定性を満足しない必要条件や十分条件も解明
され，それらの条件を満たさなければ市場の失敗も不可避となることが解明さ
れたのだ（**第 4 講**）。

　一般均衡の存在証明はコラム 6.2 にもあるように，数学の不動点定理を応用
する。一般均衡の存在については未解決問題とされていたが，アロー（Kenneth
Arrow, 1921-2017）とデブリュー（Gerard Debreu, 1921-2004）の 1954 年の共著論
文で数式モデルで精査され，一般均衡の存在が数学の不動点定理（凸コンパク
トな集合 X から自身 X への連続写像 $f$ には $f(X)＝X$ となる不動点がある）の応用に
よって証明された（後に宇沢弘文が，一般均衡の存在と不動点定理が同値であるこ
とを簡易バージョンで証明，後に一般化される）。一般均衡の一意性は，$n$ 個の財
サービスがあるとして，それらの財サービスの代替特性に依存し，どの財サー
ビスも所得効果も含めて代替効果が優位な粗代替（gross substitutes）ならば一
意性が満たされる 1 つの十分条件となる。一般均衡の安定性は，均衡の近傍の
局所的な安定性と全域を問題とする大局的な安定性がある。粗代替ならば局所
的に安定であり，大局的な安定性は 1961 年に宇沢弘文によって，リアプノフ
関数の存在を通して均衡への収斂過程の安定性に拡張されて証明された。

　数学における不動点定理（fixed-point theorem）は，ある条件の下で集合 $A$ から $A$ への自己写像 $f$ は少なくとも 1 つの不動点，すなわち $f(x)=x$ となる点 $x \in A$，を持つことを主張する定理の総称をいう。不動点定理は応用範囲が広く，分野を問わずさまざまなものがある。そのうち経済学と関係が深いのがブラウワーの不動点定理と角谷の不動点定理である。

　ブラウワーの不動点定理は位相幾何学における不動点定理で，ブラウワー（Luitzen Brouwer, 1881-1966）によって証明された。この定理では，コンパクト凸集合からそれ自身への任意の連続関数 $f$ に対して，$f(x)=x$ を満たす点 $x$，すなわち不動点が存在する。コンパクト集合は有界な閉集合であること，凸集合は集合内の 2 点のどの内分点もその集合に含まれることを意味する。

　角谷の不動点定理は，ブラウワーの不動点定理を拡張したものである。すなわち，ブラウワーの不動点定理を集合値関数に拡張したものが角谷の不動点定理となる。角谷の不動点定理は，経済学における一般均衡理論において，すべての市場における需要と供給を同時に等しくさせる価格体系の存在を示すために用いられる。

　いま $S$ を財サービスの価格体系の集合とする。$\varphi(p)$ は，価格体系 $p$ がすべての市場で需要と供給を等しいものとしない限り，その引数とは異なる結果をもたらす関数として選ばれる。一般均衡の存在証明では，このような性質を持ちながら，同時に角谷の不動点定理の条件を満たす $\varphi$ を構成することを目指す。これが達成されれば，$\varphi$ は不動点を持つ。この構成方法より，そのような不動点は需要と供給をすべての市場で等しいものとする価格体系である均衡価格になる。

## ■ 数学が理解できなくて本当に大丈夫か？

　第 1 講 1.3 節でもある程度説明したが，結論は数学の知識があると有利だが，絶対に必要というわけではないというものだった。経済学を学んで大学院に進み，そのまま研究者になろうというのならば，数学を自由自在に理解できるのが要件ともなるところだが，そうでないのならば不用意に「数学に怯えることはない」だろう。それはそうなのだが，数学にも程度の差がある。微分が経済学で最もよく使われる数学と言っても過言ではないが，一般均衡の存在証明には単なる微分積分のほかに，集合論や関数解析の知識も必要となり，経済学部の学部生にはかなりの高難度だ。

　一般均衡の存在証明は，アロー=デブリューの論文では角谷の不動点定理を援用するために，完全競争下の経済主体の価格に対する超過需要関数が凸コンパクトな集合になる条件を詰めるのに大部分を費やし，結果的に 26 頁の論文

になった。宇沢弘文の一般均衡の存在と不動点定理についての同値定理の論文は4頁、そもそもの角谷静夫（1911-2004）の不動点定理は3頁の論文だった。オッカムの剃刀でいえば、アロー＝デブリューの論文は相当程度短縮できたのだろう。

## 6.4 経済主体の意思決定が市場均衡を‥‥‥‥‥‥左右する

### ■ 一般均衡は連立方程式の解

　既述のように、一般均衡は市場均衡と主体均衡が同時に成立する状態だ。$n$個の財サービスがある経済だと、これらの財サービスの市場均衡を表す数式があり、$n$個の方程式となる。注意しなければならないのは、この経済で活動する経済主体は所得をすべて$n$個の財サービスに使い尽くす（貯蓄を考えてもよいが、問題が複雑になる）ことから、予算制約式を踏まえると、$n$個の方程式のうち1つは独立でない。すなわち独立な方程式は$n-1$個になる（ワルラス法則という）。

　この間に経済主体がどのように行動しているかを確認するために、同じ$n$個の方程式体系が対象となるが、説明の便宜上主体均衡から出発しよう。いま経済全体で$m$人の経済主体（企業も含む）がいるとして、各財サービスに対する需要・供給を決める。それらを財サービスごとに集計すると、経済全体では$n$個の超過需要関数が得られる。市場均衡では、これらの超過需要関数がすべて0になる。もっとも、各経済主体の予算制約式は市場均衡になくても満たされなければならないので、経済全体で集計した超過需要関数も常にすべて0とならなければならない。ここでワルラス法則より自由度が1つだけ減少し、結局独立な方程式は$n-1$個になる。

　$n$個の財サービスの市場均衡から出発するのと主体均衡から出発するので結局同じ方程式に至るが、異なるのは、後者だと各財サービスの超過需要関数の形状が主体均衡から特定されることである。独立な方程式が$n-1$個になるのは変わらない。一般均衡は、結局、これら$n-1$個の連立方程式の解になる。各財サービスの超過需要関数は主体均衡としてどのような行動をとるかに依存して決まるが、各経済主体は合理的に行動することから、集計した超過需要関数も効率的なものとなる。主体均衡は、定義によって、経済主体が満足して行

うものであり，一意的に決まりそうだが，決まるのは需要関数や供給関数の関数形であり，各経済主体の嗜好や技術熟練度，そして予算制約上の初期賦存量の違いにより，さまざまな個別の超過需要関数となり，それらを集計した経済全体の超過需要関数はさらに複雑なものとなる。

関数形は線形の1次式になるのが簡明だが，そのためには経済主体にとっての目的関数（効用関数や生産費用）が2次式で書けるとかいった制約をかけることになる。不可能なことではないが，一般論としては，あまり制約はかけたくないところだろう。これも一般論だが，均衡の安定性をチェックするために，市場均衡点の近傍で線形近似する場合を除くと，連立方程式体系が線形になることは稀だ。

## ■ 経済主体の行動にはインセンティブを

主体均衡が一般均衡を決定付けるのが理解されたとして，それには理論と実証（あるいは演繹と帰納），一般教養としての歴史，モデル（模型）構築，等々が重要であることを見てきた。最後に，経済主体の行動という観点からインセンティブについて触れておきたい。

主体均衡は経済主体にとっては最適化行動の結果であり，選択したその状態にあれば満足が得られる。言い換えれば，経済主体にとっては，その主体均衡の状態になるように常時努力し，環境が変われば主体均衡の行動を調整するだろう。その結果，経済主体の行動は戦略的（strategic）な要素をもつと考えられる。戦略的行動はゲーム理論などでみられる行動で，ゲーム相手の行動に応じて自分の行動を変える特徴がある。この点で，相手は戦略的行動をとることが決してないという，いわば「自然相手のゲーム」と大きく異なる特性をもつ。戦略的行動は，相手の出方次第で自分にとってより有利な行動をとるのであり，「作戦勝ち」や「損して得取る」といった常識はずれの戦略が正解ということがしばしば起こり得るのが興味深くなっている。

ゲームでの戦略的行動に際しては，経済主体のやる気を引き出す仕組みになっているのが重要であり，ゲームのペイオフ（損得）構造は経済主体が真剣に行動するようにインセンティブ（誘因）が働くようになっている場合が多い。囚人のジレンマは共犯者がともに自白する最悪の結果をもたらすペイオフ構造になっているが，ともにその最悪な戦略を選択してしまうインセンティブが働く仕組み（maxmin の逆の minimax）が仕込まれている。なお，囚人のジレンマ

はゲームのプレイヤーが結託できないペイオフ構造になっており，自白する共犯者ばかりでなく，共有地（コモンズ）の悲劇（**第11講**），政策協調が成功しない地球温暖化阻止プログラム（京都議定書やパリ協定），などのメカニズムに組み込まれている。これらのゲームの正解となる戦略は，ゲームの参加者が協調することであり，そのためのペイオフ構造に合意することである。その合意に達すれば，あとはインセンティブが働いて解決するだろう。インセンティブがゲームのプレイヤーの戦略的行動を律する場合，これを誘因整合性（incentive compatibility）があるゲーム，あるいは誘因整合的なゲームと呼んでいる。

## ■ 戦略的行動は世の中を複雑にする

ゲーム理論は戦略的行動の帰着を予測するのに有効で，経済問題ばかりでなく政治問題，外交交渉，社会学や心理学の集団行動，等々の分析に応用されている。ゲーム理論の研究はもともと碁や将棋，トランプ，マージャンなどの文字通りのゲームでの戦略的行動が出発点であったが，当初はこれらのゲームのルールが複雑すぎて，数学を用いた解析はなかなか進展しなかった。かわって囚人のジレンマなど，比較的ルールが簡単なゲームの解析が進み，協調ゲームと非協調ゲーム，1回限りゲームと繰り返しゲーム，等々の特性が解明された。ゲーム理論解析の次の段階としては，ゲーム理論の解の数理的特性をコンピューターを用いた数値解析で究明し，この経験は人工知能（AI, artificial intelligence）によるソフトウエアが，チェス・碁・将棋といった難解ゲームでそれぞれのチャンピオンを打ち負かすほどになり，その他のゲームでも連勝続きのゲームマスターとして君臨するまでになった。

いまや AI はルールがはっきりしているゲームやプロジェクトに対しては，設定された諸条件に反応し，ディープラーニング（深層学習）を経て人類の最も頭脳明晰なプレイヤーも難なく打ち負かす段階に入って，さらに能力を上げ乗用車の自動運転や人間型ロボットによる医療診断が可能なレベルにまで至っている。経済の主体均衡レベルでは AI はあっさりと任務を果たし，最も望まれる主体均衡の関数を示してくれるのは間近だろう。

とはいえ，ゲーム理論を通じて誘因整合的な戦略的行動が経済学の世界に定着したことにより，数値計算の結果でなく，演繹的推論に基づく論理展開が周到な準備のもとに可能になると考えられる。しかし，これはコンピューターの中の話で，人間の頭で理解でき，さらに追加的な演繹的推理が可能だろうか？

一般論ではあるが，ケインズの美人投票（最も票を集める美人を当てる美人投票）の例など戦略的行動が世の中を複雑にするのは確かだ（**第1講**）。しかし，このことが即社会にとって好ましくない事態を生じさせるかは，どちらかに断言できるというものでもないだろう。

## 6.5 本講のまとめ

　本講では，経済問題の解明を目指すとしてどのようなアプローチがあるのかを検討した。考えられる分析手法としては，理論的な分析を展開するか，手に入れられるデータをもとに実証分析を行うか，の2通りある。理論分析は，解明すべき経済問題を文字通り理論的枠組に組み込んで，その背景を適切に設定した上でモデル（模型）を構築し，モデル内で演繹的推論を展開し，政策効果を確認したりシミュレーション分析を行う。モデル構築の際には現実を細部まで模倣するのがよいかというと，逆に「極力モデルは簡明なものがよい」とのオッカムの剃刀（かみそり）の箴言（しんげん）があり，構築したモデルをコントロールする意味でも操作可能性の観点からは複雑すぎるモデルは回避すべきであろう。

　経済を分析する際に歴史がどう関わるかについては，さまざまなケースが考えられる。計量モデルに特定の歴史的なイベントをダミー変数としてその有意性を検証するのも一法だし，経済問題が起こる背景を歴史的に考察し，計量分析を補足するのも一法だ。さらには，広い意味での歴史と経済思想や経済学説史を絡めて，歴史が経済思想を創り出すか，あるいは経済思想が歴史を創るか，虚心坦懐に検証するのも興味深い。

　現実経済のモデル化とも関連するが，経済主体が選択する主体均衡の定式化はとりわけ重要であり，結果的に一般均衡としての市場均衡の特性を決定付ける。主体均衡は経済主体が最適化行動として望むものであり，市場経済で達成される一般均衡の市場均衡は効率的でパレート最適になる。ただし，経済主体がゲーム理論的環境で行う戦略的行動を前提とするならば，主体均衡の様相は一変する可能性があり，この場合には世の中が大そう複雑化しよう。

問題 6.1　あなたにとって経済学の理論と実証ではどちらにより関心があるか？ 関心のある問題を具体的に挙げなさい。

問題 6.2　近年，100 年に 1 度レベルの大ショック，あるいは 50 年に 1 度レベルの記録的大雨，といった表現がしばしばなされる。2008 年のリーマン・ショックや 2020 年の新型コロナウイルス感染症のパンデミックが，それぞれ 100 年に 1 度レベルのショックとしても，どちらも経済活動の停滞をもたらしたという意味では，100 年に 2 度（すなわち 50 年に 1 度）レベルのショックと解釈しないのか？ また，50 年に 1 度レベルの記録的大雨は，（対象地域が異なるとはいえ）1 年に何度も発表されている。これらから，「○年に 1 度レベル」はどのように解釈すべきだろうか？

問題 6.3　$x$ を $0 \leq x \leq 2$ の範囲で考える。次の関数の不動点を求めよ。

(1)　$f(x) = 1/x$

(2)　$f(x) = 1 + x$

(3)　$f(x) = x^2 - 2$

問題 6.4　観光地での 2 つの老舗旅館の料金設定を考える。一方の旅館が，平日の宿泊料金を 2 割安くした時に，もう一方の旅館がとる料金戦略を考えなさい。

# 第7講
# ミクロとマクロ

■いよいよ**第7講**からは，経済学の内部に入っていく。まず，経済学でよく登場するミクロとマクロとは何かを説明する。ミクロ（発音によってはマイクロ）は微視でマクロは巨視だが，こうした意味になるには，ミクロには小さく見る microscopic，マクロには大きく見る macroscopic の意味が反映されている。ミクロとマクロは経済に関する課題を分析する際に，どちらかあるいは両方の視点が勧められ，正しく課題の本質に迫ることが可能といえる。

7.1 節ではミクロとマクロを「森と木」，「部分と全体」，「近くで見るか遠くから見るか」の観点からそれぞれ対比する。7.2 節ではミクロを集計するとマクロになるのかといったミクロとマクロの直接的な関係を詳しく探る。経済主体の同質性を前提とした代表的経済主体の想定，そして逆に経済主体の異質性を前提とする場合の対処法を考える。ミクロからマクロへの集計は，多くの場合直観通りになされるが，7.3 節で展開するように，ある条件が整うと，ミクロとマクロで逆のインプリケーションになる合成の誤謬が起こる。好例として「個々の経済主体が節約目指して貯蓄を増やすと，マクロではかえって総貯蓄が減少してしまう」との節約のパラドックスを挙げ，合成の誤謬が起こるメカニズムを説明する。本節ではミクロとマクロの他の関係性として，「フリーランチ（ただ飯）はない」，「ババ抜き，抜け駆け」，「フラクタル」を取り上げる。

7.4 節では，ミクロ経済学とマクロ経済学が経済学の両輪となることを説明する。そのために1つの課題を設け，ミクロ経済学とマクロ経済学がどのような解答を用意するか，両者を対比しながら両者の役割分担を考える。

## ミクロとマクロ----------------------------------

経済学（を専門とする研究者）を二分するのに，「理論と実証」（**第6講**），「理論と政策」，「古典派とケインズ派」（**第3講**，**第9講**），「歴史と計量」などというのがあり，研究者同士が話をしているときに新しい名前が登場すると，「あっ，あの実証の○○先生の弟子の△△君」といった風に，いわば一言で研究歴が理解されるような鍵となる分類法だ。かつては「マル経と近経」，「講座派と労農派」（**第3講**）というのもあったが，本講の「ミクロとマクロ」は最も価値判断を伴わない中立的な二分法であろう。

### ■ 微視と巨視，微観と宏観

日本語では，ミクロは微視（小さく見る）でマクロは巨視（大きく見る）だが，中国語ではミクロは微観，マクロは宏観となっている。どちらも micro と macro の翻訳だ。**第1講**で言及したように，経済用語は明治時代に日本語として翻訳され，それらが中国に輸出された用語が多い（中国から見れば逆輸入）。微視と微観は，漢字の意味から察するに，直ちに同じものを指しているのが理解されるが，巨視と宏観では指しているのは異なったもののように察せられる。微視と巨視は micro と macro の翻訳なのだが，語感からは，実際には microscopic と macroscopic の意味が含まれているのが明らかだ。日本語において，微視と巨視が用いられるのはどちらも経済ないし経済学などの接頭語的な役割を演じる場合で，例えば微視経済学がミクロ経済学を，巨視経済学がマクロ経済学を意味する。

もっとも，近年は微視経済学や巨視経済学はあまり語られない。ミクロやマクロで通用するからだ。かつては，ミクロ経済学に相当するのは「価格理論」，マクロ経済学に相当するのは「所得分析」ないし「国民所得論」といわれたものだ。現代のミクロは対象分野が広がり，「価格理論」にゲーム理論ないし戦略的行動が追加された。逆に，公共経済学の大宗は価格理論から独立したものといってもよい。マクロも，「所得分析」ないし「国民所得論」にかなりの程度理論武装させ，特に異時点間の最適な資源配分が全体の本流にまでなっている。それはまた，マクロ経済学のミクロ的基礎でもある。

経済学以外の分野でもミクロとマクロの用語は使用されている。その場合，

ミクロは小さいもの，マクロは大きいものとするのが多い。例えば，ファージ phage は細菌や死んだ細胞を食べて消化する細胞だが，顆粒球（多形核白血球）がミクロファージ，大型でアメーバ状のものがマクロファージと命名されている。すなわち，ミクロファージは小食細胞，マクロファージは大食細胞だ。哲学や社会学では，人間のことをミクロコスモス（小宇宙）とし，その対の大きい極としての通常の意味での宇宙のことをマクロコスモス（大宇宙）と呼ぶようだ。その他，太平洋島嶼国のミクロネシアがある（ただし，対となるようなマクロネシアは未確認）。コンピュータープログラムのマクロは，複数の命令を実行する順番に定義したもの。プログラム中にマクロ命令を記述すると，定義された複数の命令（これがミクロ）が自動的に順番に実行される。

　経済学のミクロとマクロに戻ると，経済をどう見るかといった方法論が深く関わる。ミクロは小さく見る，あるいは小さい所を観察することを意味し，経済を構成する個々の経済主体の動向やそうした経済主体の集合体が地域経済においてやそれが属する産業でどのような役割を果たしているか，といったテーマが主対象となる。個々の経済主体が価格や所得の変化に対してどのように消費行動を対応させるかといった，消費者行動の理論もミクロ経済学の対象だ。消費者と企業の間の市場での経済取引が，市場での競争相手の存在によってどのような影響を受けるかとの問いに対する解答，あるいは第5講で考察した完全競争での市場均衡が効率的なパレート最適の資源配分となるとの厚生経済学の基本定理も，ともにミクロ経済学の問題意識から生じた問いが厚生経済学の精緻な分析で導出されるのだ（第8講）。

　マクロはミクロと対になる視点で，大きく見る，あるいは大きな観点から広く観察することを意味し，細かいことはさておきマクロ経済全体の方向性を論じ，放っておくとマクロ経済が不調に陥るとなるとマクロ安定化政策を処方する，といった大上段の経済問題が対象となる。日本経済の成長率，インフレ率，失業率，財政金融政策，経常収支，国際協調，……，と観察対象とすべきマクロ経済指標は多い。なお，当然ながら，ミクロ同様マクロ経済学も純粋理論の分野も幅広く，奥深くもある。

## ■ 森と木

　「木を見て森を見ず」とか逆に「森を見て木を見ず」との名句がある。直接的な意味は明らかだが，名句たる所以としては，木と森には隠れた意味がある

(a) 樹齢 7200 年といわれる
世界遺産屋久島の縄文杉
（高さ 30 m，根回り 43 m）

(b) ドイツ西南部の
シュヴァルツヴァルト
(黒い森)

シュヴァルツヴァルト（Schwarzwald）はフランスとの国境沿いにあり，南北で約 160 キロに広がる。森の多くは密集して植林された針葉樹のドイツ唐檜。1960-90 年代に酸性雨の被害によって多くの木々が枯死したが，それを契機に環境問題への本格的な取組みが始まり森としての回復を見た。

（出所）　(a) 時事
　　　　　(b) getty images

図 7-1　ミクロの木とマクロの森

からだ。その意味に関連して，ミクロとマクロをめぐっては，森と木の譬えもよく語られる。その内容は以下の通りだ。

　マクロ経済学では，経済問題に巨視的視点でアプローチするために，細かい点にはあまりこだわらない。しばしば用いられる森と木の譬えでいえば，遠くから森を見て，その生長具合や広葉樹と針葉樹の構成具合を大雑把に観察するようなものだ。もっとも，広葉樹と針葉樹ではなく，森林を常緑樹と落葉樹に大別する分類法もあるように，表面的には全く同じものでも，切り口の違いによって複数の視点が可能となるのが，マクロ経済学の特徴でもある。第 3 講で概観したように，経済学には古典派経済学から始まってケインズ経済学など多

くの考え方が時代によって浮沈を経験してきているが，異なる学派が論戦を展開してきたのは，まさにマクロ経済を見る視点が異なるがゆえであり，それが継続してきたのはマクロ経済学に厚みがあるがゆえであり，森でいえば多くの木々の支えがあってこそといえよう。

　同じく森と木の譬えでミクロ経済学を特徴付けるならば，森を構成する1本1本の樹木を観察することに対応しよう。文字通りの1本でなく，数本単位で森の一画を占めている場合もあろうが，それら数本やもともとの1本の樹木に注目したときに，それがどのような種類の樹木であって，枝や葉がどのように付いていて，何年間生育しているものかを明らかにするのがミクロ経済学なのだ。その1本と隣の樹木との間隔や樹木の高さの分布なども，森のあり様を決定付ける要因であり，森を観察する際には注意しなければならない。世界遺産の屋久島の縄文杉などの老大木や各地の巨樹はその近辺の森を圧倒し，ミクロ的に個性の強い樹木であるが，マクロ的には森の中の1本の木であることには相異ない。

　経済の実態を把握するには，以下の **7.4** 節で見るように，どちらか一方というのではなくミクロ，マクロという2つの視点から見ることが大切だ。例えば，ワインがブームとなった場合，フランス産のワインなのかカリフォルニア産のワインなのか，商社がどの程度輸入するかを決定するのはミクロ経済学の領域だが，そのような動きを総合的に把握するとやがては貿易収支や為替レートにまで影響が及ぶといったマクロ経済学の領域にも影響を与えるのだ。

## ■ 部分と全体

　森と木の譬えと重複する部分もあるが，ミクロとマクロは部分と全体の関係にもなる。ミクロは全体の一部をピックアップして，全体を意識しているとしても，表面的には部分限りでの分析を展開する。理論上の扱いとしては，部分の外は外生的に与えられているとするのだ。その前提のもとで，家計や企業に属する個別の経済主体が対象の分析は部分の話になる。これらの個別の経済主体の最適化行動の分析は，演繹的推論での理論分析であろうがデータを用いた帰無仮説の検証であろうが，すべてミクロの範疇であり，ミクロの対象となる。

　マクロは全体が対象であるが，マクロ経済の金融セクターに注目するとか，逆に実体経済の成長に注目するとかといった意味での全体の部分に特化することはあり得る。マクロ経済学のミクロ的基礎ということで，マクロ経済を構成

する経済主体の主体均衡に焦点を当てる場合もあり，これはミクロの対象としての主体均衡の分析と，分析をする対象という意味ではかなりの程度重複するが，マクロ経済のミクロ的基礎ではあくまでもマクロの視点でミクロに取り組んでおり，結局はマクロに入る。ミクロでは外生変数として与件としたものも，マクロでは内生的に決定される。ミクロの専門家はミクロの世界にとどまるのに対し，「マクロ経済のミクロ的基礎」はミクロにとどまることなくミクロからマクロに集計されるのだ。

## ■ 近くで見るか遠くから見るか

　ミクロとマクロをより深く理解するために，実際にミクロ経済学とマクロ経済学の，それぞれのさわりを覗いてみよう。より詳しい入門は，それぞれ**第8講**と**第9講**に用意されている。

　さて，あらためて言明するならば，経済問題に対してのミクロの見方とマクロの見方を体系だてたのが，それぞれ「ミクロ経済学」と「マクロ経済学」だ。この2つの関係が理解されると，ほとんどの経済問題が何らかの意味で相互に関係することが理解されよう。それぞれの経済学そのものを理解するには，それぞれが何を対象としているかを見てみるのが手っ取り早いだろう。

　まず，「ミクロ経済学」では，消費者や企業など個々の経済主体の主体行動を分析する。消費者は限られた所得を最大限有効に使って効用（満足度）を最大化する。購入時においては，価格や必要性などの諸特性を考慮する。企業は利潤の最大化を目標として行動し，市場で与えられた相対価格体系の下で，何をどれだけ生産し，どれだけマーケットで売ればその目標が達成できるかを計算する。生産に必要な設備や労働をどの程度投入すればよいかも重要な点だ。このように，消費者や企業といった経済主体の行動を分析することによって，市場経済のメカニズムを解明しようとするのが「ミクロ経済学」になる。

　これに対して，「マクロ経済学」では，一国の経済を総合的に見る。日本経済やアメリカ経済といった国民経済全体に関わる経済諸問題の相互関係に注目し，それらの関係を整合的に把握する。例えば，政府による財政政策や金融政策の舵取りが行われると，それに反応して民間の経済活動は影響を受けるが，この際個々の消費者や個々の企業でなく，消費者の総体である家計部門や企業全体の動きを包括的に見る。消費者や企業も個々には多様だが，経済全体で考えるマクロ経済学ではその平均的な特質に注目し，原則として，個々のバラツ

キ部分は捨象する。そのような考察を経て国内総生産（GDP）がどれだけになるか，来年のインフレ率はどうなるかといった議論になるのが「マクロ経済学」だ。

　以上のように「ミクロ経済学」と「マクロ経済学」を理解すると，ミクロは経済を至近距離から身近に捉えるのに対して，マクロは距離を置いて遠くから冷静に俯瞰する姿となる。ミクロが森の中の1本の樹木のそばに立って樹木の大きさを測り，樹形をスケッチしているイメージなのに対し，マクロは森から出て，遠ざかりながら森全体の欝蒼とした全体の樹林の形を確認しているイメージになる。最近は飛行機やドローンを使った上からの空中写真で樹林が風を受けて波打つイメージもあるが，いずれにしても遠くから森全体の動きを観察する。シェイクスピアの戯曲『マクベス』で魔女の予言通り「森が動く」場面があるが，その幻影を見て自らの破局を悟るのは，森の内側においての近景としてではなく，やはり遠くからの遠景によってでしかないのだ。

## 7.2　個々の自由度と全体の制約-------------------

### ■ ミクロを積み上げるとマクロ？

　ミクロとマクロの関係として，ミクロの経済活動を積み上げるとマクロになるというのがある。これは，ミクロの経済活動がすべて独立ならば，確かにそれらを積み上げるとマクロになるだろう。しかし，ミクロの経済活動が独立でなくそれらに協調行動や，逆に何らかの制限や制約があるならば，そう単純な話にならない。その代表がワルラス法則の前段階としての予算制約式だ。消費者各人には予算制約式があり，全員の所得に変化がなければ，仮に $n$ 財のうち $n-1$ 財の消費が全員10%伸びたとすれば，最後の1財の支出は他の財がすべて10%伸びた分だけ減少するか，価格が低下しなければならない。つまり，すべての財サービスの支出が独立に変化できるわけではないのだ。また，協調行動とはいわないまでも，世にある「流行」は意識しない協調をもたらす契機となる。

　世の中にはコーヒーと砂糖のように，財サービス同士の支出が補完的になる組合せも多い。このような財サービスは独立には支出されない。予算制約式との関係で，世の中で補完財の関係が代替財の関係よりも優勢になるということ

はないだろうが，ある程度のウエイトがあるならば，単純にミクロの積み上げがマクロになるとの観察は，定性的には納得がいかないものとなるだろう。

　ミクロからマクロへの積み上げについては，最大の問題は次節で検討する合成の誤 謬の問題である。これはミクロを積み上げたものと逆の現象がマクロで起こるというもので，ミクロの単純な積み上げで解釈する危険を示すものになる。

## ■集計問題

　「ミクロを積み上げるとマクロ」，あるいはその逆の「マクロをズームインするとミクロ」はミクロとマクロの関係としてはおおよそのところはその通りなのだが，上の例のようにそうならないところもある。一般に，ミクロを集めてマクロにするのは，集計問題（aggregation problem）と呼ばれ，特殊な設定の下でを除いて，完璧な形ではなかなか困難な問題になっている。

　この困難さは，マクロの代表的な経済指標である実質国内総生産（GDP）や一般物価水準を算出するのでも同様であり，とりわけ時系列データとして実質値を算出するのは，経済を構成する多種多様な財サービスを前提にそれなりのルールを設定しているものの，一筋縄ではいかないものがある。物価指数は消費者物価指数でも企業物価指数でも，そしてGDPデフレーターでも，いずれにしても多くの財サービスの価格の加重平均として算出されるのだが，その加重の仕方が問題になる。財サービス自体のウエイトはその支出割合で決まるが，時系列データにする場合には，財サービスの構成割合の変化が問題だ。

　消費者物価指数や企業物価指数の場合は，基準時点（例えば2010年）での財サービスの数量が基準となり，これを固定する。これに対して，GDPデフレーターは比較時点（例えば2021年）での財サービスの数量が基準となるのが特徴だ。基準時点と比較時点で大きな出来事がなければ物価指数はスムーズな動きになるが，間に石油ショックやリーマン・ショックのような大きなショックが起きると，財サービスの構成比にも大きな動きがでる可能性がある。

　基準時点のウエイトを用いるのはラスパイレス（Laspeyres）方式，比較時点のウエイトを用いるのはパーシェ（Paasche）方式と呼ばれる。ラスパイレス方式物価指数は，「昔（基準時点）の生活を送るには比較時点ではいくらかかるか」，パーシェ方式物価指数は「比較時点での生活を送るには，昔はいくらかかったか」を指数の形で算出する。消費者物価指数や企業物価指数はラスパイ

レス方式の物価指数であり，昔と比べてどれだけ物価が変わったかを参照するのに便利になっている。GDP デフレーターはパーシェ方式物価指数であり，比較時点での財サービスの数量が基準となるのが特徴だ。

比較時点での消費支出や GDP を基準時点との比較で実質化する場合，まず比較時点での名目消費支出や名目 GDP を算出する。それらを消費財物価指数なり GDP デフレーターで除したのが実質消費なり実質 GDP になる。

$$\text{実質 GDP} = \frac{\text{名目 GDP}}{\text{GDP デフレーター}} \tag{7-1}$$

実質消費については（7-1）式の導出法で正しい。実質 GDP についても（7-1）式は正しいのだが，実際は（7-1）式は事後的に GDP デフレーターを算出する式となっている。すなわち，GDP デフレーター自体は理論上の関係から（7-1）式で定義されるもので，直接データを集めて導出したものではない。その意味で，暗黙のルールで決定されるインプリシット・デフレーターとの別称があるところだ。

それでは実質 GDP はどのように算出するかだが，これは GDP の支出項目別に実質値を求め，それらを合計して算出する。すなわち，名目消費，名目投資，名目政府支出，名目経常収支をそれぞれの物価指数で除した実質値を合計したものを実質 GDP としている。各支出項目の物価指数はラスパイレス方式で基準年との対比で求められる。したがって，実質 GDP は基準年価格で評価されたものであるが，これが確定することによって，（7-1）式の定義式によって GDP デフレーターがインプリシットに求められる。名目 GDP が比較時点の価格表示なのと，それを基準時点の価格で実質値にした比較時点の数量（実質 GDP）で除したのが GDP デフレーターなので，対基準時点の比較時点での一般物価水準を表すことになる。

このように，多数の財サービスからなる経済の集計された GDP や一般物価水準の導出には複雑なものがある。実際の算出はコンピューターでプログラム化されているとはいえ，算出された結果の細部の解釈は困難を伴うであろう。

### ■ 代表的経済主体の想定

集計問題に困難が生じるのは，基本的に多数の異質の財サービスが想定されるからで，しかもこれらが異なる動きをすることにある。そこで，理論的なレベルでは，異質性を回避する意味で，経済を構成するすべての経済主体は同質

であり，同様の行動パターンをとると想定する。この想定によって，経済主体の主体均衡が同様に導出可能となり，具体的にはその関数形が同じとなる。こうした想定は，代表的個人や代表的企業といった代表的経済主体（representative agents）の想定といい，マクロの理論的分析の際にはしばしば前提とされる。

　従来のマクロ経済学では，経済主体の主体均衡は明示的な分析対象外に放置され，ケインズ型消費関数と呼ばれる「消費は可処分所得の1次関数」とするなど，アドホック（*ad hoc*＝特定の目的のための）な関数形が仮定された。すなわち，$Y$ を所得（とりあえず，租税は捨象），$C$ を消費として，経済全体のマクロのレベルで

$$C = C_0 + cY \qquad\qquad (7\text{-}2)$$

とする。$C_0$ は独立消費とか自律的消費と呼ばれる部分であり，所得がない場合にも必要とする最低限の消費水準を指す。また，小文字の $c$ は所得のうち消費に回す割合を表し，限界消費性向と呼ぶ。この消費行動はケインズ経済学で導入され，また限界消費性向は不景気の局面での景気対策としての政府支出（公共投資）増がどれだけ所得（GDP）の増加をもたらすか（これを乗数と呼ぶ）にとってその値を左右する重要なパラメータであることから，早くは1950年代や60年代にかなりの実証研究も蓄積された。

　その結果，ケインズ型消費関数はある時点での所得の異なる家計のデータ（クロスセクション・データ）ではもっともらしいけれども，ある程度の家計をまとめた集団の異なる時点でのデータ（時系列データ）によっては，独立消費はほぼゼロになるとの観察がなされ，データの総合判断からは，ケインズ型消費関数はデータによっては必ずしもサポートされない，との評価となった。その後の理論的進展からは，独立消費は別の変数（資産残高とか過去の最高所得）に依存し，しかもこれらの追加変数は現在の所得と高い相関関係があることから，時系列データでは独立消費の部分は現在所得 $Y$ の効果に吸収されてしまい，統計的に有意でなくなってしまうことが確認されることとなった（**第10講**）。

　アドホックなケインズ型消費関数がデータによって棄却されてからは，消費をめぐる経済理論の新展開を踏まえた消費関数の研究が蓄積され，それらではマクロ経済学のミクロ的基礎との立場から，家計の異時点間の最適化行動の視点に立ちアドホックでない理論的な根拠をもつ消費関数が考案された。ライフサイクル仮説や恒常所得仮説など異時点間にわたる生涯効用の最大化を図る消

費・貯蓄行動を前提とするもので，生涯所得の流れを予測し，その流れの下での最適な消費パターンを決定する。この消費行動の新しい流れでは，ミクロ的基礎を踏まえた形での消費関数を導出しており，ケインズ型消費関数とは一線が画される。ただし，生涯効用の最大化が計画通り図られるためには，時には，その時点での所得を超える消費が可能とならなければならない。資金の貸し借りが自由になされる前提だが，その貸借可能性が満たされない流動性制約があると，消費が同時点での所得に制約されるケインズ型消費関数が復活することになる。

　マクロ経済学のミクロ的基礎においては，異質な経済主体のもとでもミクロからマクロへの集計が可能な消費関数や投資関数の関数形が研究されており，経済主体について代表的経済主体の想定は必ずしも必要ない。ただし，そのためには関数形について前提が必要であり，どの関数形でも集計が可能というわけではない。その意味では集計問題についてはいまだに制約がかかっているのだが，関数形に制約がある演繹的推論にコンピューターによる数値計算がとって代わる方向でのブレイクスルーが起こっている。こうしたマクロ経済学のミクロ的基礎の研究の流れは，数学的手法としてもレベルの高い異時点間にわたる最適化問題が関与することから，マクロ経済学の中でも上級マクロ経済学のレベルであり，経済学の入門書の対象とはならない（第9講）。関心のある読者は将来に向けて経済学を究める姿勢で臨んで欲しい。

　なお，コンピューターによる数値計算では，経済主体の同質性は必須条件とはされず，異質性も許容される。ただし，コンピューターのシミュレーションはコンピューターにとっては論理明快で明らかでも，結果を解釈する研究者にとってはブラックボックスから出された謎だらけの数字のドキュメントに過ぎないのだ。

## 7.3　合成の誤謬

### ■ 合成の誤謬とは

　合成の誤謬（fallacy of composition）とは，ミクロのレベルの観察では正しいことを，ミクロを合成したマクロのレベルに当てはめようとした場合，必ずしも意図しない結果が生じることを指す。ここには，ミクロでは小さな制約条件

が，マクロ経済全体では無視できない制約となるメカニズムが働く場合が多い。

　古典的な例としてはマンデヴィル（Bernard de Mandeville, 1670-1733）の『蜂の寓話』（1714 年）がある。この本には「私悪すなわち公益」との副題が付いており，通常悪徳とされる個人の利己的な欲求充足や利益追求が結果的に社会全体の利益につながるとする逆説的な主張が展開されている。蜂の巣のそれぞれの蜂はブンブンと醜い私欲・私益の追求にあくせくしているが，巣全体は豊かに富み，蜂蜜の蓄積や集団による子育てをはじめ秩序のとれた社会生活が営まれている。この寓話が人間社会でも私悪が公益となることを示唆し，ほぼ半世紀後のアダム・スミスの経済観に引き継がれるのだ。

　第3講で見たように，アダム・スミスにおいてもマンデヴィル同様に，「意図せざる結果の論理」が用いられた。すなわち，社会全体の利害を意識することなく，個人が自分自身の利害に基づく利己的な行動を実行することで，結果的に社会の利害に合致するという論法を認めていた。アダム・スミスの見えざる手がその具体例となったのだが，そもそもはマンデヴィルの慧眼だったのである。もっともマンデヴィルは，奢侈や安楽，強欲や虚栄，悪徳や欺瞞こそが公益を生むとまで極論したために，その倫理性の欠如は同時代および後世の多くの人々の批判の対象となった。

　マンデヴィルが肯定的に評価されるのはケインズの『一般理論』において，節約よりも浪費が推奨されると主張された際に，蜂の寓話が言及されたことによる。そこでは，節約の美徳による合成の誤謬が具体的に示されたのだ。

## ■ 国民の節約志向が総貯蓄を減らす結果に

　ケインズの指摘にもなる節約のパラドックス（paradox of thrift）を説明しよう。節約は美徳ということで，多くの家計に一斉に節約を呼びかけるとしよう。節約の奨励策としてケインズ型消費関数のうちの限界消費性向を下げてもらうのだ。

　いま，（7-2）式の消費関数を前提として，生産物市場の需給をチェックしよう。簡単化のために，政府や海外部門は捨象し，需要はこの消費と所得に依存せず一定の投資 $\bar{I}$ のみとする。生産物の供給は $Y$ だから，生産物市場の需給均衡式は

$$Y = C + \bar{I} \tag{7-3}$$

で与えられる。これと（7-2）式より

$$Y = C_0 + cY + \bar{I}$$

が得られ，これを $Y$ について解くと

$$Y = \frac{C_0 + \bar{I}}{1 - c} \tag{7-4}$$

が最終的に導出される。

　ここで節約令が出て，すべての家計が限界消費性向 $c$ を下げたとしよう。すると（7-4）式において限界貯蓄性向を表す分母の（$1-c$）は大きくなり，所得 $Y$ は小さくなる。所得のうち消費しなかった分が貯蓄なので，（7-3）式より貯蓄は投資に等しい。そして，その投資は変わらないから，すべての家計が節約を始めても，マクロの貯蓄は節約前と比べて変化ない帰結となった。これが節約のパラドックスであり，ミクロとマクロの間での合成の誤謬が起こっていることになる。

　ここでの節約のパラドックスは，節約の努力は何にも影響がなかったということになるが，もし一定とした投資が生産量に比例して増えるように修正すると，限界消費性向が小さくなると $Y$ が減少した際に投資も小さくなり，その結果貯蓄も減少する。この場合は，ミクロで節約をして貯蓄を増やそうとすると，マクロでは総貯蓄はかえって減少してしまい，まさに節約のパラドックスであり明らかな合成の誤謬にもなる。

## ■ 合成の誤謬はなぜ起こる

　第 7 講 7.2 節の集計問題に関連して，ミクロが独立でない場合の集計が困難になることを記したが，基本的にはそれと同じメカニズムが合成の誤謬も引き起こすといえる。ミクロのメカニズムが経済のごく一部での世界での仕組みであるのに対して，マクロのメカニズムは経済全体が関わり，マクロ経済の制約がかかる仕組みだからである。

　この仕組みを理解すれば，合成の誤謬が起こる可能性がある事項として，他にも多数リストアップ可能だ。まず第 1 に，節約が美徳と同類のものとしては，ミクロレベルで国民一人ひとりが輸入品の消費を増やすと，国全体の輸入性向の高まりによって GDP（国内総生産）を減らしてしまい，マクロの総輸入はかえって減少してしまう帰結である。真偽のほどは経済構造次第の面もあるが，

いかにもあり得るメカニズムだ。第2に，企業がらみでも，ミクロレベルで健全経営を目指す目的で，すべての企業が銀行借入の返済や人員削減を行うと，マクロではやはり GDP の減少となり，不景気の下，健全経営は望めずに企業によっては倒産となってしまう可能性がある。

　第3に，貿易収支や経常収支の改善を目指して輸入制限や関税を引き上げると，これによりミクロレベルでは目的が果たせても，マクロレベルでは GDP の減少となりミクロとは異なる帰結となる可能性がある。しかも，貿易には相手国があり，相手国の報復があると帰結はさらに悪化する。1930 年代の世界的大不況時に，各国が近隣窮乏化政策としてのブロック経済化によって貿易を制限し，失業や不況の輸出を競った顛末がそうだった（**第2講**）。

## ■ フリーランチはない

　ミクロとマクロの関係として，合成の誤謬とは別の視点に，フリーランチ（ただ飯）はないことに配慮しなければならない（There is no such thing as a free lunch）。ランチは実体のある資源の消費になるために，たとえ個人としては無料で食べられる機会があったとしても，結局，誰かがそれを負担しなければならない。ミクロではただであったとしても，マクロでは，あるいは社会全体としては，それを負担しなければならないのだ。

　フリーランチとはやや色合いが異なるが，ミクロレベルでの費用のかからない資源利用が，全体では社会が費用を負担するケースは多い。まず第1に，高度経済成長期に顕在化した水俣病やイタイイタイ病などの公害がそうだ。公害とまでは認定されないまでも，違法な産業廃棄物処理，廃車などの不法な放置，海洋を漂うマイクロプラスティック，さらには地球環境問題に連なる酸性雨，南極のオゾン層破壊，地球温暖化の原因と目される二酸化炭素排出，等々社会が費用を負担するリストは長々と続く。

　第2は地震や台風に代表される自然災害だ。ミクロでは個別の経済主体の被害（マイナスの利益）だが，マクロでは災害復興費用と次の災害予防費用がかかる。公共投資などの社会資本整備はマクロではそれなりの予算が必要だが，ミクロでの個別の経済主体の便益は一般論としてはわずかなものだ。第3は，同じく警察・消防などの公共サービスのインフラストラクチャーの整備・維持にかかる費用の膨大さに比べて，個々の経済主体が得る便益は僅少，負担額は所得税や地方税の一部に過ぎない。

## ■ ババ抜き，抜け駆け

トランプゲームのババ抜きでは，その「ババ」を最後につかんだプレイヤーが負けとなる。それと同じように，経済でも人々の間を循環する支払いや債務残高が考えられる。個々の経済主体にとっては，「ババ」を他人に引いてもらえば自分の負担はなくなるが，経済全体では「ババ」が転々と回っている限り負担は消えない。

企業にとっての在庫ストックには「ババ」に似た性質がある。マクロ経済には景気の波があり，マクロ経済の局面はほぼ定期的に転移する。景気が悪い局面から良い局面に移る際には，景気好転によって在庫も順調に捌けだす。しかしながら，在庫ストックの減少に伴って，企業は在庫管理の一環として在庫の積み増しを図るために，生産を増加させる。在庫ストックが十分積み増しされると，生産調整に移り在庫も緩やかに減少する局面に移る。このような在庫循環は景気循環の中でも 3-5 年周期の小循環（キチン循環）であるが，この循環では在庫調整がほぼ規則的に行われ，その間，在庫ストックは増減を繰り返し，「ババ」の如く引いたり引かれたりが続く（**第 9 講**）。

金融面ではババ抜きは多数ある。まずバブルだ。バブルの初期においてはバブルの持続を支えるのだが，ある段階でバブルが崩壊すると察して我先にと抜け駆けを図る。この抜け駆けは「ババ」を引いてもらうに等しいが，それを受動的に待つのではなく自らの積極的な戦略として進んで実行するのだ。ただしちょっとした動きがあると，多くの他の経済主体も，バブルの中で得た利益を確定すべく，先を争って抜け駆けしようと同調することから，バブルは一挙に崩壊する。これが 17 世紀オランダのチューリップの球根バブル，18 世紀産業革命前のイギリスとフランスの南海泡沫事件バブル，日本の 1980 年代後半期の土地と株のバブル，等々過去のバブルに共通した顛末であり，ガルブレイス（John Galbraith, 1908-2006）は歴史的にみて「それは囁きによってではなく，大音響によって終わる」と評したのだ。

バブルの崩壊時と同じ動きは銀行などの金融機関が債務超過で破綻する際にも起こる。預金者が先を争って預金を引き出そうとする取付け（bank run）が起こり，銀行の債権者も債権の回収に奔走し，株主も株式の売却に走るのだ。バブルといえば，ハイパー・インフレーションの際の貨幣もそうだ。時間の経過とともに貨幣価値が下がることから，人々は競って貨幣を手放そうと大量の買物をし，この抜け駆け行為によってさらなる物価の高騰を招く。貨幣が流通

するのは，人々が貨幣の価値を信認するからだが，それを裏切るのがハイパー・インフレーションなのだ（**第12講**）。資本蓄積による経済成長を論じる理論分析では，何ら実体的価値をもたない紙切れの紙幣が世の中で流通するのは，それが持続するバブルとして受け入れられているからだとの演繹的推論がある。まさに慧眼（けいがん）だ。

　金融関係のババ抜きを確認すると，同類のメカニズムは国や地方公共団体の財政赤字や公債発行残高にも働くことが分かる。国や地方公共団体は何とか財政赤字の解消や公債発行残高を償還（ろう）したく願って策を弄するが，おおかた失敗する。財政赤字や公債発行残高の額にもよるが，現実の赤字団体は相当の額の赤字を抱えており，一挙に財政赤字が解消されるのは難しいであろう。その場合，一見正当な財政赤字縮小策であろうと，完全に「ババ」のトランプを抜くことは困難であり，抜けたと思っても次にまた戻ってくる可能性が高い。

　ババ抜きは合成の誤謬とは異なるものの，在庫ストックや財政赤字残高は経済現況の転移によっても変わらぬアンカー（錨（いかり））として，いわばマクロ経済の制約条件として継続されるのであり，これらもミクロとマクロの橋渡しとなるのだ。

### ■ フラクタル

　本講7.1節では，ミクロとマクロの対比として部分と全体の緊張関係を取り上げたが，ここでは異なる視点になるフラクタルを取り上げる。フラクタル（fractal）とはもともと幾何学の概念であり，図形の部分と全体が自己相似（再帰）になっているものなどをいう。全体の図形の部分を取って拡大すると，その部分の図形の特徴は全体の図形の特徴を保持しているというもので，図形の見た目や保持の程度についての指標で判断される。

　フラクタルの好例として挙げられるのは海岸線であり，この曲線は航空写真をいくら拡大して行っても，もとの複雑さが失われないという。フラクタルが関心を集める契機となったのは，国境を接するスペインとポルトガルが国境線の長さとしてそれぞれ987 kmと1214 kmと別の値を主張していたのを精査した際に，国境線の長さは用いる地図の縮尺によって変化し，縮尺と国境線の長さの対数を取ると直線状に相関することが発見されたことに由来する。このような特徴がフラクタルと名付けられたのだ。

　フラクタルは自然界に多くあるという。換言すると，自己相似性の程度が増

すとより複雑性を増す原理が貫徹しており，人間を含めた動物の腸の内壁や血管の分岐構造などはフラクタル構造になっている。フラクタルに近い概念にはカオスもある。カオス（chaos）は自然界で多くみられる一見不規則な変動をいうが，2次元平面にプロットするとそのグラフはフラクタルの性質を示すことが知られ，カオスアトラクターと呼ばれている。近年では，逆にフラクタルの自己相似性を利用して，同じ式の繰り返しから自然界のデザイン生成をしようとの動きがある。この手法によってコンピューター・シミュレーションによって得られる複雑な図形が，グラフィックデザインに利用されている。

　ランダム・ウォークする変数を時系列としてプロットすると，年次系列，月次系列，週次系列，日次系列，60分系列，…と間隔を短くして行っても，どれでも基本的にランダム・ウォークしている性質は変わらない。もちろん，この性質は時系列のどこから始めても変わらない。ランダム・ウォークするという株価をプロットすると，まさにフラクタルになる（コラム7.1）。

　経済学ではランダム・ウォークは，株価に限らず地価や為替レートなどの資産価格，消費や投資など経済主体が意思決定する時系列データ，等々にも見られると主張される。どれも基本的には不確実性下の意思決定に直面した場合に，取り立てての情報がない場合には（過去と同じく）平均的な行動をとる傾向があり，その結果は理論的にもランダム・ウォークになりやすいのだ（**第1講**）。

---

**コラム7.1　フラクタルの例**

　図形においてのフラクタルは，図形の断片を取ってきたとき，それより小さな断片の形状と図形全体の形状とが相似である場合を指す。具体例としてしばしば取り上げられるのがシェルピンスキーの三角形（Sierpinski triangle）だ。これは三角形の各辺の中点を結んでできる三角形を除く作業を順に何回も行ってできる図形で，部分を拡大して

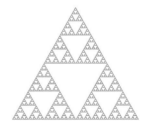

（出所）ウィキペディア

**図 7-2　シェルピンスキーの三角形**

いくと，何度繰り返しても必ず同じ自己相似形が出てくるフラクタルの例になっている（図 7-2）。同図では便宜的に正三角形で描いたが，フラクタルになるのはどのような三角形でも同様。

　シェルピンスキーの三角形と同様にフラクタルの好例となるのが，ランダム・ウォークによるフラクタルだ。2 次元正方格子点の空間で，ある点にいると次の時点には隣接する東西南北（上下左右）の 4 つの格子点にそれぞれ 1/4＝0.25 の確率でジャンプする 2 次元ランダム・ウォークの軌跡をたどる。真ん中の点から出発して，発生させた乱数に従って任意の回数続けた軌跡の 1 つの例をプロットすると，飛龍の如き図 7-3 が得られる。この 2 次元ランダム・ウォークはどの時点から出発しようとも，また細部を拡大しても，同じような図が得られる。

（出所）　ウィキペディア

図 7-3　**2 次元ランダム・ウォークのフラクタル**

## 7.4　ミクロとマクロが経済学の両輪┈┈┈┈┈┈┈

　前節までで，いろいろな視点からミクロとマクロの関係を見てきた。本節では，経済学の中でのミクロとマクロについて整理しておこう。本講で見てきたように，ミクロとマクロは対をなす位置付けで，どちらも他があるのを前提として，時には補完的に，また時にはお互いが競合する。

### ■ミクロ経済学とマクロ経済学

　ミクロとマクロが補完的になったり競合することがあっても，いずれにして

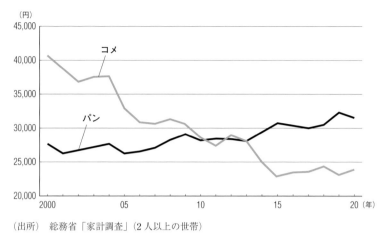

（出所）　総務省「家計調査」（2 人以上の世帯）

図7-4　**日本のコメの消費量**

もミクロ経済学とマクロ経済学は経済学という車の両輪だ。経済学にはいろいろな分野があるが，そのどれもがミクロ経済学かマクロ経済学，分野によっては両方の理論的基礎が前提条件となる。ミクロとマクロ，すなわちミクロ経済学とマクロ経済学の立ち位置については，本講で一般論としてみてきたので，最後には具体的な問題について，それぞれの視点でどのような分析になるかを示そう。

　課題として，「日本のコメの消費量がトレンドとして減少しているのはなぜか？」が与えられたとする（図7-4）。

## ■ミクロ経済学の解答

　消費者が何を消費するかというのは消費者にとって，予算制約の範囲での選択の問題であり，コメの消費量が減少するのは，まずはすべての財サービスの価格体系が変化しないままで，予算制約となる所得が減少したことが考えられる。もし所得に変化がない場合には，コメの価格が他の財サービス価格と比べて上昇したことが挙げられよう。もし所得にも価格体系にも全く変化がないとしたならば，そもそも消費者の好みが食生活の西欧化（または広く非和風化）でコメからパンや麺類とかにシフトしたことが考えられる。これらのどれが起

こるかは消費者行動モデルを構築し，主体均衡としての需要関数を導出する必要がある。

　コメの需要関数を導出した後は，コメの生産行動から供給関数も求め，その後市場均衡を考慮して一般均衡におけるコメの消費量を求める。一般均衡では，コメもその他財サービスの価格も内生的に決定される。これらは理論的に考えた演繹的推論なので，実際に何が起こったのかは，データを集めて検証するしかない。アンケート調査も有効だろう。

## ■ マクロ経済学の解答

　マクロ経済学でもミクロ経済学と同様の主体均衡の分析を行うのであるが，マクロ経済学では，個々の消費者単位でなく消費者をまとめたマクロの経済主体としての家計を対象とする。家計も予算制約式を満たしながらコメとその他財サービスから得られる効用（満足度）を最大化するような選択をするが，より一般的に考えるならば，ライフサイクルを視野に貯蓄行動も取り込むのがよい。その場合には，予算制約式は貯蓄を含めて考え，一生涯で最期の時点（家族への遺産相続で無限大先もあり得る）ではすべてを使い切るように計画する。

　コメの供給となる生産量についての農家の行動は，農家労働とコメの作付面積の選択および作付面積当たりの収穫の生産性に依存し，生産性は年間日照時間の増加関数として定式化できるだろう。コメ以外の財サービスの生産には資本と労働が投入され，労働は全労働から農家労働を差し引いた量になる。年間日照時間は地球温暖化（これは外生）による影響を受けるとして定式化できるだろう。

　こうしたマクロモデルがどこまでコメの消費量の減少を説明できるかは，コメの需要関数と供給関数をシフトさせる外生的なショックがどれくらい起きるかによる。需要を減らす外生的ショックは，食生活の西欧化に加えて，人口高齢化により細くなった食，人口増の逓減（近年は人口減），糖質オフダイエットブーム（太らないためには，炭水化物はとらない）がある。この他に，あるアンケート調査によれば，夕食にコメ以外を選ぶ理由として「いろいろな種類の主食を食べたいから」が約半数を占めた。一方，時間に追われる朝食では，「短時間で食べられる」「準備や片付けに時間がかからない」などの消極法でコメ以外の主食を選ぶ傾向にあったという。

　外生的ショックを含めてどれが原因なのかを見極めるには，最終的にはデー

タを用いた検証が必要だ。この際には，ミクロ経済学の場合と同様，アンケート調査による決着も可能だろう。

## 7.5 本講のまとめ

　第7講からは，経済学の中身に入った。まず，ミクロとマクロとは何かを説明した。ミクロは微視でマクロは巨視だが，中国語では微観と宏観という。7.1節ではミクロとマクロを「森と木」，「部分と全体」，「近くで見るか遠くから見るか」の観点からそれぞれ対比し，7.2節ではミクロを集計するとマクロになるのかといったミクロとマクロの直接的な関係を探った。経済主体の同質性を前提とした代表的経済主体の想定，そして逆に経済主体の異質性を前提とする場合の対処法を展望した。

　ミクロからマクロへの集計において，7.3節で展開したように，ある条件が整うと，ミクロとマクロで逆のインプリケーションになる合成の誤謬が起こる。好例として「個々の経済主体が節約目指して貯蓄を増やすと，マクロではかえって総貯蓄が減少してしまう」との節約のパラドックスを挙げ，合成の誤謬が起こるメカニズムを説明した。本節ではミクロとマクロの尋常でない他の関係性として，「フリーランチ（ただ飯）はない」，「ババ抜き，抜け駆け」，「フラクタル」も取り上げた。これらでは，それぞれ特殊な状況下とはいえ，ミクロとマクロに単なる集計関係ではないリンクがあることを例示している。7.4節では，ミクロ経済学とマクロ経済学が経済学の両輪であることを反復し，両者の役割分担を確認した。

### ■ Active Learning

問題7.1　あなたにとって印象深い森と木は？　それぞれのどういうところが印象に残っているのか？

問題7.2　図7-1での木と森は，いずれも著者が訪れたことのある縄文杉とドイツの黒い森にしたが，ミクロとマクロの対比の観点では，森の中に木があり，同じような木々が森を形成している例が望ましかっただろう。ロビン・フッドが隠れ住んだ

というイギリスのシャーウッドの森，世界遺産の白神山地のブナ林，暖温帯と冷温帯の境目で多種類の木々のある東京郊外の高尾山，等々。他の例を挙げよ。

問題 7.3　本講で取り上げられていない合成の誤謬の例を挙げなさい。逆に，マクロをミクロに当てはめて生じる「分解の誤謬」ないし「分化の誤謬」も考えなさい。

問題 7.4　シェルピンスキーの三角形と同じようなフラクタルは，4 辺の中点を結ぶ四角形を順に除外していっても描けるか？

# 第8講
# ミクロ経済学を垣間見る

■第7講でも確認したように，学問としての経済学は何と言ってもミクロ経済学とマクロ経済学が両輪になっており，経済学をマスターするにはミクロ経済学とマクロ経済学の両方に熟達しなければならない。**第8講**では，そのうちのミクロ経済学について，その全容は無理でも概要が垣間見られるテーマを選択する。

　具体的には，まず完全競争市場に焦点を絞り，それがミクロ経済学においてどのような役割を負っているのかを探索する。完全競争市場は，経済分析を遂行するに当たって理想状態ともいえるものであり，必ずしも現実がそうなっているといっているのではない。完全競争市場と現実との乖離に関しては**第11講**で精査し，その結果が望ましい経済政策のあり様も左右する。実は，本講の解説からも明らかになるが，完全競争市場における市場均衡では，資源配分に関してパレート最適になることが証明される。しかも，適切な所得再配分を施して，その上で完全競争市場で競争させると，資源は効率的に利用され，結果的にどのようなパレート最適な資源配分も達成される。このような完全競争市場とパレート最適な資源配分がほぼ同義になるとの緊密関係は「厚生経済学の基本定理」といわれるもので，本講でもこれを証明しようと試みる。

　完全競争市場の経済取引は，財サービスの需要側となる消費者も，供給側となる企業もともに小さな存在であり，取引価格は与えられたものとして行動し，それに影響を及ぼそうとは考えない。そうした取引での資源配分の効率性を社会的総余剰の動向で判断するが，その前提と問題点も説明する。ここで社会的総余剰とは，消費者が享受する消費者余剰と企業が享受する生産者余剰の総和（税収を含める場合もある）である。

## 8.1 完全競争市場の前提 - - - - - - - - - - - - - - - - - - - - - - - - -

ミクロ経済学を垣間見るとして，最も重要な想定として完全競争市場の前提
がある。もちろん現実には独占市場や寡占市場もあるが，これらは後に**第11
講**で触れるとして，まずは完全競争市場の条件を見よう。

### ■ 完全競争市場の3つの要件

完全競争市場には3つ要件がある。しかし，それらを説明する前に，そもそ
も世の中にはどのような市場構造があるかを確認しておこう。表8-1にある
ように，市場構造を分類するにはいくつかの視点がある。基本的には市場に存
在する企業の数がどれくらいあるか，企業が生産する製品が同じものか企業に
よってそれぞれ製品差別化されているか，そして企業に価格支配力があるか，
といった観点で分類するのだ。分類は必ずしも厳格ではなく，境界あたりで，

表8-1　**市場構造の分類**

| 市場構造 | 企業の数 | 価格支配力 | 製品差別化 | 市場の具体例 |
|---|---|---|---|---|
| 独　占 | ただ1つの企業 | あ　り | な　し | 高速道路，地域の電気・上下水道・ガス，かつての郵便・電話・タバコ・塩，特許品，など |
| 複　占 | 2つの企業 | あ　り | あり／なし | コカ・コーラとペプシコーラ，セ・リーグとパ・リーグ，並走する電車（中央線と京王線），東西の横綱，業界を2分する存在の企業同士，など |
| 寡　占 | 少数の企業 | あ　り | あり／なし | 自動車，携帯電話，家電，半導体，など |
| 独占的競争 | 多数の企業 | あ　り | あ　り | 銀行ローン，飲食店，デザイナー，大学教員，など |
| 完全競争 | 多数の企業 | な　し | な　し | 農水産物，小規模小売店，観光地のお土産店，など |

市場構造の分類は，企業の数と製品差別化の有無，そして市場価格に影響を及ぼす価格支配力
（市場支配力）の有無による。完全競争では企業は市場価格を与件として受け止めるプライステイ
カーだが，その他の市場構造では多かれ少なかれ市場価格を決定する価格支配力をもつプライスメ
イカーといえる。独占企業はじめ企業数が限られる市場構造は，基本的には何らかの参入障壁の存
在による。
その原因としては，①政府の直接規制（各種の検査業務，かつての郵便事業やタバコ専売），②
政府による特許や著作権の付与（薬品，ゲームソフト），③平均費用逓減・規模の経済性（電気，
ガス，水道），④絶対的な技術的優位性・ネットワーク外部性の確立（Windows，航空），⑤希少
資源のコントロール（高速道路，温泉）が考えられ，これらには重複して該当する場合が多い。

どちらつかずの場合も多い。しかしながら，完全競争市場は，他の市場構造と比較すると，企業の数や価格支配力の点では極限的な状態にある。

　ミクロ経済学でよく想定される完全競争（perfect competition）については，そのような状態の市場が現実に存在するのかというと，完全に合致する市場を具体的に探し出すのは困難だろう。しかしながら，理想的な状態としての完全競争を想定し，それを出発点として，さまざまな問題が生起している現実の経済との違いを見極めることで，問題の背景やそれに至った根本的原因を理解可能になる。その意味で，完全競争市場をきちんと理解しておくことは，本書を読み進めていく上でも決定的に重要になる。

　市場構造の観点からは，完全競争市場とは以下の3つの要件を同時に満たす市場になる。どの要件が欠けても，厳密な意味ではもはや完全競争市場ではなくなってしまう。

　①　多数の経済主体が存在しており，ある特定の経済主体の行動が他の経済主体の行動や経済全体に影響を及ぼさない（ミクロの原子的存在）。

　②　生産者は生産手段を保有するか有償でリースないしレンタル契約し（生産手段の私有制），消費者が消費する財サービスを他者は同時に消費できない（消費の排除可能性）。

　③　すべての市場参加者は，財サービスの価格や品質などの情報を，対等に有している（完備情報の想定）。

## ■ 経済主体は原子的存在

　1つ目の要件は，自分も含めて市場に参加して取引を行っている生産者や消費者は，すべての物質を構成する原子のようなちっぽけな（小さい）存在であり，他の人に影響を及ぼすほどの力を発揮することはないとの想定だ。すべての経済主体は受動的な行動に徹し，生産者も消費者も財サービスの価格は与えられたものとして行動する。

　現実の経済では，既述のように，唯一の企業による独占（monopoly）や少数の企業による寡占（oligopoly）状態にある市場もあり，企業側が完全競争市場においてよりも数量を抑えることによって価格を高めに設定することができる市場構造になっている（第11講）。また，現実問題としては，多くの工業製品については企業によって価格が提示されており，消費者はその価格で購入するか，それとも購入しないかを判断する，買うか買わないか（take-it or leave-it）

タイプの商品が多い。スーパーマーケットやコンビニ店で陳列されている商品はすべてそうだし，電車賃とかレストランの食事代とかも，こうした類の財サービスといえる。

このような市場は完全競争ではなく，売り手が価格を設定できるという意味で独占的要素を有している。しかし，かといって似たようなライバルとなる経済主体が他にも多数存在しており，全く自由に勝手な価格を付けるわけにはいかないという競争状態にもある。これを独占的競争（monopolistic competition）状態にある市場といい，財サービスの間で製品差別化が進んでいる場合によく見られる市場構造になる。他にも，同じ車種で色の異なる車，温泉街の老舗旅館の共存，大きな駅での複数の駅弁，プロスポーツで活躍する選手や大学教員などが，独占的競争にある例だ。

こうした財サービスとは対照的に，野菜や魚介類のような生鮮食品の卸売市場では，価格は需要と供給に応じて日々変動するのが日常茶飯事であり，完全競争市場のイメージに近い。逆説的だが，不動産や自動車，宝飾品などの高額商品の場合も，売り手と買い手が相対で交渉する場合が多く，交渉力の強弱に応じて実質的な価格（実勢価格）が決められる。ただし，この場合は市場は完全競争下や独占的競争下にあるわけではなく，あくまでも売り手・買い手の両方に価格支配力がある双方独占に分類される。

要するに，完全競争市場の1番目の要件は，各生産者の生産量は全体に比べて相当少なく，市場に働きかけて価格を決める力をもっていないことを強調する。ある企業が先駆的に導入した優位な技術なども，他の企業も追随して導入することが容易であり，技術水準などの条件も同一になっていると前提する（特許がある技術だとすると，技術の差が特許料分になっていると考えればよい）。誰もが，代わりはいくらでもいる匿名状態にあるのだ。そうであるので，ある企業が他の企業よりも高い価格をつけると誰も買ってくれなくなってしまう。逆に，価格を下げて販売量を増やそうとしても，他の企業も同様な行動をとれば，売上は増えずに儲け（利潤）だけが減少する。結果として，各企業は，「市場で決まる市場価格」を与えられたものとして受け入れる存在となるだろう。こうして，完全競争市場では，すべての経済主体は価格受容者，すなわちプライステイカー（price taker）となるのだ。

## ■ 生産手段の私有制と消費の排除可能性

　完全競争市場の2つ目の要件は，自分のものは自分のもの，他人のものは他人のものであり，生産や消費の際に直截的に他人の指図や悪影響を受けないということだ（好ましい影響も除外する）。

　生産手段の私有制は，生産した財サービスを自由に売却する権利（処分権）と合わせて，資本主義経済でのいの一番の前提になる。生産者の中には，土地や工場をリース契約する場合もあるが，その場合も，契約で守られている範囲に限定されるとしても，自分のものと看做す。仮に，かつての社会主義国家のように生産手段の私有制が認められないとしよう。社会主義経済下では自由な取引が行われる市場は存在せず，資源の配分はすべて中央計画当局が立てる資源配分計画に委ねる。中央計画当局が全知全能なラプラスの悪魔ならば別だが，ソ連の崩壊が実際に示したように，市場メカニズムでの資源配分機能には及ばなかった（**第4講**）。後に見るように，完全競争の市場メカニズムの下で，初めて効率的な資源配分がもたらされるのだ（**8.4節**）。

　企業にとっての生産手段の私有制や生産物の自由処分権と同様の権利を消費者にも認めるのが，消費の排除可能性の要件になる。自動車を使用する権利（他の人に使わせない権利）は購入者にある。このとき初めて，自分が支払う金額と，自分が乗車して得られる効用（満足感）を比較して購入するか否かの判断を下すのだ。仮に，他人の利用を排除できずに，他者が勝手に車を使うとしよう。この場合は，自分が購入した自動車を，自分が乗りたい時に乗れないという事態が起こり得る。そうだとすれば，自動車を購入する意義を見出せずに，早晩消費意欲が消失するのは目に見えている。

## ■ 完備情報の想定

　完全競争市場の3つ目の要件は完備情報（complete information）の想定になる。市場で取引される商品に隠れた瑕疵問題（欠陥品や不良品）があったとしたら，当初予定していた目的を果たすことはできない可能性がある。例えば，骨董品などの売買でよくあるように，購入時に支払った金額よりも，実際に手に入れた財サービスの価値が低いとしよう。それでは売り手が信用できず，そもそもの取引が覚束ないものになってしまうとして排除するのが，完備情報の想定だ。この想定はさらに，自分も含めて，誰も他人よりも多くの情報を保有していないことをも要求する。

誰かが他人よりも多くの情報を保有している非対称情報の場合には，有利な情報にアクセス可能な経済主体が利益を得る。あるいは，売る側が商品の問題点を意図的に隠していた欠陥品（レモンという）の場合，消費者がそれを知らずに購入すれば，損をすることになる。完全競争市場では，すべての市場参加者が平等に情報に接することになるので，このような情報量の格差に起因する得失は起こらないだろう（**第14講**）。

　なお，完備情報の想定とほぼ同じ効果がある問題として，取引費用の非存在の想定がある。取引費用は，端的には取引の過程で発生する諸費用のことだが，これが製品価格と比べて大きな部分を占めるならば取引そのものが成立しない場合がでてくる。現実の世界では取引費用の存在は馬鹿にならず重要だが，理論分析においてはこれを捨象するのが暗黙の合意となっている（ただし，**第11講**で取り上げるコースの定理は例外で取引費用が問題となる場合がある）。

## 8.2 合理的に行動する経済主体*----------------

　ミクロ経済学なりマクロ経済学を展開するに当たって，特にミクロ経済学がそうだが，経済主体の主体的均衡を前提するのが常套的なアプローチになる。この際に，すでにいくつかの個所で言及したように，経済主体が合理的に行動するのは当然のことと仮定し，消費者ならば効用（満足度）を最大化し，企業ならば利潤の最大化を図るものとする。こうした合理性を前提とするのは，何らかの合理性の基準がないと，主体的均衡がユニークに決まらないからでもある。

### ■ 消費者の効用最大化

　「消費者は予算制約の下で効用最大化を図る」と想定して，財サービスに対する需要関数を導く。すなわち，以下の問題を解く。

**[効用最大化問題]** 財サービスは $n$ 種類あり，第 $i$ 財の価格を $p_i$，需要量となる数量を $x_i$，所得を $y$ で表す。$n$ 個の財サービスをまとめて表す際にはベクトル表示で $\mathbf{x}$ とする。すなわち，$\mathbf{x}=(x_1, x_2, \cdots, x_n)$ であり，効用関数を $U(\mathbf{x})$ とする。どの財サービスも消費量が多ければ多いほど効用が高まるとするので，

予算制約は余すところなく

$$\mathbf{px}=\Sigma p_i x_i=p_1 x_1+p_2 x_2+\cdots+p_n x_n=y \qquad (8\text{-}1)$$

と等号で表され，この制約の下で効用 $U(\mathbf{x})$ を最大化する。いうまでもなく，$\mathbf{px}$ はベクトルの内積を示し，$\Sigma$ は $n$ 個の財サービスすべてについての集計（和）を意味する記号だ。

**[ラグランジェ乗数法で解く]**　こうした制約条件付きの最大化問題を解くには，ラグランジェ乗数法を利用する。そのためにラグランジェ形式（Lagrangean）として，

$$L=U(\mathbf{x})+\lambda(y-\mathbf{px}) \qquad (8\text{-}2)$$

を導入する。未知の $\lambda$（ギリシャ文字のラムダ）はラグランジェ乗数と呼ばれる非負の 1 個のスカラー変数で，$n$ 個の財サービス $\mathbf{x}$ と合わせると，合計 $(n+1)$ 個の未知数の解を求める連立方程式問題となる。ラグランジェ乗数法は $n$ 個の変数の 1 個の制約条件付き最大化問題を，$(n+1)$ 個の変数の制約条件なしの最大化問題に変換する手法であり，その役割を $\lambda$ が果たすのである。

　ところで，$(n+1)$ 個の未知数を解くには最低でも独立な $(n+1)$ 個の方程式があることが前提となるが，それらは，各消費量についてラグランジェ形式を最大化する $n$ 個の 1 階の条件（FOC, first order condition）

$$L_i\equiv\frac{\partial L}{\partial x_i}=\frac{\partial U(\mathbf{x})}{\partial x_i}-\lambda p_i=0 \qquad (8\text{-}3)$$

とラグランジェ乗数 $\lambda$ に関する 1 個の FOC

$$L_\lambda\equiv\frac{\partial L}{\partial \lambda}=y-\mathbf{px}=0 \qquad (8\text{-}4)$$

になる。(8-3) 式と (8-4) 式にある "$\equiv$" は等号記号ではなく，恒等式の記号でそれに続くものを定義している記号になり，"$\partial$" はラウンドデルタと呼ばれる偏微分の記号を表す。偏微分は他の変数は定数扱いで変化させず，分母にある変数のみを変化させた際の微分を表す。(8-4) 式はラグランジェ乗数について偏微分した結果を表しているが，もともとラグランジェ形式には目的関数 $U(\mathbf{x})$ に $\lambda$ に (8-1) 式の予算制約式を掛けた項が付加されていることから，ラグランジェ乗数について偏微分すると予算制約式そのものが導出される。

次に，効用関数 $U(\mathbf{x})$ を所得 $y$ について微分し，(8-3) の FOC 式と (8-1) の予算制約式を $y$ について偏微分した結果を用いると

$$\frac{\partial U(\mathbf{x})}{\partial y}=\Sigma\frac{\partial U(\mathbf{x})}{\partial x_i}\cdot\frac{\partial x_i}{\partial y}=\lambda\Sigma p_i\cdot\frac{\partial x_i}{\partial y}=\lambda \tag{8-5}$$

となり，ラグランジェ乗数は実は所得の限界効用であることが理解される。(8-2) 式のラグランジェ形式では，$\lambda$ は予算制約が制約として働かない場合には $\lambda=0$，予算制約が実際に制約となっている場合には $\lambda>0$ であり，その大きさは予算制約の厳しさ次第になる。

ここから進んで需要関数を求めようとすると，効用関数を具体的に特定化する必要がある。その作業および図を用いた消費者行動の説明は，コラム 8.1 とコラム 8.2 で展開する。

---

**コラム8.1　効用最大化：具体例と図による説明** [*]

　実際に需要関数を求めようとすれば効用関数を特定化する必要がある。いま，需要関数が導出しやすい効用関数として

$$U(\mathbf{x})=\Pi x_i{}^{\alpha_i}, \quad \Sigma\alpha_i=1 \quad (i=1, 2, \cdots, n) \tag{8-6}$$

のコブ=ダグラス型（Cobb=Douglas）とする。$\alpha_i$ は非負の冪乗パラメータで $n$ 個の財サービスについて足すと 1 になるよう標準化する。$\Pi$ はギリシャ文字のパイの大文字で，$n$ 個の財サービスすべての積（掛け算）を意味する。コブ=ダグラス型効用関数の下では，$U(\mathbf{x})$ の $x_i$ に関する偏微分を求めて (8-3) 式に代入した後に，両辺に $x_i$ を掛けると，

$$\alpha_i U(\mathbf{x})=\lambda p_i x_i \tag{8-7}$$

が得られる。この関係式を $n$ 個すべての財サービスについて足し合わせ，$\Sigma\alpha_i=1$ および予算制約式 (8-1) を用いると $U(\mathbf{x})=\lambda y$ となる。これを (8-7) 式に代入して整理すると

$$x_i=\alpha_i\frac{y}{p_i} \tag{8-8}$$

が導出される。これが第 $i$ 財の最適消費量，すなわち計画段階での需要関数になる。第 $i$ 財の需要量は，所得 $y$ の増加関数，価格 $p_i$ の減少関数，そして冪乗パラメータ $\alpha_i$ の増加関数となる。

　(8-8) 式からは別の解釈もできる。それは第 $i$ 財の支出額が全体の支出額の $\alpha_i$ の割合になっている，あるいは $\alpha_i$ は第 $i$ 財の支出シェアになる，ということになる。(8-8) 式の解を代入して整理すると，(8-7) 式よりラグランジェ乗数は

$$\lambda=\Pi\left(\frac{\alpha_i}{p_i}\right)^{\alpha_i} \tag{8-9}$$

とかなり複雑な解として導出される。$\lambda$ は $p_i$ が高いと低下するが，足し合わせると 1 になる $\alpha_i$ の効果は条件次第で不定にとどまる。

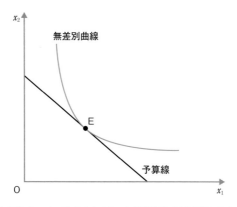

予算（$y$）と価格（$p_1, p_2$）が与えられると，無差別曲線が予算制約を示す予算線と接する消費点において，効用が一番大きくなる。予算制約は $y = p_1 x_1 + p_2 x_2$ で表され，予算線の傾きは財の相対価格（価格比）になる。

**図 8-1　無差別曲線と予算線**

　需要関数の導出を数式モデルでなく，図を使って試みよう。図に表すために財サービスの数を 2 つ，$n=2$ とする。また，簡単化のために $\alpha_1 = \alpha_2 = 0.5$ と 2 つの財サービスを対称的に扱う。このとき，(8-6) 式の効用関数は $U(\mathbf{x}) = \sqrt{x_1 x_2}$ となるが，これを最大化するには 2 乗して単調変換した $U(\mathbf{x}) = x_1 x_2$ を最大化しても同じ解答になる。図 8-1 は効用関数の適当な値に対して 2 次元平面に $x_1$ と $x_2$ の組合せをプロットしたものであり，直角双曲線なので原点に対して凸になる。こうした曲線は無差別曲線（indifference curve）と呼ばれるが，効用水準に応じて何本もプロット可能であり，異なる効用水準の無差別曲線は決して交わらない。

　図 8-1 では予算制約式の予算線（budget line）も描き入れており，消費者は予算線で分割された平面のうち原点を含む側の平面の点ならばどの点でも購入可能な領域になっている。この領域内で最も高い効用に対応する無差別曲線の消費点を選ぶのが，消費者の効用最大化問題だ。すると，図にあるように，無差別曲線が予算線に接する E 点が効用最大点として選択される。E 点は予算線上にあるので，予算額目一杯に支出され尽くす。

　完全競争市場での主体均衡として財サービスの消費点が決まれば，次には価格が変化した場合の消費点の変化を追跡できる。価格が低下したり上昇した場合に，その財サービスの消費がどのようになるかを見るのが需要関数の導出となる。価格が低下すればその財サービスの需要量が増える（横軸に数量，縦軸に価格をとった図に表すと，需要関数は右下がりになる）のが一般的であるが，コラム 8.2 で考察するように，必ずそうなるとは限らない。

　本講では，横軸が数量，縦軸が価格の図において，需要曲線は右下がりだとして話を進めているが，世の中には右上がりの需要曲線が考えられないわけではない。つまり，価格が高いほど需要が多い，あるいは価格が上がると需要が増える財サービスのことだが，こうした財サービスはスコットランド人の統計学者のギッフェン（Robert Giffen, 1837-1910）の名をとってギッフェン財と呼んでいる。

　高価なバッグや宝飾品などは価格が高いものほど売れるという現象があり，通常，ヴェブレン（Thorstein Veblen, 1857-1929）に因んだ見せびらかしの消費や見栄を張った結果として説明される（**第3講**）。これが見当外れというわけではないが，消費者の合理的な行動でも説明可能だ。価格が上がる際の代替効果（相対的に安くなった他の財にシフトする効果）としては必ず需要は減少するが，逆方向（消費の増加）に働く所得効果（所得の変化が財の選択に与える効果）がこの減少分を相殺して余りがある場合にも起こる。所得効果がこのように働くのは，この財が所得の増加により需要が減ってしまう下級財の場合になる。

　ギッフェン卿が指摘したといわれるのは，パンの価格が上昇したとしても，低所得層にとっては所得制約が厳しく，結局最も安価な食料品であるパンの需要を増やさざるを

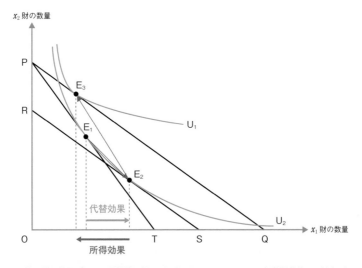

　第1財の値下げにより予算線の傾きが PT から RS にシフトし，無差別曲線との接点が $E_1$ から $E_2$ に移動する。このとき第1財の消費量は増える（これが代替効果）。さらに，第1財の値下げに伴い第1財で測った実質所得が上昇し，予算線が RS から PQ にシフトし，接する無差別曲線が $U_2$ から $U_1$ に上方移動するとともに，接点が $E_2$ から $E_3$ に変化し，第1財の消費量は減る（これが所得効果）。2つの効果を合わせた総合効果は，所得効果が代替効果を凌駕するために，価格の値下げにより消費量が減少する結末となる。

**図 8-2　代替効果と所得効果**

得ないことから結果的にパンの需要が増えた，というものだ。この時代パンは典型的な
下級財だったのだ。

## ■ 企業の利潤最大化

次に，企業の生産活動に移る。消費者の効用最大化と同じ設定で，財サービ
スの供給関数を導出する。導出には投入産出をモデル化する生産関数アプロー
チと生産にかかる費用を定式化する費用関数アプローチがあるが，ともに生産
活動からの利潤を最大化する目的は変わらない。2つのアプローチは双対関係
にあり最終的には同じ解が得られるが，ここでは定式化が簡単な費用関数アプ
ローチをとる。

**[利潤最大化問題]**　財サービスは $n$ 種類あり，第 $i$ 財の価格を $p_i$，供給量とな
る数量を $x_i$，$x_i$ を生産するのに要する費用を $C(\mathbf{x})$ で表す（簡単化のためにこの
費用関数の形状は企業によらず同一と仮定する）。生産費用に第 $i$ 財以外の財サー
ビスが関係するのは原材料などの中間財として利用するからだが，第 $i$ 企業に
とっては自ら生産する $x_i$ 以外の数量は選択できるわけではないので，外生変
数扱いする。$x_i$ に関する費用は逓増する。すなわち生産量に関する 1 次と 2 次
の偏微分は，$C_i(\mathbf{x}) > 0$，$C_{ii}(\mathbf{x}) > 0$ とともに正である。

第 $i$ 企業の利潤は

$$\pi_i = p_i x_i - C(\mathbf{x}) \tag{8-10}$$

と表される。これを最大化するために $x_i$ で微分して 0 と置くと

$$\frac{\partial \pi_i}{\partial x_i} = p_i - C_i(\mathbf{x}) = 0 \tag{8-11}$$

が得られる。すなわち，第 $i$ 財をわずかに増産した際に増加する費用である限
界費用 $C_i(\mathbf{x})$ を生産物価格 $p_i$ に等しくさせればよい。総費用は逓増的であるの
で，その接線の傾き（微分係数）である限界費用は生産量とともに上昇するが，
それが生産物価格に等しくなるところまで生産を増やすのが，企業の利潤最大
化の条件になる。

（8-11）式から，生産物価格 $p_i$ が増加すると，限界費用が増加するように生
産量を増やす。これが第 $i$ 企業の供給関数であり，それは限界費用曲線そのも
のになる。これから，横軸に数量，縦軸に価格をとると，供給関数は右上がり

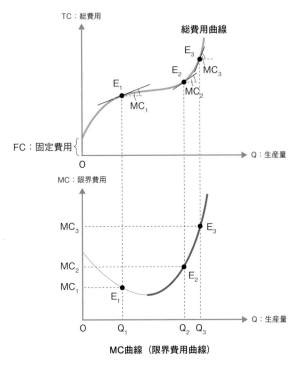

限界費用曲線の右上がりの部分（太実線）が財サービスの供給曲線となる。

図 8-3　限界費用と供給曲線

になる（図 8-3）。図 8-3 や次の図 8-4 で見るように，限界費用曲線には右下がりの部分を含む場合があるが，この部分は供給曲線からは除外される。生産量を増やすことで限界費用が減少するのは，利潤最大化の 2 階の条件に反する。もっと生産量を増やせば，利潤はさらに増えるので，利潤最大化にはなっていないのだ（より詳しく述べるならば，生産に関連して発生する逓増的な可変費用部分の限界費用が供給曲線になる）。

　最後に限界費用曲線（MC 線と呼ぶ）について興味深い性質がある。それは，限界費用曲線は平均費用曲線の最低点を右上がりに切ることである（図 8-4）。企業の総費用の中には生産量と直接の関係がない固定費用が含まれている場合が多く，この部分は生産量が増えると生産量単位当たりの費用としては当初は

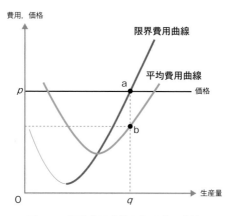

図 8-4　平均費用曲線と限界費用曲線

減少する。したがって，図 8-4 にあるように，平均費用 AC($x$) は当初減少し，最低点を境に上昇しだす。(8-11) 式にあるように，限界費用が価格 $p$ に等しくなる点 a において生産量（供給量）が $q$ として決まり，その際には価格 a と平均費用 b の差額分だけの利潤が生まれる。

# 8.3　市場均衡

## ■ 完全競争市場での取引

8.1 節で確認した 3 つの要件を満たす完全競争市場での取引の様子を，図を利用して整理しよう。生産者の企業は，生産のためにかかる費用を計算しながら，売上から原材料費や賃金，および設備利用のための費用（これらはすべて $C(\mathbf{x})$ に入っている）を控除した利潤を最大にしようとして行動する。具体的には，プライステイカーである企業は，与えられた価格の下で，それに応じて供給量でもある生産量を決める。こうした主体的均衡を前提とするアプローチは利潤最大化仮説といい，資本主義経済の下で自然な行動になる。消費者は所得と財サービスの価格に応じて，予算の制約の中で，一番効用が高くなる消費を決定する。こうした企業と消費者の行動は，図 8-5（第 4 講の図 4-2 と同じ）

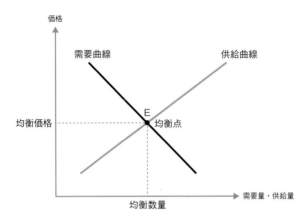

図 8-5　**需要曲線・供給曲線と市場均衡**

の横軸が数量，縦軸が価格の図においては，右上がりの供給曲線と右下がりの需要曲線として表される。

　右下がりの需要曲線と右上がりの供給曲線を同時に描くと，図 8-5 にあるように交点 E が 1 つでき，この交点で価格と数量が決定される。このとき，生産者の考えている価格と供給量の組合せと，消費者の考えている価格と需要量の組合せが一致する。この時の価格を市場の均衡価格，数量を均衡数量という。市場均衡（market equilibrium）という用語は，そこでは需要と供給が等しいという一致の意味を表すと同時に，その状態においては，新たな情報が得られるか何らかのショックが生じない限り，その状態から乖離する力が働かないという主体均衡の安定状態であることを意味する。市場均衡と主体均衡が合わさると一般均衡（general equilibrium）になるのだった（**第 4 講**，**第 6 講**）。

### ■ 市場均衡の存在，一意性，安定性

　図 8-5 で市場均衡が存在するためには，需要曲線と供給曲線が交わる必要がある。図で判断する限り，供給曲線の $y$ 切片（$x_i=0$ のときの $\mathrm{MC}(\mathbf{x})$）が相当小さいか，需要曲線が全体的に供給曲線の上方に位置していると交点がない可能性があるが，これらの不存在の可能性が否定されることはアローとデブリュー（Arrow=Debreu）による市場均衡の存在証明の共著論文で明らかにされ

た。この1954年の論文では，消費可能性集合や生産関数・費用関数についての凸性（convexity）や超過需要関数の連続性を精査し，不動点定理に訴えたのだった（**第3講，第6講**）。

市場均衡の一意性や安定性も1950年代から60年代に集中的に探求され，その頃の研究成果をもとに，近年では一般均衡が複数存在する可能性が議論される。その際には，人々の将来経済に対する見立てが悲観的になったり楽観的になったりする期待形成が重要な役割を演じる場合が多い。理論的な研究もそうだし，リーマン・ショック後の日本経済や世界経済を覆う沈滞ムードなどの実証研究においても，複数均衡が生じる可能性を意識した研究が増加している傾向にある。市場均衡の安定性についても同様であり，これには財サービスの代替性の程度が大きく関わるが（コラム8.2），加えて理論モデルで異時点間の資源配分が問題になる場合には，ダイナミックな安定性にはやはり期待形成のあり方が重要であることが指摘される。

## 8.4 社会的総余剰とパレート最適----------------

市場均衡では，需要曲線上と供給曲線上にあるので主体均衡の状態にもあることから，これは需要側も供給側もともに取引を行うことによって，取引を行わなかった場合と比べて，より満足なり利潤が高まることを意味する。これを理解するために，消費者余剰と生産者余剰の概念を導入しよう。

### ■ 消費者余剰

需要曲線はほんらい，与えられた市場価格の下で，その価格水準でどれだけの数量を購買する用意があるか，を示す。この数量で，効用水準が最大化される。これを，横軸に数量，縦軸に価格をとった座標軸で改めて表したものが図8-6の需要曲線（図では，便宜上曲線でなく直線）になる。

これはこれで正しいのだが，需要曲線の別の解釈がある。価格に対して数量が対応すると考えるのではなく，逆に，数量に対して価格が対応すると考えるのだ。具体的には，特定の需要水準から追加的に需要量を増やすとして，そのときには最高でどれだけ支払う用意があるかといった限界的な評価額を需要曲線の縦座標が表していると解釈する。この解釈では，需要曲線の縦軸は需要者

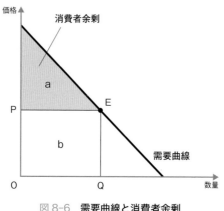

図 8-6　需要曲線と消費者余剰

価格（あるいは，買手価格）を表している。

　すると，図 8-6 の需要量を OQ で表すとして，需要曲線の下側の総面積
（a＋b）は，その数量まで需要した際に支払ってもよいと評価した総額を表す。
ところが，市場均衡量が OQ だとすると，実際にはすべての需要量に対して均
一の市場価格分だけを支払う。その総額は市場価格掛ける数量で，四角形
OQEP の面積分（b）になる。したがって，OQ の取引に対しては，消費者の
評価合計から実際に支払った分を引いた残りがあり，これがグレーのアミカケ
で表した三角形の面積分（a）になる。この部分を，消費者余剰（consumer's
surplus）と呼ぶ。自分で評価した額から実際に支払った額を差し引いた部分で
あり，いわば「おまけ」の部分だから余剰になると解釈し，消費者はどの需要
量についてもこうした余剰があるので，率先して取引するインセンティブ（誘
因）が伴うのだ。

## ■ 生産者余剰

　図 8-7 の供給曲線（こちらも実際は直線）についても，別の解釈を試みる。
もともとの供給曲線は，与えられた市場価格の下で，その価格水準でどれだけ
の数量を販売する用意があるか，といった関係を示す。この数量で企業の利潤
が最大化されるからだ。別の解釈とは，消費者余剰と同様，横軸の数量から縦

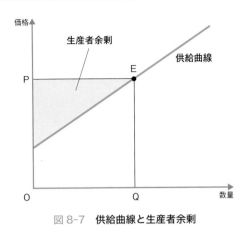

価格

生産者余剰

供給曲線

P     E

O     Q     数量

図 8-7　供給曲線と生産者余剰

軸の価格を関係付ける見方で，企業にとってこの数量を供給するには最低どれ
だけの価格でなければならないか，といった供給者価格（あるいは，売手価格）
を表していると解釈する。

　供給者価格は，その数量を生産するのにかかる限界費用に等しい。生産量が
増えるにつれて総費用や限界費用は逓増するので，供給曲線は右上がりになる。
このことは，市場価格が与えられると，供給曲線上で対応する供給量にいたる
までの生産には低い限界費用が対応するので，利益が発生することを意味する
（ほんらいは設備などの固定費用もあるので，黒字になるとは限らない）。

　図 8-7 において，供給量を OQ で表すとして，供給曲線の下側の総面積は，
その数量まで生産した際にかかった総限界費用額を表す。ところが，市場均衡
量が OQ だとすると，実際にはすべての供給量に対して均一の市場価格分だけ
の収入があり，その総額は市場価格掛ける数量で，四角形 OQEP の面積分に
なる。したがって，OQ の取引に対しては，ブルーのアミカケで表した三角形
の面積分が企業にとっての利潤総額になる。この部分は，生産者余剰（producer's
surplus）になるが，その実態は企業の利潤（固定費用は除く）そのものだ。

■ 資源配分の効率性
　需要曲線と供給曲線を同じ図に描き，消費者余剰と生産者余剰を考える（図

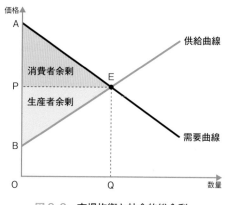

図 8-8　市場均衡と社会的総余剰

8-8)。2つの曲線の交点の市場均衡点で，縦座標の OP の均衡価格（市場価格）の下で横座標の OQ だけの取引が行われる。このとき，PE の市場価格線を境に2つの三角形ができ，グレーのアミカケのある上の三角形 APE の面積が消費者余剰，ブルーのアミカケのある下の三角形 BPE の面積が生産者余剰を表している。これら2つの三角形の面積を合わせたのが社会的総余剰だ（所得税や法人税などの税金を考えると消費者余剰や生産者余剰は減少するが，その場合も税収を社会的総余剰に加えれば，以下の議論の本筋は変わらない）。

　需要曲線と供給曲線の交点である市場均衡で社会的総余剰は最大になる。このことを見るには，市場均衡の取引量以下と以上の取引量では社会的総余剰が減少してしまうことを示せばよい。その際，市場均衡以外での取引について「誰も望む以上の取引量を強要されない」とのショートサイドの仮定を導入する。具体的には，需要と供給が一致しない場合には，少ない方で決まるとの仮定で，「望む以上の取引量は拒否する一方，望む以下の取引量の取引には応じる」という約束事になる。ショートサイドの仮定以外の取引ルール（例えば，ショートサイドとは逆に，多い方の取引量とするロングサイドの仮定）でも以下の結論は変わらないが，その点は読者自ら確かめて欲しい（講末の **Active Learning** 問題8.3)。

　どの価格で取引が行われるかは取引をする当事者にとっては死活問題になる

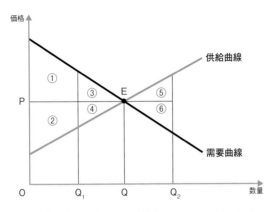

図 8-9　市場均衡と乖離する取引量の社会的総余剰

が，社会的総余剰の観点からは，それは取引者間の分配問題に過ぎず，資源の有効利用とは別問題となる。資源の有効利用は，パイの取り分を競うのではなく，まずは分配対象のそもそものパイの大きさを確保することに注視しなければならないのだ。そこで，市場均衡で取引が行われる場合と比べて，取引量が少ない場合も多い場合も社会的総余剰が減少してしまうことを見よう。

　まず，取引量が市場均衡よりも少ない場合であるが，図 8-9 において，市場均衡の OQ よりも少ない OQ₁ が取引量だとしよう。取引価格は OP のままだとする。すると，この取引量の下での消費者余剰は①，生産者余剰は②となる。すなわち，市場均衡の場合と比べて消費者余剰は③だけ少なく，生産者余剰も④だけ少なくなり，合わせて社会的総余剰は (③＋④) の三角形分減少する。

　次に，取引量が市場均衡よりも多いとする。図 8-9 において，市場均衡の OQ よりも多い OQ₂ が取引量だとしよう。取引価格は OP のままなので，市場均衡と比べての支払増による⑥だけの消費者余剰の減少，および⑤だけの赤字による生産所余剰の減少となる。すなわち，合わせた社会的総余剰は (⑤＋⑥) の三角形分減少する。

　以上より，市場均衡で取引が行われる場合と比べて，取引量が少ない場合も多い場合も社会的総余剰が減少してしまうことが理解できた。すなわち，社会的総余剰は市場均衡の下で，最大化されるのだ。しかし以上では，取引価格は

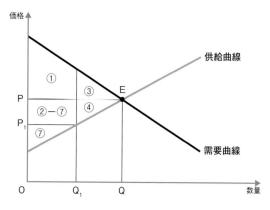

図8-10　均衡価格を下回る価格での取引と社会的総余剰

市場均衡での市場価格が維持されるとした。価格が変化する場合にも，結論は変わらないのであろうか？　この問いに答えるために，取引価格が市場均衡価格から乖離する場合を考えよう。乖離は市場均衡での価格よりも上回る場合も，下回る場合も考えられる。市場均衡外での取引となることから，需要と供給は一致しない。市場均衡以外での取引についてはショートサイドの仮定により，需要と供給が一致しない場合には，取引量は需要と供給の少ない方で決まるとした。

　まず，市場価格より低い価格で取引が行われる場合を考えよう。このとき，供給量より需要量が上回るので，ショートサイドの仮定より，取引量は供給量のOQ₁で決まる。すると，図8-10にあるように，取引量がOQ₁での消費者余剰は①と（②−⑦）を合わせたものとなり，同じ取引量の生産者余剰は⑦であるから，市場均衡の均衡価格での取引と比べて，生産者余剰は（②−⑦）だけ減少し，その分は消費者余剰の増加となる。すなわち，消費者余剰と生産者余剰を合わせた社会的総余剰は均衡価格での取引の場合と全く同じであり，取引価格如何の分配問題にかかわらず社会的総余剰は取引量で決定されるとの効率性基準が成立することが確かめられる。

　次に，市場価格より高い価格で取引が行われる場合を考える。このときは，需要量が供給量を下回るので，ショートサイドの仮定により，取引量は需要量

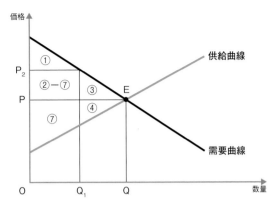

図8-11　均衡価格を上回る価格での取引と社会的総余剰

で決まる。この場合は，図8-11にあるように，価格がOP₂，取引量がOQ₁のときに，消費者余剰は①の面積，生産者余剰は（②－⑦）＋⑦＝②の面積になり，合わせた社会的総余剰は図8-9の均衡価格で取引される場合の（①＋②）と（個々の面積では異なるものの）合計面積は全く同じになる。図8-9と図8-11で取引量はOQ₁で同じものとして作図したからだ。

### ■ 社会的損失の死加重

　社会的総余剰の観点からは，資源配分の効率性の意味では，取引量がどれだけになるかが決定的に重要であり，取引量が市場均衡の場合に社会的総余剰が最大化されることが理解された。換言すれば，取引量が市場均衡量よりも増えても減っても，社会的総余剰は必然的に減少してしまうのだ。減少してしまった社会的総余剰は，経済の構成員全員から見て損失になる。この社会的損失の部分は死荷重（dead weight loss）と呼ばれる場合があるが，この概念はもともとトラックや貨物船の総積載重量のうち自らの本体に付属する積載関連部品や積載運行の安定性のために必要とされる一定の重量部分が占める部分であり，不可欠ではあるものの，荷物積載量を多くする観点からは直截的には役に立たず無駄な部分になる。死荷重は取引に参画するどの経済主体の利益にもならず，争いがないまま，神に召されてしまった部分になるのだ。

取引がどのような価格でなされるかは，個別の経済主体にとっては損得がかかる重大事であるが，そうした所得分配の動向は社会的総余剰には影響しない。分配の公正性と資源配分の効率性は相互依存の関係にあるわけではなく片務的なものであり，まずは分配対象のそもそものパイの大きさを確保し，その後にパイの取り分を競うのが賢明な生きる術なのだ（**第4講**，**第5講**）。もっとも，所得分配が社会的総余剰に全く無関係というわけではない。市場均衡以外では需要と供給が一致せず，その際の取引ルール次第で実際の取引量が決定されるからだ。図8-10や図8-11での取引量の決定に際してはショートサイドの仮定に基づいている。これが例えばロングサイドの仮定など別の取引ルールにとって代わると，市場で実現する取引量そのものが変化することになり，それによって社会的総余剰も変化する。

　結局，経済取引における死加重を回避するには，取引量は市場均衡の取引量にすることを経済主体間で合意し，その後に分配をめぐる協議をするのが賢明な策となる。ゲーム理論でいう協力ゲームの協調解であり，経済主体が協力し合う取引ルールが非協力ゲームの非効率的な解を回避できるのだ。もっとも，多くの経済主体間で協調するのは至難の業であり，それよりは分権的な市場経済で多くの経済主体に一斉に完全競争させるのがより容易な策ではあるだろう。**第4講**で垣間見た市場経済と計画経済の対峙に関連する問題なのだ。

## ■ 社会的総余剰とパレート最適

　取引量や取引価格に関しての知見を再整理するならば，市場均衡の取引と比べて，取引価格が市場価格よりも高くても低くても，その際の取引量は均衡取引量と乖離し，社会的総余剰は減少してしまう。言い換えると，市場均衡での取引の下で，すなわち需要と供給が一致するときに社会的総余剰は最大化され，市場均衡は最も資源を有効に使っていることになる。社会的に無駄がない，といってもいいわけだ。市場均衡を離れると，社会的総余剰が減ってしまうことから，結果的に，社会の構成員の誰かは前よりも悪い状態に陥ってしまうことになる。

　具体的に誰が「貧乏くじを引いて臍をかむ」かは取引ルールに依存することになろう。ショートサイドの仮定の下では，取引量が減ると，需要側の消費者は必ず余剰が減少する。これに対して，供給側の企業は余剰（利潤）が減る場合も増える場合もある（ただし，完全競争の状態にあれば，実は企業の余剰も必ず

減少してしまうことが理論的に証明される）。逆にいえば，完全競争の下で，市場均衡以下の取引量であったものが市場均衡の取引量にまで増加する過程では，消費者も企業もともに余剰が増えることになる。

このような状況にあるとき，すなわち取引者の誰もが不利になることなく，かつ少なくとも一部の取引者の余剰が増加することがあるとき――その取引は「パレートの意味で改善される」とか単に「パレート改善になる」という。イタリア人の経済学者・社会学者のパレート（Vilfredo Pareto, 1848-1923）が提唱した考え方だ（**第3講，第5講**）。

それ以上の経済取引によってももはやパレート改善が見られない状態を「パレートの意味で最適な状態」ないし単にパレート最適であるという。パレート最適な状態は，経済学が対象とする"希少資源の利用の観点"からは効率的な状態になる。パレート最適な状態では，もはや誰かの余剰を減らす（すなわち，誰かから資源を奪う）ことなくしては，別の誰かの余剰を増やす（すなわち，誰かに資源を与える）ことはできないことから，特別の価値判断を下さなくても，資源は無駄なく利用されていると解釈できるといえよう（**第5講**）。

## 8.5　厚生経済学の基本定理------------------------

前節では，完全競争市場において均衡価格と均衡生産量が決まれば，消費者余剰と生産者余剰の分析を通じて市場均衡において社会の総余剰が最大になることを確認した。それですべてがうまくいくのだろうか？　その点を厚生経済学の立場から考えてみよう。

### ■ 厚生経済学

厚生経済学（welfare economics）というのは1920年に出版された，イギリスのケンブリッジ大学のピグー（Arthur C. Pigou, 1877-1959）教授の著書『*The Economics of Welfare*』に由来している。厚生経済学は，資源配分等の経済的成果の良否を判断するための基準を設定し，その基準を実際に適用することにより経済主体の行動や政府の経済政策を評価し，改善するための方法を見出すことを目的とする。当初のピグーの提唱から学問的な論争を経て，現在の厚生経済学では資源配分の状態を判断する基準として，パレート効率性ないしパレー

ト最適の基準が用いられる。

　繰り返しになるが，パレート効率性（Pareto efficiency）あるいはパレート最適（Pareto optimum）とは，「他の個人の効用（満足度）を減ずることなく，いかなる個人の効用をも増大させることができない状態」が実現されていることをいう。他人に負担をかけずに誰かがより満足できるならば，現状には改善の余地があるので，そのような状態は明らかにパレート効率性の基準を満足しない。死荷重が発生している状態は，取引量を市場均衡量に移行させることによって解消できることから，パレート非効率になる。パレート効率的でないある状態からパレート効率的な状態に改善される場合，これをパレートの意味での改善，あるいは端的にパレート改善という。

　ピグーは，異なる人々の効用を比較し単純に足し合わせた「最大多数の最大幸福」を是とするベンサム的な功利主義（utilitalianism）に依拠したが，現在の厚生経済学（時に"新"厚生経済学という場合がある）では，効用の基数性による直接的な比較は回避し，効用の絶対数には意味がなく順番だけが付けられるという，序数性のみを課した比較に基づくのがパレート効率性になっている。ベンサム（Jeremy Bentham, 1748-1832）はイギリスの哲学者だが，経済学にも興味をもっていた（第1講）。

## ■ 厚生経済学の2つの基本定理

　パレート効率性については，厚生経済学の基本定理と呼ばれる2つの定理がある。まず，それら定理の内容を記すと，表8-2のようになる。

　第1基本定理は，完全競争市場によって達成された状態はパレート効率的であり，無駄のないその状態を変更することを行えば，利害関係者の誰かの満足を損なう帰結とならざるを得ないことを意味する。この定理によって，完全競

表8-2　厚生経済学の基本定理

| 第1基本定理 | 競争均衡配分は，存在すれば必ずパレート最適である。 |
| --- | --- |
| 第2基本定理 | 任意のパレート最適な配分は，所得の適切な再配分によって競争均衡配分として実現することができる。 |

争の"望ましさ"が示されたことになり，回りまわって，レッセフェール（laissez faire）とも自由放任ともいわれる，政府による市場経済への介入を忌避する市場原理主義や新自由主義（neo-liberalism）の思潮を後押しする根拠ともなっている。

第2基本定理はいろいろな表現が可能だが，その一つとして，完全競争市場で取引が行われるのであれば，取引が始まる前の資産や所得の初期保有状態を変更（リシャッフル）することで，変更しない場合とは別の状態に到達したとしても，その新しい状態もパレート効率的になっていることを表している。また，最初の保有状態を適切に変更することで，パレート効率的な組合せの中から，任意の状態を選択できることも意味する。

## ■ 市場原理主義と新自由主義

厚生経済学の基本定理は，資本主義経済において市場メカニズムを通じて効率的な資源配分が達成されることを示したものだが，もちろん，これには一定の条件が付されている。しかし，そうした細部の条件はひとまず置いておいて，通念として，市場メカニズムを極力活用した経済運営を行うことが国民に最大の繁栄をもたらすと信じ，市場への不要な政府の介入を排するのが市場原理主義（market fundamentalism）といわれる考え方になる。

市場原理主義の思想・信条を政府の経済・社会政策，ならびに経済主体の経済活動などで展開したのが新自由主義（neo-liberalism）で，具体的には「民間にできることは民間に委ねる」といった小さな政府論（あるいは小さな国家論）や，「政府の役割は国防や警察・司法機能に限定すべきだ」という夜警国家論を推進することになる。歴代のアメリカの共和党政権や，イギリスのサッチャー政権時代，日本では中曽根康弘政権や小泉純一郎政権の経済政策が，新自由主義なり市場原理主義を目指したといわれている。確かにこれらの政権では，小さな政府の推進，国営・公営事業の民営化などを正当化する一助として市場原理主義や新自由主義が標榜された。

市場原理主義と新自由主義は同義語として語られる場合も，新自由主義を極限まで推し進めたものが市場原理主義になるとの主張もある。後者の場合は，市場原理主義はほとんど拝金主義と同様に位置付けられ，例えば，**第11講**で学ぶ社会的共通資本の視点から，宇沢弘文東京大学名誉教授（1928-2014）は，農業協同組合新聞紙上（2011年2月23日）で「市場原理主義に立脚する小泉政

権の『聖域なき構造改革』によって，日本は社会のすべての分野で格差が拡大し，殺伐とした陰惨な国になってしまった」と，市場原理主義に対して厳しい内容の批判をしている。**第1講**で見たように，市場原理主義の程度の問題もあろう。何でもお金で買える，あるいは何でもお金で解決できるとなると，その瞬間に正統な市場原理主義の範疇を逸脱してしまうのだ。

## 8.6 本講のまとめ-------------------------------

　本講では経済学の両輪の1輪をなすミクロ経済学について，その全容は無理でも概要が垣間見られるテーマを探った。財サービスの需要と供給を決める主体的均衡の具体例として，完全競争市場においての消費者の需要関数および企業の供給関数を導出した。これらの主体均衡を前提として，完全競争市場では，消費者が享受する消費者余剰と企業が享受する生産者余剰（利潤）が生成され，合わせた社会的総余剰が最大になり，資源配分の意味ではパレート最適になることを見た。換言すると，完全競争市場での均衡価格を上回る価格や下回る価格で取引されるならば，（その際の取引ルールにかかわらず）社会的総余剰は減少し，減少した分は死荷重（deadweight loss）となり，取引に直接関わった消費者や企業にとってばかりでなく，社会的な損失となる。

　社会的総余剰の多寡による経済取引の評価は，パレート最適性に基づくものであるが，これには厚生経済学の基本定理が用意されている。本講の死荷重の有無による資源配分の評価はその定理に基づくものであるが，ここには実は1つの飛躍がある。厚生経済学の基本定理は一般均衡分析で証明されているものであるが，本講での総余剰分析は，一般均衡分析ではなく部分均衡分析にとどまったものになっているのだ。部分均衡分析は，特定の財サービス市場に限って注目したものであり，他の財サービス市場の様子は所与として考慮しない。他の財サービス市場も同時・同様に考慮するのが一般均衡分析であるが，一般に名が体を表すように，相当程度複雑になることから，本書のような入門書レベルで取り上げるのにはそぐわないものが多い。

　唯一，2人あるいは2種類のグループの大勢の経済主体による交換経済の所謂エッジワース（Francis Edgeworth, 1845-1926）のボックス・ダイアグラムの分析は一般均衡分析の例になっている。この枠組み内でのパレート最適性は証明

されており，分析を進めることにより厚生経済学の基本定理が現在進行形の形で理解可能となっている。交換経済は生産活動が捨象されているという一般均衡分析にとっての制約があるものの，完全競争とパレート最適性の関係が明瞭であり，有意義な分析フレームワークになる。

　本講を閉じるに当たって最後に指摘しておきたいこととして，完全競争の前提がある。厚生経済学の基本定理が成立するのは完全競争市場においてであり，この前提が満たされないとパレート効率な資源配分は実現されない。独占や寡占などの価格支配力のある企業の存在は完全競争の前提を満たさず，厚生経済学の基本定理は適応外となるが，完全競争市場に近づけようとの「公正取引」への経済政策については**第11講**で検討する。他にも厚生経済学の基本定理が成立せず「市場の失敗」をもたらす事例は少なくないが，これらも**第11講**の話題となる。

## ■ Active Learning

問題 8.1　次の取引が行われた市場のうち，完全競争市場と見なせる市場を挙げなさい。
(1)　ネットの通信販売で，教科書を定価通りに購入した。
(2)　生命保険会社の外交員にしつこく勧誘され，生命保険に加入した。
(3)　骨董屋と話し込んで，店頭にない古い壺を相対交渉で3割引きで手に入れた。
(4)　食品会社の工場見学で出口にあった即席店舗で，製造したばかりのチョコレート菓子を2割引きで購入した。
(5)　自転車のパンクを修理に出したら，チェーンの交換も必要と指摘され，言われるままに交換した。

問題 8.2*　図8-4において，限界費用曲線が平均費用曲線の最低点を通ることを証明しなさい。

問題 8.3　需要と供給の数量が一致しない場合に，取引がショートサイドの仮定に代わってロングサイドの仮定で決まるとする。この際にも，市場均衡の場合と比べて，社会的総余剰に死加重が発生することを確認せよ。

問題 8.4　市場原理主義と聞いて思い付く印象の深い経済事件を1例挙げなさい。

# 第9講
# マクロ経済学を垣間見る

■第8講のミクロ経済学に続いて, 第9講では, マクロ経済学について, その全容は無理でも概要が垣間見られるテーマを選択する。まず第1の課題は, 国民経済の活動水準がどのようにして決定されるかであり, このメカニズムを理解しておくことは, マクロ経済学の基本であると同時に, 第11講で取り上げる財政金融政策の効果を見極める上でも鍵となる。45°線モデル, IS=LM モデル, AD=AS モデルと順次モデルを拡張していくが, それらの枠組みで GDP が決定される際に GDP の3面等価が果たす役割について詳しく考察する。GDP の決定の次の第2の課題は, 静学分析としての物価水準の決定と動学分析としてのインフレ率の決定であり, 静態と動態の両面からアプローチする。

　静学分析としての物価水準の決定は AD=AS モデルで, またフィリップス曲線を通じて動学分析としてのインフレの決定を考察する。その後は実体経済の動学分析として, 経済成長と景気循環を取り上げる。経済成長については新古典派経済成長モデルを中心にモデル分析を行い, 市場メカニズムに委ねておくだけで, 資本と労働, そして GDP が同じ率で成長する均斉的成長経路に沿って拡大することを理解する。ただしこの新古典派経済成長にとっては, 生産面で資本と労働が代替的に使用されることが決定的に重要で, その代替性が満たされないハロッド=ドーマー型の経済成長モデルでは, 均斉的成長経路に乗るのはナイフの刃を渡るような不安定で危険さを伴い, いずれ生産要素の完全雇用が不可能な状態に陥ることになる。

　本講最後となる景気循環については, いまでは少なくない理論モデルが提案されており, それらをまとめる形で整理する。景気循環モデルを代表するものとして, 天井・床型景気循環論と均衡景気循環論を紹介する。

## 9.1 GDP の決定・・・・・・・・・・・・・・・・・・・・・・・・・・・・・・・・・・・・・・・

　日本経済のような国民経済のマクロ経済全体をひとまとめにして把握しよう
とする場合に，その動向を的確に表す指標があるとないとでは，これからどれ
だけ生産活動に取り掛かったらよいかを決定しようとする個別企業や，経済政
策の発動のタイミングを考えている政府にとって大きな違いになる。もちろん，
各家計の消費選択や新卒の大学生の就職活動にも関係がある。そうした指標は，
感覚としては「景気」といわれるものが相当するが，その具体的なマクロ的指
標となると，現在のところこれだという決定的なものがあるわけではない。し
かしながら，何やかやといっても，最も注目されているのは GDP（gross do-
mestic product, 国内総生産）といえる。

### ■ いくつかの GDP の決定モデル

　マクロ経済の活動水準を代表する経済指標である GDP は，どのように決定
されるのだろうか？ マクロ経済学では，この問題を 45°線モデル，IS=LM モ
デル，AD=AS モデル，と段階を追って検討する。これらの段階は，ミクロ経
済学でいえば部分均衡分析から一般均衡分析へ拡張するプロセスに準じるもの
であり，45°線モデルではマクロ経済全体での生産量を生産物市場（財サービス
市場）のみで，すなわち部分均衡分析として，その総需要と総供給が一致する
市場均衡状態として把握する。

　45°線モデルから IS=LM モデルへの拡張は，生産物市場に加えて金融市場
（とりわけ貨幣市場）を同時に考慮することになる。両者のリンクは，一方で生
産物市場における企業の投資が金融市場での利子率に依存し，もう一方では生
産物市場での生産規模に応じて貨幣需要が増大する関係にある。したがって，
生産物市場と金融市場がともに均衡に達して落ち着くには，生産物市場での活
動水準と金融市場での貨幣とその他金融資産の需給が同時にバランスする水準
に決定される必要があり，これが GDP（とりあえず名目 GDP）の水準を決める
のである。後に見るように，生産物市場の均衡には投資（investment）と貯蓄
（saving）が等しくなる必要があり，これを IS バランスと呼ぶ。金融市場には貨
幣とその他金融資産（債券が代表）の 2 種類があり，どちらかの市場で需給が
均衡すれば，もう一つの市場も自動的に需給均衡となるので，貨幣市場での需

要（liquidity）と供給（money）から LM バランスと呼んでいる。IS バランスと LM バランスが同時に達成されるのが IS=LM モデルでの GDP の決定となる。

IS=LM モデルから AD=AS モデルへの拡張は，名目 GDP を実質 GDP と物価水準に分けてそれぞれの決定を論じることによる。それを可能にするのは，物価水準に応じて実質貨幣残高と実質貨幣需要との間でギャップが生じ，それにより生産物の総需要（AD, aggregate demand）と総供給（AS, aggregate supply）のギャップにも影響が及び，すべてが均衡するには特定の物価水準が実現されなければならないことによる。これが総需要・総供給モデルであり，AD=AS モデルと略称される枠組みとなる。

## ■ GDP の 3 面等価

現実の経済では，分権的市場経済の当然のあり様として，さまざまな人々やいろいろな企業が勝手に意思決定し経済活動を行っているように見えるだろう。その観察は正しいのだが，各々の経済主体は勝手に行動しているのにもかかわらず，マクロ経済全体ではきれいな規則性が維持されることがある。そうした経済現象の中でも最もドラマティックなものが，これから説明する GDP の 3 面等価の問題だ。

3 面等価の原則（principle of three equivalence of GDP または principle of equivalent of three aspects）とは，GDP で代表される経済活動水準を異なる 3 つの側面から捉えなおしたときに，それらの額がすべて一致する規則性のことをいう（**第 2 講**）。GDP 自体は国内総生産であり，これは経済活動を生産面から捉えたものだ。すなわち，労働者が会社に出社し，工場の中に備え付けられた機械を使いながら原材料（中間財）を加工してある製品（最終財とする）を作った際の価値の増分（付加価値）が GDP の一部を構成する。こうした製品を作るのは製造業（マニファクチュアリング）といい，鉱業と建設業とともに第 2 次産業に括られる。モノを造る第 2 次産業は生産のイメージに最も合うが，他の第 1 次・第 3 次産業での付加価値（新たに生み出された価値）も GDP に入る。付加価値を生み出すという意味では，全く同様だからだ。国内総生産のように，GDP を生産面で捉えるのは直截的であるが，GDP はその様相だけではない。それは，生産面ではなく，他の 2 つの面を見るとより理解しやすいはずだ。一つは所得（収入）ないし分配面，もう一つが支出面だ。

まず所得（収入）ないし分配面だが，これは生産されたものはその生産に貢

献した人々に帰属し，何らかのルールによってそれらの間で分配されることに注目する。厳密には，生産に貢献するのは人間の労働ばかりではなく，一般に生産要素と呼ばれ，工場・機械・トラックなどの資本ストックや土地も入る。労働の貢献には賃金が，土地の貢献には地代が支払われ，資本ストックの貢献にはそれらが賃貸したものであれば，短期のレンタル料なり中長期のリース料として賃貸料が支払われ，持ち主が企業自らである場合にはその分も企業の儲け（利潤）となる。

　このようにして，生産されたものは生産要素の間で分配され所得となるわけだが，その分配のルールにかかわらず，ともかくそれらの間で分配し尽くされることが重要だ（現実には税金や政府からの補助金がありより複雑だが，適切に配慮すれば基本的な仕組みは変わらない）。それぞれの生産要素の所得（収入）となる総額は国内総所得（gross domestic income，GDI）ないし分配国内所得というが，分配し尽くされることから，それはまさに常に GDP に等しくなる。すなわち，これで所得（収入）面と生産面が等しくなることが分かる。

　ただし，問題は残る。上の説明では分配のルールについては，何も立ち入って問題としていないことだ。昔の封建制の下では，荘園領主や大地主は小作人に自分の土地で耕作させて，理不尽に高い小作料を要求したらしい。また，資本主義の初期の段階では，不当に安い賃金を払うだけで労働者を搾取した企業家もいたという。ここでいう「理不尽」とか「不当」とはどのように判断されるのだろうか？　この点に関して，経済学ははっきりとした基準を示す。生産要素が生産に貢献した分に応じて報酬を得るべきだ，がその結論になる。生産要素の正当な貢献分はその限界生産力で判断される。限界生産力（あるいは限界生産性ともいう）とは，その水準を越えて生産を増やそうとして生産要素の投入をわずかに（限界的に）増やした場合に得られる生産量の増加分を，生産物の市場価格で評価した額になる。

　各生産要素がすべてその限界生産力に等しい報酬を受ける（これを限界生産力原理という）とすると，この場合には常に生産されたものがすべて分配し尽くされるわけではない。そうした分配ルールがうまく機能するには，規模に関して収穫一定（constant returns to scale）という技術的な条件が満たされる必要がある。この条件は，例えば，すべての生産要素について投入量が同じ生産施設を 2 つ合わせた場合に生産量も 2 倍になるというもの（数学用語の 1 次同次性）だ。3 つ合わせれば 3 倍だ。もっともらしく聞こえるが，この条件が成立する

には，生産要素としてすべてのものを考慮していることが前提になる。考慮されない生産要素があると，考慮される生産要素の量が同時に増えていく際に，一定にとどまる生産要素の希少性が高まり足枷となる可能性が高まるのだ。

　次に，第3の支出面に移ろう。これは生産物の用途に焦点を当てたもので，考え方としては，生産物は何らかの目的で誰かによって使われることに注目する。GDPを集計する期間として四半期とか1年間をとった場合に，この期間中には使われないで残ってしまう場合もあるが，その分は在庫の増加分と呼んで1つの支出項目に分類する。すると，結局，すべて使用されることになろう。こう書くとだまされた気分になる読者も多いかもしれないが，実はこの在庫の増減はGDPの水準の決定に重要な役割を果たす。その具体的な役割は後述するとして，こうして支出項目をすべて合わせると国内総支出（gross domestic expenditure，GDE）となり，これもGDPに等しくなる。

## ■ 消費と投資

　本題にもどって生産物の用途をリストアップしよう。ここで対象としている生産物は抽象的概念のそれで，GDPに含まれるもろもろの財サービスのミックスであり，さまざまな潜在的な用途先がある。それらをマクロ的には大胆に分類し，消費と投資の2つの支出項目に分けよう。

　消費はもっぱら消費者ないし家計によってなされる。消費の定義は，そのもののほんらいの利用に使われる財サービスということで，いったん使ってしまうとその先はもう残らない。鉛筆やノート，使い古したパソコン，地下鉄の乗車券，推理小説の文庫本，レストランの食事，等々具体例を挙げたらきりがない。これに対して，投資は将来の生産に役立つように現在の生産物を割いたもので，資本ストックの蓄積分（増加分）となる。具体的に投資に入るのは，企業の設備投資（工場やオフィスの増築や新たな機械の設置）と家計の住宅投資（持ち家の新築やマンションの購入），それに在庫投資も入る。

　設備投資が将来の生産に役に立つのは分かりやすいだろう。住宅投資も将来にわたって居住サービスを生み出し，持ち家でもその帰属家賃がGDPに含まれるので，これも理解できる（**第2講**）。しかし，在庫投資は理解するのが困難かもしれない。在庫の増加を在庫投資というのは，増えた分は最終生産物の場合にはそのまま将来の生産物になるし，中間生産物ならばそれは原材料として将来の生産に使われることになるからだ。すなわち，在庫の増加は投資の定

義にかなっている。なお，在庫の減少はマイナスの在庫投資といい，生産した以上に売れてしまう場合とか，在庫が蓄積しすぎた場合に損切りして廃棄処分にしたりするときに起こる。

　さて，消費と投資のどちらかにしか財サービスが利用されないとすれば，生産されたものは結果的には必ずどちらかで利用される（売れ残ったものも在庫投資に入ることを忘れずに！）。この何らかの形で利用された額を，それらの使用に際して支出した家計や企業の側から集計したものが国内総支出（GDE）であり，いまの場合，国内総支出は消費と投資の合計からなる。いままでの説明から理解されるように，この国内総支出はGDPに等しくなる。すなわち，支出面と生産面が等しい。

　実際の統計では，支出用途は消費と投資の2項目だけではなく，支出主体として政府と海外部門を加え

$$国内総支出 \equiv 消費＋投資＋政府支出＋輸出－輸入$$

と定義される。ただし，ここの三本棒の記号（≡）は**第8講**の（8-4）式で導入したのと同じく，常に等しいという意味での定義式ないし恒等式に使われる記号になる。

　新しい項目が登場するのは，家計と企業以外の経済主体の経済活動を把握するためだ。政府支出は国や都道府県・市町村といった地方政府，それに各地の上下水道やガスなどの公的企業の支出をまとめたもので，中身には経常的支出である政府消費と公共投資など投資的支出である公的資本形成が含まれる。輸出は，海外の経済主体が日本の財サービスを使用している分で，これにも乗用車，デジタルカメラ，ゲームソフト，漫画など消費的なものと工作機械やクレーン車など投資的なものの両方が含まれている。外国で生産されたものを日本国内で使用している場合もあり，それが輸入したものだ。輸出と輸入があると，日本国内で支出されたものから外国で生産されたものである輸入分を控除しないと，日本国内で生産されたものに対する支出にならない。もちろん，海外で利用されることになる輸出分は足す必要があり，これが拡張された国内総支出になる。

　消費はその期で使い切ってしまうもの，投資は将来にまで残るものと説明される場合もあるが，確かにそういう傾向はあるものの，これは厳密には正しくない。テレビや冷蔵庫，乗用車などの耐久消費財は１四半期や１年を超えて使われるのが普通で，期間中に使い尽くされるわけではない。よく考えると，鉛筆や体温計，辞書や洋服なども長い間使われるのが普通だ。しかし，これらを購入したときに投資に分類することはない。そういう意味で，そのもののほんらいの利用に使われる財サービスを消費，将来の生産に役立つように現在の生産物を割いたものを投資，として整理するのが適切になる。

　ただし，中には同じモノが消費に分類されたり投資に分類されたり，ということもなくはない。自動車やパソコンがいい例だ。これらが企業に購入され営業用に用いられる場合には投資になり，家計に購入され個人が非営業用に用いると消費に入る。まあどっちでもいいやというのも一つの見識だが，個人企業などは消費と投資のどちらかによって税金が違ってくる場合があり，知らないと損をすることにもなる。もっとも，制度を悪用して「個人」の乗用車を「会社」名義にしたり，逆に「会社」の乗用車を乗り回す「個人」がいたりして，しばしば税務署の査察が入るのを目にする。

　2008 年版の SNA では研究開発の資本化に伴い，R&D（研究開発）関連支出は経費から投資として計上することにした。コンピューター・プログラムへの支出が対象となるはずだが，実際は家庭のパソコン用のソフトウエアは対象外，企業のパソコン用でさえパソコンに内蔵されているソフトウエアは対象外とされ，結局対象となったのは，企業が自らのコンピューター用に発注するプログラムだけだった。しかしそれでも，2015 年度で 19.2 兆円になり，この分は新たに GDP に算入された。なお，2008SNA への移行に伴っては特許等サービスの扱いの変更等もあり，GDP は合計 31.6 兆円分上方改定され，その差は決して小さな額ではない。

## ■ ３面等価と GDP の決定メカニズム

　GDP がどのように決定されるかをめぐっては，３面等価との関わりを考える必要がある。３面等価はどのような GDP の水準でも成立するのだろうか，それとも特定の水準でのみ成立するのであろうか？ GDP は世界中の国民経済で，特定の値として報告されている。日本経済でも，歴史的に時系列データが公表されてきている。そうした事実を踏まえると，GDP の３面等価はどの GDP の水準でも恒等的に成立すべき関係なのではないだろうか？

　正解は否。GDP の３面等価は恒等的関係ではなく，いくつかの条件が重なった場合に，特定の水準のみで成立する方程式といってもよい。それがいろいろな水準で成立してきたかに見えるのは，あくまでもいろいろな GDP の水準をもたらすバックグラウンドがあったからである。それらのバックグラウン

ドは国民経済によって異なるし，同じ国民経済でも時期によって異なったものに変貌する。したがって，同じ GDP の水準はめったに実現されないのだ。では，そのバックグラウンドとは何だろうか？

　国民経済のバックグラウンドとなるのは，その中で暮らす経済主体の主体均衡となる行動とその前提となる資源賦与状況であり，具体的には，まずは資本ストックや労働力（15歳以上で働いているか働く意思のある人口）といった生産力の基礎となる生産要素の供給状況と，それらを効率的な生産に結びつける生産技術（生産関数）の整備状況になる。もちろん，道路や空港・港湾といったインフラストラクチャー（しばしばインフラと短縮される）の整備状況や新しい生産技術などの R&D 投資も重要になる。

　バックグラウンドが十分に整備されたとして，3面等価のうち，GDP の決定に直接関わるのは生産面の GDP と支出面の GDE になる。ただし，決して分配面の GDI が重要ではないという意味ではなく，他の2つの側面に比べて，（限界生産力原理が貫徹していようがいまいが）常に分配面は生産面と一体になっているからだ。言い換えるならば，生産面と分配面の合計額は恒等的に等しいといってもよい。生産されたものはすべて誰かに分配されるからだ。そこで，GDP の決定モデルでは，45°線モデル，IS=LM モデル，AD=AS モデルのどれをとってみても，GDP＝GDI であることを前提する。

　したがって，3面等価で方程式として問題となるのは，生産面と支出面が等しくなることになる。実は，生産面は財サービスの総供給，支出面は財サービスの総需要になることから，この両面が一致するのは，総供給と総需要が均衡する市場均衡の条件となるのだ。すなわち，結局，3面等価が成立するのは生産物（財サービス）市場で市場均衡が成立する場合になるのであって，これは恒等的に起こるのではなく，あくまでも方程式の解としての特定の GDP の水準で成立するのだ。

## ■ 45°線モデルでの GDP の決定

　この問題を，最も簡明な45°線モデルで説明することにしよう。図9-1は横軸に所得面（分配面）の所得 GDI をとり，縦軸には生産面の GDP と支出面の GDE をとる。すると，上で説明したように，生産面と所得面はすべての所得の水準で同じと考えるので，縦軸の GDP は横軸の GDI と同じになり45°線で表される。これが生産物市場の総供給曲線（実際は図では直線）になる。どの所

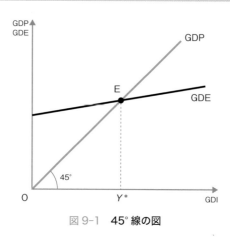

図 9-1　45°線の図

得水準にも，それに等しいだけの総供給が対応するのだ。

　他方，各所得水準に対応して，諸々の財サービスに対する支出も計上される。ミクロ経済学の主体均衡に戻れば，各経済主体が予算制約の下で効用最大化行動を模索した結果の意思表示で，それをすべての経済主体について集計すると，横軸の各所得水準に対応して1本の曲線（これも図では直線）を描くことができる。この総需要曲線が実際にどのようなものになるかには多くの自由度があるが，マクロ経済学ではケインズが『一般理論』で採用し，伝統的にケインズ型の消費関数と呼ばれることになった限界消費性向の傾きをもつ右上がりの1次直線をイメージしてきた（**第7講7.2節**）。図9-1でもこのケインズ型消費関数に基づく傾きが（1−限界消費性向）の総需要曲線を描いた。

　45°線の総供給曲線と右上がりの総需要曲線を同じ図に描くと，必ず1点で両曲線は交わる。これが総供給と総需要が一致する生産物（財サービス）市場の需給均衡点であり，この点で所得面を含めた3面等価が成立するのだ。念のため，この過程で図9-1での均衡点が達成されるのは，マクロレベルでは総需要と総供給の差が在庫変動となり，ミクロレベルでは各企業がそれぞれの「意図せざる在庫投資」に応じて生産量を調整するのが，集計された結果マクロレベルの生産量調整となるからだ。調整過程の仔細はともあれ，確認しておくと，3面等価は市場均衡が成立して初めて達成されるのであって，その意味

で恒等的関係ではなく方程式の解として成立する関係なのである。その方程式の解が，現実にそれぞれの国民経済なり特定の国民経済の時系列データとして実現してきたのだ。

## ■ IS=LM モデル

GDP の3面等価が市場均衡が成立して初めて達成されるのは，45°線モデルの枠組みを金融市場との同時均衡を考慮する方向で拡張した IS=LM モデル，および名目 GDP を実質 GDP と一般物価水準（GDP デフレーター）に分解する AD=AS モデルにおいても同様である。要するに，生産物市場で総供給と総需要が一致する市場均衡が達成されるのが，GDP の3面等価が成立し，GDP の水準が決定されるのに必要なシナリオであることには変わりない。

まずは 45°線モデルを IS=LM モデルに拡張してみよう。実物セクターとしての生産物（財サービス）市場に加えて，金融セクターを導入する。既述のように，金融市場には貨幣とその他金融資産の2種類の金融資産がある。換言すれば，金融資産が2種類しかないために，一つの市場で需要と供給が均衡すれば，もう一つの市場でも需給均衡が達成される（**第6講**，ワルラス法則）。そこで以下でのモデルの扱いを容易にするために，貨幣市場に注目する。貨幣市場が均衡すれば残りの金融市場も必ず均衡し，金融市場全体の均衡が達成されるのだ。

生産物市場の均衡は，総供給の GDP（$Y$）が総需要の GDE と等しくなるときで，この均衡条件を

$$Y = C + I \tag{9-1}$$

で表す。総需要は消費 $C$ と投資 $I$ からなり，消費はケインズ型消費関数

$$C = C_0 + cY \tag{9-2}$$

とし，投資は利子率 $r$ の減少関数 $I(r)$ とする。所得のうち消費されなかったのは貯蓄となるので，（9-1）式は

$$\underset{(+)}{S(Y)} = \underset{(-)}{I(r)} \tag{9-3}$$

と書き直すこともできる。生産物市場の均衡は貯蓄と投資が等しくなるときに成立するのであって，これゆえに IS バランスと呼ぶ。なお，いうまでもなく，

関数形の下の（＋）や（－）は当該変数同士の関係が正か負かを示す。

　金融セクターの均衡は，貨幣市場の均衡である LM バランスで代表され

$$M = L(r, Y) \atop (-)(+)$$  (9-4)

と表す。左辺の $M$ は貨幣の供給であり，その量は金融政策で決められる政策変数だ。右辺の貨幣需要 $L(r, Y)$ は投機的動機と取引動機で構成される（両者の中間的存在の予備的動機というのもあるが，枝葉末節に入り込むのでここでは捨象）。貨幣とその他の金融資産との間での投機的動機による貨幣需要については，利子率が上がると貨幣を保有することにより失うその他金融資産の収益（第 14 講で取り上げる機会費用の例になる）が増えるので，結論としては，投機的動機による貨幣需要は利子率の減少関数となる。取引動機による貨幣需要はGDP が増えると増加する。

　以上の準備の下で，IS バランスと LM バランスが表す関係を，横軸が GDPの $Y$，縦軸が利子率 $r$ の図に描く。IS 曲線は生産物（財サービス）市場の均衡をもたらす $Y$ と $r$ の組合せの軌跡になる。均衡をもたらすある組合せをベースとしてその点よりも，$r$ は一定として，GDP が増えたとすると，（9-3）式において左辺の貯蓄が大きくなり，IS バランスの均衡を回復させるには右辺の投資も大きくならなければならず，それには利子率は下がる必要がある。すなわち，もとの均衡点よりも $Y$ が大きく $r$ が低くなるので，もとの点と比べると南東の方向に位置し，そうした組合せの集まりとしての曲線としては右下がりになる。この右下がりの曲線を IS 曲線と呼ぶ。

　一方，貨幣市場の均衡をもたらす LM バランスに関しても，IS 曲線同様，均衡をもたらすある $Y$ と $r$ の組合せをベースとして，その点よりも GDP が増えたとしよう。すると，（9-4）式において取引動機による貨幣需要が増える。その上で所与の貨幣供給量の下で貨幣市場の均衡が回復するには，投機的動機による貨幣需要は減少しなければならない。そのためには利子率が上がらなければならず，新しい均衡の組合せはもとの均衡点の東北方向になり，そうした組合せの軌跡である曲線としては右上がりとなる。この右上がりの曲線は LM曲線と呼ばれる。

　右下がりの IS 曲線と右上がりの LM 曲線を同時に描いたのが図 9-2 であり，2 つの曲線の交点 E で生産物（財サービス）市場と貨幣市場を同時に均衡させる GDP，$Y$，と利子率の組合せが決定される。

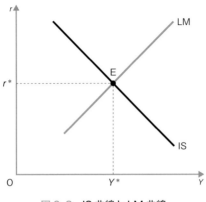

図 9-2　IS 曲線と LM 曲線

## ■ AD=AS モデル

　最後に，総需要・総供給（AD=AS）モデルに移ろう。このモデルの枠組みでは，IS=LM モデルの枠組みで暗黙の前提として物価水準を一定としているのを，モデル内で内生的に決まるとする。ただし，IS=LM モデルではすでに GDP の $Y$ と利子率 $r$ が内生変数であるから，物価水準を内生変数に加えると，3 つの変数の同時決定を議論することになり，連立方程式も 3 本必要となる。この 3 本目の方程式として，総供給と物価水準を結びつける総供給関数を追加導入する。IS=LM モデルでは，この供給関数は特定の物価水準のところで水平になっていたと考えるが，内生変数とすることで物価水準の上昇によって総供給が増える右上がりの総供給曲線にするのだ（別の解釈は，IS=LM モデルでは $Y$ を名目変数と捉え，名目変数は実質変数と物価水準を掛け合わせたもので，その分解はことさら問題にしなかったとする）。具体的には，労働の限界生産力が実質賃金に等しいとの企業の労働需要の条件を考える。ケインズが批判した古典派経済学において，古典派の第 1 公準として確立した，企業の利潤最大化の必要条件だ（コラム 9.2）。

　連立方程式体系を（9-3）式の IS 曲線，（9-4）式の LM 曲線，そして総供給関数の 3 本とするのは正攻法だが，3 次元の図を描くのは大変なので，とりあえず 3 変数のうちの利子率 $r$ を消去して，横軸 GDP の $Y$，縦軸物価水準 $P$ の

平面で考えよう。この平面で，総供給曲線（AS曲線）は右上がりだ。もう一つの曲線は，IS曲線（9-3）とLM曲線（9-4）の2つの方程式から利子率 $r$ を消去した関係式とし，これを総需要曲線と呼ぶ。この際名目変数と実質変数を明確に区別するために，ここまで登場したGDP（$Y$）は名目変数とし，物価水準を $P$，実質GDPは小文字の $y$ で表記する。この結果，例えば（9-4）式は

$$M = PL(r, y) \qquad\qquad (9\text{-}5)$$

と書き直す。ただし，貨幣需要関数も小文字で表すべきだが，ここでは関数形そのものは名目と実質で変わらない（所得変数に比例）としている。

総需要曲線（AD曲線）は，貨幣市場の均衡を前提とした上での生産物（財サービス）市場の総需要をGDPと物価水準の関係で捉えたものであり，これは $Y$-$P$ 平面では右下がりとなる。総需要曲線上のある点と比べて，$P$ が上昇すると，所与の貨幣供給量に対して実質貨幣残高（$M/P$）が減少し，一つには消費の資産効果がマイナスに働いて消費が減少し，GDPにも下落圧力が働く。もう一つの効果としては，貨幣市場での実質貨幣供給量が減少することから実質貨幣需要も減少しなければならない。そのためには，取引動機による貨幣需要が減少するようにGDPが減少するか，または投機的動機による貨幣需要が減少するように，利子率が上昇する方向に働くために，IS曲線で投資が減少し，それならば（9-3）式の貯蓄も減少するようにGDPが減少する必要がある。どのチャネルもGDPの減少が要求され，結果は，$P$ の上昇 $Y$ の減少の組合せなのでそれらの軌跡としての総需要曲線は右下がりになる。

右上がりの総供給曲線と右下がりの総需要曲線を同時に描いたのが図 9-3 であり，交点の E において，生産物（財サービス）市場と貨幣市場が均衡するGDPと物価水準が決まり，それらの均衡値を（9-3）式または（9-5）式に代入することによって，均衡利子率も導出される。この均衡点では，生産物市場での総供給と総需要が一致するのだが，このことと3面等価の関係はどうなるだろうか？ 総供給は生産面，総需要は支出面であるので，市場均衡点ではそれらが等しいのであるから3面等価のうちの2面は等価となる。3面目の所得面ないし分配面は取り立てて登場するわけではないが，これは45°線モデルやIS=LMモデルと同じく生産面と常に等しいとの扱いにすれば，3面等価がすべて成立することになる。

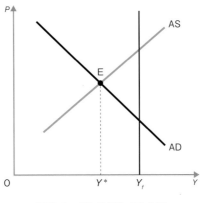

図 9-3　AD 曲線と AS 曲線

## 9.2　完全雇用か非自発的失業か----------------

　GDP の 3 面等価なり GDP の決定について理解したならば，次は，それがど
のような水準に決まるのか，その水準は政策的に制御できるのかといった問題
になろう。ここにおいて，マクロ経済学にとって最重要問題である，完全雇用
が成立するか働く意思のある労働者が雇用されない非自発的失業が不可避か，
といった問いの答えを探ることになる。

### ■ 古典派経済学とケインズ経済学
　マクロ経済学には大きく 2 つの考え方がある。1930 年代の世界的大不況に
際して，イギリス人のケインズ（John Maynard Keynes, 1883-1946）が『一般理論』
を刊行し，そこにおいて古典派経済学（マーシャル以降の新古典派経済学も含む，
第 3 講）を批判し，非自発的失業に対してはマクロ経済全体の総需要である有
効需要を拡大する必要があり，政府による公共投資増大など有効需要を管理す
る政策が望まれると主張した。
　ケインズの主張は，今日のケインズ経済学と呼ばれる考え方を宣言したもの
であり，古典派経済学が主張する自由放任の下での完全雇用の実現は現実には

起こり得ない世界の話だと痛烈に批判した。古典派経済学では労働市場で名目賃金率が伸縮的に調整して，企業の労働需要と家計の労働供給が等しくなり，その意味での完全雇用が実現されると考える。アダム・スミスの時代はともかく，20世紀以降に本格化した資本主義経済では，労働市場では完全雇用は実現されず慢性的に非自発的失業が蔓延してきた。1930年代には失業率は20%を越え，今日でも少なくない国民経済において若者世代の失業率が3割に達しているとの報告も驚きにならない状況が続いている。

　古典派経済学の考え方は名目賃金の伸縮的な調整，とりわけ失業者がいる場合には名目賃金が下落することによって，労働需要が増えると同時に労働供給が減少し，結果的に労働市場に残存する失業者が二重に減少するとの観察に基づく。名目賃金が十分下落すれば完全雇用が達成されるとの完全雇用経済が，古典派経済学の出発点にもなるといえよう。完全雇用経済では，その下での生産量が生産物（財サービス）市場での総供給となり，この生産量の水準は完全雇用GDPと呼ばれる（図9-3の$Y_f$）。

　しかし，図9-3で示されているように，生産物市場で実現されるのは完全雇用GDPの水準を下回る水準であり，完全雇用GDPとは乖離が生じ（GDPギャップという），労働市場では完全雇用を下回り失業が存在する。しかもこの失業は働く意思がある労働者が失業する非自発的失業（involuntary unemployment）になる。「古典派経済学の体系では完全雇用が実現し，ケインズ経済学の体系では完全雇用を下回る雇用にとどまり非自発的失業が発生する」のは，マクロ経済学を二分する体系の識別基準になる。その論拠となるのは名目賃金の伸縮性で，古典派経済学はそれにより労働市場での完全雇用に行き着き，ケインズ経済学はそれを否定し名目賃金の下方硬直性が現実の世界での実態であると主張する。

　名目賃金の伸縮性，とりわけ名目賃金が下がればケインズ経済学の非自発的失業は解消されるとの見解をめぐっては，ケインズの『一般理論』が発刊された時代にケンブリッジ大学の兄弟子のピグー（Arthur Pigou, 1877-1959）が主張し論争になったが，ケインズ自身は賃金の下落は労働者の所得減となり，マクロ経済全体での有効需要増にはつながらないとした（第3講）。ピグーの主張自体は実質資産残高効果（ピグー効果）を通じた有効需要増大をもたらすが，その効果は不十分で，むしろダイナミックな意味での不安定要因となり，悪循環をもたらすと断じられたのだ。

　古典派経済学の体系での労働市場を定式化する。まず企業の労働需要を見ると，これには企業の主体均衡として利潤最大化行動を考える。簡単化のために，一般性を失わずに生産要素は労働のみとし，企業は労働の雇用量のみを選択して利潤を最大化する。すなわち，利潤は

$$\Pi = PF(N) - WN$$

と表され，$N$ を選択して利潤最大化をはかる。そのためには，

$$F'(N) = \frac{W}{P}$$

が必要条件となる。左辺は労働の限界生産力であり，それを右辺の実質賃金率と等しくさせる労働雇用量を需要するのがよい。これは古典派の第1公準といわれる考え方で，結果は，労働需要は実質賃金率の減少関数となる。横軸に労働雇用量，縦軸に実質賃金率をとった図に表すと，労働需要曲線は右下がりだ。

　労働供給については，家計が働くことと働かずに余暇に割く時間の選択をすると考える。働いて得られる賃金収入はすべて消費に回し，その効用は余暇による効用と代替的になる。こうした労働供給の定式化は次のようになる。最大化するのは，消費 $C$ と余暇 $L$ による効用 $U(C, L)$ であり，制約条件としては，まず予算制約式として，$N$ を労働供給として

$$PC \le WN$$

が，次いで労働と余暇の時間制約で，1日を24時間として

$$N + L \le 24$$

とする（1週間や1か月単位でも，$P$ や $W$ の値を調整すれば，基本的な結論は変わらない）。

　この問題の解き方はいくつか考えられるが，ここではラグランジェ乗数法（**第8講**）ではなく，2つの制約条件（不等号で与えられているが，実際は等号で成立）を考慮して代入した効用関数

$$U\left(\frac{W}{P}N, \ 24-N\right)$$

を $N$ について最大化する。その条件は

$$\frac{U_L}{U_c} = \frac{W}{P}$$

となる。この式の左辺は余暇の限界効用と消費の限界効用の比率であるが，これは消費と余暇の限界代替率であり，（マイナスがつくと）無差別曲線の接線の傾きになる。その限界代替率が実質賃金率に等しくなるところで余暇が決まり，したがって労働供給が決まる。これを古典派の第2公準という。

労働供給については，実質賃金率が上昇した際の労働供給の増減は確定はしない。無差別曲線の形状次第で，増える場合も減る場合もあるからだ。ただし，通常は（厳密には代替効果が所得効果を上回れば）実質賃金率が上がれば労働供給は増える。しかし，すでに労働供給量が多い場合には，実質賃金が上がった分の所得効果で労働供給を減らしたとしても，余暇に回す時間の増加によって，効用が増加する可能性があり，その場合には，実質賃金率の上昇が労働供給の減少をもたらすことがある。要するに，実質賃金率が低い場合には右上がりの労働供給曲線だが，実質賃金率が十分高くなるとそれ以上の上昇によっては，労働供給がかえって減少する後方屈折（バックワード・ベンディング）型の労働供給曲線となる。

## ■ 有効需要管理政策

　ケインズ経済学では，自由放任の下では完全雇用は達成されず，非自発的失業が発生する。これを解消するには，一つは名目賃金率の下方硬直性を正して労働市場での伸縮的な調整を回復させることであるが，これは現実には実現困難なシナリオだと理解せざるを得ない。第2の方策は，企業の労働需要を増大させることであるが，それには硬直的な名目賃金の下では，物価水準が上昇するか，労働生産性を高める必要がある。しかしながら，恵まれた境遇にある企業を除けば，どの企業に対してもこれらを期待するのは短期的には困難であり，最終的には有効需要を増大させる政策の発動が望まれることになる。

　その具体的な方策はケインズが提唱している公共事業などの政府による有効需要の創出だ。有効需要（effective demand）とは，マクロ経済全体の総需要と同義だが，重要なのは購買力を伴った需要であり，直ちに実現可能な総支出になっている。政府支出でいえば，予算に計上された所謂「真水」の部分（予算の手当てが無い部分は泥水または塩水）であり，そのまま実現され得る。したがって，政府がそれなりの有効需要増大を宣言し実施する有効需要管理政策を発動すれば，その分の総需要の増大が確実になり，非自発的失業の解消が進むであろう。言い換えると，ケインズ経済学の体系でのGDPギャップなり非自発的失業は，有効需要を増大する政策によって縮小できるのだ。

## ■ 乗 数 効 果

　有効需要管理政策としては第11講で取り上げる財政政策や金融政策，あるいは両者の適切なポリシイミックスが考えられるが，ここでは素朴な公共投資がポンプとしての役割を果たし，その乗数倍の有効需要を生み出す乗数効果に

ついて説明する。乗数効果が働くのは，当初公共投資がなされて GDP が増加すると，その所得増によって GDP に含まれる消費が増加する 2 次効果があるからで，さらには同じく所得増→消費増→所得増→……との連鎖が無限に続く。

いま，限界消費性向が $0<c<1$ として，当初 100 億円の公共投資がなされたとしよう。この 100 億円の所得増に対して，第 1 ラウンドはそのまま 100 億円の所得増，第 2 ラウンドはその所得増に対する消費増 $100c$ 億円，第 3 ラウンドはその消費増の所得増に対する消費増 $100c^2$ 億円，……，と続く。その結果，所得増は無限等比級数となり，総計は

$$100+100c+100c^2+100c^3+100c^4+100c^5+\cdots$$
$$=100(1+c+c^2+c^3+c^4+c^5+\cdots)=100/(1-c)$$

となる。GDP の増加分の総計は公共投資増の 100 億円に対して，その $1-c$ の逆数倍となっており，例えば $c=0.8$ ならば 5 倍となる。$c=0.9$ ならば 10 倍だ。この倍率となる $1-c$ の逆数を乗数（multiplier）と呼び，公共投資等がその乗数倍の GDP 増につながるメカニズムは乗数過程として理解され，それらをひっくるめて乗数効果と呼んでいる。ここで注意する必要があるのは，乗数過程は何ラウンドもある伝播過程なので相当の時間を要するものと誤解してしまうことだ。実は，それは説明の都合でいくつものラウンドを設定しただけで，実際はそれらのラウンドは同時に進行し，乗数過程の全体も無限の時間を要するのではなく 1 四半期とか 2 四半期の期間内で完結し，短期間に成就される。

公共投資等の独立投資（自律的投資ともいう）がその乗数倍の GDP 増をもたらすことは，ケインズ経済学の体系で発生する GDP ギャップや労働市場での非自発的失業の解消策として必要となる政策発動の規模が，GDP ギャップの分そのままでなく，理論的には乗数の値の倍率分だけ縮小できることを示唆する。マクロ経済の計量モデルを構築してシミュレーション分析などを行った研究によると，かつてと比べて近年の公共投資の乗数効果が小さくなっている可能性が指摘されている（乗数は税制や輸入性向などにも影響される）。しかしそれでも，乗数のマジックは健在で，ケインジアン政策と呼ばれるようになった財政政策手段としての公共投資は，国民の多くから景気対策の決定打として期待されるまでになっている。

## 9.3 インフレとデフレ・・・・・・・・・・・・・・・・・・・・・・・・・・・・・

　マクロ経済学を理解する上で第１のポイントは，GDP に代表される国民経済の経済活動水準を決定するメカニズムを理解することで，この課題は済んだことから，次には時間の流れの中での経時的・ダイナミックなマクロ経済の展開を考察対象とする。具体的には，**9.3 節**ではインフレとデフレを取り上げ，次の **9.4 節**での経済成長と景気循環への橋渡しとする。

### ■ インフレの種類

　インフレはインフレーション（inflation）の略称で，一般物価水準の持続的上昇を意味し，一度限り（once and for all）の物価上昇や個別の財サービスの上昇を指すものではない。インフレの程度により，年率数％以下のクリーピング（忍び寄る）・インフレ，年間 10％超のギャロッピング（駆け足）・インフレ，月率数十％以上のハイパー・インフレ等と物価上昇の速度によって異なって呼ばれる。

　インフレには，総需要が総供給を上回る局面での需要が引っ張り上げるディマンドプル（demand-pull）・インフレと，供給側のコスト上昇が採算のとれる供給価格を押し上げるコストプッシュ（cost-push）・インフレがある。ディマンドプル・インフレは，図 9-3 の AD 曲線が一律右側にシフトすることによって，均衡点 E を AS 曲線上を継続的に東北方向に移動させるものなのに対し，コストプッシュ・インフレによっては AS 曲線が左上方にシフトし，均衡点 E は継続的に AD 曲線上を西北方向に移動する。

　ディマンドプル・インフレは 1980 年代後半期のバブル経済時のように，消費や投資ブームが起こり全般的に総需要が増大する好景気の局面で起こる。金融政策が大幅に緩和された第 2 次安部晋三政権の下でのアベノミクスでは，ほんらいディマンドプル・インフレの発生が期待されたが，その結果にはならなかった。その原因については**第 11 講**で取り上げる。コストプッシュ・インフレは 1970 年代の 2 度の石油ショック時が好例となるように，原油価格等が大幅に引き上げられたりした局面でのコスト増に対応した企業行動の結末と考えられる。名目賃金の上昇や消費税率の引き上げもコストプッシュ・インフレの契機となる可能性がある。

　インフレはディマンドプル型とコストプッシュ型だけで起こるわけではない。

需要シフトインフレは総需要は変わらないながらも，需要内容が継続的にAか
らBにシフトする際に，Bの価格を押し上げつつ，Aの価格には下方への硬直
性があるとするならば，全体としては相殺部分を上回ってインフレが起こり得
る。

## ■ スタグフレーション

　ディマンドプル・インフレの場合，図9-3でAD曲線が右側にシフトするこ
とによって，物価上昇が起こると同時に，横軸のGDPも増大する。このイ
メージがあるために，インフレが起こっていると好景気にあるのが当然と解釈
される。そこで，不景気にもかかわらずインフレが起こると，違和感が支配的
になる場合が多い。日本では1970年代の石油ショック後にこのような状況が
起こり，この現象はスタグフレーション（stagflation）と呼ばれるようになった。
景気停滞を意味するスタグネーション（stagnation）とインフレーション
（inflation）を組み合わせた合成語だ。ディマンドプル・インフレのイメージだ
と，景気停滞の下では需要が落ち込むことからデフレ傾向になるが，その逆が
起こるので当初は奇異に感じられたのだろう。

　しかし，コストプッシュ・インフレをイメージするならば，図9-3でAS曲
線が上方シフトするので，インフレと同時にGDPは減少しているのであり，
まさに「物価高の不況」になっているのに気付く。言い換えるならば，スタグ
フレーションは全く新しい事態なのではなく，それをもたらした元凶はコスト
プッシュ・インフレだったのだ。原油価格の暴騰によってエネルギーコストが
大幅に上昇し，AS曲線を左上方にシフトさせたのが物価高の不況を引き起こ
し，それがスタグフレーションと受け止められたのだ。石油ショックが起こる
まで，日本経済もその他の世界の国々でも，大幅なコストプッシュ・インフレ
を経験していなかったのは確かであり，過去にはなかったとの思い込みが先行
してしまったのであろう。

## ■ フィリップス曲線

　1958年，フィリップス（Alban Phillips, 1914-75）は，それまでのほぼ100年間
のイギリスのデータで観察された「失業率と名目賃金上昇率との間のトレード
オフ関係」を論文として発表し，その関係は後に自分の名を冠したフィリップ
ス曲線と呼ばれるようになった。すなわち，横軸に失業率，縦軸に名目賃金上

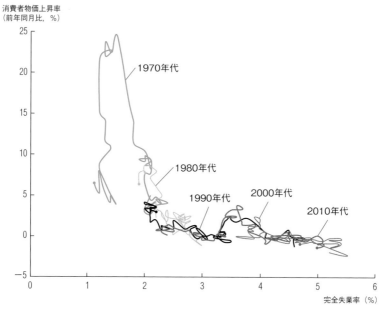

消費者物価上昇率
（前年同月比，%）

完全失業率（%）

（出所）　総務省「消費者物価指数」「労働力調査」（長期時系列データ）をもとに作成

図 9-4　**日本のフィリップス曲線（1971-2019 年）**

昇率（後にインフレ率でも成立することが判明）をとると，100 年間のデータが右下がり，原点に対して凸の曲線の周りに集積していることが明らかになったのだ。フィリップス曲線は経験的関係として発見されたのであるが，すぐに理論的分析もなされ，基本的には労働市場の需要と供給関係で説明できると解明された。労働市場の需給の差（超過需要）が賃金上昇率と正の関係にあり，他方，超過需要は未充足求人率または欠員率（$V$）と失業率（$U$）の差に比例することから，結局，賃金上昇率と失業率の間には負の関係が生じるのだ（UV アプローチというが，そもそも $U$ と $V$ の間にもベバリッジ曲線と呼ばれる負の関係がある）。

　フィリップス曲線は日本でも観察されるが，1960 年代に存在が確認されたものの，2 度の石油ショックを経験した 1970 年代の高インフレ期から 80 年代後半期のバブル経済期前後に至る頃には関係が薄れ，フィリップス曲線は死んだものと受け止められた。インフレが常態になるような時期にはインフレ期待

が生じ，その期待が的中するようになると，フィリップス曲線の関係はインフレ期待に凌駕されるようになる。そうなると，インフレ期待を織り込んだ長期のフィリップス曲線はある失業率の水準（自然失業率という）で垂直になってしまい，名目賃金上昇率なりインフレ率にかかわらず失業率がほぼ一定になってしまったのだ（自然失業率仮説）。フィリップス曲線はバブル経済崩壊後の日本で復活した。インフレは過去の話で長期不況の「失われた 10 年」が 20 年 30 年となり，いつの間にかインフレ期待が消失すると同時にフィリップス曲線が再登場したのである（ただし，四半期データの図 9-4 で確認されるように，失業率の変化に対応するインフレ率の変化であるフィリップス曲線の傾きは大分緩やかになった）。

## ■ デフレ

インフレの反対がデフレであり，これもデフレーション（deflation）の略称だ。デフレの多くがインフレの反対として説明できるが，対称性が消えるのが，債権・債務の場合だ。インフレの場合は債権・債務の実質価値が低下しそれなりの影響を及ぼすが，デフレの場合には債権・債務の実質価値が増加し，とりわけ債務を抱える経済主体には重い負担となる。この実質債務の増加がデフレ経済に重くのしかかる状況は 1930 年代の大不況の際にもフィッシャー（Irving Fisher, 1867-1947）によって負債デフレーションとしてデフレを悪化させるメカニズムとされた。「失われた 20 年から 30 年」の日本でも，賃金上昇が期待できない中で，住宅ローン等を抱える経済主体にとって，このメカニズムの厳しさがデフレ下の停滞を長引かすのに働いたとされている。

デフレには一般物価の持続的下落に加えて（あるいは，それ自体とは別に），国民経済全般が停滞状況にある局面がデフレと呼ばれる状況もある。「失われた 20 年から 30 年」の際に歴代政権が「デフレからの脱却」を目標としていたのは長期停滞からの脱却を目指したものだった。しかし，その際のデフレの正式な定義を尋ねられた政府は，空気（質疑の流れ）が読めなかったのか，経済学の定義に戻って「持続的な物価下落」とした経緯がある。

前節ではダイナミックな設定でのインフレとデフレについて見たが，本節では同じくダイナミックな設定での実体経済の動向として，長期的観点からの経済成長と短期・中期的観点からの景気循環を取り上げる。

### ■ 静態と動態

経済学をマスターするに当たって，対象となる経済がどのような状況にあるかを確認することが重要である。**9.1 節**で GDP の決定を考察したが，45° 線モデルも IS=LM モデルも AD=AS モデルも，どれもある期間内の経済での市場均衡なり主体均衡を問題とした静態分析ないし静学分析になっている。静態分析ないし静学分析（static analysis）は期間をまたがった経済変数の動向は対象外とするか与件と受け止め，異時点間の資源配分に関わるさらなる分析は行わないのが常套手段となる。別の手段としては，期間を通じて同じ状態が繰り返される定常状態（stationary state ないし steady state）を前提として，動学的要因を制御することが行われる。

動態分析または動学分析（dynamic analysis）は，静態分析・静学分析と異なり，期間をまたぐ経済変数の動きがあるか，将来時点を視野に入れた上での主体均衡行動を目指す。その結果，実体経済の長期的視点での経済成長や短期・中期的視点での景気循環が生じる。

### ■ 経済成長の基本方程式

経済成長のメカニズムを理解するために，簡単なモデルを考える。生産物は（9-1）式と同様に，消費と投資のみに使われ，投資は資本ストック $K$ の蓄積となる。すなわち，$\Delta K$ を資本ストックの蓄積分として，

$$\Delta K = I - \delta K = Y - C - \delta K \tag{9-6}$$

が得られる。ただし，$\delta$ は資本ストックの減耗率であり，$\delta K$ は減価償却になる。生産には生産要素として資本 $K$ と労働 $N$ が必要で，生産関数は資本と労働に関して1次同次（規模に関して収穫一定，**9.1 節**）とする。したがって，

$$Y=F(K, N)=F(k, 1)N=f(k)N \tag{9-7}$$

と書けることになる。ただし，$k=K/N$ は資本労働比率，$f(k)$ は $k$ の逓減関数（$f'(k)>0$，$f''(k)<0$）としての1人当たり生産物である。生産関数が1次同次であることから，1人当たり生産物は1人当たり資本である資本労働比率のみに依存する。

（9-6）式において，資本労働比率の定義に戻ると，労働（人口）成長率が $n$ で外生的に与えられているとして

$$\Delta K=(\Delta k/k+n)K \tag{9-8}$$

と書き直せることから，（9-8）式を（9-6）式に代入し整理すると，$c=C/N$ を1人当たり消費として

$$\Delta k=f(k)-c-(n+\delta)k \tag{9-9}$$

が導かれる。これを経済成長の基本方程式という。ここで，以下の議論をより簡明にするために，消費は所得の一定割合（ケインズ型消費関数で独立消費がゼロ）とし，結果として平均貯蓄も所得の一定割合 $s$ とする。すなわち，$f(k)-c=sf(k)$ になる。

　経済成長の基本方程式において，資本労働比率が一定にとどまる状態（$\Delta k=0$）を定常状態（steady state）という。定常状態においては

$$sf(k)=(n+\delta)k \tag{9-10}$$

が成立する。（9-10）式で決定される資本労働比率を $k^*$ としよう。図9-5から理解されるように，もし $k<k^*$ ならば，$sf(k)>(n+\delta)k$ であるから $\Delta k>0$ となり，$k$ は時間とともに増加する。逆に，$k>k^*$ ならば，$sf(k)<(n+\delta)k$ であるから $\Delta k<0$ となり，$k$ は時間とともに減少する。

　こうしたメカニズムが働き，$k$ は $k^*$ に安定的に近づく。$k=k^*$ では $\Delta k^*=0$ になるため，$k$ の値は変化せず，$k^*$ の値をとり続ける。このような定常状態では，資本労働比率 $k=K/N$ が一定であるのに対し，$N$ は $n$ の率で成長するため，$K$ も $n$ の率で成長しなければならない。さらに，1人当たり GDP の $Y/N=f(k^*)$ も一定値をとるため，実質 GDP も $n$ の率で成長する。すべての変数が同じ率で成長するこのような状態を均斉的成長（balanced growth）と呼ぶ。

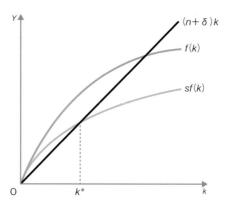

図9-5 経済成長の基本方程式と均斉的成長

　以上で展開した成長モデルは，完全雇用状態を前提にしているため，新古典派成長モデルと呼ばれる。新古典派成長モデルでは資本と労働が代替的であり，2つの生産要素の投入量は市場で調整される。生産要素市場では資本と労働の価格が伸縮的に調整され，各時点での資本労働比率は，資本と労働について超過需要も超過供給も発生しないように決まる。新古典派成長モデルと呼ばれる所以(ゆえん)は，背後でこのような市場メカニズムが働いていることにもある。実際，資本と労働の間での代替性を否定した固定係数のレオンチェフ型の生産関数を前提としたハロッド=ドーマー型成長モデルにおいては，均斉的成長経路はナイフの刃の上を渡るように不安定で危険なものになる。この knife-edge 特性の困難さによって，早晩，資本ないし労働の完全雇用が不可能な状態に陥ることが証明されている。

■ 黄 金 律
　新古典派成長モデルやハロッド=ドーマー型成長モデルは，経済がどのように成長するかを分析の対象としている。こうした分析は事実解明分析だが，それに対して，「あるべき状態はどのような状態か」を対象とする分析を規範分析というのだった（第5講）。経済成長における規範分析は最適成長論と呼ばれる。どのような成長経路をたどったときに最も望ましい状態になるかが最適成

長論の課題で，望ましい状態の判断基準としては1人当たりの消費の最大化，現在から将来にかけての消費水準から得られる効用の割引現在価値の最大化などが用いられる。一般に最適成長論では難度の高い数学手法が分析に用いられるが，ここでは議論を簡単にするために，問題を定常状態の比較に限定する。新古典派成長モデルを前提とすれば，経済はいずれは定常状態に収束するため，どのような定常状態が望ましいかの検討にも一定の意義が認められよう。

新古典派成長モデルでの定常状態は，(9-9) 式において $\Delta k = 0$ になるとき，すなわち，

$$sf(k^*) - (n+\delta)k^* = 0 \qquad (9\text{-}10)$$

を満たす $k^*$ のとき達成される。定常状態は貯蓄性向 $s$ に依存し，$s$ の値が異なれば，それに応じて異なった定常状態になる。ここでは，さまざまな定常状態のうちで，1人当たり（労働1単位当たり）の消費量が最大となる状態を最適と考えよう。この意味で最適な定常状態はどのような条件を満たさなくてはならないのだろうか？ これが，ここでの課題である。

平均貯蓄性向が $s$ で一定ならば，1人当たりの消費量 $c$ は，

$$c^* = (1-s)f(k^*) \qquad (9\text{-}11)$$

で与えられる。最適な定常状態は，(9-10) 式の制約のもとで (9-11) 式が最大化されるときに達成される。(9-10) 式を $s$ について解き，(9-11) 式に代入すると，

$$c^* = f(k^*) - (n+\delta)k^* \qquad (9\text{-}12)$$

となる。$c^*$ を最大化する $k^*$ を求めるには，(9-12) 式を $k^*$ について微分し，それをゼロとおけばよい。こうして，最適な $k^*$ は，

$$f'(k^*) = n+\delta \qquad (9\text{-}13)$$

を満たす $k^*$ になる。1次同次の生産関数の場合，$f'(k)$ は $k$ の分子となる資本の限界生産力になる。すなわち，(9-13) 式は，資本の限界生産力が労働成長率と資本減耗率の和に等しいときに，定常状態での1人当たり消費量が最大になることを示している。この条件は経済成長の黄金律（golden rule）と呼ばれる。

黄金律の条件を（9-12）式に代入すると，

$$c^* = f(k^*) - f'(k^*)k^* \qquad (9\text{-}14)$$

となる。$f'(k)$ が資本の限界生産力であるので，（9-14）式の右辺は生産物から資本への支払いを除いた労働者 1 人当たりの報酬となり，同時に限界生産力原理により労働の限界生産力でもある。すなわち，黄金律の状態では，消費は賃金収入に等しい。このため，所得のうち消費されなかった部分，つまりマクロの貯蓄（投資にも等しい）は利潤総額に一致する。

　「賃金はすべて消費し，利潤をすべて投資する」のは，マルクス（Karl Marx, 1818-83）が『資本論』で展開した単純再生産の条件になる。マルクス経済学では強調されないが，この単純再生産が定常状態をもたらし，しかも 1 人当たりの消費が最大になる黄金律になっているのだ。

### ■ 成長会計：経済成長の源泉

　労働生産性 $Y/N$ の上昇要因が，定常状態に収束する過程での資本労働比率の上昇（資本の深化という）によるのか，あるいは新しい技術進歩によるのかは，実証分析によって明らかにされねばならない。こうした成長の源泉を探る試みは成長会計（growth accounting）と呼ばれるが，1950 年代に発表されたアメリカの実証研究では，「1/8 が資本の深化による貢献部分，残りの 7/8 は技術進歩の貢献部分である」との驚くべき結論が導かれた経緯がある。しかし，その後の詳細な研究によって技術進歩の貢献度はそれほど大きくないことが分かってきた。同時に資本や労働の異質性（技術や熟練度の差異）をどこまで考慮して計測するかによって，結論が変わってくる可能性も指摘されるようになった。

　成長会計を進めるに当たっては，前提を設けなければならない。それは，限界生産力原理（marginal productivity principle）の貫徹だ。「資本と労働はそれぞれの貢献分に応じて報酬を得る」との前提である。ヒックス中立的技術進歩を前提とした技術進歩要因を $A$ とし，その上で資本と労働に関して 1 次同次の制約を課した生産関数を

$$Y = AF(K, N) \qquad (9\text{-}15)$$

とする。すると，まず 1 次同次関数であることから，同次関数についてのオイラーの定理を当てはめると

$$Y = AF_K K + AF_N N \tag{9-16}$$

が成立する（$F_K$ や $F_N$ は添字の引数での偏微分）。次に，限界生産力原理から，資本と労働の限界生産力はそれぞれの報酬に等しい。すなわち，

$$AF_K(K,\ N) = r + \delta, \qquad AF_N(K,\ N) = W/P$$

が成立する。したがって，これらを（9-16）式に代入すると

$$Y = (r + \delta)K + (W/P)N \tag{9-17}$$

が導かれる。（9-17）式の両辺に $P$ を掛けて名目値にした上で，両辺を名目 GDP で割ると

$$1 = P(r + \delta)K/PY + WN/PY \tag{9-18}$$

が得られる。（9-18）式の右辺第 1 項は名目 GDP に占める資本の取り分のシェア，第 2 項は労働報酬の分配シェア（以下では $s_N$）を示す。当然ながら，生産要素が資本と労働の 2 つであるので，これらのシュアを足すと 1 になる。

■ 経済成長率の分解

出発点の生産関数（9-15）式の両辺を対数微分すると

$$\Delta Y/Y = \Delta A/A + (F_K K/F)\Delta K/K + (F_N N/F)\Delta N/N \tag{9-19}$$

が導かれるが，$F_N N/F = WN/PY = s_N$，$F_K K/F = 1 - s_N$ であり，結局

$$\Delta A/A = \Delta Y/Y - (1 - s_N)\Delta K/K - s_N \Delta N/N \tag{9-20}$$

が得られる。（9-20）式の右辺はすべて観察可能なデータであることから，ヒックス中立的技術進歩としての全要素生産性（total factor productivity，TFP）の伸び率 $\Delta A/A$ が求められる。この求め方が，$Y$ の成長率から資本と労働が貢献する部分を控除した残差としてのものであるため，TFP の成長率をソロー残差（Solow residual）と呼ぶ場合もある。新古典派成長モデルを提唱したソロー（Robert Solow, 1924-）にちなんだものである。

ここで注意が必要なのは，（9-20）式で求められるのは TFP の成長率であり，TFP の水準は不決定なことだ。（9-20）式でみたときに，TFP をすべての生産

表 9-1　成長会計の例

| | 低成長・バブル経済期<br>(1970-89 年) | バブル経済崩壊後<br>(1990-99 年) |
|---|---|---|
| 実質経済成長率 | 4.8 | 1.5 |
| 資　本 | 2.1 | 0.1 |
| 労働力 | 1.0 | 1.3 |
| 全要素生産性 | 1.7 | 0.1 |

（出所）　経済産業研究所「JIP データベース 2006」をもとに集計

要素を考慮した平均生産性と解釈するとして，その投入量の指標部分 $F(K, N)$ が水準については自由度が残されているからである。したがって，あくまでも TFP は特定の時点を基準とした指数として理解すべきである。

　（9-19）式に従って，実現された経済成長率を資本ストックの成長，労働の成長，そして TFP の伸びの 3 つの貢献に分解したのが成長会計（growth accounting）になる。表 9-1 には，1970 年代の低成長期から 80 年代後半のバブル経済期（1970-89）とバブル経済崩壊後（1990-99）についての成長会計の結果をまとめてある。経済成長率の平均は 1970-89 年を通じての 4.8％からバブル経済崩壊後には 1.5％へと，ほぼ 3 分の 1 まで減速した。その間の経済成長の源泉としては，資本（2.1％から 0.1％へ），労働力（1.0％から 1.3％へ），そして TFP（1.7％から 0.1％へ）の変化となっており，労働力の貢献こそ僅かに増加したものの，資本と全要素生産性による経済成長の源泉が息切れしたのが明らかだ。とりわけ，資本蓄積の貢献と，表 9-1 にはないものの，高度経済成長期（1955-70）も含めて一貫して経済成長率の 3 分の 1 強を占めた TFP の貢献の大幅な減速が，バブル経済期前後で時代を画するものになった。

### ■ 景 気 循 環

　次に，景気循環のテーマに移る。景気循環とは「マクロ経済の諸変数がほぼ同一周期で変動を繰り返す現象」と定義される。とはいえ，実際には各変数が同じように変動するのではなくて，変動のタイミングが多少ズレる経済変数が多数存在する。一般に，実質 GDP の変動を基準とし，それよりも変動が先行

する変数, 一致する変数, 遅行する変数に区別されるであろう (それぞれ, 先行変数, 一致変数, 遅行変数と呼ばれる)。こうして,「景気変動の解明はマクロ経済学の最大の使命である」としばしばいわれる通り, それに応えるには, マクロ経済学の知識を総動員しなくてはならない。マクロ経済学の知識自体が広い意味では景気循環の考察になるのだが, それに追加して考察されるのは, 景気変動の循環的側面, すなわち周期性の解明だ。

　景気循環の理論は数多い。これらを一つひとつ説明するのは容易でないので, いくつかの基準によって分類し, それぞれの特徴を簡単に説明する。景気循環の理論は数だけは多いものの, 多くの人々に共通に受け入れられる理論はいまだ存在しない, といってよいだろう。いずれもが「帯に短し襷に長し」といった状況にある。そうした景気循環を理解するためには, まずはじめに景気循環の定義が明らかにされなければならないだろう。次に, 循環周期の違いによる景気循環の分類を説明する。

　さて, 景気循環は波にたとえられ, 波の谷 (底, 床とも呼ばれる) →山 (天井とも呼ばれる) →谷という転換点をたどり, 1つのサイクルが描かれる (図9-6)。景気の谷から山への期間を景気拡張期, 天井を打った後から次の谷までの期間を景気後退期と呼ぶ。景気循環の波は, 必ずしも図9-6のように規則的になるとは限らず, むしろ景気拡張期と景気後退期の期間の長さが異なるのが一般的だ。多くの場合拡張期が長く, 後退期の方が短い。なぜだろう?

　現実の景気循環は, 波長の異なる複数の波の合成として捉えられる場合が多い。景気循環は周期の違いによってさまざまに分類されるが, 主なものは周期が短い順に, それぞれの発見者にちなんで, (1) キチン循環, (2) ジュグラー循環, (3) クズネッツ循環, (4) コンドラチェフの波と呼ばれている (第6講)。

　キチン循環は周期2〜4年の最も短い循環であり, 短期循環とか小循環ともいう。キチン循環は在庫投資の変動によってもたらされると考えられており, それを強調するために在庫循環と呼ばれる場合もある。ジュグラー循環は周期が10年前後であり, ほぼ設備投資の更新時期に一致する。そのため, 中期循環, 主循環, あるいは設備投資循環と呼ばれる。クズネッツ循環は周期が20年前後に達し, 資本ストック, 中でも建造物の更新に関係している。そのため, 建築・建設循環という呼び名もある。最後のコンドラチェフの波は周期が50〜60年にもわたる長期の循環であり, 技術革新による産業構造の大きな変化によってもたらされると考えられている (第2講)。

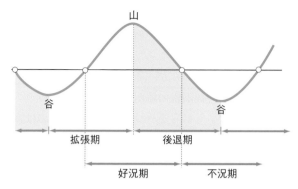

　景気循環には，局面を拡張期と後退期に分ける２局面分割法のほかに，好況期と不況期に分ける２局面分割法がある。前者は変化の方向を重視するのに対し，後者は経済活動の水準を重視し，平均水準を上回るのが好況期，下回るのが不況期になる。内閣府による公式の景気判断は変化の方向によるものだが，人々の景気実感は経済活動の水準により左右されるといわれる。

**図 9-6　景気循環の局面分割**

　これらの循環周期には，次のような経験則が観察されてきた。すなわち，コンドラチェフの波の中には，２個ないし３個のクズネッツの波があり，クズネッツの波の中には，２個のジュグラーの波が存在する。さらに，ジュグラーの波の中には，２個ないし３個のキチンの波が観察されるのである。

## ■ 景気循環理輸の分類

　景気循環を説明する理論は多い。しかし，いずれの理論も景気循環の一面を捉えるものでしかなく，理論として必ずしも十分とはいえない。景気循環の発生源をどこに求めるのか，景気循環のどの側面を強調するのかによって，これらの理論を以下のように分類できるだろう。

　第１に，景気循環の発生・持続メカニズムをどこに求めるかで，外生的景気循環理論と内生的景気循環理論とに分けられる。厳密にいえば，いずれの景気循環理論も循環が発生するきっかけは何らかの外生的ショックである。外生・内生の区別は，外生的ショックを受けた後の持続性に関わっている。外生的景気循環理論では，外生的ショックが絶え間なく発生するために，景気循環が持続すると考える。これに対して，内生的景気循環理論には，１度限りのショッ

クでもそれが経済システムの中で増殖され，経済全体に伝播し，かつそれが持続するメカニズムが内包されている。

第2は，基礎となるショックが貨幣的なショックか実物的なショックかによる分類である。実物的ショックを重視する理論では，古典派経済学のように貨幣は実物経済を覆うヴェールに過ぎないとの貨幣の中立性を前提とすることが多い。実物面でのショックとして最も重視されるのは，技術革新であろう。それに次いで，家計の選好シフトや，人口成長，人口構成のシフト等が問題とされる。他方，貨幣的ショックを重視する理論では，銀行部門による信用供与の過不足が景気循環の局面を決定する際に重要な役割を果たすことが少なくない。景気の反転が起こるのも，信用の供与次第なのだ。貨幣的なショックを重視するのは，ケインズ経済学の体系を基礎とした理論が多い。

第3は，経済構造が線形か非線形かというややテクニカルな分類である。線形の経済構造とは経済モデルを構成するさまざまな方程式が，簡単な線形定差方程式や線形微分方程式として表現されるモデルをいうが，こうした単純な構造を前提とすると，ごく限られた構造の場合を除いて持続的な循環は観察されない。他方，さまざまな非線形性が経済構造に内包されているならば，どんな循環のパターンが生まれても不思議ではない。それゆえ，非線形性は，内生的景気循環理論にとって不可欠な要素となっている。

第4は，景気循環を決定論的に捉えるか，確率論的に据えるかによる分類である。決定論的な理論では，一見複雑な景気循環の発生と持続が，経済主体の行動に戻って記述が可能である。これに対して，確率論的理論では，次々に発生するランダムなショックが時間のズレとともに蓄積され，それが全体として規則的な景気循環を生み出すと考えられている。

第5は，景気循環を均衡現象と見るか，不均衡現象と見るかによる分類である。景気が良くなったり悪くなったりするにつれて，インフレの状態とデフレの状態が繰り返されており，景気循環の過程ではマクロ的不均衡が存在する，というのが後者の考え方である。これに対して，一見不均衡に見える景気循環も，外生的ショックに対する各経済主体の合理的反応の表れであり，常に市場均衡は達成されている，と考えるのが前者である。このように，均衡と見るか不均衡と見るかは，景気循環を古典派経済学の体系で考えるか，ケインズ経済学の体系で考えるかに対応しているといえよう。

以上が景気循環理論の分類である。以下では，代表的な景気循環理論を2つ

取り上げ，より詳しく説明することにしよう。

## ■ 天井・床型景気循環論

　最初に取り上げるのは，天井・床型景気循環論である。これは，基本的には乗数過程と設備投資についての加速度原理を組み合わせ，それに天井と床の存在という非線形性を導入した理論といえよう。上での分類を用いれば，外生・実物・非線形・決定論的・不均衡景気循環論である。

　$t$ 期について，$Y_t$＝実質 GDP，$C_t$＝消費，$I_t$＝投資 とする。政府部門や海外部門は捨象すると，生産物市場の均衡条件，

《生産物市場の均衡条件》　　　$Y_t = C_t + I_t$　　　　　　　　　　(9-21)

が成り立つ。消費に関しては，所得と消費の間には１期間のタイムラグ（時間的な遅れ）があるケインズ型消費関数を前提とする。すなわち，$C_0$ を独立消費，$c$ を限界消費性向として

《ケインズ型消費関数》　　　$C_t = C_0 + cY_{t-1}$，　　　$0 < c < 1$　　　　(9-22)

と書けるものとする。

　所得と消費のタイムラグは，所得・支出ラグあるいはロバートソン・ラグと呼ばれる。投資については，加速度原理を採用する。すなわち，$t$ 期の投資は $t$ 期から $t+1$ 期にかけての所得の増加予想に依存して決定される。ただし，簡単化のために，実現値をうまく的中させるような将来予想を前提とする（このような期待形成仮説は合理的期待形成仮説という）。こうした想定のもとでは，

《加速度原理》　　　　　　　$I_t = \nu(Y_{t+1} - Y_t)$　　　　　　　　(9-23)

となる。ここで $\nu$ は資本係数と呼ばれるパラメータである。（9-23）式では，資本ストックの減耗率はゼロと仮定されている。

　（9-22）式と（9-23）式を（9-21）式に代入すると，

$$\nu Y_{t+1} - (1+\nu)Y_t + cY_{t-1} + C_0 = 0 \qquad (9\text{-}24)$$

が得られる。数学的には（9-24）式は $Y_t$ についての２階の線形定差方程式にほかならない。このような定差方程式の解は，一般に，

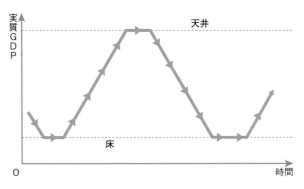

図 9-7　天井・床型景気循環理論

$$Y_t = A_0 + A_1 \lambda_1{}^t + A_2 \lambda_2{}^t \tag{9-25}$$

と表される。ここで $\lambda_1$, $\lambda_2$ は（9-24）式に対応する $\lambda$ を未知数とする 2 次方程式，

$$\nu\lambda^2 - (1+\nu)\lambda + c = 0 \tag{9-26}$$

の 2 つの解であり，$A_0$, $A_1$, $A_2$ は方程式のパラメータや初期条件等から決定される定数である。（9-26）式の左辺を $g(\lambda)$ と置くと，$g(0) = c > 0$, $g(1) = -(1-c) < 0$, $g(\infty) > 0$ であるから，2 つの解は（小さい方を $\lambda_1$ とすると）$0 < \lambda_1 < 1$, $\lambda_2 > 1$ を満たす。すなわち，1 つの解 $\lambda_2$ の絶対値は 1 を上回るため，時間の経過とともに $\lambda_2{}^t$ はいくらでも大きくなり，$Y_t$ は発散する。$A_2$ の符号次第で，発散方向は上方方向（$+\infty$）にも下方方向（$-\infty$）にもなり得る。$A_2$ が正ならば上方，負ならば下方であることはいうまでもない。

　しかし，$Y_t$ がいくらでも大きくなったり，あるいはマイナスになると考えるのは現実的でない。$Y_t$ に天井（上限）と床（下限）が存在するならば，その範囲内で循環を繰り返すというのが，ここでの考え方である（図 9-7 参照）。なぜ，$Y_t$ に天井があるのだろうか。生産要素が完全に雇用されてしまうと，それ以上の規模拡大は望めないからである。完全雇用の水準自体が成長する可能性は無視できないが，無制限に大きくはならず，いずれは $Y_t$ が制約を受ける。

$Y_t$ に天井が存在すれば $Y_{t+1}-Y_t$ が何らかの外生的ショック（例えば，消費マインドの減退による独立消費の減退）を受けて負になると，下方方向の加速度原理が働いて，$Y_t$ はそれ以降下方に向かって動き出す。

これに対して，床の存在根拠は，粗投資が負にならないところに求められる。経済的価値が正である工場・建物などのストックを壊してしまうときには粗投資は負となるが，経済主体の合理的行動を前提とすれば，こうした事態は生じない。このため，粗投資には 0 という下限が存在する（ただし，この事実は(9-18) 式の加速度原理型の投資関数にはうまく反映されていない）。下限の近辺で停滞したのち，粗投資が正になるような経済環境の変化があれば，再び経済は上昇局面に移行する。

このような天井・床型景気循環論は乗数理論と投資の加速度原理を組み合わせた理論であるため乗数・加速度モデルとも，あるいはその形状から，ビリヤード（玉突台）・モデルとも呼ばれている。

■ 均衡景気循環論

景気循環は実質 GDP やマクロ経済の主要な変数が変動を繰り返す現象のため，不均衡現象ととられやすい。天井・床型景気循環論では，景気循環を不均衡現象として理解した。これに対して，「景気循環自体はなんら不均衡を意味しておらず，各経済主体が最適化行動を行い，各市場では需要と供給が一致しているという意味で，一般均衡の下でも起こり得る現象」との理解もある（これを均衡景気循環論と呼ぶ）。この見方によると，景気循環自体は資源の効率的配分とは矛盾しない。こうした見方は，古典派経済学の世界観に立脚しているといってよいだろう。

古典派経済学では，完全雇用均衡の成立が前提となっていた。しかし，完全雇用水準が，常に一定の値にとどまるとは限らない。例えば労働市場の均衡は，労働需要と労働供給の両曲線の交点で決定されるが，こうして決定される完全雇用水準は，労働需要曲線や労働供給曲線のシフトによって変化する。古典派経済学の立場に立った均衡景気循環論では，均衡点の変動が景気循環として観察される，と考えるのだ。

労働需要曲線や労働供給曲線のシフトは，労働需要や労働供給が実質賃金率以外の要因で変化する場合に生ずる。したがって，均衡景気循環論では，景気循環を引き起こす要因として，企業の生産技術の変化や家計の選好の変化（余

暇志向や将来を割り引く程度の時間選好率の変動）が考えられる。これらはマクロモデルにとって外生的な要因として理解されてきた。外生的要因が不規則な形で時間のズレ（タイムラグ）を伴いながら蓄積されると，循環的な変動パターンが繰り返されることになる。これが確率論的景気循環論の見方である。均衡論的な世界でショック要因となり得るのは，技術や選好（嗜好）の変動ばかりではない。政府の（不必要な）介入が変動を引き起こす可能性もある。政府の民間経済への介入は必ずしも望ましい効果をもたらさず，逆にそれが経済の不安定化要因になる可能性が指摘されているのだ。

　景気循環のような動学的過程では，期待が重要な役割を果たす。たとえ合理的な期待形成であったにしても期待形成が100%確実ではあり得ず，事後的には誤りを伴うであろう。そうした誤りは，確率的な期待誤差と見なされるが，これがタイムラグを伴いながら蓄積されると，循環的な変動をもたらすことになる。さらに，ほんらい実物経済とは全く関係ない事柄でも，多くの人々がそれに基づいて共通した期待を形成するならば，それが実物経済に影響を与え得る。こうした問題は，太陽黒点（sunspots）の問題と呼ばれるが，これらも景気循環を引き起こす要因になり得るのだ。

## 9.5　本講のまとめ

　本講では，マクロ経済学について，その概要が垣間見られるテーマを選択してみた。まず静態・静学の観点から経済活動水準の決定メカニズムを，45°線モデル，IS=LM モデル，AD=AS モデルと順次枠組みを拡張して考察した。どのモデルにおいても，GDP の決定には生産物（財サービス）市場での需給均衡が重要であり，それはまた GDP の3面等価の成立とも深く関わることになる。

　GDP の決定メカニズムについて一通りの理解をした後には，物価水準の決定について，静態・静学分析では AD=AS モデルを用いて考察し，またフィリップス曲線を通じて動態・動学分析としてインフレの決定の考察を行った。インフレは大別するとディマンドプル型とコストプッシュ型に分類されるが，後者は所謂スタグフレーションの説明にも用いられる。インフレの反対のデフレに言及した後は，実体経済の動学分析として，経済成長と景気循環を取り上げた。

　経済成長については新古典派経済成長モデルを中心にモデル分析を行い，市

場メカニズムに委ねておくだけで，資本と労働，そして GDP が同じ率で成長する均斉的成長経路に沿って拡大することを確認した。ただしこの新古典派経済成長にとっては，生産面で資本と労働が代替的に使用されることが決定的に重要で，その代替性が満たされないハロッド=ドーマー型の経済成長モデルでは，均斉的成長経路に乗るのはナイフの刃を渡るような不安定で危険さを伴い，いずれ生産要素の完全雇用が不可能な状態に陥ることになる。

　最後となる景気循環については，いまでは少なくない理論モデルが提案されており，それらをまとめる形で整理した。代表的な景気循環論の考え方として，天井・床型景気循環論と均衡景気循環論を取り上げた。

## ■ Active Learning

問題 9.1　IS=LM モデルにおいて，図 9-2 の LM 曲線が水平になるのはどのような場合か？

問題 9.2　45° 線モデル，IS=LM モデル，AD=AS モデル，インフレーションのモデル，経済成長モデルを見比べてみて，マクロ経済の状況を理解するに当たって，最低限どのような経済指標，経済変数の情報（データ）が必要だろうか？

問題 9.3　先進諸国に比べて，BRICS 諸国などの新興工業国の経済成長率が高いのはなぜだろうか？

問題 9.4　景気循環の波において，多くの場合，拡張期の期間が後退期の期間よりも長いのはなぜだろうか？

# 第10講
## 統計学・計量経済学は必修！

■経済学には常に「理論」と「実証」がついて回るが，「理論」については，ここまで進んできた読者の多くは，自分なりの感触が得られたであろう。もちろん，ミクロ経済学なりマクロ経済学を垣間見たぐらいでは，どちらもマスターできたかというと覚束（おぼつか）ないところがあるだろう。本書が経済学の入門書（入門書の入門？）であることから，それは当然のことである。しかし重要なことは，いったん入門を果たすと，門を通りすぎた前と同じものを目にしても，おのずから受け止め方は異なったものになることだ。全く聞いたこともなかった専門用語に遭遇して，多少の土地勘がつかめたに違いない（そうまでならないと，それもまた困る）。

　本第10講は，経済学の「実証」を支える統計学と計量経済学について，知っておくべきことを解説する役割を負っている。もちろん，それは簡単ではない。数学の素養のある読者も，統計学は数学の一分野とはいえ，それになじむには相応の勘（土地勘，臨場感）も必要だからだ。統計学や計量経済学は確率分布する変数が対象となり，分析の随所で確率が計算される。確率の計算は正規分布に従う場合が最も分かりやすいが，さいわいサンプル数が十分多い場合には，その状況になることが，大数の法則や中心極限定理によって保証される。

　経済学が行ってきた実証分析には大きな流れがあって，時代によって単回帰分析，重回帰分析，大型マクロ計量モデル，時系列分析，パネル・データ分析，DSGE（動学的確率的一般均衡）マクロモデル，実験経済学・行動経済学と変遷してきた。時代とともにより複雑で精緻な分析が行われるようになったが，もちろんこれにはコンピューターが容量アップされた裏付けがある。現代ではビッグデータとまで呼ばれる超大量のデータベース対象でさえ，相当複雑なプログラムでも瞬時に計算可能になっており，実証分析の対象手法や対象テーマも随分広範になった。本講ではそのような経緯についても説明する。**第10講**を読み進める限りにおいては，数学や統計学の知識は必要としないが，それらに精通しているのに越したことがないのはいうまでもない。

統計学の科目を履修した学生に統計のイメージを問うと，「数字の羅列」や「右端が黒くなった対称なつり鐘の絵」との（授業で無理やり）体験させられた作業に関連した感想を挙げるか，「第2種の過誤」「大数の法則」「$t$値」といった統計用語が無秩序・断片的に思い出されると回想するケースが多い。逆にいうならば，入門レベルの段階で統計学がなんたるかを秩序だてて語ることは至難の業といってもよいだろう。

### ■ 記述統計と推測統計

実は統計学には，大きく分けて2つの分野がある。データをありのままに取り上げ，それらを整理してストーリーを組み立てるのに用立てるのが一つの分野であり，平均値と分散（標準偏差の2乗）を求め偏差値に変換して比較するのも同じ類の統計処理だ。この第1の分野の統計を記述統計といい，その体系が記述統計学（descriptive statistics）になる。記述統計学は実際のデータの実現値が出発点であり，これらのデータをベースとした計数的処理が記術統計の根幹をなし，ここから抽出される情報を総括的な数的指標なり図表として表示して，分析目標の仮説等を支持するサポーティング・エビデンスとして利用する。ただし，ここでの仮説の支持はあくまでも文章による説明によるものであったり，図表からの直観的な印象によるものにとどまる。

繰り返しになるが記述統計学はそのすべてがデータにあり，逆にいうならば，データがないと記述統計学は何もできないといってもよい。データから情報を抽出し，それを分かりやすく表現するという学問体系なので，同時に記述統計学の限界ともなる。この弱点を克服するのが，もう一つの統計分野の推測統計学（inferential statistics）になる。

推測統計学（推計統計学ともいう）では，限られたデータである標本から問題意識の先にある母集団全体の特徴を推計ないし推測する。この推測統計学の考え方が登場した後は，「個から全体を推測する」ことのない記述統計学は，古くて役に立たないというニュアンスを込めた古典統計学と称されたように，「標本から母集団を推測する」推測統計学に対する期待が高まることとなった。ただし，標本を用いて「個から全体を推測する」には厳格なステップが必要と

なり，そのステップが推測統計学の難解さの源泉となっている。統計学の授業では，経験から「推測統計学で何をすれば何ができるのか」について膨大な演繹作業によってその目安が確立しており，それを標本に基づいて実践するのである。以下では，その過程を見ていくことにしよう。

## ■ 大数の法則と中心極限定理

推測統計学において「標本から母集団を推測する」際に根拠とするのは，「母集団は正規分布に従っており，標本はその母集団からの独立でランダムな抽出になっている」との見立てだ。この見立てにはいくつかの前提が設けられるが，一端その前提が受け入れられると，それをベースに推測統計学の理論の裏付けがなされることになる。

まず母集団が正規分布（normal distribution）に従っているとの想定には，大数の法則と中心極限定理が根拠となる。大数の法則（law of large numbers）とは，母集団から標本を抽出するとして，それが独立になされ，しかも回数が大きくなると，「確率 $p$ で起こる事象において，試行回数を増やすほど，その事象が実際に起こる確率は $p$ に近づく」ということができる。これを第 1 の大数の法則とすると，それから導ける命題として，抽出した標本の平均値を求めると，第 2 の大数の法則ともいうべき「標本の大きさであるサンプルサイズが大きくなるにつれて，標本平均は母集団の平均値に近づく」が正しいことになる。

大数の法則は母集団がどのような分布形に従っているかは問わずに成立する特性であり，とりわけそれが正規分布に従っているとは前提しない。分布形に関連する命題としては中心極限定理（central limit theorem）がある。この定理は，標本を抽出する母集団の平均値が $\mu$，分散が $\sigma^2$ だとして，「抽出するサンプルサイズ $n$ が大きくなるにつれて，標本平均の分布は平均 $\mu$，分散 $\sigma^2/n$ の正規分布（$N(\mu, \sigma^2/n)$ と表記）に近づく」と断じる。ここで分散（variance）とは，標本の平均値からの乖離を平方した値の平均値であり，平均値回りのバラツキ度を表す。

中心極限定理においては，母集団の分布形がそもそも平均 $\mu$，分散 $\sigma^2$ の正規分布に従う場合においても従わない場合においても成立する特性であるのが重要だ。言い換えるならば，想定する母集団の分布形によらずに，標本平均 $\bar{x}$ について母集団の平均と標準偏差の理論値を用いて標準化した値 $z$

$$z = \frac{\bar{x} - \mu}{\sqrt{\dfrac{\sigma^2}{n}}} = \frac{\bar{x} - \mu}{\dfrac{\sigma}{\sqrt{n}}} \qquad (10\text{-}1)$$

の分布はサンプルサイズが大きくなるにつれて，平均が 0，分散が 1 の標準正規分布 $N(0, 1)$ に近づく。$n$ が無限大になると（10-1）式の第 2 等式の分母がゼロとなり $z$ は無限大になりそうだが，（10-1）式の第 2 等式の分子もゼロに近づき，不定形の真の極限値は通常ロピタル（l'Hospital）の定理を用いて分母分子を別個に微分して求めることになる。この際，もともとが確率分布の場合には極限も確率分布になるのだ。なお，（10-1）式は母集団の平均 $\mu$ と分散 $\sigma^2$ が既知の場合であり，未知の場合にはサンプルサイズである $n$ の代わりに，$\mu$ と $\sigma$ を標本からの推定値で置き換える制約条件の数だけ減じた値，$n-2$，が自由度となる。サンプルサイズが十分大きい場合には些細な修正であるが，$n$ が 30 以下でそれほど大きくないとすると無視できない修正になる。

さて，もともとの母集団の分布形によらずに，サンプルサイズが大きくなるにつれて，標本平均が正規分布に従うようになることから，十分大きな標本数が確保できる場合には，その標本平均をもとに推測統計を展開することが可能になる。例えば，大数の法則と中心極限定理を根拠に，標本平均は正規分布に従うとして，90％なり 95％の確率で収まってくる実現値の範囲に相当する信頼区間や確率が 10％なり 5％となる区間を算出することが可能になる。そしてそれらの確率をもとに推測や検定に進むことになるのが推測統計の筋書きだ。

## ■ 推測はどこまで信頼できるか

推測統計に数理的な根拠があることは理解できたが，大きなサンプルサイズとは具体的にはどれくらいの大きさなのか？ 多くの統計学の教科書などでは，ここまでの記述と同様に，「十分に大きい」としており，具体的に「サンプルサイズが 30 とか 100 以上の場合には」と区切ってはいない。筆算や電卓を用いた厳密な計算に基づくものでなく，親指より太いか細いかといった基準（rule of thumb）での目の子算的な経験に基づいた判断によっており，十分に大きいということを明確に定義することは困難といえる。ただし，経済学で実証分析を進める際に，標本数がおおむね 30 を下回る場合には自由度（標本数マイナス制約条件の数）が足りないとの認識が研究者で共有されており，目の子勘定を諫める風潮はある。

なお，サンプルサイズが明示的に問題となるのは，母集団の分散が未知でそれ自体を推計する必要がある場合に，母集団の分散を標本分散で置き換えた場合に生じる偏りが推計する際の自由度に依存し，その自由度は標本数によって異なることによる。自由度が小さい場合には，（10-1）式の$\sigma$を標本から導出した標準偏差で置き換えた場合には，（10-1）式は正規分布でなく自由度が$n-1$の$t$分布となり，両者に分布形のズレがあることになる。このズレはサンプル数が十分大きくなると理論的に消失するのは確かであるが，ズレ自体はサンプル数だけでなくもともとの母集団の標準偏差$\sigma$の大きさにも依存することから，標本数$n$に厳格な数字を対応させられずに目の子勘定の30が言及されてきているのだ。実際問題として，「データが残っている鎌倉時代の村落別コメの生産量」や「2001年と比較して直近までの経済成長率と地価上昇率がともに20%以上の都道府県の貯蓄率の動向や如何（いかん）？」といった課題に対しては，そもそも30だけの標本数を確保するのは至難の業であり，やむを得ず自由度の問題があるのは認識していても不問に付せざるを得ないだろう。

　標本数$n$が有限で小さい場合，$t$分布と正規分布のズレは信頼区間なり確率の導出に格差を生じさせ，しかもこのバイアスは正規分布と比べて$t$分布に緩く働く（信頼区間は広がりその分確率は大きくなる）。言い換えるならば，標本数が限られているのに十分大きいとして，見做（みな）し正規分布で推測統計を展開するのは，とりわけ境界となる近傍では誤差によるエラーが入り込む可能性があるわけで，統計学全般に対する不信感を醸成しかねない。

### ■ 平均値と中央値で読み解く

　再び記述統計の話になるが，与えられた標本の平均値（mean または expected value）と，標本を小さい順に並べて真ん中（標本数が偶数の場合には中央の2つの平均）になる中央値（median）を比較する。すべての標本が，平均値を対称軸とした左右対称の分布形に従う母集団から抽出されたならば，平均値と中央値はあまり変わらない（理論的には一致する）だろう。

　もし母集団の分布形が平均値よりも小さい方に偏って分布しているならば，中央値は平均値を下回る。逆に，母集団が平均値よりも大きい方に偏って分布しているならば，メディアンは平均値を上回る。このように，中央値と平均値が際立って乖離（かいり）する場合には，母集団の分布形が平均値を軸として左右対称になっていない可能性が高い。

平均値と中央値が乖離することで有名な統計に世帯の貯蓄残高がある。すなわち，総務省の「家計調査報告」（2018 年）にある貯蓄現在高階級別世帯分布（2人以上の世帯）によると，2 人以上の 1 世帯当たり平均の貯蓄残高は 1,752 万円となっており，3 分の 2 の世帯では平均値を下回っている。さらには，22.1% の世帯では平均貯蓄残高が 300 万円未満であり，母集団分布を下方に歪める張本人ともいえる。逆の方向で対称性を歪めている一部の高額資産家の影響を排除するために中央値を見ると，1,036 万円と平均値を大幅に下回っている（貯蓄残高が 0 円の世帯を含めると中央値はさらに 978 万円に下がる）。

　要するに，日本の世帯別貯蓄残高では，2 割を超える世帯での平均を大幅に下回る貯蓄残高と，平均を大幅に上回る一部の高額資産家がともに対称性を歪めるが，結果としての中央値が平均値を大幅に下回ることから，小額資産家の平均を引き下げる効果が高額資産家の平均を引き上げる効果を凌駕する分布形になっていることが理解される。この傾向は過去の「家計調査報告」や類似の統計でも頑強に認められており，日本経済の世帯間の資産分布や所得分布を反映したものとなっているといえよう（**第 2 講**）。

　なお，ここでの貯蓄には銀行等の預貯金，積立型の保険金，株式や投資信託・国債・社債・外貨預金等が該当する。会社の社内預金なども含まれるが，公的年金や家庭内のたんす預金などは含まれない。


## ■ 景気動向指数とジニ係数

　記述統計の指標であるものの，もとになるデータをかなり加工する統計のために，記述統計との認識が薄れた代表的な指標に景気動向指数やジニ係数がある。

　景気動向指数には先行指数，一致指数，遅行指数の 3 つの系列があるが，いずれもあらかじめ選抜された経済系列のうち 3 か月前と比べて改善している系列の割合を指数の値としている。さらに，もともとの景気動向指数（diffusion index，DI）だとどれくらい改善しているかの量感の情報が捨象され，0.1% の改善でも 15% の改善でも同じく改善した系列として同等に扱われるために，各系列の過去の変動の程度を参考に「偏差値」を求めて比較し，量感を加味した指数として景気動向 CI（composite index）指数も発表されている。

　景気の現状は景気対策を発動すべきか否かの判断や，発動するとしてどのくらいの政策規模が相応しいのかといった景気をめぐる論争でも景気動向 DI や

CI が自在に言及され，景気の現状を理解する際の最重要指標となっている。景気の現状をめぐる指標が存在すること自体は問題ないのだが，問題はそれを政府（内閣府）が作成・公表している事実だ。すなわち，政府は政策介入を決断する主体であり，その判断の重要な根拠となる可能性がある景気動向指数を政府自らが作成・公表する体制だと，政府にとって都合のよい操作が可能なことである。もちろん日本政府がそのような情報操作なりデータの改竄を行っているわけではないが，それを行える体制にあることが問題視される余地があるのだ。ちなみにアメリカでは NBER（national bureau of economic research）という民間の研究機関が公表する景気判断をベースに景気論議が行われており，景気局面の判断段階で政府が関与することはない。

　所得や資産の分布によって不平等度の尺度として利用されるジニ係数も，原データを加工するものの，そもそもはデータをありのままに取り上げて構築する指標であるために，推測統計とは無縁な記述統計の例になる。ジニ係数の算出にはローレンツ曲線を導出する必要があり，**第 5 講**の**コラム 5.2** で説明を付したように，ジニ係数算出までの道のりは長く複雑であるものの，原データが与えられれば一本道だ。

　景気動向指数やジニ係数の他にも記述統計の指標は多い。各種のアンケート調査の結果や国民経済の生産性や暮らしやすさなどの世界ランキングも，推測統計の入り込む余地のない記述統計に分類される。ただし，総選挙の政党別獲得議席数の事後的結果は記述統計だが，選挙前での予想獲得数は（その推計の根拠は問わないとして）推測統計の範疇になる。大学入試の模擬試験の結果による各種の表示や図解は記述統計だが，それらに基づく志望校の合否判断は推測統計になる。

# 10.2　仮説の検証- - - - - - - - - - - - - - - - - - - - - - - - - - - - - - - - - -

## ■ 回 帰 分 析

　推測統計での理論（仮説）の検証を考える。理論が正しいか否かをデータを用いて調べるのだ。その際に，統計学から計量経済学へ歩みを進める。計量経済学（econometrics）とは，経済学が対象とする諸関係を実際のデータを用いて検証するために統計学の諸手法を応用する学問分野であり，より詳しくは，適

切な推測手法を用いて理論と観察データの相互展開を基に，現実の経済現象を数量的に分析する学問分野になっている。経済学（economics）と尺度・計量法といった用語（metrics）を合成して econometrics としたもので，ケンブリッジ学派のマーシャルがそれまでの political economy に換えて科学としての経済学を economics と呼ぶこととしたのと，似通った背景がありそうだ（**第3講**）。

　計量経済学が対象とする分析手法は数多いが，中でも最も頻繁に利用されるのは，回帰分析（regression analysis）である。これは，経済変数間の関係を最も素朴な線形の1次式の関係と想定してその関係式を推計し，その上で経済変数間の理論的関係が実際に認められるのかを統計学的に検証する分析手法だ。回帰は英語の regression の翻訳用語であり，もともとは「背の高い人物の子孫が必ずしも背が高いわけではなく平均値に戻っていく傾向がある」との生物学的現象が，後退ないし平均への回帰（どちらも英語では regression）と命名され，それが統計学へ受け継がれた歴史がある。

　回帰分析の中の線形回帰（linear regression）は，経済変数間の関係を線形（1次式）に限定するものであるが，この際，要因となる数値を独立変数ないし説明変数，結果となる数値を従属変数ないし被説明変数という。説明変数が1つの場合を単回帰（single regression），複数の場合を重回帰（multiple regression）と呼ぶ。

### ■ 単回帰分析の例

　回帰分析では独立変数（説明変数）と従属変数（被説明変数）の間の関係式を推計する。具体的には，関係式は線形式（1次式）と想定し，統計的手法によって関係付けるパラメータを特定する。従属変数（被説明変数）とは説明される変数であり1次式の左辺の変数となる。説明する方が独立変数（説明変数）であり，変数が1つの場合が単回帰，2つ以上の場合が重回帰になる。説明変数は1次式の右辺にリストアップされる。経済学の理論をベースに置いて関係式を推計するのだが，本講で取り上げる一般化線形モデルによる線形回帰のほかにも，単純な1次式で表せない関係式や変数のとる値に非負制約がかかるなど多様な非線形モデルを用いる非線形回帰もある。

　以下，一つの例として，ケインズ型消費関数（**第7講，第9講**）を取り上げよう。$t$ 期における経済全体の消費（$Y_t$）を $t$ 期の GDP（$X_t$）で説明する消費関数が

$$Y_t = \alpha + \beta X_t + u_t \qquad (10\text{-}2)$$

との1次式の線形モデルで表されるとする。左辺の消費 $Y_t$ が従属変数，右辺の GDP である $X_t$ が独立変数になる。$\alpha$ は所得に依存しない消費である独立消費なり自律的消費といわれる部分，$\beta$ は限界消費性向（所得が限界的に1単位増えた際の消費の増大分の割合）になる。$u_t$ は推計において関係式がピタリと当てはまるわけではない誤差項（error term）を表し，標本によって独立な平均0，分散 $\sigma^2$ の正規分布に従う攪乱項（random term）と仮定する。(10-2) 式の $\alpha$ と $\beta$ の係数パラメータを推定するのが，回帰分析の第1歩になるが，その最も単純なモデルが一般化線形モデルを用いる線形回帰だ。

## ■ 最小2乗法

(10-2) 式の係数パラメータをどのように推定するのだろうか？ 実はそれにはいくつかの方法があるが，推測統計学で最も普通に採用されるのが最小自乗法ないし最小2乗法（ordinary least squares，OLS または OLSQ）といわれる方法である。これは残差平方和（residual sum of squares，RSS）ないし残差2乗和といわれる誤差項を2乗した総和

$$\Sigma u_t^2 = \Sigma (Y_t - \alpha - \beta X_t)^2 \qquad (10\text{-}3)$$

を最小にするようにパラメータの $\alpha$ と $\beta$ を設定し，それらを OLS 推定量とする考え方だ。最小値を求めるために (10-3) 式を $\alpha$ と $\beta$ で微分して0と置くと，それぞれから必要条件として

$$\Sigma (Y_t - a - b X_t) = 0 \qquad (10\text{-}4)$$
$$\Sigma (X_t Y_t - a X_t - b X_t^2) = 0 \qquad (10\text{-}5)$$

が得られる。ただし，$a$ と $b$ はそれぞれ $\alpha$ と $\beta$ の推定量である。

(10-4) 式と (10-5) 式の2つの式を連立させて最小2乗法の推定量を求めるのだが，その基本という意味で，これらの式を最小2乗法の正規方程式（または最小2乗正規方程式）と呼ぶ。正規方程式を (10-2) の推計式に戻って解釈すると，$u_t$ の OLS 推定量を $e_t$ で表すとして，(10-4) 式からは

$$\Sigma e_t = 0 \qquad (10\text{-}6)$$

また（10-5）式からは

$$\Sigma X_t e_t = 0 \qquad (10\text{-}7)$$

であることが理解される。（10-6）式は回帰式の誤差項（攪乱項）の平均がゼロであること，また（10-7）式は誤差項が説明変数 $X_t$ と直交することを意味する。それらの条件が満たされて，はじめて残差平方和が最小になるのだ。ここで2つの変数が直交するとは，（10-7）式の左辺で表される2つの変数のベクトルの内積が0となることであり，それは共分散（covariance）が0で無相関となる十分条件になる。

　（10-4）式をサンプル数 $T$ で除して整理すると，変数の上の“－”はサンプルの平均値を表すとして

$$\overline{Y} - a - b\overline{X} = 0 \qquad (10\text{-}8)$$

が得られる。同様に，（10-8）式より，$a\overline{X} = \overline{XY} - b\overline{X}^2$ であるから，（10-5）式をサンプル数 $T$ で除して整理すると

$$\Sigma(X_t Y_t/T - \overline{XY}) - b\Sigma(X_t^2/T - \overline{X}^2)\} = \mathrm{Cov}(XY) - b\mathrm{Var}(X) = 0 \quad (10\text{-}9)$$

が得られる。ただし，$\mathrm{Cov}(XY)$ は $X_t$ と $Y_t$ の共分散

$$\mathrm{Cov}(XY) = \Sigma(X_t - \overline{X})(Y_t - \overline{Y})/T = \Sigma(X_t Y_t/T - \overline{XY}) \qquad (10\text{-}10)$$

そして，$\mathrm{Var}(X)$ は $X_t$ の分散

$$\mathrm{Var}(X) = \Sigma(X_t - \overline{X})^2/T \qquad (10\text{-}11)$$

である。

　（10-9）式からは，OLS ないし OLSQ の推定量として

$$b = \frac{\mathrm{Cov}(XY)}{\mathrm{Var}(X)} \qquad (10\text{-}12)$$

が得られ，これを（10-8）式に代入して，直ちに $a$ の推定量も求められる。

　最小2乗法では，（10-2）式において説明変数では説明できない部分，すなわち（10-2）式の当てはまりからの乖離値である $u_t$ は小さい方がよいが，$u_t$ 自体はプラスにもマイナスにもなるので，いったんそれらを2乗した後の総和となる残差平方和を最小にするのが，全体としての（10-2）式の当てはまり具

合を最も良好にすると考えるのだ。実際，回帰式の当てはまり具合を検討する
ものとして，OLS 推定量をベースに，その尺度が考案されている。いま

$$Y_t = a + bX_t + e_t = \widehat{Y}_t + e_t \qquad (10\text{-}13)$$

とする。$\widehat{Y}_t$ は，説明変数で文字通り説明される部分を表す。(10-13) 式の両
辺から平均 $\overline{Y}$ を引き平方して足して整理すると

$$\Sigma(Y_t - \overline{Y})^2 = \Sigma(\widehat{Y}_t - \overline{Y})^2 + \Sigma e_t^2 \qquad (10\text{-}14)$$

が得られる。(10-6) 式と (10-7) 式より，$\Sigma(\widehat{Y}_t - \overline{Y})e_t = 0$ となり $(\widehat{Y}_t - \overline{Y})$ と
$e_t$ が直交するからだ。

　(10-14) 式の左辺は被説明変数の平均周りの全変動を表し，右辺第 1 項は説
明変数で説明される部分の平均周りの変動，そして右辺第 2 項は説明されない
残差となる誤差の変動を表す。(10-14) 式の右辺は，全変動を説明される部分
の変動とそれと直交する説明できない誤差（攪乱）項の変動に分解できること
を示している。説明される部分の変動が全変動に占める割合を決定係数（coeffi-
cient of determination）といい，通常 $R^2$（R squared）と呼んでいる。$R^2$ は説明変
数を増やすことによって大きくなる。なぜなら，説明変数が増えると残差項の
割合が必ず減少するからだ。言い換えるならば，決定係数 $R^2$ を基準にすると，
被説明変数にとって意味のない変数でも，説明変数が多いほどよりよいモデル
ということになる。この点を改善するために，説明変数の数とサンプル数を考
慮する形で自由度を調整した自由度修正済み決定係数も考案されている。この
場合には，被説明変数にとって意味のない変数だとすると，説明変数のリスト
を増やした結果，自由度修正済み決定係数は下がってしまう可能性がある。説
明される部分の変動が増えないまま説明変数増によって自由度が減少してしま
うからだ。


## ■ 帰無仮説と仮設検定

　回帰分析を行うことによって可能な経済学上の作業は，回帰分析に至った経
済理論が正しく的を射ているのかの検証と，もし正しかった場合には，それを
別の状況に適応することであり，政策シミュレーションや将来予測などが候補
に挙がる。

　ケインズ型消費関数 (10-2) 式が理論モデルとしよう。再掲すると

$$Y_t = \alpha + \beta X_t + u_t \qquad (10\text{-}2)$$

において，経済全体の消費（$Y_t$）に GDP（$X_t$）が影響を及ぼすのかを，係数パラメータ $\beta$ が正しくなっているか，しかもそれがしっかりした値かを確かめよう。「しっかりした値」とは，「統計的にどれだけ確かか」で，これを後述の有意性（statistical significance）で表す。つまり，（10-2）式において $\beta = 0$ だと，GDP が消費に影響を及ぼすことはないが，$\beta > 0$ だとケインズ型消費関数の現実妥当性が確認されよう。そこで，統計的検証対象となるのは，ほんらい棄却されるべきものを帰無仮説（null hypothesis）に設定し，それに対抗する理論（仮説）を対立仮説（alternative hypothesis）とする。帰無仮説と対立仮説は相容れない相反事象に設定し，帰無仮説が棄却されるならば対立仮説が受容され，逆に帰無仮説が受容されるならば対立仮説は棄却されるものとする。

　ケインズ型消費関数については，

| | | |
|---|---|---|
| 帰無仮説 $H_0$ | $H_0 : \beta \leqq 0$ | |
| 対立仮説 $H_1$ | $H_1 : \beta > 0$ | $(10\text{-}15)$ |

と設定する。統計学なり計量経済学における仮説検定では，それが正しく真実であって欲しいと希望する仮説（理論）を立証するに当たって，まずはその逆の仮説を帰無仮説 $H_0$ に設定し，それを否定（棄却）することで，対立仮説 $H_1$ の正当性を示すという，遠回りなことをする。いったん帰無仮説 $H_0$ が正しいとして，そのもとで何か矛盾することが起きるとの背理法的手法により帰無仮説 $H_0$ を検証するのだ。第1講で問題とした「反証可能性」を意識してモデル化した手法と受け止めてもよい。

　検定の大筋は以下の通り。帰無仮説が正しい場合に，最小2乗法で推定された $\beta$ の推定量がとり得る範囲を求め，実際に求められた $b$ がその範囲に入っているか否かをチェックする。その可能性を確率で表すのが推測する推測統計の所以であり，例えばそれが5%の確率以下となったとしよう。この確率が有意水準（significance level）といわれるものになる。すなわち，帰無仮説 $H_0$ を棄却するとして，それがほんらい真であったとしてそれを誤って棄却してしまう可能性を表すもので，これには5%以下とか1%以下といった慣例的な閾値があり，それらの確率を上回ってしまい，例えば10%になるようならばそもそもの帰無仮説 $H_0$ を棄却する正当性を疑うことになる。言い換えれば，その際

には帰無仮説 $H_0$ を真として受容するのが推測統計が下す判断になる。

　なお，有意水準をあらかじめ設定しないで，推定結果から「帰無仮説を棄却する確率」を $p$ 値（p-value）として表示する場合もある。例えば有意水準を5%に設定した場合，帰無仮説に対する検定結果は棄却か受容か，すなわち0・1（ゼロ・イチ）の二択になるが，極端な拓一判断を避け，棄却する確率を連続的な数値で示すのが $p$ 値であり，近年では $p$ 値をもって事後的に有意水準とする分析も頻繁に報告されている。有意水準が5%ということは，100回のうちの5回という極めて珍しいことが起こったので，何かしら意味がある（有意である）はずだとの推測に端を発したといわれており，10%よりは5%が，また5%よりも1%が"より有意（more significant）"なのも納得される。

　さて，設定された帰無仮説 $H_0$ の真偽に判断を下すとして，誤りが発生する可能性が2通りある。一つは，それが正しいのに棄却してしまう誤りであり，これを第1種の過誤（type 1 error）という。もう一つの誤りは第2種の過誤（type 2 error）であり，ほんらい正しくない，すなわち帰無仮説 $H_0$ が偽（対立仮説 $H_1$ が真）なのに，これを真と見なしてしまう誤りだ。もちろん，どちらの過誤も小さい方がいい。しかし，これは不可能な相談事だ。なぜならば，そもそも帰無仮説 $H_0$ が真の時と偽（対立仮説 $H_1$ が真）の時に起こり得る過誤であり，どちらかを小さくしようとすると他の過誤が大きくなってしまうというトレード・オフの関係にあるからだ。

　以上を図10-1を参照しながら確認しよう。まず帰無仮説 $H_0$ と対立仮説 $H_1$，そして PP 線として検定の際の5%なり1%の有意水準を設定する。設定される有意水準によって，帰無仮説 $H_0$ の棄却域が決まる。すなわち，第1種の過誤は有意水準の設定によって自動的に決まってくる関係にある。図10-1において，帰無仮説 $H_0$ の下での有意水準以上の値が実現される確率である $\alpha$ が，「帰無仮説 $H_0$ が真であるのに棄却してしまう」第1種の過誤となる。これに対して，帰無仮説が偽で対立仮説 $H_1$ が真の場合にこれを誤って受容してしまう確率は，図10-1の $H_1$ の確率分布の下での第2種の過誤の確率 $\beta$ となる。図からも明らかなように，第1種の過誤の確率 $\alpha$ を小さくしようとして図10-1の PP 線を右に移動すると，必然的に第2種の過誤の確率 $\beta$ が大きくなり，逆に第2種の過誤の確率 $\beta$ を小さくするために PP 線を左に移動すると，今度は第1種の過誤の確率 $\alpha$ が大きくなる。要するに，$\alpha$ と $\beta$ は同じには小さくならず，トレード・オフの関係にあるのだ。

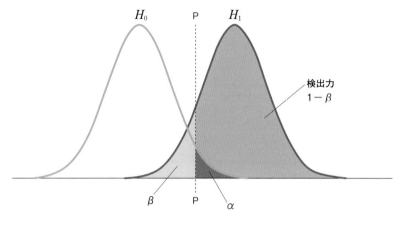

図 10-1　2 つの過誤と検定力

第 2 種の過誤を除いた確率 $1-\beta$，すなわち「ほんらい正しくない帰無仮説 $H_0$（対立仮説 $H_1$ が真）を誤りと正しく判断する確率」を検出力ないし検定力という。英語の power に対応する用語であり，偽の仮説を正しく棄却する推測統計学の本分ともいうべき検定の力だ。これは極力高めなければならないが，そのためには第 2 種の過誤の確率 $\beta$ を小さくしなければならない。これには第 1 種の過誤の確率 $\alpha$ とのバランスの問題であるが，一つの可能性としては推測に当たってのサンプル数を増大させる手が考えられる。

　ここまではサンプル数は与えられたものとして議論してきたが，サンプル数そのものを操作できるならば，一般にサンプル数を増やせば標本平均の分散は小さくなり，帰無仮説や対立仮説の確率分布の精度が高まり 2 つの過誤の確率を同時に低減できる可能性がある。図 10-1 において，2 つの分布形がともに（総面積の 1 を保ったまま）より尖がった細みの釣鐘型に変形すると，同じ PP 線に対して，帰無仮説の有意水準 $\alpha$ が小さくなる一方，同時に第 2 種の確率 $\beta$ も小さくできるのが理解される。

### ■ 片側検定と両側検定

　ケインズ型消費関数（10-2）において，例えば帰無仮説が $\beta=0.8$ と 1 点の値を問題とし，対立仮説が帰無仮説の単なる否定（$\beta \neq 0.8$）であるならば，$\beta$

が大きくても小さくても，すなわち標本分布の右側でも左側でも，外側に外れるに従って対立仮説のもっともらしさが高まる。したがって，この場合には棄却域を分布の両側に設定する両側検定になる。左右対称であるので，有意水準 $\alpha$ のとき，片側では $\alpha/2$ の棄却域を設定し，両側を合わせて $\alpha$ の有意水準とする。これは，$\beta$ の信頼区間を求める場合と同じ構成法であり，有意水準が5%ならば，片側 2.5% ずつで信頼区間を求めるのだ。

　帰無仮説と対立仮説が（10-15）式のように不等号で提示される場合には，帰無仮説の棄却域は不等号の境界値である $\beta=0$ を基準とする片側検定になる。経済学では多くの変数はプラスの値をとり，係数パラメータも理論的にプラスとなる場合が多い（もちろん，マイナスとなる場合もないわけではないが…）。こうした経済学の要請で，帰無仮説に符号条件からくる制約がかかる場合も少なくないが，これも片側検定となる。

## 10.3　回帰分析のいろいろ

　回帰分析は，分析の種類や対象とするデータによって，さまざまな分類ができる。推測統計学として，問題の所在が分かっている場合にはそれに対処した統計的手法が開発され，統計量として望ましい性質である不偏性（unbiasedness，平均値として偏りがない），一致性（consistency，サンプル数が大きくなれば母集団の真の値に収束する），効率性ないし有効性（efficiency，分散が理論的に最も小さい），十分性（sufficiency，これだけあれば他の情報は不要）といった性質をもっているか否かが問われることになる。これらの性質は主に回帰式の誤差項（撹乱項）がどのような性質をもっているか，そして回帰式がどのような状況に追いやられているかに依存する。

### ■ クロスセクション・データと時系列データ
　経済学で利用する経済統計は，大別するとある地点・地域やある時点・期間で区切って，各地点やグループでの統計を集めたクロスセクション（横断面）・データと，ある経済統計を毎年（年次）なり3か月ごと（四半期），毎月（月次）収集した歴史的なタイムシリーズ（時系列）データがある。また，クロスセクション・データを複数期間集めて分析対象とするのはパネル・データと呼ばれる。

パネル・データは，時系列データとしては期間が短かったり，横断面データとしてはサンプル数が少ない場合に，両者の特性を併せもったデータセットとして構築する場合が多い。

　(10-2) 式のケインズ型消費関数（再掲）を，ある時点 $t$ においてある市に住む世帯別のデータなり都道府県別のデータなりのクロスセクション・データとして回帰分析をする。

$$Y_t = \alpha + \beta X_t + u_t \qquad (10\text{-}2)$$

この際，クロスセクション・データでのケインズ型消費関数では，独立消費（自律的消費）が $\alpha > 0$ として推計される場合が多いが，その市単位や都道府県単位で集計した上で時系列データで推計すると，$\alpha = 0$ の帰無仮説が棄却されない場合が多いという報告がなされている。時系列データだと，長期的には独立消費も $X_t$ に比例して変化していくと考えられることになる。もともと独立消費が資産など（他には過去の最大所得や最大消費）に依存し，その資産などが時系列としてはおおむね現在の所得と比例するのが原因だ。

　時系列データとしては，(10-2) 式において誤差項が系列相関をもつことが問題となる。系列相関とは，例えば，$|\rho| < 1$，$\varepsilon_t$ を系列相関をもたない攪乱項（白色攪乱項，ホワイトノイズ）として

$$u_t = \rho u_{t-1} + \varepsilon_t \qquad (10\text{-}16)$$

と書け，$u_t$ と 1 期前の $u_{t-1}$ が相関をもつことをいう。系列相関があると $u_t$ と $u_{t-1}$ が独立という条件が満たされず，OLS 推定量の一致性や効率性が満たされなくなる（不偏性や十分性には影響しない）。時系列データの場合にはこの誤差項の系列相関の存在は普通のことであり，そうならばどう対処するかが回帰分析にとっての課題となる（対処法はある！）。

## ■ 連立方程式体系

　経済学の回帰式として推定対象となるモデルは単回帰式ばかりでなく，いくつかの式が同時に登場する場合も多い。簡単な例を挙げれば，(10-2) 式の消費関数に加えて投資関数も導入し，消費と投資を合わせたのが GDP になると想定しよう。同時に輸出関数や輸入関数を考えることもできる。こうなると経済全体を対象として，経済主体の行動様式をモデル化して主体均衡式に，また

市場での需給均衡式を同時に考えることになる。要するに，単一の回帰式でなく連立方程式体系として膨れ上がったマクロモデルとなるのだ。

　経済問題に関する一般均衡状態をイメージするならば，連立方程式体系としては，まず第1には，登場する経済主体が何を目標として行動するのか，という主体均衡に関連する方程式が挙げられる。第2は，市場経済の状態を示す方程式として，各市場で需要と供給が一致するとの市場均衡式が考えられる。もちろん，市場によっては需給均衡が達成されずに不均衡状態にあり，それでも経済取引は実施されていくワルラスの non-tatonnment の動学的調整過程ということもあり，これをどのように方程式としてモデル化するかは実証分析の際の問題意識次第になろう。

　第3には，市場メカニズム以外の経済制度として課されている条件があれば，これも制約条件としてモデル化される必要がある。社会主義経済での財サービスの割当配給（rationing）ルールや 2011 年の東日本大震災の際に存在が明らかになった原材料・部品のサプライチェーンが，当該財サービスの需給条件に影響を及ぼしている可能性もある。第4に，マクロモデル全体を見渡すと，中には恒等式となるものや変数の定義式も必要となる。未知数（内生変数）の数だけの方程式がないと，マクロモデル自体が解けないからだ。

## ■ 構造形と誘導形

　こうした連立方程式体系は構造方程式体系（structural equations system）と呼ばれ，それらの1本1本の方程式には右辺の説明変数として他の式の被説明変数，すなわち従属変数が関係する場合も多い。構造方程式体系で決定される変数は内生変数（endogenous variable）と呼ばれ，理論的には，構造方程式体系を構成する方程式の数だけの内生変数がある。右辺の説明変数が内生変数となると，その式の誤差項との間に相関が生じ，これが最小2乗法の基本方程式の条件（10-7）の直交性に反し，推定量の不偏性（一致性や効率性も）を満足させなくなり，マクロ計量モデルの評価を下げてしまう顛末となる。連立方程式モデルの推計には，十分気を付ける必要があるのだ。

　そこで，構造方程式体系を変形して，右辺には内生変数は登場させない方法がある。右辺には内生変数でない外生変数（exogenous variable）ばかりの方程式体系にする方法であり，この結果得られる方程式体系は誘導形方程式体系（reduced form equations system）になる。すなわち，構造形から誘導形に変換し，

誘導形方程式体系を推計し，そこから構造方程式体系のパラメータを求める手法だ（誘導形も構造形も，誘導型，構造型と表記する場合もある）。このとき，誘導形方程式体系のパラメータから構造形方程式体系のパラメータを復元できるかという識別問題（identification problem）が発生する。識別するには情報が少なすぎる過少識別問題と，逆に情報が多すぎる過剰識別問題の両方がある。

　いま，(10-2) 式のケインズ型消費関数に加えて，投資関数として $r_t$ を外生変数としての利子率，$v_t$ を誤差項として

$$I_t = \gamma + \delta r_t + \eta X_t + v_t \qquad (10\text{-}17)$$

を導入する。ここで，(10-2) 式と (10-17) 式の $X_t$ は GDP で，$Y_t$ が消費であるのに対し，(10-17) 式の $I_t$ が投資で，簡単化のために，GDP は消費と投資のみから構成されるとする。すると，この構造方程式体系は (10-2)，(10-17)，および GDP の定義式の 3 つの式から成り，推定すべき構造形パラメータはギリシャ文字の $\alpha$，$\beta$，$\gamma$，$\delta$，$\eta$ の 5 つになる。これに対して，誘導形方程式体系のパラメータは，消費と投資の誘導形方程式で推定する固定係数の 2 つ，利子率の係数 2 つの合わせて 4 つのパラメータになる。

　したがって，誘導形パラメータの 4 つの情報から構造形パラメータの 5 つを識別できるかになるが，これは構造形パラメータの数の未知数 5 つと未知パラメータ同士を関係付ける式の数 4 つとの関係では，情報が少ない過少識別のケースとなってしまうのだ。ちなみに，構造方程式体系に利子率の他の外生変数があれば，構造形パラメータと誘導形パラメータはともに 6 つとなり，理論的には，ちょうど識別可能なケースとなる。外生変数がさらに多ければ過剰識別になる。

## ■ 見せかけの有意な関係式

　時系列データによる回帰分析でしばしば遭遇する問題であるが，実際には何も関係ない変数同士であるが，密接で有意な関係として実証されることがある。一国の経済成長と森の木の生長がタイミングを一にする場合，巨人軍（阪神でもよい）の勝利数とその年の日照日数，旭川市旭山動物園のペンギンの雛の出生数と浦和レッズの敗北数，といった時系列データを観察するとよいであろう。時系列データの場合，多くがトレンド線に沿って変動することから，見かけ上の相関あるいは見せかけの相関（spurious correlation）と呼ばれる相関が生まれ

るのであり，この相関はあくまでも擬似相関であって，あらゆる経済学の知見でもってしても説明できる関係ではない。

　ちなみにペンギンの雛の出生数と浦和レッズの敗北数は，ともにめったに起こらない事象が従う分布形であるポワソン分布に従っているとして，年々ともに大きくは外れず，結果として説明できない見かけ上の擬似相関が認められるのだろう（実際にあるとして！）。

## 10.4　予測とシミュレーション

　マクロ計量モデルなり全地球上を網目状に区切り，それぞれの地域と相互影響下の天候を内生変数にした地球温暖化モデルは連立方程式モデルとなる。そのモデルを推計してモデルが確定した後には，しばしば外生変数である説明変数を変動させて，その効果を探る分析が行われる。外生変数の見積もりを基に，関心のある経済変数がどのような変動になるかを予測（prediction）したり，外生変数がとるいくつかのシナリオを想定して比較するシミュレーション分析（simulation analysis）が行われる。

　シミュレーションにはどの外生変数を動かすか，それと同時にどの変数を呼応させて動かすかといった自由度があり，それに応じてシミュレーション結果も予想に反して政策効果の分析として興味深い結果がもたらされる場合もある。温暖化ガスが減少しない場合に，18世紀後半に産業革命が起こった前の状態と比べて，地球の平均気温が21世紀中に2度ほど上昇するとか，それによって海面が80 cm上昇するとか，いろいろなシミュレーション結果が示される。21世紀が終わる頃とすると，これを身をもって確認できる人は多くはないが，いかにも科学的な精度をもって行われるシミュレーション結果に対しては，それを信じ込む人も少なくないであろう。

　シミュレーション分析の前提となるのは，構造形の連立方程式モデルが正しく定式化され，しかも正しく推定されていることであるが，この面での指摘としてルーカス批判（Lucas critique）がある。ルーカス（Robert Lucas, Jr., 1937-）は1995年にノーベル経済学賞を受賞したシカゴ学派の理論経済学者であるが（**第3講**），彼が指摘したのは「構造形モデルのパラメータのうち，政策反応に関係したパラメータは政策が変更された瞬間に変化するものであり，そうした

人々の合理的期待形成を組込まない政策シミュレーションは誤謬に満ちたものになる」との御宣託だ。これがルーカス批判の内容であり，ルーカスを批判するものではなく，ルーカスによってなされた批判になっている。

　ルーカス批判は理論的には正しいもので，現実問題となるのはそれがどのくらい大きなものなのかといった定量面にある。しばしば，損害保険に加入すると，「補償対象となる事故が起こり易くなる」といった意図的なモラルハザード行為（悪意を伴う不正・便乗行動）が指摘されるが（**第14講**），ルーカス批判も政策変更に反応する誘発効果がある点を問題にしたもので，シミュレーション分析にとって頭の痛い問題になる。

### ■ 原因と結果：因果性

　時系列データのもう一つの問題は，時系列データ $x_t$ と同じく時系列データ $y_t$ の相関が高い時に，どちらがもう一つを引き起こすのかという，原因と結果についての時期的なタイミングをめぐる因果関係が問題となることである。「卵が先か，鶏が先か」の決着がつくかであるが，この問題の決着法としては，どちらかの知識（情報）を有することが他の予測に貢献するかで判断するとの因果関係の整理の仕方だ。

　この方策で例に挙がるのは，天気と天気予報を想起すると，天気予報は実際の天気を非常に高い精度で当てており，「天気予報が天気の原因となる」との決着になるのが目に見えていることだ。それでいいのだろうか？　他にも奇妙な例が少なくない。東京都の西の多摩地区では，山から下りてきた鶯の初鳴きを聴くと春が訪れたと実感するという。春一番の強風が春をもたらすというのも，同類の因果関係になる。歌人の若山牧水の和歌に「わがこころ澄みゆく時に詠む歌か詠みゆくほどに澄めるこころか」というのがあるが，これは第3者が外から検証するのは不可能だろう。

　経済学では「貨幣供給の変動が名目 GDP の変動をもたらす」のか「名目 GDP の変動が貨幣需要の変動をもたらす」のか論争があった。アベノミクスの下での量的緩和政策によっても年率2%のインフレ目標の実現に成功しなかった（2020年の上半期までの実績で評価）。日本経済を念頭に置くと，"Only money matters." と1976年のノーベル経済学賞の受賞者でマネタリストのフリードマン（Milton Friedman, 1912-2006）が唱えたのは昔日の感がある（**第3講**）。アベノミクスを先導したのもリフレ派と呼ばれたマネタリストの信奉者であっ

た。この因果性も単純ではないということだろうが，それにしてもフリードマンが生存していたら，マネタリズムの敗北を認めたであろうか？「インフレはいつでもどこでも貨幣的現象だ」と断じ，貨幣供給量を経済成長に合わせて安定的に供給する政策（$k$％ルールとか$x$％ルールと呼ばれた）を推進していたマネタリズムの総帥にとって，その基本ルールの否定や非採択は死活問題と感じたろう。貨幣の流通速度（マーシャルの$k$の逆数）の不安定性に言及するだろうが，それが根源的な原因とするのは説得力に欠ける可能性がある。

　非線形動学が扱う理論に文字通り混沌（こんとん）が対象のカオス（caos）があり，「ブラジル（北京だという説もある）で蝶が羽ばたくことによってテキサスで大竜巻が起こる」とのバタフライ効果が云々（うんぬん）されることがある。「風が吹けば桶屋が儲かる」と同様の間に入るメカニズムが不明の因果性のことであり，何らかのことが原因となって，その影響がめぐりめぐって意外なところに及ぶ具体例であるが，それが転じて当てにならないことを期待する譬（たと）えにもなる。それにしても，ここまで希薄な因果性になると条件が整えば必ず生じる因果性とは受け止められず，偶然の産物に過ぎない感覚になる。もっとも，2019年の中国湖北省武漢市から瞬く間に世界に広まったコロナウイルスの伝染過程を目撃した経験からは，バタフライ効果よりも小さな発端が大きく拡張されるメカニズムがあり得ることは理解されよう。

## ■ カリブレーション

　予測やシミュレーションに至るには，まずはマクロ計量モデルなり地球環境モデルなりを構築し，その上で内生変数に影響を及ぼすと考えられる外生変数なり政策手段となる変数を操作する。この段階では，マクロ計量モデルや地球環境モデルは確定済みで，予測やシミュレーションの結果をモデルに立ち返って取り込むことはしない。これは，いわば利用可能な情報を最大限利用するとの合理的期待形成仮説を実践しているわけではなく，情報面での効率性には欠ける。そこで，シミュレーションの精度を高める意味では，構築されるモデルが生み出す情報と現実のデータからの情報の差を，可能なだけ縮小しようとの発想が生じる余地があった。

　そうした中で自然に生まれたのがカリブレーション（calibration）の発想で，これはモデル構築の際に，構造方程式体系の特定のパラメータについては何らかの別の研究成果（あるいは強い理論的要請）を根拠に事前的情報として特別扱

いし，それらのパラメータの推定量を同定するステップを踏んだ上で，その他の構造パラメータについては同時進行で推定する推計手法をいう。特定のパラメータについてであるが，ベイズ統計学（Bayesian statistics）流の事前情報を取り入れた推定法になっており，全体としての構造形パラメータの推定は，カリブレーションにおける構造形モデルが再生する経済データが現実のデータに最も近くなるという意味での現実再生を目標として推定される。カリブレーションとは，もともとの英語の意味では，「目盛りをつける」ないし「正しい価値を決定する」という意味の用語であり，その意味での価値判断を伴ったモデルの特定化になる（第1講，第5講）。

　カリブレーションについては，経済学に導入される以前から，「機械によって度量衡や電気，光，加わる負荷，経年劣化などにより，機械に指示した量と実際の取扱量との間で乖離が生じる」ことがあり，この乖離を一定の範囲に収まるように装置内部の状態を調整したり，入出力の乖離を打ち消す方向に補正する処理を行ってきている。この際の調整作業や動作のことをカリブレーションなり分野によってはキャリブレーションといい，まさにそうした調整を経済学に導入したのが，経済モデルにおけるカリブレーションになっているのだ。

　経済学へのカリブレーションの導入は，経済主体が将来時点までの経済状況を見据えた上で最適化行動を行う動学的確率的最適化行動をモデル化したDSGE（Dynamic Stochastic General Equilibrium）マクロモデルの構築と推計においてであり，ルーカス批判から自由な構造形パラメータを経済学で議論するレベルを超えたディープパラメータ（deep parameter）として特定化し，その上で現実のデータを再現するマクロ計量モデルとしての DSGE モデルの構築が図られた。ディープパラメータとなるのは，生産技術のパラメータや人々の選好を代表するパラメータであり，これらは経済政策とは独立に決定されるものと考える。DSGE モデルはテクニカルな意味で相当高度であり伝統的なシミュレーション分析のテクニックでは扱い切れなかった面があり，それゆえに理工系で用いられていた手法の拝借となったのだが，テクニックに溺れてしまった側面もないわけではない。DSGE のカリブレーションがらみの研究分野は，2004 年や 2011 年のノーベル経済学賞の対象となり，各国の中央銀行のエコノミストによって現実の金融政策の政策運営の評価などでも利用された。しかしながら，それで金融政策の運営上のパフォーマンスが向上したという成果が報告されるまでには至っていない。

ところで，2002年のノーベル化学賞を受賞した島津製作所の（博士号をもたない会社員研究者の）田中耕一さんの業績に，精確なタンパク質の質量測定装置の開発があった。その装置とは，まさにここでいうカリブレーションを行う装置のことだったのだ。

## 10.5　実験経済学と行動経済学-------------------

### ■ 経済学における実験

　社会科学は理工系の学問と異なり，実験ができないものと長い間考えられてきた。確かに，経済学も自然相手の理工系のような実験はできない。しかしながら，近年，人々が経済学で想定するような合理的行動をしているのか，あるいはどの程度合理的なのかをめぐって，もっぱら経済主体に対するアンケート調査により，あるいは巧妙にコントロールされた環境下での目隠しテスト等を通じて，ある程度の実験がなされるようになった。

　経済学で実験的分析手法が正当に認められてこなかったのには，実験やアンケート調査で集められたデータに対して，もうひとつ信頼が置かれなかったことが挙げられよう（**第1講**）。アンケートの回答者についての恣意性（サンプルセレクションバイアス）や回答への誘導尋問の可能性といった不信感，そして何よりも経済学/社会科学としての自負の裏返しとしての実験に対しての違和感なりなじみなさもそうした疎外感を助長してきたであろう。しかし，近年の実験経済学（experimental economics）の分野では，農薬や医薬品の安全性・有効性の管理手法として考案されたランダム化比較試験（randomized controlled trial, RCT）と呼ばれる分析手法が中心となっており，例として，健康保険・HIV検査・警察のパトロールなどといった身近な政策効果をランダム化し，政策評価を行うことに成功している。

　ここまで来ると，RCTは単なる政策介入についての実験評価（情報生産）を提供するだけでなく，政策介入面での資源配分にも直接関わることから，コスト・ベネフィットの両面で人々の生活や厚生に影響を与え得ることにもなる。そうした観点からは，どのようなRCTを行うかには有効性や効率性の観点からの評価がなされるべしとなる。実験の推進者と被験者が，それぞれ当該実験をどのように受け止めるか？　研究者はどのようなコストを負担してでも実験

を遂行するか？ 被験者が実験を受けるのにはどのような報酬を望んでいるのか？ このような問題は，マクロモデルでのカリブレーション評価と同根の問題であり，実験の実行条件を明示化することを含めて，技術的には十分可能といえよう。

実験経済学では，経済学が対象とする問題に対して，理論や計量経済学では解明が進まない問題，あるいは理論や計量経済学で確定的な解答が得られない問題に対して，実験的な手法による研究を行うことによって，いわば水平思考的な解決口を求めようとする意図がある。新機軸の研究手法を始める場合には常にそうだが，はじめはそうした研究手法に違和感を覚えられ，批判の対象となる。しかし，そうした研究手法による成果が蓄積されるにつれて，実験に対する違和感は縮小し，実験経済学がもたらす研究成果に対する信頼が高まるであろう。

実験によって集められるデータは，主として効果量の推定，理論の妥当性の検証，および市場メカニズムの解明等に使われる。実験経済学においては，通常，現実経済でのインセンティブを再現するために，被験者には現金による動機付けが行われる。換言するならば，実験も市場経済を念頭においての誘因整合性（incentive compatibility）を満たしたものであるのが望ましく，そのような実験設計が行われる。

## ■ 行動経済学とは？

実験経済学と混同される場合が多いのが行動経済学（behavioral economics）だ。行動経済学は，合理的な経済主体の経済学ではなく，現実の人間の行動に即して経済学を再構築しようとする新しい経済学になっている（第6講，第15講）。

伝統的な主流派経済学では，ミクロ経済学もマクロ経済学も，経済主体が合理的な行動をとる合理的経済人であることを前提としている。例えば，消費者は効用を最大化するとか企業は利潤を最大化するとかだ。経済主体が合理的な行動をとっていることは，経済の一般均衡状態の2つの条件のうちの一つであり，これは主体均衡の条件とした（第4講，第6講，第8講）。合理的経済主体は，合理性を理解していると考えるので，合理的でない行動はとらないと考える。「身体に悪いと分かっている喫煙はしない」とか「ほとんど当たることがない万馬券候補の馬券は買わない」とかだ。しかしながら，現実は，喫煙をする人は多いし万馬券を購入して大儲けする人もいないわけではない。普段は合理的

な行動をとる経済人も，その場の感情なり面白半分に不合理な行動をとることがある。8割方合理的で，2割ほどは遊びの部分にするというのもあるかもしれない。その場合の2割は合理的でないのだが，本人は納得済みということもある不合理性だ。

行動経済学では，たとえ合理的でないとしても，人間の性<ruby>性<rt>さが</rt></ruby>としての感情や直感などの心の働きに根差した経済学を構築する。合理性で構築された主流派経済学のような一貫性には欠ける場合もあるが，ほどほどの限定合理性（bounded rationality）に基づく行動経済学は，経済学にゆとりや癒しを持ち込んだものとも理解できる（第6講）。問題は，行動経済学と主流派経済学が同じ土俵上で勝負をする機会（例：株式市場とか商品市場）があるとして，一方的な勝敗がついてしまうのか？ というところにある。一度だけの勝負や短期的な勝負ではどちらが勝っても驚かないが，長期的な勝負となるとどうなるかだ？ 合理性とは何が基準なのかが主流派経済学への真摯<ruby>真摯<rt>しんし</rt></ruby>な問いとなろう。

## 10.6 本講のまとめ

第10講では，経済学の「実証」を支える統計学と計量経済学（実験経済学や行動経済学も含む）について，知っておくべきことを概観した。経済学が実践してきた実証分析には大きな流れがあって，時代によって単回帰・重回帰分析，大型マクロ計量モデル，時系列分析，パネル・データ分析，DSGE（動学的確率的一般均衡）マクロモデル，実験経済学・行動経済学と変遷してきた。時代とともにより複雑で精緻な分析が行われるようになったが，もちろんこれにはコンピューターが容量アップして技術的に可能となったとの裏付けがある。現代ではビッグデータとまで呼ばれる超大量のデータベース対象でさえ，相当複雑なプログラムでも瞬時に計算可能になっており，実証分析の対象手法や対象テーマも随分広範になった。

経済学にとって，実証分析は理論をサポートする，あるいは経済学の論理実証主義を裏付けていく上で，必須の "must" になっている。そこで第10講の表題を「統計学・計量経済学は必修！」としたが，これはやらずもがなであった。すでに，経済学にとって，いかに実証分析が重要かはこれまでにも幾度となく繰り返してきたところであり，読者には十分届いていると思うからだ。ただし，

「実証分析とはどのようなものなのか？」との具体的なイメージは湧いていなかったかもしれない。実証分析の範囲が広すぎて，それがどのようなステップで実行できるのかが曖昧模糊としていたかもしれない。本講では，具体例としてケインズ型消費関数を取り上げて，最小2乗法による係数パラメータの推定を進めた。

　実際の推定は，何らかの統計ソフトを用いて行うのがほとんどと思われ，ソフトの説明に従ってデータの入力と推定プログラムを実行すれば，推定結果は整理された形でアウトプットが得られるであろう。結果の解釈は本人が行う必要があるが，一度経験すれば，その後はいろいろな問題に応用できるはずだ。統計学や計量経済学のレポートとして，あるいは卒論などで実証分析を実践してみると，その経験はさらなる経済学の理解につなげることができるであろう。

### ■ Active Learning

問題 10.1　以下のうち，推測統計の範疇(はんちゅう)に入るものを挙げなさい。
  (1)　インフレ率が2％を超えないのが12年連続となった。
  (2)　地球温暖化によって，日本近海の海水温が0.6度上昇した。
  (3)　20日間連続1日の中に雨の時間帯が記録されたのは，東京で初めてだ。
  (4)　明日の天気予報が雨だという。
  (5)　今年の経済成長率はマイナスになりそうだ。
問題 10.2　正規分布と自由度 $n$ の $t$ 分布の違いを理解しておこう。$t$ 分布の自由度 $n$ が大きくなると正規分布になる意味も考えよう。
問題 10.3　「バブル経済崩壊後の日本の経済成長率は平均して0.5％だ」を検定するとして，片側検定にするか，両側検定にするか？
問題 10.4　ある経済理論に基づいて帰無仮説を検証したところ棄却される結果となった。そこで，データセットを変えて同じ帰無仮説を検証したところ，今度は棄却されずに受容された。このような場合，この経済理論についてどのように解釈すべきだろうか？

# 第11講
# 政府の市場経済への介入が経済政策

■ここまでは資本主義経済の中でも分権的市場経済（decentralized market economy）を中心に見てきた。経済を構成する経済主体は，消費者も企業も分権的な存在であり，それぞれ自らの意思による意思決定主体だ。経済政策の発動によって経済主体の行動に影響を及ぼそうとするならば，景気対策による有効需要の拡大といった局面転換や，それまでの行動を制限していた規制を緩和する必要がある。いずれにしても，経済主体に意図する方向に行動するインセンティブを与えるなり，インセンティブを後押しする誘因整合性（incentive compatibility）の条件を満たす政策をデザインする必要がある。

　本講は経済政策の一般理論を目指すものであるが，だからといって経済政策に関連するテーマを総ざらいするわけではない。テーマを絞って，もっぱら経済政策の目標，手段，そして政策運用法をめぐる論点を整理する。一言で経済政策といっても，ミクロ的視点で発動されるものとマクロ的視点で発動されるものがあり，どちらも市場経済への政府の介入ではあるが，それぞれの目的は異なっている場合が多い。ただし，長引く景気後退期や2008年のリーマン・ショック，2011年の東日本大震災，そして2020年の新型コロナウイルス感染症対策といった数十年あるいは100年に一度レベルの大きなショックに対して発動される大規模な総合経済対策や緊急経済対策では，通常，ミクロとマクロの両視点・両分野に跨る政策発動となる。大きなショックに対抗して向き合うには，八面六臂の活躍をする仏様のような筋の通る政策理念が望まれ，それにはマクロの方向性とミクロの繊細さが期待される。

　本講では経済政策の一般理論を展開するが，その際テーマによって，最も相応しい具体的な問題を選別する手法をとる。したがって，議論される具体的テーマには必ずしも分析枠組みなどの一貫性・整合性に欠ける場合もある。それらを犠牲にした上で，敢えて経済政策の手段やその運用法の観点から，全体としての一般理論が展開される。

## 11.1 大きくなる政府-----------------------------

### ■ 自 由 放 任

　経済学の父であるアダム・スミスは，分権的な経済社会を想定し，各人が自己の利益を追求する形で市場において利己的に競争すると，これが有効な資源利用を促し，社会全体にとって望ましい結果がもたらされると提起した。人々が利己的に行動することが市場を通じて公益の増大につながるとするもので，自由放任（laissez-faire）の下でも，資源が有効に配分されると結論付けた。分権的市場機構（すなわち，市場メカニズム）が機能し，あたかも見えざる手（invisible hand）の招き入れに従うように，知らず識らずのうちに望ましい資源利用が達成されるというのだ。この（神の）見えざる手の働きは，予定調和論として市場メカニズムを称える隠喩として有名になっており，アダム・スミスの名とともに現代の経済学のどの教科書にも掲載されているといっても過言ではない（**第3講**，**第4講**，**第8講**）。

　ただし，アダム・スミスは人間の本性が利己心に満ちていると前提したわけではなく，また合理的な行動をとる人間が自己の存在をかけて見境もなく競争するわけではなく，スミスの利己心は1776年の『国富論』（ないし『諸国民の富』）の出版に17年も先んじる1759年に出版した『道徳感情論』（『道徳情操論』とも訳される）で説いた利他的な共感（sympathy）を踏まえたものでもある。また，いくつかの自然法的な正義の法に反しない限りで許されるものであり，全くの好き勝手にふるまうことではない。

　**第8講**で確認したように，厚生経済学の基本定理がアダム・スミスの見えざる手が誘導する市場均衡で社会的総余剰が最大化されることを示した。この定理は，そうした世界が実現されるための条件をも示し，それに反する場合には以下で示す「市場の失敗」が起こり，効率的な資源配分が達成されないことも理解された。

### ■ 市場の失敗

　アダム・スミスによる市場均衡礼讃は，社会的総余剰を最大化するという意味で社会にとって最も良い状態であることが，漸次精緻化された厚生経済学の基本定理として証明されることになった。したがって，経済厚生の観点からは，

すべからくできるだけ純粋な形で市場均衡が実現されるようになって欲しいと期待されよう。しかし，**第8講**で強調したように，厚生経済学の基本定理が正しく成立するのは，取引に当たってどの経済主体も小さい原子的存在で自らの意思決定が経済全体にはいっさい影響を及ぼさない環境にあること，すなわちより具体的にはすべての経済主体が価格を与えられたものとして消費や生産の意思決定を行い，そのことが直接与えられた価格を変化させることはないという想定が重要になる。これは市場経済が完全競争の状態にあれば満たされる想定であり，厚生経済学の基本定理を云々する際には必ず慎重に心すべし想定だ。

　ただし，市場が完全競争の状態にあったとしても，別の面で問題がある場合には，市場均衡で社会的総余剰が最大化されない場合がある。「別の面での問題」はもともと市場経済では対処できない問題であり，これらには公害などの環境問題によって発生する外部経済・外部不経済や，国立公園・世界遺産の整備や空港・ダムの建設，新幹線網の拡張整備などの公共財供給，および一部の財サービスで問題となる独占や寡占などの原子的でない経済主体の登場，などが含まれる。これらの場合がなぜ問題を起こすかについては本講で議論するが，煎じ詰めれば，間接的にであれ完全競争の想定が満たされなくなるからである。これらのケースは，いわば市場メカニズムに内在する欠陥によるのであり，総じて市場の失敗（market failure）と呼ばれる（**第4講**）。

　**第4講**ではさらに，市場メカニズムの働きを高めようとの目的で導入される規制緩和や規制撤廃の光と影（内容的には陰）の部分について言及した。経済主体にとっては，規制緩和はインセンティブを伴う主体均衡の範囲を広げる効果があるが，そうしたプラス面と同時に，規制緩和には競争の深化に伴っての経済主体間の格差拡大の契機となるとのマイナス面もある。一般論として，既存の規制は経済主体に対して，規制に守られる者と規制で弾かれる者の間での対立を引き起こし，それが継続することでそれぞれに既得権益をもたらした。そこに規制緩和となると，既得権益のリシャッフルが行われ，規制緩和にめざとい経済主体が勝ち組となり，その動きに気付かなかった経済主体，あるいは気付いてはいたものの資金制約や既得権益の絆ゆえに身動きがとれない経済主体が，結果的に負け組になった。バブル経済崩壊後の日本経済でも，橋本龍太郎内閣や小泉純一郎内閣の下で規制緩和が進められたが，その流れの中での既得権益のリシャッフルには光と陰があったのだ。

　市場経済の振興の名目では，往々にしてアダム・スミス以来の自由放任

（laissez-faire）が叫ばれる。しかしながら，規制緩和に見られるように，自由放任によっては既得権益間の争い，すなわち広義の「競争」が起こる。この競争が完全競争の想定下で展開されるならば，優勝劣敗でも，それなりに資源配分の効率性の向上に役立つだろう。しかしながら，既得権益間の競争は，定義によって，既得権益をもつものが有利な状況にあるだろうから，競争も原子的に小さな存在の経済主体間の競争とはならない。要するに，単刀直入にいえば，規制緩和による自由放任が必ずしも一本調子で当該市場の効率性の向上とはならないのだ。市場の効率性向上を企図する市場への政策介入も，それゆえの市場の失敗を招来する可能性があるといってもよいであろう。自由放任を標榜する考え，あるいは市場メカニズムに自由な競争の帰結を委ねる考えは市場原理主義になるが，その主張が過度なものになると，往々にして効率と公正の選択問題に入りこむことになるのだ（**第5講**）。

## ■ 独占・寡占による死加重と公正取引

**第8講**で精査したように，社会的総余剰の意味で死加重が発生するのは，完全競争下での市場均衡での取引量と比べて，少なくなるか多くなるかは不問として，ともかく取引量が市場均衡量と乖離する場合になる。完全競争市場の要件のどれかが満たされない場合に死加重が避けられないが，経済主体が原子的存在でない独占や寡占のケースがその例の一つだ。**第11講**の主な関心は外部効果による市場の失敗に対する経済政策であるが，この場合の死加重の発生と是正策はコラム11.1に譲り，ここでは独占企業の最適な価格付けと取引量について検討しておこう。

独占企業は，価格が $p$ のときの市場における（すなわち自らが直面する）需要関数が $D=D(p)$，また生産に要する費用を $C(D)$ で表すとして，利潤 $\pi(D)$

$$\pi(D)=pD(p)-C(D) \tag{11-1}$$

を価格 $p$（同じことであるが需要量 $D$）について最大化する。その1階の条件は

$$p(1-1/\eta)=\mathrm{MC}(D) \tag{11-2}$$

となる。ただし，$\mathrm{MC}(D)$ は限界費用，$\eta$（$>0$）は需要の価格弾力性の絶対値を表す。

完全競争は $\eta \to \infty$ の極限として表せるので，（11-2）式からは，左辺の限界

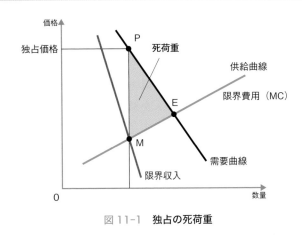

価格

独占価格

P　死荷重

供給曲線

限界費用（MC）

E

M

需要曲線

限界収入

O

数量

図 11-1　独占の死荷重

収入を完全競争下の均衡価格より低い価格 $p(1-1/\eta)$ で限界費用と等しくさせる点 M を選択することから，独占企業が企図する生産量は完全競争下よりも少なくなる。そうするためには，その生産量の下での需要曲線上の点 P に対応する独占価格は完全競争下の市場均衡価格よりも高くする（図 11-1）。すなわち，価格支配力のある独占企業が，完全競争下の市場均衡価格よりも高めに価格を設定することで利潤最大化を図ることから，取引量が市場均衡の取引量よりも少なくなり社会的総余剰は最大化されず，三角形 PME の死加重が生じるのだ（第 8 講）。

　独占や寡占企業による高い価格設定は，それによる需要減効果を上回る価格増による収入増効果があるからで，需要の価格弾力性が 1 を上回る限り有効となる。こうした価格設定行動を独占・寡占企業に控えさせるのは，利潤動機以外の抑制策によるしかない。通常は，それが公正取引委員会による指導や規制，あるいは新しい企業の参入促進などの競争政策だ。

### ■ 小さな政府

　アダム・スミスの時代には「市場の失敗」をめぐる論争があったわけではない。外部経済や公共財など，市場の失敗となる問題自体がなかったわけではない。潜在的な問題はあったものの，それらが気になるほど市場経済が浸透して

いたわけではなかったと考えられる。古典派経済学者のリカード（David Ricardo, 1772-1823）とマルサス（Thomas Malthus, 1766-1834）の間で，ナポレオン戦争終結後の 1815 年に制定され，その後も撤廃されず継続していた穀物法をめぐって論争があったように，経済政策をめぐる論争がなかったわけではない。この穀物法は，ナポレオン戦争後も穀物価格を高く維持するために，国内価格が一定の水準に達するまで穀物輸入を禁じたものだった。すなわち，穀物法は自由貿易の是非に連なる問題だったように，論争の争点が経済学にとってより重大で喫緊の課題と目された問題に限られていたようだ。産業革命の波及過程において，市場経済の浸透にとって何が優先されるべきかとの認識の下で経済論争が展開されたもので，地主階級側に立って穀物法の撤廃に反対のマルサスに対して，リカードは資本家側に立って自由貿易を主張した（**第 3 講**）。

市場の失敗が経済学の対象となったのは，産業革命後のイギリスで大気汚染が相当程度進んでしまった段階のことで，ピグー（Arthur Pigou, 1877-1959）の『厚生経済学』（1920 年刊行）で外部経済を内部化する課税が提案された際だ。今日の公共経済学ではこの課税をピグー税と呼び，外部経済が原因の経済問題を金銭的に内部化させる場合の決定打になっている（コラム 11.1）。ピグー税は外部不経済の際は課税になり，プラスの外部経済の場合はマイナスの課税としての補助金になる。

---

### コラム11.1　市場の失敗（外部不経済）とピグー税 *

　外部経済による市場の失敗で社会的損失が発生するのは，取引量が均衡取引量から乖離してしまう場合で，多すぎても少なすぎても死荷重が発生する（**第 8 講**）。外部経済効果として，外部不経済の場合には取引量が市場均衡での均衡取引量を上回り，外部経済の場合には取引量が市場均衡での均衡取引量を下回ってしまうことから，それらを是正するために前者では生産者から環境税を徴収し，後者では生産補助金を支給する。それらの税率なり補助率を適切に設定すれば，取引量は均衡取引量にまで調整され，資源配分の効率性が達成される。このことは，環境税なり補助金によって，外部経済効果による非効率性が市場取引を通じて解消されたことを意味し，外部効果の内部化に成功したことになる。環境税なり補助金が，外部経済効果の金銭的評価になるのだ。

　ここでの環境税と補助金は，（補助金はマイナスの税金なので）両方合わせてピグー税と呼ぶ。厚生経済学の創始者として登場したピグーに因んだもので，外部経済効果を内部化させる政策手段として，環境経済学等でもしばしば言及される。

　外部不経済による市場の失敗を表した資源配分を図 11-2 の (a) として左側のパネルに，右側のパネル (b) に，環境税をかけた後の市場の供給曲線を描く。描かれている需要曲線と供給曲線は，パネル (a) とパネル (b) で全く同じだ。ただし，解釈は異なる。パ

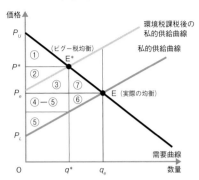

**（a）外部不経済と死荷重**

**（b）環境税と総余剰**

図 11-2　外部不経済と環境税

ネル**(a)** では，私的供給曲線の上側にあるのは公害の除去費用を含んだ社会的供給曲線なのに対して，パネル**(b)** で私的供給曲線の上側にあるのは，公害に対して環境税が課された分を付加した私的供給曲線になる。

　パネル**(a)** でブルーのアミカケ部分の死荷重が発生するが，パネル**(b)** ではその死荷重が消失するのを確認しよう。環境税が付加された私的供給曲線と需要曲線の交点は，パネル**(b)** の E* で，これはパネル**(a)** で「望ましい均衡」とした均衡と同じで，このいわばピグー税均衡での消費者余剰はパネル**(a)** と全く同じ①の三角形になる。一方，生産者余剰は環境税の課税前で，パネル**(a)** での④を便宜的に（④−⑤）と⑤に分割したとして，②+③+（④−⑤）+⑤=②+③+④ の台形になる。そのうち環境税として ②+③+（④−⑤）の長方形の面積を納税すれば，最終的な生産者の余剰は⑤だけになる。

　環境税を課した場合の社会的総余剰会計はここで終わりではなく，「ピグー税均衡」点 E* の生産によっては，公害の金銭評価分である ③+（④−⑤）+⑤=③+④ の平行四辺形分がマイナスで入り，他方，環境税の税収があり，この分は所得税など他の税金の減税に使われるので，これも経済全体の余剰に含める。したがって，総余剰は表 11-1 にあるように，①+② の三角形の面積になる。この面積は，パネル**(a)** で，社会的供給曲線を通常の私的供給曲線と見なした場合の，市場均衡での総余剰と等しい。つまり，費用を投じて公害を放逐した状況での社会的総余剰に対応する。このことから，ピグー税が確かに外部不経済による市場の失敗を修復することが理解される。

　このように外部経済・不経済の死加重を修復するピグー税であるが，公害などの外部不経済の解決策として政府による介入を仰ぐのではなく，当事者間での交渉を通じて調整し問題を解決するアプローチがある。コース（Ronald Coase, 1910-2013）によるコースの定理と呼ばれるもので，**第8講**で見たように，「外部経済効果があっても，当事者が交渉し協調すれば資源配分の効率性は，取引費用が障害とならない限り達成され，この結果は所得分配の状態には依存しない」ことを根拠とする。外部経済効果のように，お互いにとって有利となるパレート改善の余地がある限り，合理的な経済主体ならば協

表11-1　環境税課税の総余剰計算

| | | 通算の総余剰 |
|---|---|---|
| 消費者余剰 | ① | ① |
| 生産者余剰 | ②＋③＋④ | ①＋②＋③＋④ |
| 環境税の納入 | −②−③−(④−⑤) | ①＋⑤ |
| 公害の費用 | −③−(④−⑤)−⑤ | ①−③−④＋⑤ |
| 環境税の財政収入 | ②＋③＋(④−⑤) | ①＋② |
| 合　計 | ①＋② | |

調した方が賢明といえることから，この段階で市場での外部性の問題は解決する。次に問題となるのはパレート改善した分の「分け前」の交渉になり，そこは所有権や財産権の法的所持者が優先され解決すると考えるのだ。コースの定理は，取引費用が無視できる等一定の条件の下では，理論的には正しい主張である。しかし，理論的には魅力的な考え方としても，環境問題では当事者の範囲がどこまでなのかが曖昧なのもしばしばであり，企業が汚染物質を海などに流していた場合，どれくらいの地域に影響が出ているのかを確定することは難しい。

　コースの定理には当事者の範囲をどのようにするか，被害をどのように見積もるか，対等な立場で交渉が適切に行われるのか，等々といった問題が残り，現実問題の解決にストレートに適応するのは容易ではない。取引費用が大きく無視できず，どの当事者が負担するのかが交渉の成否にも関わる例であり，当事者も裁判による決着やピグー税など政府主導の介入を望む場合も多いとされる。

### コラム11.2　コモンズの悲劇と社会的共通資本

　市場の失敗を語るに当たって，独占や寡占と並んで完全競争市場の要件を満たさない外部性の存在や公共財に焦点を当ててきたが，フローとしての公共財的なサービスを提供する資本ストックに焦点を当てる視点もある。まず導入としてコモンズの悲劇を取り上げよう。

　コモンズとは共有地のことだが，その持続可能性に悲観論を投げかけたのがコモンズの悲劇だ。これは，イギリスの生物学者ハーディン（Garrett Hardin, 1915-2003）が発表した The Tragedy of the Commons という論文のタイトルに由来し，「共有地は遅かれ早かれ崩壊する」と断罪したものだ。具体的には，「森林や牧草地が誰でも利用できる共有地である場合，住民は競って柴刈りをしたり自分の牛や羊に牧草を食べさせようとする。放牧される家畜が少なければ特段問題ないが，ある程度の数に達すると牧草は食べ尽くされ，最悪の場合回復不能となってしまう」というのがコモンズの悲劇だ。入

会地や里山に自生する野草や松茸などのキノコも同様の悲劇の対象となる。コモンズの悲劇においては，共同利用について申し合わせを厳守するといった暗黙の合意なり協調行動をとれないことが，バランスを崩してしまう原因といえる。逆にいえば，コモンズの悲劇の教訓としては，何らかの協調行動がとれるならば，コモンズを持続可能にすることができることだ。

　ここにおいて，フローとしての公共財的なサービスを提供する資本ストックに焦点を当てる視点として，社会的共通資本（social overhead capital）ないし社会共通資本（social common capital）が生み出すサービスに注目する。宇沢弘文（1928-2014）によると，社会的共通資本には大別すると3つの種類がある。第1は道路，鉄道，港湾，国土保全，電力・ガス，上下水道等のいわゆるインフラストラクチャー（インフラ）となる社会資本（政府資本）および公園などの生活関連社会資本であり，第2は山，森林，川，海洋，大気，ならびに富士山の景観や釧路湿原などの自然資本，そして第3が教育，医療，金融，司法，文化などの制度資本だ。共有地としてのコモンズは第1の社会資本に分類できよう。

　これら3種類の社会的共通資本から享受されるサービスは公共性をもつことに加えて，天気予報や国防などの純粋公共財と異なりある程度の競合性や排除性が同時にみられ，社会的共通資本のストック量に応じて混雑現象（congestion）が生じ，享受できるサービスの低下による社会的費用（social cost）が発生する。したがって，資源配分の観点からは，社会的費用の最適な水準を想定することができ，適切な使用料を徴収することによって，実際の利用量がその望ましい水準になるようにデザインすることが可能になる。

　社会的共通資本の最も適切な基本概念なりレゾンデートル（raison d'être，存在理由）は，豊かな経済生活を営み，人間的に魅力ある社会を持続的，安定的に維持することだ。換言すれば，そのための社会的装置が社会的共通資本であり，社会全体にとっての共通の財産として，それぞれの社会的共通資本に関わる職業的専門家集団により，専門的知見と職業的倫理観に基づき管理，運営されなければならない（**第3講**）。コモンズの管理・運営も，コモンズを通じた持続可能な社会の構築を目指す必要がある。共有地であるコモンズも，しっかりと管理・運営されていればこそ，豊かな経済生活や人間的に魅力ある社会が持続的，安定的に維持されるのであり，それゆえに社会的共通資本の蓄積が望まれるわけだ。

　コモンズの悲劇を避けるには何らかの協調行動がとれることが条件としたが，まさに社会的共通資本としてのコモンズが適切に管理・運営されれば，コモンズの悲劇とは無縁になる。日本の入会地は，実際に申し合わせがあるか否かは別として，しばしば持続的利用を可能とする利用法が機能してきた好例として取り上げられる。例えば，「里山での野草採取は，見つけたものすべてを採らず一部は必ず残す」とか，「動物や鳥類・魚類では禁漁期間を設ける」といった類のルールだ。こうしたルールを明文化して厳守するなり，慣行として世代を越えて伝承させるのが，社会的共通資本の管理という意味でも重要になる。

なお入会地などに対する入会権と同様の仕組みとして漁場に関する漁業権・入漁権・入浜権，水源・水路に関する水利権，そして泉源・引湯路に関する温泉権などが取り上げられる。厳密には入会権は民法が定める用益物権であるのに対し，漁業権，水利権などは漁業法や河川法が定める公法上の権利になっている。確かに，法律上の扱いは異なる面があるが，環境経済学の扱いでは，コモンズとして同類扱いすることができよう。

　ピグー税が提案される以前から，経済学の環境問題への関心は古く，はっきりとした文献が残っているものに限っても 17 世紀後半までさかのぼることが可能だ。統計学の創成期の研究者として知られ友人同士のグラントとペティは，ともに死亡率との関係で環境要因を取り上げた。すなわち，グラント（John Graunt, 1620-1674）は 1662 年にイギリスの大気汚染と死亡率の関係を分析し，社会科学の数量化の魁（さきがけ）として知られる『政治算術』の著者でもあるペティ（William Petty, 1623-1687）は，1683 年にイギリスの都市衛生と伝染病による死亡の関連について報告していた。マルサスの『人口論』はそれから 1 世紀余り後の 1798 年に出版されたが，制限なしでは幾何級数的に増える人口と算術級数的にしか増えない食糧生産の関係から，マルサスは人口増の継続が食糧を始めとした生活資源の継続的な不足をもたらし，貧困問題が重大な社会問題になると予測した。この人口論は，自然の制約が人々の暮らしに与える影響を分析したもので，広い意味での環境問題と考えられよう。

　詮ずるところ，保健衛生や食糧・石炭などの個別問題に対して，その解決策を考察したのが環境問題と経済学の初期の関わりだったと考えられる。産業革命以降，環境汚染やそれに伴う健康被害などが常態化していく過程で，環境問題を統一的に分析する視点が経済学の中に芽生えたといえ，それがピグーの『厚生経済学』に連なった。

### ■ ロンドンのスモッグ

　イギリスのロンドンでは，17 世紀にグラントによって大気汚染と死亡率の関係が分析されるよりはるか以前から，石炭を燃やした際の煙による大気汚染が問題となっており，19 世紀後半までには「汚染の酷（ひど）い時期の死者の増加数」が発表されるなど深刻化していた。印象派を代表する画家の一人であるフランス人画家モネ（Claude Monet, 1840-1926）は，60 歳前後の頃にテームズ河畔のホテルのバルコニーに画架を据えてロンドンの大気汚染を画題に連作を描いた。連作は 41 点に上り，いずれもスモッグに霞む建築物が描かれている点で共通

している。国立西洋美術館の松方コレクションにも 1902 年作の『ウォーター
ルー橋，ロンドン』が含まれており，そこで屹立する煙突群の吐き出す煙の景
色には圧倒される。

　「霧の都ロンドン」よろしく煙（smoke）と霧（fog）の合成語としてのスモッ
グ（smog）が初めて登場したのが 1905 年といわれるが，モネの絵からも窺わ
れるように，汚染の程度は相当なものだった。そうした状況を踏まえると，ピ
グーの『厚生経済学』が 1920 年だったのは，遅きに失したともいえよう（もっ
とも，ピグーのいたケンブリッジ大学はロンドンからは結構な距離にある）。しかし
ながら，『厚生経済学』自体が welfare economics や公共経済学の分野の嚆矢
（会戦の始まりを象徴するかぶら矢）となったのであって，ピグーとしては中国
の古典を知っていたわけではないだろうが，まず自分からの「隗より始めよ」
の境地だったのだろう。

### ■ 夜警国家論

　市場経済を標榜する資本主義国家で国をはじめとした公共部門が経済に占
めるウエイトが高まっており，公共部門と民間部門が混在する混合経済（mixed
economy）において，国家の役割を論じる際の一つの極が夜警国家論だ。夜警
国家とは，ドイツのラッサールが名付けたもので，国家の国民に対する役割を
防衛と警察による治安維持に限定し，民間の自由な活動を制限しない国家のあ
り方をいう。国の役割が小さいということで小さな政府論とも呼ばれる。ラッ
サール（Ferdinand Lassalle, 1825-64）はプロイセンの政治学者，哲学者，社会主
義者，労働運動指導者と多くの顔をもち，ドイツ社会民主党（SPD）の母体と
なる全ドイツ労働者同盟を創設した。社会主義共和政の統一ドイツを目指しつ
つも，過渡的にビスマルクが宰相のプロイセン王政に社会政策やドイツ統一政
策をとらせることも目指した。『資本論』のマルクスと長い親交があったが，
目指す社会主義革命をめぐって最終的には袂を分かつようになった。

　ラッサールが，「自由放任な国家はブルジョア的私有財産を夜警すること
を任務としているに過ぎない」と批判したが，その批判を踏まえて「国家の機能
は外敵からの防御，国内の治安維持など，必要最小限の公的事業にある」とす
るのが夜警国家論になった。夜警国家の対語となるもう一つの極は福祉国家で，
経済的に弱い立場にある人たちのために社会保障制度を整備し，安全・安心な
国民生活を送れる仕組みを備えた国家のことをいう。ラッサールの生存中はい

まだ福祉国家が大勢とはならなかったが，国家が大きく国民生活に関わるのが福祉国家であるので，実現すれば必然的に大きな政府になる。19世紀までは国家の働きを小さくする夜警国家を目指す国が多かったが，20世紀になると福祉国家へと方向転換する流れが優勢となり，現代の混合経済の中で大きな政府の主流にもなっている。

## 11.2 経済政策の一般理論

　政府（中央政府，地方政府，社会保障基金，公的企業）が何らかの手段によって市場経済に介入する時，これを経済政策と呼ぶことにしよう。この定義によると，経済政策にはさまざまな目的を有するものから特定の目的を有しないものまでであり，政府の関与の度合いによっていくつかのグループに分類可能であろう。中でも，政府が積極的に市場経済に働きかける経済政策から，ラストリゾート（最後の手段）としての政府の関与に落ち着く経済政策まであり得ることから，ベネフィットとコストとの比率であるB/C（ビーバイシー）で測った経済政策の生産性にも格差が生じる。失敗した市場への介入と，特段の失敗懸念のない市場への介入では，介入の必要性の喫緊度が異なるだろうし，多くの日常的な経済政策をめぐってもそうであるように，推進派と反対派が併存することもあり得る。もちろん，経済政策の生産性の尺度としてはB/Cや喫緊度以外の指標で判断することもできる。政策目標が安定的に達成されているか，達成自体が不安定な状況にあるか，といった安定性の基準も考えられよう。以下，本節では経済政策の一般理論を展開する。

　まず，経済政策の目的と政策手段の関係を見ておこう。政策目標の達成にとってどの政策手段も有効と仮定する。政策目標と有効な政策手段が与えられると，次に問題となるのは具体的な政策運営の方法になる。政策運営については2つの一般原理，「ティンバーゲンの定理」と「マンデルの定理」がある。

### ■ ティンバーゲンの定理

　ティンバーゲンの定理とは，経済政策の政策目標の数と政策手段の数に関する定理である。政府はさまざまな政策目標をもっているが，これらのすべてを達成するのは可能であろうか？　その答えがティンバーゲン（Jan Tinbergen,

1903-94）によって主張された次の定理である。

　「独立な政策目標が $n$ 個あるとしよう。これを同時に達成するためには，少なくとも $n$ 個の独立な政策手段が必要である」

　重要なのは，政策目標も政策手段も独立という点である。ここで，独立とは，他の目標や手段には依存しないし，依存もされないという意味である。

　例えば，「政府予算の均衡」と「政府支出を維持した上での減税」は，明らかに独立な政策目標ではない。フィリップス曲線によって表されるインフレと失業のトレード・オフ関係が成立していれば（**第9講**），「インフレ抑制」と「失業率の引き下げ」も独立でない政策目標の例である。どちらも，いわばトレード・オフの関係にあり，同時に達成することはできない。逆に，「社会保障の充実」と「所得分配の平等化」，「内需拡大」と「経常収支の黒字縮小」のように，一方の目標達成が，もう一方の目標をも同時に達成してしまうといったケースもある。

　政策手段についても独立でないものがある。政府予算制約式を考慮すれば，増税，国債発行，政府支出増には，一定の関係があり，3つを自由には決定できない。例えば，国債発行を一定とすれば，政府支出を増加させるには増税をしなければならない。外国為替市場への介入は，国の外貨準備高を変化させ，ハイパワード・マネー（したがって貨幣供給量）の変化をもたらす。現金通貨と日銀当座預金残高の合計であるハイパワード・マネーを一定に保とうとすれば，公開市場操作を発動しなければならない（これを不胎化政策と呼ぶ）。

　政策目標や政策手段が独立でない場合には，ティンバーゲンの定理は修正を必要とする。政策目標がトレード・オフ関係にあれば，どちらかを犠牲にするか，両者の組合せを目標とせざるを得ない。逆に，同時に到達可能な目標であれば，ティンバーゲンの定理が示すよりは政策手段の数が少なくて済む。

## ■ マンデルの定理

　マンデル（Robert Mundell, 1932-）によって提唱されたマンデルの定理は，独立な政策手段の割当についての定理である。その内容は，

　「各政策手段は，それが相対的に最も効果を発揮する政策目標に割当てられるべきである」

と表現できるだろう。ここで重要なのは、「相対的に」という点にあり、国際貿易の基礎であるリカードの比較優位（comparative advantage）の考え方と本質的には同じ内容であるため、比較優位の原理とも呼ばれる。

　例えば、有効需要の拡大が財政政策によっても金融政策によっても達成できるとしよう。財政・金融政策の中には減税、公共投資の増加、マネーストック（2008年以前のマネーサプライ）の増加、公定歩合の引き下げなどさまざまな手段がある。ゼロ金利政策や量的緩和政策の非伝統的金融政策手段もある。このような場合に、どの政策手段を選択すべきか、という問いに答えるのがマンデルの定理といえるだろう。

　政策目標の割当を問題にする際には、複数の政策目標があり、すべての政策手段がどの目標達成にも効果があることが前提となる。ある政策手段がすべての政策目標に対して最も強い効果をもつ（絶対優位）としても、それのみではすべての政策目標を同時に達成することはできない（ティンバーゲンの定理）ため、他の政策手段を導入せざるを得ない。こうした状況では、比較優位の原理による割当が最も望ましいというのが、マンデルの定理である。

　望ましい政策割当の応用問題として、国内経済目標と対外バランスの2つの目標の同時達成を考える。国際収支（経常収支＋資本収支）の均衡の達成が、直ちに望ましいGDP（あるいは失業率）の水準の達成を意味するわけではない。国際収支の均衡と望ましい所得水準の達成とは別問題なのだ。ティンバーゲンの定理から、政策目標が2つある場合には、独立な政策手段が少なくとも2つ必要になる。対外バランスを考える際には、まず為替相場制が問題となろう。対外バランスに重点を置くのが変動相場制だからだ。ここでは、問題を自明化しないために、固定相場制を前提としよう。

　固定相場制のもとでは財政政策と金融政策が独立な政策手段とはならない（一つは為替レートの維持に割かれなければならない）。そこで、少なくともあと一つ独立な政策手段が必要となる。ここでは変則的だが、貨幣供給量 $M$ のほかに利子率 $r$ を直接コントロールできると考えよう。貨幣供給量 $M$ を固定相場の維持のために割当て、その上での独立の政策手段として政府支出 $G$ と利子率 $r$ の操作を考える。この状況で、$G$ の操作を財政政策、$r$ の操作を金融政策と呼ぶことにする。ただし、内外利子率の間での完全な利子裁定の成立を前提とすれば、利子率 $r$ は自由には操作できない。この問題を回避するために、資本移動量は国内利子率 $r$ と海外の利子率 $r^*$ の相対的な大きさに依存して決

まるものと仮定する。国内利子率が相対的に低下すれば，海外への資本流出が大きくなることはいうまでもない。逆は逆だ。

## ■ 政策割当と目標達成

以上の想定の下で，政策目標としてインフレやデフレの圧力がなく完全雇用が達成されている状況と国際収支が均衡している状況を考える。前者を国内バランスの達成，後者を対外バランスの達成と呼ぶ。マクロ経済の均衡は，**第9講**で垣間見たように，IS曲線とLM曲線の交点で決まる。$Y$を完全雇用水準に保とうとするならば，$G$と$r$を独立には選択できない。$G$を減少させるならば，それによる有効需要の減少を相殺するために利子率$r$を引き下げねばならず，両者間には正の関係が存在する（図11-3のAA曲線）。曲線AAの左側では，国内経済にインフレ圧力が生じ，逆に右側ではデフレ圧力が生じる。

次に，利子率$r$を一定として$G$を増大させると，所得は増加し，経常収支は悪化する。国際収支の均衡を維持するためには，利子率を引き上げ資本流入を促すとともに，有効需要を抑制しなければならない。したがって，対外バランスを達成する$G$と$r$の組合せは右上りの曲線BBで表され，曲線BBの左側では国際収支は赤字，右側では黒字になる。

国内バランスと対外バランスに当たって，政策の割当がどのような帰結を生むかは，曲線AAと曲線BBの傾きの大きさに依存する。いま経済が図11-4の点Dにあったとしよう。もともとは点Dで国内バランスと対外バランスの両方が均衡していたものの，（世界経済へのショックの発生によって）対外バランスのBB曲線が左にシフトして経済が点Dに取り残されてしまったのだ。さて，点Dでは国内バランスが達成されているが，国際収支の黒字が発生する。対外バランスに金融政策を割当てると，国際収支の黒字を削減するために$r$を引き下げなければならない。その結果，経済は1の点に移るであろう。1の点ではインフレ圧力が働く。それを抑制するために財政政策を用いるならば，政府支出$G$を減少させねばならず，$G$の減少は経済を曲線AA上の2の点に移行させる……。こうして最終的には点Eに収束することが確かめられるだろう。

逆に，対外バランスに対して財政政策を，国内バランスに対して金融政策を割当ててみよう。点Dでは対外バランスを達成させるために，$G$を増加させなくてはならない。この結果，経済は曲線BB上の点aに移行する。そこでは国内バランスを達成するために利子率$r$の引き上げが要求され，経済は点bに

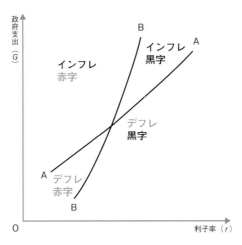

図 11-3　国内バランスと対外バランス

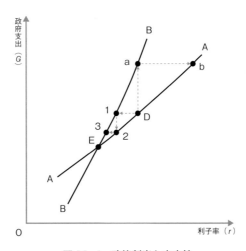

図 11-4　政策割当と安定性

移る。こうした政策を繰り返すならば，明らかに両方の目標を達成する点 E
からは乖離していく。

　こうした結論は曲線 AA と曲線 BB の相対的傾きに依存している。図 11-4
では，曲線 AA の傾きの方が曲線 BB の傾きより緩やかである。すなわち，曲

線 AA を $A(r, G)=0$，曲線 BB を $B(r, G)=0$ で表すと，

$$|B_r/B_G|>|A_r/A_G|$$

という関係にある。｜　｜で挟んだのは絶対値を表し，マイナスもプラスにする記号だ。また，例えば $B_r$ は，$r$ による $B$ の偏微分を表す。偏微分の知識がなくても心配はいらない。金融政策が対外バランスに及ぼす効果の大きさ，と理解しておけば十分である。他の変数についても同様に考えればよい。この条件は，

$$|B_r/A_r|>|B_G/A_G|$$

と変形できる。つまり，図 11-4 では，

$$\frac{\text{金融政策の対外バランスへの効果}}{\text{金融政策の国内バランスへの効果}} > \frac{\text{財政政策の対外バランスへの効果}}{\text{財政政策の国内バランスへの効果}}$$

が成立しており，金融政策は国内バランスより対外バランスに相対的に大きな効果を，財政政策は対外バランスよりも国内バランスに相対的に大きな効果を発揮する状況にある。つまり，金融政策は対外バランスに，財政政策は国内バランスに比較優位をもつ。こうした状況では，金融政策を対外バランスに，財政政策を国内バランスに割当てなければならない。これがマンデルの定理から導かれる結論である。

　曲線 AA と曲線 BB の傾きの大きさが逆転すると，金融政策は国内バランスに財政政策は対外バランスに比較優位をもつ。この場合にも，それぞれの政策手段を比較優位をもつ政策目標に割当てることによって，両目標の同時達成が可能である。

## 11.3　財政政策の目的と手段----------------------

　政府が市場経済に介入する経済政策には，市場の失敗に介入するミクロの政策と経済成長や景気対策などマクロの政策がある。ミクロの政策の例としては，コラム 11.1 で市場の失敗をもたらす外部経済効果を内部化する課税（ないし補助金）としてのピグー税について取り上げたが，本節ではもっぱらマクロ経済

の安定化を図る財政政策の目的と政策手段について整理する。

## ■ 財政の 3 つの機能

　日本は自由主義（資本主義）経済を掲げており，分権的な市場経済の下で個人間や企業間の活発な競争が活力となり経済発展を支えてきた。市場経済では，市場での価格調整を通じて，効率的な資源配分が可能となるメカニズムが内在している。しかし，すべてを自由な経済活動のままに委ねていては，「市場の失敗」が起こり，うまく機能しない面もでてきてしまうだろう。また，国内外で不断に発生する各種の"ショック"によって景気後退が引き起こされ，その安定化も望まれる。そこで，政府の役割としては，自由主義経済が健全に作用するような環境を整備することが挙げられる。市場経済と政府が介入する財政が共存する混合経済での政府が果たす機能としては，具体的には，①資源配分機能，②所得再分配機能，③マクロ経済の安定化機能，の 3 つに分類できる。

　まず，①の資源配分機能とは，財サービスの支出面において市場メカニズムの欠陥（市場の失敗）を補完したり，市場メカニズムが機能するための環境やルールを整えることだ。道路や橋，空港，上下水道などの社会資本を整備したり，警察，消防，外交，教育などの行政サービスを提供することがこれに該当する。これらの財サービスは，民間の経済主体が市場を通じて供給するのが困難ないし不可能であったり，直接に消費しない者にとっても間接的に外部経済による便益があるものだ。また，立法，司法，金融システムなどは国民の生活を守るためだけでなく，商取引が円滑に行われ市場経済が成立するためにも不可欠であり，こうした制度（institution）なり枠組みを提供していくことも政府の重要な役割になる。

　②の所得分配機能としては，民間部門への課税や社会保険（年金や医療保険）の保険料徴収と，逆に政府から民間部門への補助金や社会保障額の給付が当たる。自由主義経済の進展とともに，優勝劣敗による「勝ち組」と「負け組」への分化が不可避となり，収入や資産保有において「持つ者」と「持たざる者」の社会的・経済的不平等が顕在化してきた。それに対して，ある程度までは政府の行政が積極的に介入し不平等状態を是正するのが，民主主義を維持し真の平等（社会権的平等）を実現するという価値観から，所得分配の公正化を図っていこうとするものだ。

　③のマクロ経済の安定化機能は，所得税や法人税の徴収や失業手当の支給な

ど財政の働きそのものに付随した機能（自動安定化装置と呼ばれる）だけでなく，政府が政策的に財政や金融をコントロールすることによって景気の上昇（拡張）・下降（後退）を繰り返す景気循環をできるだけ平準化し，経済の動きを安定させようという働きを指す。

## ■ 財政政策の目的と手段

　財政（public finance）は政府の経済活動全般に関係するが，その基本は「政府の活動をまかなう財源を国民経済の中から調達し，それをまた国民経済へ還元していく」ことだ。分権的な市場メカニズムを基本とする資本主義経済で，政府がなぜ公的な経済活動を行うのかを見ていこう。上で挙げた財政の3つの機能のうちでは，③のマクロ経済の安定化機能に注目する。

　マクロ経済の安定化を図る財政政策としては，「公共事業や各種の補助金などを含む政府支出の増額」または「所得税や法人税などの減税の実施」のいずれかないし両方の同時実施が考えられる。財政収支でいえば，歳出が増え歳入が減ることから，財政赤字を増やすことになる。赤字分は借入れに頼らなければならず，国債を発行する。財政政策の発動は内閣が決めるが，予算措置が伴う場合には国会の承認が必要になる。政府の経済活動をまかなう財源の中心は，国民が納める税金だ。それだけに，その使途については慎重に検討が加えられ，予算という形で国会や地方議会の審議の下で配分される。

　予算は毎年度編成され，原則として会計年度内（日本では4月1日～翌年3月31日）に執行される単年度主義をとっている。予算制度の基本的仕組みについては，予算の種類をはじめとして，予算の形式，予算の区分，予算の執行など細部に至るまで財政法などによって定められているが，予算の編成は毎年繰り返されてきたことから，慣習にしたがって定められている手続きも多い。

　国の予算は一般会計予算と特別会計予算に分かれ，この他に政府関係機関予算も作成される。これら3種類の予算は互いに密接な関係をもっており，一体として国会に提出され，議決を受ける。一般会計予算は国の予算の中でも最も基本的なもので，単に予算というときには一般会計予算を指すと考えてよい。一般会計の歳出にはいくつかの分類法があるが，最も重要なのは主要経費別分類であり，社会保障関係費，公共事業関係費，経済協力費，地方交付税交付金，国債費など政府の重要施策別の配分を示す（第2講）。

　以上で整理したように，毎年の国（地方も同様）の予算編成はほとんど制度

的要因で決められているが，その枠組みの中でも細部に濃淡を附し調整することによって，財政の3つの機能を過不足なく果たす余地が生じる。すなわち，財政政策の目標は，端的には財政の3つの機能を十二分に果たすことであり，これを単年度主義に合わせて年々施行することになる。同時に，（国債の元本返済や利払い等の国債費を除いた財政収支である）基礎的財政収支の均衡やより広い意味での財政再建など財政に関する長期的な目標を定め，これらの実現も目指す。

### ■ 予算の編成過程と執行，決算

ある年度の具体的な予算編成過程をみてみよう。出発点としては，財務省のガイドラインに沿う形で，前年度の8月末までに各省庁から概算要求書が提出される。それをもとに両者の間で折衝を繰り返した後，12月には財務省の原案が発表される。これを受けて，財務省と各省庁の間での大臣レベルでの復活折衝が行われ，その最終案が閣議決定された後，政府案として国会に提出される。国会の審議は3月一杯ないし時には4月の新年度までズレ込みながら，最終的に国会を通過し（予算の審議には衆議院の先議権や参議院が衆議院の可決した予算案を受け取ってから30日以内に議決しない場合には予算が自然成立するといった優越権がある），通常は4月1日の新年度から施行される。国会の議決が新年度にズレ込む場合には，本予算が成立するまで暫定予算が組まれる。

さて，ある年度の予算は前年度の8月段階の要求案がもとになっていることから，予算案が実際に施行される段階では，天変地異，感染症のパンデミック（世界的大流行），経済情勢の変化，政策の変更等が起こっており，新しい対処が必要な場合が不可避だ。そこで，通常年に一度（必要ならば，二度，三度も），秋から冬にかけて補正予算が編成されるのが慣習になっている。

歳出予算については，経費の目的や金額は予算に拘束され，予算を超えて支出することはできない。ただし，年度内の支出総額は拘束されるとしても，予算執行のタイミングを操作することは国会の議決なしでも可能だ。実際，財政政策の機動性を増す措置としては，予算の執行を早めたり遅らせたりする方法があり，特に公共事業費についての上半期の執行目標比率は前倒し比率と呼ばれ，かつては景気後退期には80％台にまで高められたことがあった。

既述のように，日本の予算は会計年度ごとに作成される単年度主義をとっており，予算の執行も原則としてその年度内に完結する。しかしながら，この原

則を徹底するとかえって予算の円滑な執行の妨げとなる場合には，例外的に歳出予算の翌年度への繰越しが認められている。さらに，事業の中で完成に数会計年度を要するものについては，経費の総額および毎年度の支出見込額を定め数年度にわたって支出する継続費も認められている。会計年度が終わり予算の執行が完了すると，最終的に決算が行われる。決算は会計検査院の検査を受け，その検査報告は例年 12 月頃に国会に提出される。国会では，衆参両院の決算委員会で審議され，不当な事実等があれば政府の責任が追及される。

## ■ 平成期の景気対策

　バブル経済崩壊後の 1990 年代は，バブル経済の反動もあって，2010 年代まで継続する長期の「失われた 30 年」の初動期の「失われた 10 年」のデフレ不況に襲われた。当時は，この不況は新元号をとった平成不況と呼ばれ，従来の不況パターンとは異なった（資産価格暴落下の）複合不況の様相を呈したが，その景気対策としては金融政策は大きな効果を発揮したとはいえず，期待が寄せられたのは伝統的なケインジアン流の財政政策であった。内閣府の景気基準日付によると，戦後 11 番目の景気循環の後退期が 1993 年 10 月で局面転換を迎え，それ以降 97 年 5 月までは 12 番目の景気循環の拡張期にあった（**第 2 講の表 2-3**）。しかし，厳密な意味では，景気が好転しているか悪化しているかという変化方向の意味（ミッチェルの 2 局面分割法）での拡張期ではあっても経済活動が平均を上回っているか下回っているかという水準の意味（シュンペーターの 2 局面分割法）での好況期とはいえないのが，それ以降も長期の平成不況と受け止められ続けた所以（ゆえん）といえる（**第 9 講図 9-6，第 12 講**）。

　さて，平成不況に対してとられた景気対策は，減税や公共投資を中心とした財政政策であった。すなわち，減税面では，1994-96 年度には 5.5 兆円規模の所得税の特別減税が行われ（もっともこれらは，97 年 4 月から消費税率を 3%から 5%に引き上げるための相殺措置の面もある），依然として下落が続く地価動向を受けて，97 年度には地価税率の引き下げや固定資産税の対象となる不動産評価額の引き下げも図られた。

　公共投資に関連した景気対策としては，当初予算における公共事業の前倒し比率（上半期契約進捗率）の操作と，補正予算による予算措置を伴った景気対策がある。前者は，その年度の公共事業の施行方針の設定であり，景気に中立な自然体の年度では 68%前後の値となるが，それを上回ると早目の執行となり

景気刺激効果が発揮される。円高不況が叫ばれた 1986-87 年度が施行促進でそれぞれ 77.4％と 80.1％の目標率となったが，平成景気が本格化する 88-91 年度は自然体となり，92-93 年度は 75％台で施行促進された。その後，財政赤字の再建が意識され出してからは，公共事業全体に逆風が吹き，94 年度は目標が立てられなかった。しかし，平成不況が長引く中で，1995 年度には阪神大震災の復興もあり，再び従来並みの 75.6％となった。

　予算措置を伴った景気対策は，平成不況絡みでも① 1992 年 8 月の総合経済対策，② 93 年 4 月の総合的な経済対策，③同年 9 月の緊急経済対策，④ 94 年 2 月の総合経済対策（95 年 4 月の緊急円高・経済対策もあるが，これは事業規模が明らかにされなかった），⑤ 95 年 9 月の景気回復を確実にするための経済対策，の 5 回ないし 6 回あった。

## 11.4　金融政策の目的と手段----------------------

　金融政策は中央銀行である日本銀行（日銀）が担当する。日銀には，①発券銀行，②銀行の銀行，③政府の銀行，の 3 つの顔がある。①発券銀行としては，日本銀行券を独占的に発行し，古くなったお札は新しいものと取り替えて維持する役目，さらにいうならば偽札の流通を阻止する役目もある。②銀行の銀行としては，日銀は一般企業や個人とは取引せず，市中銀行など金融機関とのみ取引を行っており，これらの金融機関から当座預金（出し入れが自由な無利子の預金）を預かっている。日本銀行当座預金は日銀と金融機関だけでなく金融機関同士の資金のやり取りにも利用され，日銀の日々の金融調節や各金融機関が日銀からの貸付（その金利がかつての公定歩合，2006 年に呼称変更されいまは基準割引率および基準貸付利率という）を受ける際も日本銀行当座預金口座を通じて行われる。

　③政府の銀行としては，日銀は国の資金（国庫金）の出納事務のすべてを扱い，この口座には全国から集められた税金・社会保険料や交通反則金などのお金が入る。また，公共事業費・社会保障関係費などの支払いに必要な金はこの口座から出ていく。このほか，国債の発行，流通および償還事務についても，日銀で一元的に取扱っている。「外国為替資金特別会計」で政府が保有している外貨の管理事務も日銀の仕事だ。このうち，民間銀行との外為の売買がいわゆる

「介入」で，日銀は財務大臣の代理人という立場で市場介入を行う。

## ■金融政策の目的

　日本銀行は銀行として3つの顔をもっているが，その主要な役割としては，日銀法に，「通貨および金融の調節を行い，特に物価の安定を図ることを通じて国民経済の健全な発展に資する」と謳っており，これが日銀が行う金融政策になる。日銀には，他に，決済システムの円滑かつ安定的な運行を確保し，金融システムの安定を図るという目的もある。折にふれ「通貨の番人」や「物価の番人」を自任する日銀にとって，最も大事なのは自国通貨の価値の維持だ。通貨の価値は，物価の安定にほかならない。多くの財サービスの価格がほぼ同時に持続的に上昇するのがインフレーション（略してインフレ），逆に持続的に下落するのがデフレーション（略してデフレ）で，こうした物価の変動が起こるのは，主に2つの原因による（第9講）。

　一つは，需要が供給を上回ればインフレとなり，逆に供給が需要を上回ればデフレになるという需要と供給の法則のメカニズムが，国民経済全体の総需要と総供給の間でも成立するという側面で，ディマンドプル・インフレに相当する。デフレの場合にも，総需要が少ないためにデフレを引っ張っているという意味で，ディマンドプル・デフレと考える。

　もう一つは，掛かった費用に一定のマージン（利益率）を上乗せして価格を決めるパターンにおいて，賃金などのかかった費用が上昇するコストプッシュ・インフレだ。原油価格の上昇がもたらした1970年代の2度の石油危機も，コストプッシュ・インフレの好例といえる。また，技術革新によって大幅に価格が低下したパソコンや携帯電話など1990年代後半期から21世紀にかけてのICT（情報通信技術）革命は，インフレの逆で，いわばコストプッシュ・デフレをもたらした。

　このようなインフレやデフレの安定化は，景気対策と密接な関係がある。ディマンドプル・インフレの場合には景気が過熱状態であり，金融政策は引き締め気味に運営される。コストプッシュ・インフレの場合には，引き締め政策はインフレは抑えられても景気を大幅に悪化させてしまう可能性があり（第9講のスタグフレーションの逆），賃金・物価が上昇し合ういたちごっこを断ち切るのが正しい処方箋になる。バブル経済崩壊後の日本では，デフレが進行し大幅な金融緩和政策を行ったが，期待通りの効果がなかった。確かに企業から見れ

ば低い金利で資金が調達できるために，設備投資などをしやすい環境にあったが，もともとバブル経済期の過剰投資の後始末の時期であったことと将来見通しが開けないために，なかなか新規投資が行われなかったからだ。中小企業の中に銀行からの借り入れを望んだところも多かったが，これには不良債権化するのを過度に恐れた金融機関による貸し渋りが生じた。

　金融政策には，他の目標もある。物価の安定や景気対策と同じく広い意味ではマクロ経済の安定化を目指すのだが，その中に為替レートの安定化や経常収支の均衡化がある。残念ながら，金融政策は万能ではなく，これらをすべて完璧に達成できるわけではない。日銀の金融政策の運営方針は，原則として月に2度開かれる金融政策決定会合で決められるが，この会合で，その時々の経済環境を踏まえて，物価・景気・為替レートなどの動向をにらみながら，金融政策としては「引締」と「緩和」のタイミングとその程度を上手に舵取りしていくのだ。ただし，これらの指標の動向は必ずしも同じ方向を向いているとは限らないので，政策決定は複雑な要素を総合的にみて判断される。

　日本銀行には，物価安定などマクロ経済の安定化を目指す金融政策と並んで，金融システムの安定性維持という目標もある。金融システムの安定性とは，信用不安がなく，金融資産・負債の秩序的取引が可能な状態と定義されよう。そのために，ときには法的規制や監督・道徳的説得も用いられる。厳密には，これらの目標は日本銀行のみによって達成されてきたのではなく，かつての大蔵省の銀行局や証券局が担当し，そして橋本龍太郎内閣で進められた行政改革後には，大蔵省から分離独立した金融庁が担当している。

　1970年代の後半から急速に進展した一連の金融革命の下では，いかに金融市場の安定性を維持してゆくかが，日銀に課された役割だった。また，1990年代のバブル経済崩壊後の不良債権の処理問題に関連しては，まさに金融システムの安定性の確保が喫緊の政策目標となったのだった。この時期には実際に金融機関が破綻し，それを眼前にした預金者の不安をかきたて，一部では家計の「たんす預金」や企業の手元流動性の増加をもたらしたが，結局，金融システム全体の全面的崩壊を阻止したのは，公的資金によるバックアップ宣言だった。このような金融システムの安定性や健全性の維持を目的とした政策は広くプルーデンス政策と呼ばれる。

## ■ 伝統的な金融政策手段

物価・景気・為替レートの安定化を目指す金融政策に戻り，それをどのように達成するかを見ていこう。これらの政策目標を追求するには，日本銀行には，大きく分類して3つの政策手段がある。公定歩合操作，公開市場操作，そして法定準備率操作で，これらを伝統的な金融政策手段と括っている。前世紀末頃から登場した非伝統的金融政策手段からみて伝統的でオーソドックスな政策手段，いわば教科書的な金融政策手段になる。

伝統的な金融政策手段のうち，最も基本的なものが第1の公定歩合操作だ。公定歩合とは，日本銀行が民間銀行に資金を貸し付ける際に適用する金利のことで，かつては金利の中で最も低い金利であり続けた。規制金利下の預金金利などの金利体系は公定歩合に連動して変化したもので，日銀の短期の金融調節にも利用された。しかし，金利自由化で公定歩合と預金金利の直接的な連動性がなくなり，政策金利としての役割を終えることになった。2006年に公定歩合から基準割引率および基準貸付利率に名称も変更され，基準貸付利率は短期の市場金利の事実上の上限としての役割を担うようになった。政策効果としては，公定歩合操作には「コスト効果」と「アナウンスメント効果」の2つの効果が期待される。

コスト効果は，公定歩合を下げると市中銀行にとっての借入れ費用が低下し，市中銀行の日銀借入が増加する効果をいう。これによって市中銀行の企業への貸出意欲が増し，金融緩和効果が働くと期待される。公定歩合の引き上げは，逆に金融引締め効果を働かせる。既述のように，かつては公定歩合を基準にして銀行の貸出金利や預金金利，各種金融商品の金利体系が決まっており，公定歩合の引き上げや引き下げは，そのまま金利体系全体の調整を促した。

一方，アナウンスメント効果とは，公定歩合の操作によって日銀の基本的な政策スタンスを意思表示する効果を意味し，それが市場の信認を得れば，政策意図が実現されることになる。しかし，もしそれがあらかじめ人々の期待として織り込まれていたものと異なる（とりわけ政策規模が予想を下回る）場合には，おうおうにしてアナウンスメントが意図した方向とは逆の反応が起こり，これはときに失望効果と呼ばれることがある（11.5節）。

第2の政策手段の公開市場操作を理解するには，まず金融機関同士が日々の資金の過不足を相互に融通し合う場としての短期金融市場を理解する必要がある。ここでは取引期間が1年以内の短期の資金が融通され，金利は市場の需給

によって自由に変動する。短期金融市場は，金融機関のみが参加するインターバンク市場と，機関投資家や一般企業も参加できるオープン市場とに分けられる。公開市場操作は，日銀がこの短期金融市場に参加し，金融機関の手持ち資金を調節する政策手段だ。市場から日銀が債券などを買い入れ市場へ資金を供給する操作を「買いオペ」，逆に売却して資金を吸収する操作を「売りオペ」という。オペとはオペレーションのことだ。

　第3の金融政策の手段は，法定準備率操作だ。預金準備は，預金の一定割合を銀行が貸出などの資産運用をせずに留保しておく分で，通常，その割合の最低水準が日銀によって指定される法定準備率だ。預金準備率は銀行システムが全体として預金を創造する信用創造のメカニズムにおいて梃子となるもので，部分準備制度の下での準備率を操作することで，市中の預金残高（内部貨幣）の量を調整する手段として機能する。

## ■ 変化した金融調節と金融政策

　金融政策では，金融を緩和することが景気対策になる。もちろん，例えば1970年代半ばの第1次石油ショック後の狂乱物価時代に見られたように，インフレ鎮静化や過熱気味の景気を抑制するのが目的の場合には，逆に金融を引締める。1980年代のバブル経済崩壊のきっかけの一つとなったのも金融引締めで，それが急激すぎたのが資産価格バブルの上手な解消（いわゆるソフトランディング＝軟着陸）に失敗した原因ともいわれている。

　日銀が金融を緩和しようとする場合には，いくつかのルートを使って，市中に出回るお金の量を増やそうとする。実際にそれを行う手段として，かつては日銀から市中銀行にお金を貸し出す際の金利である公定歩合を下げるのが主要な手段だった。当時は，公定歩合は金利体系の中では一番低かったことから，市中銀行は日銀からの借入れに頼る面が大だった。それがより安く借りられるわけなので，銀行が企業に貸し出す金利も引き下げて，景気回復に役立ったのだ。

　しかし，1990年代に何度も公定歩合を下げた結果，ほとんどゼロとなり，さらには下げられなくなってしまった。当時としては，「名目金利はマイナスにはならない」との見立てが経験として生きていたからだ。しかも，公定歩合が最も低い金利という常識が破れ，金融機関同士の貸借金利が公定歩合を下回る場面も起こり，もはや公定歩合操作の魔法は効かなくなってしまった。そこ

で，世紀の変わり目頃からは，市中に出回るお金を直接増やそうとして，国債や社債などの金融商品を市場で購入する買いオペを行ったり，市中銀行が預金の一部を日銀に預けることになっている準備預金部分の資金調達を容易にできるようにし，その分市中銀行が貸出に回せる資金を増やそうとした。いわゆる量的緩和といわれる政策方針だが，21世紀に入ってからもデフレが続く状況下で，より進んでインフレが起こるまで量的緩和を拡大することが企図されたりもした。

　1990年代の後半期の金融政策をめぐっては，98年4月に日本銀行法が改正されたこともあって，その運営法は大きく変化した。高度成長期に典型的に見られた窓口指導のような直接的・個別的な貸出規制による数量調整は過去のものとして，日々の金融調節は短期金融市場への資金供給の増減による金利調整にとってかわり，しかも公定歩合の変更を起点とする金利体系全体の一斉変化ではなく，市場間の裁定取引を前提とした公開市場操作を通じてのものになった。このことから，日銀の立場では数量調整自体不可能な相談事となり，デフレ・スパイラルの回避策として「マネーストック（マネーサプライ）の増加率を高め，ある程度のインフレを引き起こせ」といった調整インフレ論や「インフレ率に目標を定めてそれを達成せよ」とのインフレ・ターゲット論も，日銀からは空虚な政策処方箋と見なされた。数量調整の困難さについては，国内でマネーストックを増加させようとしても，それは海外への資本逃避につながるだけとの指摘もあった。

## ■ 非伝統的金融政策手段

　20世紀末になる頃から伝統的金融政策手段の有効性が低下し，進んだ金融市場の自由化やグローバル化のもとでも有効性を発揮する新たな政策手段として，ゼロ金利政策，量的緩和政策，総括的緩和政策，マイナス金利政策，等々といった伝統的でない金融政策手段が導入されることになった。これらはまとめて非伝統的金融政策手段と呼ばれ，導入されるに至るにはそれぞれに必然的な経緯があった。以下では，それらの経緯を含めて，どのような政策手段が導入されたかを振り返る。

　伝統的金融政策手段の見直しには，金融環境の変遷が大きな契機となった。そもそも1980年代後半期のバブル経済に対しては，金融政策の舵取りの失敗との日銀責任論があり，日銀も自己反省した経緯がある。この苦い経験の轍を

踏むまいと，改善の兆しを見せない長期不況と金融システム不安に直面して，1990年代には相対的には機敏な金融政策を発動した。具体的には，度重なる公定歩合の切り下げに始まり，日々の金融調節においては，金融機関同士の短期資金の貸借金利（無担保コール翌日物）の誘導水準を漸次引き下げた。1995年9月以降，公定歩合は0.5%に維持され，98年9月には無担保コール翌日物の誘導水準を0.25%に引き下げた。さらには，1999年2月には同誘導水準を（仲介する短資会社に支払う手数料分だけの）年率0.02-0.03%とする実質的なゼロ金利政策を導入した。その後2000年8月には政府の反対を押し切っていったんゼロ金利政策を解除し誘導水準を引き上げたが，直後に判明した景気の冷え込みとともに再び引き下げ，結局2001年3月にはゼロ金利政策に復帰した。

ゼロ金利政策が追求された時期には，債券市場などの長期金利にも及んだ直接金融面での緩和にもかかわらず，銀行に代表される金融仲介機関を通じた間接金融の分野では，金融仲介の後退を示す貸し渋りが問題となった。銀行の貸し渋りは，直接金融の手法による資金調達が困難な中小企業にとって死活問題であり，倒産に至る企業数・負債額は急増した。ゼロ金利政策も，もともとは金融機関の短期の資金繰りを支援することによって，貸出を円滑化するのが主眼であったが，結果的には金融の量的緩和につながった。日銀自体は，量的緩和がマネーストックの急増から将来の物価上昇につながることを警戒し，公式見解では量的緩和策は追求しないと表明し続けた。

しかし，ゼロ金利政策復帰の際には結局は量的緩和政策の手法を採用し，金融調節の目標を金利から日銀当座預金残高に変更し，これを消費者物価指数の伸び率が安定的に0%以上になるまで続けると表明し，残高目標を「5兆円程度」に設定した。その後，この残高目標は逐次増額され，2004年1月には30-35兆円に達した。同時期には，平行して長期国債の買い切りオペ額を増額し，2001年9月には公定歩合を空前の0.10%に引き下げ，02年9月には銀行保有株の買い取りを決定し，03年4月には金融調節上の買い入れ対象資産として新たに資産担保証券（Asset Backed Securities, ABS）を追加することを決めた。

このような一連の政策手段は伝統的な金融政策手段の枠を超えるものだったが，如何せん1990年代以降の日本経済は困難な状況から簡単に脱却できたわけではなく，日本経済はその後しばらくは一進一退の小康状態を保っていた。しかし，銀行部門が抱えてきた不良債権処理問題などに目途がたち「バブル後と呼ばれた時期を確実に抜け出した」と「経済財政白書」（平成17年度版）が

宣言した 2005 年央になると，日銀の買いオペ予定額に対して金融機関の応札額が到達しない札割れが頻発し，日銀当座預金の残高目標も 30 兆円以上に維持するのに苦労するようになった。そこで，2006 年 3 月には量的緩和政策の手法を解除しゼロ金利政策に戻り，同年 7 月には無担保コール翌日物の誘導水準を 0.25％に切り上げるとともに公定歩合も 0.4％に引き上げ，部分的にではあれ伝統的な金融政策手段が復活することになった。

　2000 年代の前半には景気は戦後 14 番目の拡張期に当たり（**第 2 講**表 2-3），デフレ脱却宣言が待ち望まれた時期もあったが，結果的にはそれも短命に終わり，2008 年 9 月のアメリカ発のリーマン・ショック発生後は，100 年に 1 度レベルの重篤な世界金融危機・世界同時不況が必至との認識の下で広範な国際的政策協調が行われた。日本の金融政策は緩和色を強め，2010 年 10 月からは日銀が創設した資産買い入れ等基金の枠を漸次拡大する包括的緩和政策が導入された。ただし，ユーロ経済危機を背景にした円高の進行もあり，2013 年段階でも長期デフレ不況からの脱却はなかなか進まなかった。

　2012 年末の衆議院議員総選挙における政権再交代と翌年 3 月の白川方明日銀総裁の後任人事をめぐって，大胆な金融緩和政策への転換が必至と見越したマーケットが，12 年 11 月から株式市場での株高と外国為替市場での円高是正という形でラリーを開始し，実際に総選挙後にリフレ派として名高い安倍晋三首相と黒田東彦日銀総裁が現実のものとなり，マーケットは異次元金融緩和を嚆矢（こうし）とし，次いで大規模・機動的な財政政策（国土強靭（きょうじん）化）と民間経済に働きかける成長戦略を 2 の矢，3 の矢とするアベノミクスへの期待に沸（わ）くこととなった。金融政策としての異次元緩和政策は，具体的には 2％のインフレ目標を設定し，それが実現されるまでの無制限の量的緩和を継続するもので，2 年後の目標達成を目論んだものと説明された。

　第 1 の矢となった異次元の量的・質的金融緩和政策（黒田バズーカ砲）は，日本銀行がインフレ目標 2％を掲げ，その達成のために国債や上場投資信託（ETF）などの金融資産を大量に購入すること（買いオペ）により，市場への資金供給量を大幅に増やしたものであり，結果的に日銀がもつ資産は対 GDP 比において，アメリカの連邦準備制度理事会（FRB）やヨーロッパ中央銀行（ECB）と比べても急上昇した。これによっては，当初はアベノミクスは大成功と受け止められた。実際，日経平均株価は安倍首相が自民党総裁になった 2012 年 9 月 26 日の 8,907 円から黒田総裁の就任翌日の 13 年 3 月 21 日の 12,636 円を経

て，2年後の15年3月末には19,207円になり，ほぼ1万円上昇した。円・ド
ルレートについては，それぞれの時点で，78円，96円，120円であった。と
ころが，株高・円安はもたらされたものの，2％のインフレ目標や持続的な経
済成長の達成，すなわちデフレ脱却は期待通りにはいかなかった。

## 11.5 政策運営と政策提言

　11.2節では経済政策の一般理論を展開したが，そこではもっぱら政策目標
と政策手段の問題に絞って，ティンバーゲンの定理とマンデルの定理を取り上
げた。しかし，経済政策の運用法や政策効果に関連した問題にまで手を伸ばす
と，まだまだ多様な一般理論を展開することができる。政策手段が与えられた
としても，それをどのように運用するかに自由度がある場合には，運用法次第
で政策目標に対して異なったインパクトを与える可能性があるのだ。例えば，
11.3節で議論したように，与えられた公共事業の予算規模に対して前倒し比率
（上半期契約進捗率）を操作することによって，景気動向に対して中立的な自然
体と比して景気の促進方針か抑制方針かが判断されるし，政策効果も異なった
ものになるといえる。
　本節では，政策の運用法をめぐるいくつかの論点について整理する。

### ■ ルールと裁量
　経済政策を実践に移す場合に，その経済政策をどのように発動し，またどの
ように維持管理していくかに当たって，あらかじめ決められたルールに従って
微調整もなしに粛々と実行するルール政策（rule policy）と，おおむね決めら
れた政策運営を図るが状況に応じて微調整をはじめとして必要な変更を可とす
る裁量政策（discretionary policy）の間で論争が生じることがある。この rule
versus discretion 論争は，多くの問題に連動する。
　まず第1に，dynamic inconsistency または time inconsistency（動学的不整合
性）の問題がある。この問題は短期と長期の2つの観点の間での整合性を問う
もので，両者の間での整合性がとれているか否かが政策に対する信頼性を左右
し，それがひいては長期的観点からの政策の有効性を低下させるというものだ。
動学的不整合性の問題で2つ例を挙げよう。

まず第1に，火山噴火の危険が高まった地域や流水増で堤防決壊が危惧される河川への立ち入り禁止がとられたとして，それらの危惧が実際に起こってしまった場合には，警告を無視して立ち入ってしまった人々の救助活動を行わざるを得ない，という災害対策の例が上がる。警告の段階では救助活動は行わないとして警告に従うように問いかけるものの，一朝事が起こってしまうと人命を優先せざるを得ないというものだ。話はここでは終わりにはならず，そうなることを読み込んだ人々は警告を無視するのが当たり前になるという顛末で，動学的整合性は保たれない。第2の例は親子の間での説教の有効性だ。いくら親が子に説教しても，一端有事になると，親は子への説教は棚に上げて，子の利益になるように行動せざるを得ないというものだ。それを読み込んでいる子はいつまで経っても親の説教を聞くことをしない。

　経済政策にも同じことが起こるというのが動学的不整合性に関連する論点だ。インフレ期待が燃え上がるのを防止するために引締策を発動したとして，その引締政策によって実際に景気後退が起こると，引締政策自体をとりやめざるを得なくなるといったシナリオだ。そうなると，短期的な当面の引締政策も長期的なインフレ期待の鎮火には役立たない，ということになる。問題点は，一度でも動学的不整合性が起こると，政策当局に対する信頼が無に帰してしまうことだ。それを避けるには，アナウンスした政策は決して変更はしないという決意が必要で，それを淡々と実行するのがルール政策となる。裁量政策は，いつ変更が起こっても不思議ではないのであって，動学的不整合性は避けて通れない相談事になる。

## ■ ワンショットかステップ・バイ・ステップか

　政策運営上の次の問題は，景気対策の総額や金融緩和の量的数量総額といった政策規模が決定されたとして，それを一度にすべてを発動するワンショット（one shot）政策にするか総額を分割して部分的な政策発動を重ねるステップ・バイ・ステップ（step by step）政策にするかの選択だ。政策目標と経済政策手段との関係が線形の場合には分割しようがしまいが，政策目標は政策総額にのみ左右されるので，政策発動をワンショットにするかステップ・バイ・ステップにするかは関係なくなる。もちろん，政策発動に当たって調整費用が発生しその費用が逓増的であったりすると，ステップ・バイ・ステップ政策による総費用がワンショット政策による1度の費用を下回るので，政策目標と経済政策

手段との関係が線形関係であったとしてもステップ・バイ・ステップ政策が採択されよう。

　限界代替率逓減の法則や限界生産力逓減の法則，またマクロ経済の構造形関係では生産関数や失業率とインフレ率との間のフィリップス曲線，乗数・加速度原理による天井床型景気循環モデルや経済変数の非負性が問題となるなど，線形ではなく非線形関係が導入される分野も少なくない。そもそも経済学で最大値や最小値といった極値問題が頻繁に登場するのも，ミクロ経済学でもマクロ経済学でもいたるところに凸性（convexity）が登場するのが常だからであり，これが非線形性の根源になっているのだ。

　経済構造において非線形性が常であるとすれば，政策発動に当たっての逓増的な調整費用の発生の場合と同様に，政策発動をワンショット政策にするかステップ・バイ・ステップ政策にするかは意味のある問題となり，おおかたは政策発動はステップ・バイ・ステップ政策に心掛けるべしと判定されることになろう。ただし，政策発動におけるアナウンスメント効果に注目する場合には，政策規模が大きければ大きいほど経済主体の情報の受容姿勢が高まり，それが政策効果を高める可能性が高いと評価される。この際には，ワンショット政策がステップ・バイ・ステップ政策よりも大きな効果を発揮するであろう。

### ■ 不確実性下の政策運用*

　政策を発動する場合に経済構造に不確実性があり政策効果にはっきりしない部分が残っている状況，あるいは経験的にそもそもの政策効果自体がはっきりしない状況も，実際の政策発動に当たってしばしば直面する。この際，どのような政策運用が望まれようか？　決定済みの政策規模を躊躇（ちゅうちょ）なくすべて発動すべきか，様子を見ながら多少抑えて消極的に発動すべきであろうか，あるいは不確実な部分を相殺するだけ規模を高めて発動すべきだろうか？

　この問題を考えるに当たって，簡単な乗数効果が不確実な場合を取り上げよう。いま

$$Y=m(1+v)G+u \qquad (11\text{-}3)$$

とする。政府支出 $G$ が GDP を $mG$ だけもたらす乗数 $m$ の乗数効果に不確実性があって，乗数が $m$ となるのは平均のことで，平均 0，分散 $\sigma_v^2$ の不確実性 $v$ の存在により，乗数は $m$ よりも大きくなったり小さくなったりする。

さて，GDP を目標の $Y^*$ にしたい場合に，政府支出は平均してどれだけにすればよいだろうか。GDP の $Y^*$ からの乖離の 2 乗の期待値を損失関数として，これを最小化することを考える。$E$ を期待値をとるオペレーターとして，損失関数は目標値と平均値 $E(Y)$ は一般的には異なることから

$$
\begin{aligned}
E(Y-Y^*)^2 &= E\{m(1+v)G+u-Y^*\}^2 \\
&= (mG-Y^*)^2+\mathrm{Var}\{m(1+v)G+u-Y^*\} \quad (11\text{-}4) \\
&= (mG-Y^*)^2+\sigma_v^2 m^2 G^2+\sigma_u^2
\end{aligned}
$$

となる。ただし，GDP の攪乱項 $u$ は平均 0，分散 $\sigma_u^2$ で乗数の不確実性 $v$ とは無相関と仮定する。

（11-4）式の損失を最小にする政府支出 $G$ は，微分して 0 と置くことによって

$$
G=\frac{Y^*}{m(1+\sigma_v^2)} \quad (11\text{-}5)
$$

が得られる。乗数に不確実性があると，政府支出の発動規模はその不確実性の分だけ小さくさせる必要がある。すなわち，乗数に付随する不確実性により，政策発動規模を抑える必要がある，との消極主義が正解になる。（11-5）式より，GDP の目標を達成するのに，政府支出の乗数が不確実性の分散によって大きくなるのと同じ効果があり，その膨張部分を見込んで政府支出の発動規模を抑えることによって，GDP の目標値からの乖離の平方誤差を平均的に小さくできるのである。

### ■ 予知された政策と予知されなかった政策

同じ規模の経済政策の発動としても，あらかじめ予知されていたか予知されていなかったかで，政策効果は大きく異なる場合がある。一般論としては，予知されていたか否かで政策効果がスムーズに伝播するか否かの程度が異なり，政策発動による直接効果の部分とそれが予知されていたゆえに発揮されたいわば政策のアナウンスメント効果部分に分割できるとして，両者が同じ方向に働く場合と逆に働く部分があり得ることを知っておく必要がある。

例えば，開放経済版の IS=LM モデル（第9講）として知られるマンデル=フレミング・モデルにおける財政政策と金融政策の効果のうち，変動相場制下の政府支出増の政策効果を考えてみよう。マンデル=フレミング・モデルでは，通常，

変動相場制のもとでは財政政策によっては GDP を増大させることができず，金融政策（貨幣供給量の増大）のみが有効に働くと整理される。財政拡大が予知されると，政策発動によって発生する貨幣需要増で国内利子率に上昇圧力が働き，その動向を察知した金融市場では国内への資本流入が起こり，予知された時点での為替レートの増価による経常収支の悪化によって，財政拡大効果が相殺されるというもので，それらの効果が一斉に発生するために，変動相場制下では財政政策の効果はないと結論付けられるのだ。

　以上のマンデル=フレミング・モデルはストーリーが展開する時間を凝縮すればその通りであるが，時間の流れを段階的にスローモーションで追っていくと，政策が発動される時点とそれが初めて予知され出した時点が乖離していることが重要であり，その乖離中に何が起こるか確認しよう。将来の財政拡大が予知されると，その時点での GDP 増による貨幣需要増から利子率の上昇が見込まれるために，それならばと事前に資本流入が起こり，国内の貨幣供給量の増大（資本流入が不胎化されないと想定）のために，国内での利子率の上昇圧力に抑制がかかる。ただし，資本流入に伴って為替レートの増価（日本ならば円高）が起こり，それによって経常収支が悪化し GDP を縮小させるアナウンスメント（事前予知）効果が起こる。そのマイナス効果を相殺するのが政策発動時の財政拡大で，そこでは円高の経常収支の悪化をちょうど相殺する乗数効果が発揮されるのだ。なぜちょうど相殺される分の効果なのかは，マンデル=フレミング・モデルでの想定は小国であるために，国内利子率は外国の利子率の水準に落ち着くのと，変動相場制のために最終的には経常収支は均衡することから，政策発動前も発動後も同じ GDP が達成されるからだ。

　1970 年代から 90 年代にかけてマクロ経済学の分野で合理的期待革命とまで称された，ケインズ経済学に対峙する古典派経済学の復活の動きがあり，当時は新しい古典派なりマネタリズム・マーク 2 とも呼ばれたが，その学派の主要な主張が「予知された金融政策は実体経済に対して影響を及ぼせない」との政策無効性命題ないし主要な提唱者にちなんだ Lucas-Sargent-Wallace 命題で，積極的・裁量的な景気政策を提唱するケインジアンと論争が続いた。この論争をめぐっては，「期待形成は平均的には正しい」とか「偏りのある期待形成の誤りは長続きしない」といった合理的期待形成仮説がデータによってサポートされずに棄却される傾向が強かったことと，そもそも新しい古典派の基盤をなす古典派経済学の枠組みが多くの国民経済の実情に合わないと判断されるよう

になったことから，20世紀末から21世紀に入る頃から合理的期待革命の退潮傾向が強くなった。そしてその流れを決定的にしたのが2008年のリーマン・ショックに続く世界金融危機・世界同時不況（日本では2011年の東日本大震災の勃発もある）であり，それらに対して世界各国で大がかりな政策発動が必要と認識され実行されたことから，合理的期待革命の論議の多くが空理空論・曲学阿世の誹りを受け研究も凍結されることとなったのだ。

　最後に，予知された政策効果に関連して失望効果（disappointment effect）に触れておきたい（**11.4節**）。これは政策が発動されても期待された効果が発揮されずに，むしろ逆の反応が起きるときに指摘されるものだ。失望効果が起きるのは，政策発動が事前にアナウンスされるか予想され，それが経済主体の行動に織り込まれてアナウンスメント効果が起きていたものが，実際に政策発動された政策規模が織り込まれた政策規模を下回る場合に，反応すべき政策効果の調整がなされ，予知された政策規模を下回った部分が逆向きのアナウンスメント効果として失望効果を生むことになるのだ。

## ■ 履歴効果と政策運用

　その時の経済状況が全く同じとしても，そこに至った経緯が異なると，いずれ過去の経緯が現在および将来の経済状況に影響を及ぼすことがあり，これを履歴効果なり履歴現象（hysteresis）という（**第5講**）。履歴現象はもともと電磁気やばねの弾性等の物理現象から由来しており，「加える力を最初の状態のときと同じに戻しても，状態が完全には戻らない」現象とも言い換えられる。社会現象でいえば，政権交代が良い例で，政権に復帰しても，かつて政権交代があった経験は忘れられることはなく，新しい政権で「覆水盆に返らず」の結末が随所に見られると考えられる。

　経済学におけるヒステレシスは，市場経済の均衡に収斂したとしても，どのような経路を経て収斂したかによって，収斂後の落ち着いた状態が異なる現象をいう。ある経路をたどった者には競争に有利に働き，別の経路をたどった者は競争の敗者になりやすいということがあるとしたら，競争の敗者になる人々に役立つ安全・安心対策が，サーカスの綱渡りや空中ブランコの際に張られるセーフティネット（安全網）のように，世の中に張りめぐらされていることが重要になる。

　具体的なヒステレシスの経路としては，幼年期の育ち方，教育・学歴，就職

活動，転職履歴，起業歴，等々が大きく関与しよう。これらでいくつもの分岐点があり，人の一生は分岐点の集合になる。政府が関与する経済政策としては，それぞれを後押しする制度の整備およびセーフティネットの整備ということになろう。もちろん，それぞれの分岐点で何をするかを自由に選択できるかというと否で，それぞれ相応の費用がかかるのであり，履歴効果もそれなりの選択行動の結果になっているのは否定できない。

　経済学の理論としては，ヒステレシスが起こる別のメカニズムもある。経済取引で必要とされる取引コストが相対的に大きな場合，とりわけ埋没費用（サンクコスト）といわれる回収不能費用の存在が履歴現象を引き起こす（第14講）。市場均衡への収斂過程において，同じ不均衡に複数の経済変数が異なるスピードで調整されるメカニズムがあると，これも履歴現象を引き起こすことになる。スピードの違いが，市場均衡での複数の経済変数（$A$と$B$とする）の比率$A:B$を異なったものとすることにより，一般均衡での別の変数にも影響を及ぼすからだ。経済政策によって履歴効果の下での市場均衡に影響を及ぼすとしたら，不均衡への調整スピードに介入することが考えられよう。

## 11.6　本講のまとめ------------------------------

　第11講では，政府による市場経済への介入が経済政策との認識で，経済政策の目的とそれを達成するために用意される政策手段，そしてその政策手段をどのように運用するかによって政策効果の発現の仕方が異なる可能性について整理した。市場経済は，経済を構成する消費者や企業といった経済主体による分権的意思決定がベースとなって機能しているが，その市場経済に対して政府が中央集権的な意思決定を受け入れさせるのが経済政策でもある。

　経済政策は経済学の理論・実証研究の成果の実践の場なり評価の場であり，多くの民主主義国家では，選挙で選ばれた政権が選挙公約（マニフェスト）を試行錯誤で実行に移す，いわば薬効を確かめる治験の場にもなっている。景気対策や社会資本整備など，経済政策の定番となるものは大きくぶれることは少ないが，選挙公約の目玉となるような独特で特殊な経済政策は実効性が定かでないものも多い。2008年の総選挙で政権交代が起こり，それまでの野党から与党となった民主党主体の政権では，選挙時の選挙公約を根拠にさまざまな新

機軸となる政策を打ち出した。「コンクリートから人へ」「政権交代が最大の景気対策」「埋蔵金 60 兆円を発掘」「沖縄基地は最低でも県外移設」といったマニフェストは結果的にはすべてが公約不履行で終わり，中には群馬県の八ッ場ダムの建設中止表明や長崎県の諫早湾干拓地堤防排水門の開門差し止め訴訟において賛成派・反対派の対立を深める判断を下したなど，政権再交代後の自民党主体の政権から見た"失政"もある。

　本講で取り上げた経済政策は，広く政府が市場経済に介入するものと定義したが，これにも政府が積極的に市場に働きかけるものと政府から見ると消極的に関与せざるを得ない政府の活動と，財政の 3 つの機能を発揮する上での濃淡がある。また，時代の流れもあり，例えば大地震や台風の風水害の直後には，社会資本整備，国土強靱化や災害対策といった施策に対する要望が高まり，少子高齢化や合計特殊出生率が問題になると社会保障関係の予算を増やす方向に走る傾向がある。

　経済政策の実行主体が選挙で勝利した政権であることを踏まえれば，経済政策は政治色が強いものになるのは当然ともいえるが，金融政策においては，政策の担当者は日本銀行であり，政治からの独立性をアピールする場合がある。実際は日銀総裁や金融政策決定会合の審議委員も国会での承認を必要とする政治任用であり，経済政策がらみで政治色を完全に拭うことはできない。

　本講では経済政策に関連した問題を取り上げたが，経済政策そのものの効果については不問とした。経済政策が有効性を発揮するには，政策発動を受けて，あるいは政策発動を予知して，経済主体がそれを受け入れて主体均衡状態に移行するのが重要になる。主体均衡では，経済主体は自らの利益に合致して反応するのであり，利益の大小により政策への反応の程度も決定されるだろう。政策効果をめぐっては，金融政策についてであるが，「馬を水場までは連れていけるが，（喉が渇いていなければ）水を飲ませることはできない」との格言があり，これは経済政策全般についても当てはまろう。経済政策は市場を通して影響を発揮させるのであり，それが効果をもつには，経済主体が受け入れるインセンティブが必要条件になるのだ（誘因整合性）。

問題 11.1　以下のうち，市場の失敗が起こるのはどれだろう。

(1)　富山県の神通川流域で米や野菜を食した住民にイタイイタイ病が発症した。

(2)　家の庭に植えた桃や枇杷の実が熟す直前に，それらを好物とするハクビシン（白鼻芯）に食べ尽くされた。

(3)　果樹園にある出荷用の桃や枇杷の実が熟す直前に，それらを好物とするハクビシンに食べ尽くされた。

(4)　新型コロナウイルス感染症パンデミックによって自粛生活を余儀なくされ，自粛期間中の生活費を大幅に節約した。

(5)　地球温暖化の進行により，永久凍土が融けたシベリアで穀物や野菜の栽培が可能となり，近隣に出荷しているという。

問題 11.2　日本固有の種のニホンオオカミ，トキ，コウノトリなどはかつて乱獲によって一度は絶滅したといわれる。これらの絶滅はコモンズの悲劇の例といえるだろうか。

問題 11.3　バブル経済崩壊後の日本経済において，金融政策については非伝統的な金融政策手段が次々と導入されたが，財政政策についても同様に非伝統的財政政策手段は考案されたであろうか。

問題 11.4　経済に頻繁に構造変化が起こるとして，それに合わせて安定化する裁量政策の方が硬直的なルール政策に勝ると思われるが，逆の評価となるのはなぜだろう？

# 第12講
# 経済の持続可能性を問う

■世界経済には，現在いくつかの問題で持続可能性の問いが投げかけられている。2 酸化炭素 $CO_2$ などの温暖化ガスによる地球温暖化やかつての開発後進国の経済成長による世界規模の経済活動による大気汚染や酸性雨，海洋プラスティック等々，グローバル化した経済はほぼ世界同時に同じ困難に直面する状況になっている。2020 年に急展開した新型コロナウイルス感染症のパンデミック（世界的大流行）は，短期間に 1930 年代の世界大不況（大恐慌）時を上回る経済減速と各国の失業率の上昇をもたらし，世界はまさに一体の存在との認識を新たにした。そのような地球規模の一体性・連動性は，個別の国民経済単独の問題ばかりでなくグルーバル経済の持続可能性にまで疑問を投げかけるまでになった。

換言すると，持続可能性が問われているのは地球規模全体の問題だけではなく，国民経済それぞれの内部の問題としても，累増する財政赤字，収支が悪化する年金基金，不動産価格や株価といった資産価格のバブル（投機の泡）の発生・膨張・崩壊の問題がある。世界のグローバル問題としては，これらの国民経済の問題に加えて，グローバル経済の枠組みでの経済発展の持続可能性も絡んでくる。

第 12 講では持続可能性が問題となる財政赤字，現行制度の崩壊回避が問題となる年金問題，資産価格バブルの崩壊の可能性，そして経済発展経路の収斂問題を取り上げ，それぞれの持続可能性について理論的な問題の整理を中心に，現実問題として顕在化する危険の程度を探る。

## 12.1 財政赤字はどこまで肥大する？----------

### ■ 財政赤字のダイナミクス

　第2講で見たように，日本の財政赤字はいくつかの指標で，OECD（経済協力開発機構）加盟の先進国の中で最悪レベルにある。日本の2019年12月末で国の累積赤字（国債の発行残高）は約987兆円で，GDPの約178%に当たる。これは先進国でダントツの1位であり，財政破綻状態と判断されてもおかしくない状況だが，日本では1980年代以来長らく財政再建が叫ばれ，実際1997年には財政構造改革法が成立したほどである。しかし，この改革法は，アジア通貨危機の勃発や金融システム不安の深刻化を受け，半年後の98年には骨抜きに改正され，後に期限の定めなしに停止された経緯がある。

　財政支出を $G$，租税収入を $T$，国債の利子率を $r$，GDPを $Y$，経済成長率を $n$，そして国債の発行残高（累積財政赤字）を $B$ で表す。すると，まず国債の発行残高の推移は

$$\Delta B = G - T + rB \tag{12-1}$$

となる。すなわち，国債の発行残高が増えるのは基礎的財政収支の赤字（$G-T$）および，過去に発行した国債の利払いによる。(12-1) 式をベースにして，GDPに占める国債発行残高 $B/Y$ のダイナミクスを求めると，それぞれの変化量が十分小さいときの近似式ではあるが

$$\Delta(B/Y)/(B/Y) = \Delta B/B - \Delta Y//Y = (G-T)/B + r - n \tag{12-2}$$

が得られる。これより，GDPとの対比での国債発行残高が収束するか発散を続けるかは，(12-2) 式の最右辺が負か正かに依存する。第1項の累積赤字残高に占める基礎的財政収支の割合の動向が全体の項の正負に大きく関わることになるが，とりあえずここではこの項は十分小さいとしよう。

　すると，(12-2) 式の左辺の長期的な帰趨は，国債の利子率 $r$ と経済成長率 $n$ の相対的な大きさに左右されることになる。$r > n$ ならば $B/Y$ は発散を続け，国家財政は破綻する運命になる。逆に $r < n$ ならば $B/Y$ は特定の値に収斂（しゅうれん）する。これをまとめると，「基礎的財政収支が均衡している条件下では，財政破綻が回避される条件は，経済成長率が国債の利子率を上回ることである」というこ

とになる。この条件はハロッド=ドーマー型の経済成長モデル（**第9講**）の提唱者の1人である**ドーマー**（Evsey Domar, 1914-97）に因んで**ドーマーの条件**といわれ，刻々と変化する財政状況の中での瞬時の十分条件に過ぎないが，条件自体が簡明であるために，しばしば財政の健全性の目安として言及される。

　持続可能な場合の財政の収斂先がどこになるかについては，政府支出と税収が経済成長率と同率で増大しているならば，収斂先では（12-2）式の最左辺が0となるので，

$$(G-T)/B = n-r \qquad\qquad (12\text{-}3)$$

が成立する。これを変形すると，

$$B = (G-T)/(n-r) \qquad\qquad (12\text{-}4)$$

となり，最終的な累積財政赤字である国債発行残高は，年々の基礎的財政収支の赤字を経済成長率から利子率分を差し引いた年率で資本化した値（無限級数の和）になることが分かる。

　いま，仮に基礎的財政収支の赤字を20兆円とし，経済成長率が2%，国債の利子率を1%としよう。すると，（12-4）式からは，持続可能な国債残高は20/0.01＝2,000兆円になる。2020年度の国債発行残高は約1,000兆円なので，持続可能性を議論するにはまだまだゆとりがあることになる。もっとも，ドーマー条件は基礎的財政収支が均衡していることを前提としているが，実際はこの赤字が年々継続している。その場合，ドーマーの条件だけでは不十分になり，より厳しい条件が必要となろう。

　（12-4）式からは，GDPに占める国債発行残高としては

$$(n-r)B/Y = (G-T)/Y \qquad\qquad (12\text{-}5)$$

と書き換えることもできる。（12-5）式の右辺のGDPに占める基礎的財政赤字を5%，経済成長率が2%，国債の利子率を1%とすると，（12-5）式が許容する$B/Y=5$と試算され，2020年度の現実の値は2以下なので，この面からも持続可能性の成立要件としては楽観的な状況にとどまっているといえよう。

### ■ MMT（現代貨幣理論）とは？

　財政赤字の累増によって財政の**持続可能性**（sustainability）が危惧される中で，

その心配は御無用との現代貨幣理論（modern monetary theory，MMT）が，ニューヨーク州立大学のケルトン（Stephanie Kelton, 1969–）教授等によって提唱された。この理論は，「自国通貨建てで政府債務を拡大させれば，国民経済の潜在生産力の上限まで経済を拡大させられる」あるいは「自国通貨建てで財政赤字を拡大させるだけで経済の長期停滞から脱出できる」と主張しているものだが，独自の理論モデルが構築されているわけではない。主流派経済学者のほとんどがMMTを強く批判するが，その根拠として主に2つの論点が指摘される。

　第1は，財政支出の拡大によって利子率が上昇し民間投資が抑制されるクラウディング・アウトの発生である。第2は，貨幣増による無限の財政支出がもたらすハイパー・インフレーションの懸念だ。これらに対する反論は，政策を上手に運用せよというもので，そうすればおのずから批判を回避できると主張する。具体的には，第1のクラウディング・アウト懸念に対しては，金融政策で低金利政策を維持し，財政赤字も国債の中央銀行引き受けによれば，クラウディング・アウトが起こることはないと反論する。第2のインフレ懸念に対しては，インフレという現象はある特定のセクターの資金需給バランスが崩れることによって起こっており，これを予防するのは他のセクターにも幅広く影響を及ぼす金融政策ではなく，税制改正で対処すべきだと主張する。

　MMT理論と主流派経済学との間で議論がかみ合わないのは，MMT理論にはケインズ経済学や古典派経済学のような経済観をまとめた体系化したモデルが欠如していることにある。財政政策をめぐる論点でも，主流派経済学者はケインズ経済学や古典派経済学の体系を前提に議論を展開するのに対して，MMT理論はベースとする体系が欠如している（とりわけ物価水準の決定メカニズムが不明）上に，クラウディング・アウトやハイパー・インフレーションの可能性に対しては，2つないし3つの政策の組合せで議論するというルール破りの「禁じ手」を駆使する点にある。

## ■ 財政赤字を織り込む

　財政赤字を国債でまかなうときには，クラウディング・アウトと並んで重要な問題が生じる。国債はいずれ償還されなければならず，それは将来の増税を意味する（国債の利払い分も増税によってまかなわれる）。ライフサイクル仮説や恒常所得仮説によると，将来の増税は，生涯所得の割引現在価値を減少させる。もし国債の市場利子率と民間資金の貸借に適応される利子率（割引率）に差が

なければ，国債が発行される場合と現在増税される場合とで，生涯所得は変わらない。

　次のように言い換えてもよいだろう。国債を発行し，それに等しい減税をしても生涯所得には何の変化もない。生涯所得に変化がなければ，現在の消費も変わらないはずであり，そのため増税に代えて国債を発行したときには，国債の発行分だけ貯蓄が減少する。国債部分は（それが将来償還されるという意味で）政府による強制貯蓄になる。そのように考えれば，総貯蓄に変化はないのだ。

　これを，国債の中立命題ないしリカードの等価定理という。この命題を援用してさまざまな政策的主張をする人々は，ネオ・リカーディアンと呼ばれる。ネオ・リカーディアンの主張は，次の2点を前提としている。第1に，国債の発行に際して，民間部門が将来時点の増税を正しく認識し，合理的に期待を形成していること（偏った期待形成を排除し，期待は平均的には的中すると考える，**第13講**）。第2に，資金の貸借の条件が厳しい等の流動性制約がなく，ライフサイクル仮説が当てはまること。この2点である。例えば，「国債が償還される以前に死んでしまうから，将来の増税を考慮して行動することはない」という主張も，ネオ・リカーデイアンは理論的に非合理的として排除する。各家計には子孫がおり，子孫の効用を考慮して行動するのが合理的と考えるのだ。しかしながら，こうした前提が現実世界で満たされているとは考えにくいと，距離を置く人々もいる。ネオ・リカーディアンは，実は古典派経済学を信奉する人々とかなり重複し，距離を置くのはケインズ経済学をベースとするケインジアンが多い。クラウディング・アウトに対してと同様，ケインジアンはその可能性は定性的には認めても，現実は理論の前提が成り立っていないとの立場をとるのである。

---

#### コラム12.1　日本国債の格付け

　国債格付け（ソブリン格付け）は，国債の信用度の尺度となるもので，その国の総合的な債務履行能力を示す。ソブリン格付けを定期的に発表する主要機関としては，アメリカのムーディーズ，S&P（スタンダード＆プアーズ），フィッチ・レーティングスの3社あり，世界の主要先進国や新興国の長期国債格付け情報を提供している。

　2019年3月における年度末の日本の国の借金は1,100兆円ほどになり，そのうち国債が約980兆円，借入金52兆円，政府短期証券72兆円となっている。すなわち，日本の借金のほとんどすべては国債であり，その買い手は日銀と民間銀行で全体の85％ほどを占め，海外からの買いは10％未満となっている。アメリカ国債は6割が国内調達，4割が中国や日本など海外だ。日本は，国の借金の増加に加えて，バブル経済崩壊

後の長期デフレ不況とインフレ目標を設定したアベノミクスがうまく機能していない等の状況を踏まえており，他の先進国との比較の上で，アメリカの格付け会社が 2019 年 10 月段階で打ち出したソブリン格付けによると，いずれの社もランキングは世界で 20 位台（2020 年 10 月でもほぼ同様）だ。

3 社ともランキングが高いのは，トリプル A の評価のドイツ，ルクセンブルグ，オランダ，デンマーク，スウェーデンの EU（欧州連合）加盟国に，スイス，ノルウェー，オーストラリア，カナダ，シンガポールを加えた 10 か国であり，11 位のアメリカ，16 位のフランス，17 位のイギリス等が続く。西欧諸国の中では，スペイン，ポルトガル，イタリアは 30 位以下であり，財政赤字で経済破綻を経験したギリシャは 50 位前後だ。アジアでは，韓国と中国が日本よりも若干上位にあり，インドネシアやインドは下位にランクされている。

対外純資産の増加など 30 年近く連続で世界一の債権国になっている日本の格付けランキングがかなり低いのは，国債の発行残高が対 GDP 比で 1.8 倍になることによる面が大きい。ランキングを評価する格付けモデルの実態は明らかではないが，3 社ともに，小さくないウエイトを附している可能性が高く，たとえアベノミクスの政策効果や東日本大震災からの復興が高い評価になったとしても，日本の格付け評価は大きく格上げされることはないとみられる。国債の格付けは，そもそも市場においてそれほど重要視されるものではなく，格付けの変更や見通しが発表されると同時に，その国債価格を暴落させたり高騰させるといったことはまずない。

## ■ 非ケインズ効果

国債の中立命題に関係して，国債発行による財政支出拡大に際して，将来の償還負担が現在の消費を抑制する効果について，効果がちょうど相殺されるとの中立性の限度を超えて，財政拡大が意に反して景気抑制効果をもつという主張もある。逆にいうならば，増税や政府支出削減など財政抑制が景気拡大に繋(つな)がる早道という主張であり，これを財政政策の非ケインズ効果（non-Keynesian effect）と呼んでいる。将来の負担増や財政破綻リスクに対する過剰反応の可能性であるが，EU（欧州連合）加盟前に緊縮財政を強いられたヨーロッパ諸国で実際に検証されたという実証分析も報告された。

しかしながら，こうした「期待形成による反動効果」があるとしても普遍的なものではなく，特殊な状況に置かれた履歴のある国民経済ならばあり得る効果と考えられる。結論は異なるものの，反対方向に働くメカニズムを強調したものとしては，「減税（税率の下げ）によって税収が増える，増税（税率の上げ）によって税収は減る」とのラッファー曲線（税率と税収の関係を示す曲線）の論点と相通じるものがある。ラッファー（Arthur Laffer, 1940-）が推奨した経済観

は 1980 年代にアメリカのレーガン大統領が進めたレーガノミクスの中核をなし，需要サイドを重視するケインズ経済学に対してサプライサイド経済学と喧伝され，実際にレーガノミクスでは減税策がとられたのだった。

ラッファー曲線の顛末はともあれ，非ケインズ効果の存在が安易な「景気対策としての財政政策不要論」の根拠とされるならば，ラッファー曲線同様やや短絡的すぎるとの謗りは免れないであろう。

## 12.2 年金は破綻するのか？

年金（pension or annuity）とは毎年支払いを受ける契約（金融商品）だが，それには私的年金と公的年金がある。私的年金の主流は保険型個人年金で，死亡保障や医療保障とセットにしたものなど細部は商品によって多種多様だが，基本は若いときに積立金や掛け金を支払い，高齢になって積立額に応じて毎年支払いを受けるものだ。私的年金はあくまでも私的なもので，それに加入するか否かは個人が判断する。公的年金のように強制的に加入させられるものではないために，その持続可能性が取り立てて問われることはない。もし持続可能でないとしても，そのように考えている人々が本当に多いならば，その確率が個人年金の積立金料率等に反映されているはずだからでもある。

### ■ 日本の公的年金

日本の公的年金制度は，職域（自分が属する職業）別にまちまちにスタートしたが，1985 年に改正され現行の制度になった。その際，多くをそれ以前の制度を引き継いだために，かなり複雑なものになっている。現行制度は，端的には①国民皆年金，②社会保険方式，③世代間扶養，の 3 つの特徴をもっている。

第 1 の国民皆年金とは，文字通りサラリーマン，自営業者，農家，主婦，学生，無業者と，基本的な部分はすべての国民（日本に住所のある 20 歳以上 60 歳未満の人で国籍を問わない）が等しく加入するというものだ。これが国民年金の基礎年金部分になる。現行制度が複雑なのは，すべての国民に共通なのはこの基礎年金部分だけであり，他の公的年金である厚生年金加入のサラリーマンや公務員などは，基礎年金給付の上乗せの 2 階部分として，報酬比例年金を給付する制度になっている。基礎年金の費用については，国民全体で公平に負担する

仕組みとなっており，具体的には，基礎年金給付費総額を各制度に属する被保険者（加入者）数等に応じて負担している。

　第2の特徴である社会保険方式とは，年金給付を受けるためには，保険料を拠出しなければならない仕組みをいう。この点は私的年金と同じだが，公的年金が根本的に異なるのは，強制加入が義務付けられていることだ。強制加入としているのは，国民全員が若い頃から老後に備えるべきだとの paternalistic（家父長主義の，父性愛的）な側面と，現役世代が全員参加することによって所得保障制度を維持していくという制度面からの必要性があるからだ。

　なお，保険料を払い込むからといっても，普通の預貯金と違い自分の納めた保険料が利子とともに必ず返ってくるというものではない。若くして死んでしまった場合の貧弱な見返りから明らかだが，逆の帰結も起こり得るのであって，むしろその可能性が高い。すなわち，ある程度以上長生きすれば，それ以上生きていればいるほど貯蓄以上に得になる仕組みになっている。また，特に生活が苦しいなど保険料負担が困難な人も被保険者（加入者）になるので，このような人に対しては保険料免除の制度を設け，年金受給権を保障している。

　日本の公的年金の第3の特徴は，世代間扶養の原則だ。つまり，一人ひとりを見ればそれぞれ若いときに保険料を支払って老後に年金を受給するが，ある一時点をとると，全国には保険料を支払っている若い現役世代と年金を受給している高齢者世代が共存する。高齢者に支払われる年金が，その時点での現役世代の保険料負担から回されるという運営の仕組みが，世代間扶養の意味なのだ。これは，家族単位で私的に行っていた老親の扶養・仕送りを，社会全体の仕組みに広げたものだ。

　世代間扶養の原則を徹底すると，公的年金基金の積立金はいっさい必要ない。これが賦課方式と呼ばれる年金の仕組みだ。この反対が，世代間での所得移転を全く伴わず，各世代が将来の年金受取分を自ら確保する積立方式と呼ばれるものだ。日本の公的年金は積立金があるという意味では積立方式をとっているが，実態は賦課方式に近く運用されてきた経緯があり，修正積立方式と呼ばれる場合がある。

　すなわち，公的年金の財源はその時点での保険料収入だけではなく，過去からの保険料積立金を運用した収入にも頼っている。また，基礎年金の給付に必要な費用の2分の1は，国庫（すなわち税金）で負担することになっている。2004年の法改正により3分の1だったものが段階的に引き上げられたもので，

国費の投入を増やして公的年金制度への信頼を高める狙いがあった。

## ■ 国民年金と厚生年金

　以上で説明した公的年金は，国民全員に共通の基礎年金部分だが，これがすべてではない。日本の公的年金制度は1階部分の基礎年金（国民年金）に加えて，被用者年金，企業年金の3階建ての体系になっているのだ。

　2階部分は基礎年金の上乗せとして，支払った保険料に応じた報酬比例の年金を支給する被用者年金からなる。これは職域によって異なり，具体的には民間サラリーマンが加入する厚生年金，公務員等の特定団体が加入する共済年金があった。しかし，両者は2015年に一元化され新たな仕組みの現在の厚生年金となった。これらに加入資格のない自営業者等にも，国民年金の保険料を上乗せして2階建ての部分に加入する制度（国民年金基金）があるが，この部分は強制加入ではなく，加入者が選択する任意加入となっている。3階部分は企業年金部分であり，厳密にはこの部分は公的年金ではなく私的年金に属する。ただし，保険会社などが提供する一般の私的年金ではなく，企業がその従業員を対象に任意で実施する年金制度になっている。代表的な企業年金には厚生年金基金と適格退職年金があったが，後者は2012年に廃止され，現在は厚生年金基金や確定拠出年金と確定給付企業年金を企業が実情に応じて実施している。

## ■ 年金改革

　上でみたように，日本の公的年金制度は職域などによって異なり大変複雑になっている。しかも，国会議員などが加入する議員年金など一般国民から見ると優遇されている公的年金（現在は廃止済み）があったこともあり，これらも含めてすべての国民に平等に開かれ，支払う保険料によって年金額が決まるような制度に一本化すべきだとの改革案が議論されてきた。

　また，日本では少子高齢化が進んでおり，経済成長率が高いうちは賦課方式でおつりがくるくらいなのだが，経済成長率が鈍化し少子高齢化も進むと賦課方式では年金運営が苦しくなる。この事態に今のうちから備える意味で，現役世代の社会保険料を値上げし，高齢化に合わせて年金支給開始年齢を高める方向での改革案も議論され，一部実施されてきた。2004年に導入された年金の給付水準を自動的に調整する仕組みとしてのマクロ経済スライドもその一環だ。すでに国民年金は2002年度から収支決算が赤字で過去の積立金を取り崩して

おり，厚生年金も一時的な特別収入（厚生年金基金の代行返上分）を除くと2003年度から赤字に陥った。厚生年金の改革は，共済年金との一元化統合など一部実施されてきたが，改革を先延ばしできない状況になってしまっていたのだ。

　さらには，やっかいな問題として国民年金の未加入者や保険料の未払いが少なくないことがある。社会保険庁によると，保険料未納率は安定的に推移し2004年度に36%，18年度に32%に達する。1階部分の基礎年金は加入が義務付けられているので，未加入者の強制加入を徹底したり，保険料未納者の預貯金などを差し押さえる強制徴収の対象者を拡大することが求められてもいる。実は，国民年金の未加入は意図的なものでなく，ついうっかりしてということも少なくない。厚生年金などの加入者が会社などを退職した際，国民年金への種別変更が必要になるが，（やや古いデータになるが）2004年の制度改正時の推計で92万人が変更を届け出ていなかったという。もっとも，国民年金に1度も加入したことがない人も63万人に上った。この中には，公的年金には未加入だが生命保険や個人年金には加入しているという人もいる。強制加入だからという理由だけでなく，こうした人が自らの意思で納得の上で積極的に公的年金に加入するようなシステムづくりが望まれよう。

　未加入者の中に学生など若者が多いのと関連して2点追加しておこう。1点目は，大学（大学院）や専門学校などの教育施設に在学する者で本人の所得が一定額以下の場合には，在学期間中の国民年金の保険料を猶予するなどの学生納付特例制度があることだ。同様の特例は，所得が一定額以下の若年者全般が対象のものもある。2点目は，基礎年金には老後の老齢基礎年金だけではなく障害基礎年金や遺族基礎年金も含まれ，受給資格としては，障害や死亡といった不慮の事態が生じた月の前々月以前の1年間に保険料の未納があってはならないことだ。これはしばしば後悔の種になっているが，未加入ではいかんともしがたい。ただし，学生納付特例制度や若年者納付猶予制度の承認を受けている期間は未納の扱いとはならないことから，万一の時にも安心といえる。公的年金にこうした保険サービスが付加されていることは案外知られていないことから，私的年金との比較や，国民年金の未加入問題や保険料未納問題の際にも，国民がこぞって賢い判断が下せるような環境整備が望まれる。

## ■ 公的年金の持続可能性

　公的年金未加入者や意図的な保険料未納者の中には，公的年金の持続可能性を疑っている者が少なくないという。情報不足によるうっかり判断ではなく，むしろ情報を熟慮した結果の判断と解釈すべきなのだろうが，果たして公的年金制度の持続可能性は危機的状況なのだろうか？

　公的年金制度に限らず，公的医療保険制度も含めて，日本の社会保障関係費は年々膨張する一方にある。人口減少や少子高齢化が待ったなしに進行する現実があり，社会保障関係費は国の予算の中でも絶対額ばかりでなく一般会計歳出に占める支出項目のシェアも，1999年度の23.9％から2020年度（当初予算）には34.9％を占めるに至っている。20年間でほぼ10％ポイントの増加であり，その分公共事業費，文教及び科学振興費，食料安定供給費などのシェアが減少したのだ（**第2講**）。

## 12.3　バブルの破綻は必然か？--------------------

　1980年代後半期の日本経済は第11番目の景気循環の拡張期にあり，土地やマンションなどの不動産価格や株価といった資産価格の持続的上昇を伴った未曾有（みぞう）のバブル景気に踊らされた（**第2講**）。その後，これらの資産価格は1990年代に入ると急落したことから，今日ではバブル（投機の泡）であったと理解されている。しかしながら，当時は，資産価格が上昇するのはファンダメンタルズ（そもそも備わっている潜在的・基礎的条件）を反映したものであり，いわば日本経済の実力が向上したものとの見解もあった。

## ■ バブルの理論*

　最初にバブルに関する理論を整理しておこう。バブルは耐久性のある財サービス，すなわち端的には不動産や株式等の資産の価格形成において，その資産のファンダメンタルズ（収益性などの基礎的条件）がもたらす応分の水準を超える収益となる価格水準部分であり，いわば

$$\text{資産価格} = \text{ファンダメンタルズ} + \text{バブル}$$

となる。ファンダメンタルズがその資産の実態を反映したものなのに対して，

バブルは実体から遊離した泡沫（投機の泡）部分となり，これを時間を追ってダイナミックに捉えた場合には投機的バブル（speculative bubble）とも呼ばれる。

投機的バブルにもいくつかの定式化がなされているが，ここでは崩壊する可能性のあるバブルを考えよう。$x_t$ を資産価格のうち，ファンダメンタルズの部分を取り除いた後の残差部分としてのバブルとする。バブルの発生と持続・崩壊を同時に考慮するモデルとして

$$x_t = \begin{cases} \beta_t x_{t-1} + u_t & \text{(A)} \quad 確率\ \pi_t \\ u_t & \text{(B)} \quad 確率\ 1-\pi_t \end{cases} \tag{12-6}$$

を考える。ここで，$\pi_t$ は $t-1$ 期から $t$ 期にかけてバブルが持続し $t$ 期においてモデル (A) に従う確率であり，残りの $1-\pi_t$ の確率でバブルが崩壊する。崩壊時には，バブルはモデル (B) に従い一挙に破裂しゼロになる。$u_t$ は $t$ 期において新規に発生するバブルであり，系列相関はなく，平均ゼロ，一定の分散 $\sigma_u^2$ の正規分布に従う。

投機的バブルの持続性や形状を理解する上で最も有用な情報は，（12-6）式のモデルにおける係数パラメータ $\beta_t$ とバブルが持続する確率 $\pi_t$ の値である。結局（12-6）式のモデルを推計するとすれば，これらのパラメータを推計することと同値となる。この際，逐次推計が可能となるように，2つの点で工夫する。

第1は，$\beta_t$ についてランダム・ウォーク型（**第1講**，**第7講**，**第13講**）を仮定し，正規分布に従うホワイトノイズの撹乱項 $v_t$ を介して

$$\beta_t = \beta_{t-1} + v_t, \qquad v_t \sim N(0,\ \sigma_v^2) \tag{12-7}$$

とする。$u_t$ が一定の分散 $\sigma_u^2$ をもつのと同様に，ここでの分散 $\sigma_v^2$ も一定とする。なお，$u_t$ と $v_t$ の分散はともに未知のパラメータとし，推定の対象となる。第2は，投機的バブルの持続確率は前期におけるバブルの大きさ（絶対値）に依存し，具体的には

$$\pi_t = e^{-\gamma - \alpha|x_{t-1}|}, \qquad \alpha,\ \gamma > 0 \tag{12-8}$$

と書けるものとする。$\alpha$ と $\gamma$ も未知のパラメータであり，（12-8）式はバブルが上下どちらにも膨れ上がると，次の期の崩壊確率 $1-\pi_t$ が増大すると定式化したものである。

（12-7）式と（12-8）式は，それぞれ $\beta_t$ と $\pi_t$ が独立に変動するとしているが，もし投機的バブルが合理的なものであるならば，両者は独立でなくなる。すなわち，この株式と代替的な資産の収益率を $r_t$ として，資産間の裁定条件から，理論的には

$$r_t = \pi_t \beta_t - 1 \tag{12-9}$$

の関係が成立しなければならない。

　もちろん，（12-9）式が成立するためには貸借が自由になされるなど資本市場の完全性の条件や危険中立的な投資家を前提するといった条件が必要になる。さらに，投機的バブルが崩壊した際に，一挙に（12-6）式のモデル(B)に従うとしたが，仮にバブルの崩壊が部分的なものにとどまるならば，（12-9）式は修正を要する。代替資産の収益率として何を想定するかも重要であり，（12-9）式の関係が成立しているか否かは事後的な検証によって判断することも考えられよう。また，ランダム・ウォーク型（12-7）を前提とした $\beta_t$ については，投機的バブルの基本は経時的には膨張するものであるから，$\beta_t > 1$ となることが投機的バブルの必要条件になる（崩壊する可能性のある合理的バブルならば必ず $\beta_t > 1$）が，この条件も前提せずに，推計値からバブルが発散的か否かを判断することも考えられる。

### ■ 崩壊しないバブル

　以上では毎期毎期確率的に崩壊する投機的バブルを前提としたことから，それが継続すると，いずれ必ずバブルは崩壊する。確かに，バブルが崩壊するのは必然といえなくもないが，世の中には，崩壊せずに持続するバブルもあり得る。その代表が転々流通する貨幣だ。

　典型的な不換紙幣（金貨や銀貨といった正貨との兌換が保証されていない法定紙幣）を考えると，これは紙切れに印刷したもので，紙幣そのものは物理的な意味での効用や生産性をもたらさない。もちろん貨幣を収集する人々がおり，彼らは集めた紙幣に満足感なりの効用を覚えることもあろう。しかしそれはごく一部の例外的な存在で，通常は貨幣に効用を見出すのは，それが何にでも交換可能だからだ。……というわけで，紙幣にはファンダメンタルズは欠如しており，そのすべての価値は本来的に有用性のないバブルによるものと考えられる。したがって，紙幣が流通する限りバブルが存続することを意味し，通常，これ

が崩壊しないバブルの例とされる。

　紙幣のバブルが崩壊しないのは，次々と転々流通する際に，人々が貨幣を受容するからであり，この一般受容性（general acceptability）がバブルを持続させると解釈する。しかし，それだからこそ，一般受容性がなくなれば紙幣の流通はなくなり，紙幣バブルも崩壊する。それがハイパー・インフレーションの帰結だ。ハイパー・インフレーションで物価が限りなく上昇すると，貨幣価値は限りなく低下し，やがて「一銭の価値もなくなる」のが目に見えているので，人々はその紙幣を受容しなくなる。こうなると，紙幣のバブルも崩壊したと同様だ。

　紙幣バブルと同様に，しばしば崩壊することはないと議論されるのに，ビットコインなどの仮想通貨，日本の国債に纏わるバブル，中国の不動産バブルといったものがある。これらに共通するのは，これらの資産価格を買い支える経済主体が存在し，バブルが崩壊し価値を失う事態を回避させるからだと説明される。ビットコインなどの仮想通貨は紙幣バブルと同じメカニズムに支えられるが，加えて需要が根強いのと供給が限られるのが資産価格の高騰を支えている（2020 年現在）。

　日本国債の価格を支えるのは日本銀行や公的年金（年金基金）をはじめとした公的機関や銀行・生損保の金融機関であり，これら保有者が一朝一夕に国債の売り手に回ることはないと看做され，国債価格が高く（金利は低く）維持されてきたのだった。バブル経済崩壊後の失われた 20 年-30 年の長期不況対策としての金融緩和政策が，結果として国債の高価格を持続させた面もあろう。もちろん，日本銀行・公的機関や銀行・生損保の金融機関が買い手となったのは，この間の金融政策の目標を理解してのことだったのは確かだ。中国のバブルについては，不動産市場に限らず，株式市場の動向をめぐってもリーマン・ショック時の政府の介入をはじめとして，長い間官製のバブルとの評判が続いてきたところであり，2020 年の新型コロナウイルス感染症のパンデミックに起因する不況に際して，いよいよバブルの崩壊もあり得るとの観察もなされたのだった。

## ■ 日本経済のストック経済化

　1980 年代後半期の日本経済が急速にストック経済化したことは**第 2 講図**2-10 の国民総資産の時系列推移で見たところだが，それには地価や株価といっ

た資産価格が高騰したことが大きかった（図2-9）。この時期に日本の地価や株価が絶対水準として高かったのには，いろいろな要因が関与している。しかし基本的には，地価はいったん上がるとそこから大きく下がることがないといった土地神話や過去の株式市場のパフォーマンスから，リスク概念の希薄化が進んで需要が高まり，相対的に少ない供給と合わせて，価格がつり上がったと考えられる。1990年代に入ってからの株価や地価の暴落を経験した今日では，1980年代後半期にバブルの膨張があったのは明らかになっている。地価をめぐっては当時からバブルがあるとほぼコンセンサスがあったが，株価のバブルについてはそれほど自明なことではなく，論争もあった。

　日本の株価が高すぎるとの立場は，例えば株価収益率（PER）を計算し，それが歴史的にも諸外国との比較においても，かなり高いことが根拠とされた（**第2講**）。これに対して，日本の株価が高すぎることはないとの主張は，投資家が依拠する投資尺度が変わったことが前提とされた。当時もてはやされた企業のリストラ（新規業種への参入や業務再編成等）が，将来収益の流列を大きく変貌させるとの楽観論も，バブルを膨張させた。


## ■ 金融政策とバブル

　1980年代を通じてバブルが持続し得た条件は，自己実現的な期待形成による面が大きい。それを可能にしたより根本的な原因は，資産間の裁定を可能にした十分な流動性の供給（いわゆる過剰流動性）の存在であった。その意味では，1986年1月以降5次にわたって公定歩合が引き下げられ，ついには87年2月以降2年3か月にわたって，2.5％という低水準が維持された金融の超緩和政策に責任が帰せられる。この点は後に日銀も自己批判することになったが，この時期には，ノンバンクを含めた金融機関が猛烈な勢いで株式や土地を担保として融資競争を行っており，結果として，これがバブル崩壊後の1990年代に噴き上げる不良債権問題を招くことになったのである。

　それでは，なぜ，これほどまでに金融緩和政策がとられたのであろうか。これを考えるとき，真っ先に指摘されるのは円高不況対策や内需拡大政策の追求であろう。1985年9月のプラザ合意によって急激な円高が進行し，そのデフレ効果が懸念された。また，内需拡大政策は経常収支の黒字幅の縮小を伴いながら安定的な成長を目指したものであるが，財政再建途中にある財政政策には大きな期待は望めず，その分，金融緩和にかかる期待が高かった。

金融政策が転機を迎えたのは 1989 年 5 月であり，このとき，公定歩合は2.5%から 3.25%へ引き上げられ，続いて同年の 10 月，12 月，90 年の 3 月，8月と合計 5 次にわたり引き上げられ，6%水準にまで達した。こうした流れの中で，1989 年末には株式市場で株価が天井を打ったが，この時点では地価の上昇は全国に波及しつつある段階であった。すなわち，金融政策の転換が直ちに株価や地価の急落をもたらしたものではない。これは金利面での引き締め政策がとられても，量的な面での引き締めが浸透するには時間がかかったからである。もっとも，1990 年に入ってから株価は急落した。すなわち，日経平均株価で見て 1989 年末の 3 万 9,000 円近くと比べ，90 年 4 月には 2 万 8,000 円台まで 30%近く急落し，その後 3 万 3,000 円台まで戻したものの，8 月のイラクのクウェート進攻を受けて再び急落し，10 月には一時的ながら 2 万円を切るまでになった。

　これに対して，地価の下落はしばらくは進まなかった。すなわち，1991 年 7月時点の基準地価（国土庁調査）で見ても，東京圏（住宅地）の地価水準は 83年と比べて約 2.5 倍の水準にあり，対前年変動率は 1.0%の下落に過ぎなかった。同調査によると，前年 50%近い上昇を示した大阪圏では急落し 15.3%の下落となったものの，全国平均では依然として 2.7%の上昇を示した。東京圏でも大阪圏でも住宅地に比べると商業地の地価の下落率はよりマイルドであり，それぞれ 0.3%と 8.9%にとどまった。また，全国平均では 3.4%の上昇となった。

　とはいえ，地価の沈静化が進んだのは確かである。これには，金利の上昇や1990 年の 4 月に導入された不動産関連融資の総量規制の影響が現れつつあったこと，地価税など一連の土地税制の改革についてのアナウンスメント効果がもたらされたこと，そしてミクロレベルでは地価監視区域指定の拡大がなされたことが挙げられる。このうちの不動産関連融資の総量規制について詳しく見ると，過去の経験（特に，1973-74 年や 86-87 年の地価高騰局面）から，不動産業向けの貸出残高と地価との間には密接な関係があることが知られており，これが発動されたことが，将来地価の予想形成に影響を及ぼしたと考えられる。そしてそれが，実際に，その後の地価の反転や一転した下落をもたらし，バブルの崩壊へと導いた。

### ■ バブルの崩壊過程

　資産価格の上昇であるストック・インフレは，その対象が株式や土地などの

資産に限られ，一般経済から隔離される。この一般的な財サービスと資産を分かつ隔離効果が，ストック・インフレと通常の財サービスの一般的物価上昇であるフロー・インフレの終息過程に基本的な違いをもたらす。

フロー・インフレにおいては，人々のインフレ期待が抑えられ，賃金・物価のスパイラル上昇が止まった段階で，新たな均衡点に到達しインフレが終息する。ところが，ストック・インフレにおいては，その隔離効果によって賃金の上昇は伴わない（実際，春季賃上率は 1985-89 年の平均で 4.5% であり，この間のストック・インフレ率に比べるとはるかに低くとどまっていた）。そのため，ストック・インフレは止まっただけでは均衡状態にならない。賃金水準と資産価格とのギャップが残っており，それを埋めるためにはさらなる調整が必要となる。さらなる調整としては，ストック・インフレのもつ隔離効果を維持するかどうかによって 2 通りの方法がある。

第 1 の方法は，隔離効果を維持したまま調整を行うことである。これは，バブルを自己崩壊させることを意味する。高金利政策を維持し，同時に資金供給を絞り続ければ，バブルは早晩崩壊する。ガルブレイス（John Galbraith, 1908-2006）によると，歴史的に見て「それはささやきによってではなく，大音響によって終わる」といわれるが，これはバブルが崩壊しかけたとき，その中で得た利益を確定すべく，先を争って抜け駆けしようとするからである。第 2 の方法は，一般経済をインフレの状態にし，ストック・インフレとフロー・インフレの混合を行うことである。そのためには金融緩和策を維持する必要がある。この方法では，所得水準の上昇も起こり，それによって新たな均衡点へ向けて動き出す。

いうまでもなく，1990 年代に入って日本経済で実際に起こったのは，第 1 の方法によるストック・インフレの収束である。すなわち，フロー・インフレが起こることなく，バブルの崩壊が進んだ。

## ■ バブル崩壊と金融政策

プラザ合意後の円高不況を乗り越えた日本経済は，1986 年 11 月を景気の谷として戦後 11 番目の景気循環の拡張期に入った。この拡張期は 1991 年の 2 月までの 51 か月間持続したが，この拡張期はバブル景気（改元と重なったことから平成景気とも呼ばれる）と通称される。バブル景気の前半は資産価格のバブルの追い風が吹き，消費や投資の内需も輸出の外需も好調であった。しかし，

1990 年代に入るや否や株式市場でバブルの崩壊が起こり，次いで 91 年から 92 年にかけて地価の下落が顕著になり，ほぼタイミングを同じくして平成景気も終焉を迎え，景気局面の転換が起こった。戦後 11 番目の景気循環の後退期は，平成不況（複合不況とも呼ばれる）の幕開けであった（**第 2 講**表 2-3）。

　ところで，景気の転換点の認定はかなりの月日を経てからなされるため，景気が下降期に転じるタイミングは当時大きな関心を集め，すでに後退期に転じていた 1991 年 10 月の段階でも，経済企画庁（当時）長官により，57 か月間続いた第 6 循環の拡張期を上回る「いざなぎ超え宣言」のような楽観論も語られた。この楽観論には重要な意味がある。すなわち，当時の段階では，地価の下落はそれほど顕著でなかったものの，株価のバブルはすでに崩壊しており，それが実体経済にどのような影響を及ぼすかを見極める時期であった。景気が後退期にあれば，何らかのタイミングのよい景気対策が望まれるところであるが，景気が順調とすればその必要もない。今日から顧みると，景気はすでに後退期にあったにもかかわらず，その認知が遅れ，財政政策は発動されなかった（**第 2 講**）。

　もっとも，金融政策は一足早く 1991 年 7 月に緩和に転じ，公定歩合を 6% から 5.5% に引き下げた。金融緩和政策はその後も続き，2 年間強の間に 7 次にわたって公定歩合の引き下げを行い，1993 年 9 月にはバブル期の 2.5% を下回る 1.75% の水準まで低下することとなった。日本銀行がなぜこれほどまで金利を下げたかは，不良債権問題の処理との関連もあるが，より直截的には金融緩和にもかかわらず景気刺激効果が生じなかったことが挙げられよう。その効果が表れなかった原因はいくつか考えられる。

　第 1 は，円高による輸入物価の下落や小売り・卸売りの流通業における規制緩和等の影響による「価格破壊」効果から，物価が安定ないしデフレ気味に推移したことから，確かに名目金利は低いものの，インフレ率を控除した実質利子率は高止まりしていたことである。第 2 は，仮に資金需要があったとしても，さらなる不良債権化を怖れて貸出に慎重な銀行の貸し渋りがあり，その意味では金融緩和になっていなかったとの観察もある。実際に貸し渋りがあったか否かは，そもそも資金需要がなかったとの説との間で論争となったほどであるが，国際決済銀行（BIS）の自己資本規制の達成との関連もあり，全般に銀行の貸出審査が厳しくなったのは確かといえよう。

　第 3 は，ケインズが『一般理論』で指摘した，いわゆる流動性の罠（liquidity

trap）に陥った可能性である。すなわち，利子率が十分低下した水準にあると，将来の利子率には上昇（国債などの債券価格には下落）期待が発生し，金融緩和が投資の刺激策として伝播しにくい状態となる。流動性（貨幣供給量）の供給増があっても，それに勝る流動性の需要があり，ポートフォリオの変更を促さないことから生じる。第4に，低金利は利息収入を減少させる。この時期の個人金融資産が1,000兆円を超えるレベルであるので，単純に計算すると（実際は債務もあったりして単純ではないが），1%ポイントの利子率の低下は年間10兆円の所得減となる。マクロ的には，このマイナスの所得効果が金利低下による投資増のプラスの効果と比べて，どのくらいの規模にあるかが問題となる。

　第5に，この時期の金融政策の運営目標に景気対策と同時に円高対策も挙げられ，いわば二兎を追う形になり，結果として一兎も得られなかった可能性がある。すなわち，1985年のプラザ合意後の長期トレンドとして，ほぼ2年間で2倍以上増価し，一挙に120円台まで進んだ円高傾向は，バブル期の後半の88-90年にかけて150円台まで戻したものの，その後はほぼ一方的に円高が進み，93年には1ドル100円台にまで増価したのである。この間，結果的には，1993年9月に1.75%，95年4月に1.0%，同年9月に0.5%まで切り下げられた公定歩合も，1994年6月の1ドル100円を突破，さらに翌95年4月の1ドル80円を突破といった円高の動きを止めることはできなかった。

## ■ バブル崩壊と財政政策

　バブルの理論で確認したように，バブルは資産価格のうちファンダメンタルズから乖離した部分であるから，バブルが発生・膨張しようが崩壊しようが，ファンダメンタルズには影響が及ばないし，ましてや実体経済とは遊離した関係にあるはずだ。しかしそうしたバブルの理論から逸脱した形で歩んだのが日本経済であり，資産価格が膨張したバブル景気時代に旺盛に進められた企業の投資・雇用増とその資金調達が，バブル崩壊によって設備の過剰投資，過剰雇用，そして過剰債務の3つの過剰として残され，その後の日本経済の足を引っ張ることとなったのだった。失われた10年，20年，そして30年にも及ぶ日本経済の長期停滞の元凶だ。

　1990年代の平成不況の景気対策としては，金融政策は大きな効果を発揮したとはいえない。それに代わって期待が寄せられたのは，伝統的なケインジアン流の財政政策であった（**第11講**）。すでに見たように，経済環境としては，

内閣府の景気基準日付によると，戦後11番目の景気循環の後退期は1993年10月で局面転換を迎え，それ以降97年5月までは12番目の景気循環の拡張期にあった。しかし，厳密な意味では，景気が好転しているか悪化しているかという変化方向の意味（ミッチェルの2局面分割法）での拡張期ではあっても経済活動が平均を上回っているか下回っているかという水準の意味（シュンペーターの2局面分割法）での好況期とはいえないのが，それ以降も長期の平成不況と受け止められ続けた所以といえる（第2講）。

平成不況に対してとられた景気対策は，減税や公共投資を中心とした財政政策であった。すなわち，減税面では，1994-96年度には5.5兆円規模の所得税の特別減税が行われ（もっともこれらは，97年4月から消費税率を3％から5％に引き上げるための相殺措置の面もある），依然として下落が続く地価動向を受けて，97年度には地価税率の引き下げや固定資産税の対象となる不動産評価額の引き下げも図られた。

公共投資に関連した景気対策としては，当初予算における公共事業の前倒し比率（上半期契約進捗率）の操作と，補正予算による予算措置を伴った景気対策がある。前者は，その年度の公共事業の施行方針の設定であり，景気に中立な自然体の年度では68％前後の値となるが，それを上回ると早目の執行となり景気刺激効果が発揮される（第11講）。予算措置を伴った景気対策は，平成不況絡みで5回ないし6回あった。これらの景気対策はそれなりの効果を発揮したものの，総じて，デフレ経済からの脱却を果たすまでの成果を上げることはなかった。

## 12.4　持続可能な経済発展----------------------

1992年にブラジルのリオデジャネイロで開催された第1回地球環境サミットでは多くの地球環境問題が話し合われたが，一貫して通奏低音として流れていたのは，環境問題と経済開発の調和であり，持続可能な経済発展を達成するという問題意識だった。ブルントラント委員会が打ち出した sustainable development（持続可能な開発，あるいは持続可能な経済発展）は，将来の世代の欲求を満たしつつ，現在の世代の欲求も満足させるような開発のことをいう。この概念は，環境と開発を互いに反するものではなく共存し得るものとして捉え，環

境保全を考慮した節度ある開発が重要であるという考えを確立させた。

　2002年の第2回地球環境サミット（ヨハネスブルグ・サミット）では，持続可能性（sustainability）の概念は公式な会議名にも冠されるまでに格上げされ，成果文書としても，ヨハネスブルグ宣言とヨハネスブルグ実施計画が採択された。前者は，各国首脳の持続可能な開発に向けた政治的文書であり，後者は貧困撲滅，持続可能でない生産消費形態の変更，天然資源の保護と管理，持続可能な開発を実現するための実施手段，制度的枠組みといった持続可能な開発を進めるための各国の指針となる包括的文書になっている。同サミットには，世界の政府代表や国際機関の代表，産業界やNGO（非政府組織）等2万人以上が参加し，21世紀を飾るに相応しい地球環境問題を考える大規模な会議となった。

## ■ 世代間の利害調整と持続可能性

　持続可能な経済発展は「将来の世代の欲求を満たしつつ，現在の世代の欲求も満足させるような経済発展」の条件を満たすものでなければならないが，これと密接な関係にあるのが世代間の公平性の問題だ。他方，新古典派成長理論の枠組みでの最適成長経路（optimal growth path）を拡張した，有限の枯渇性資源や環境問題が制約となる経済での持続的成長経路を求める場合には，「将来世代に亙る効用（厚生）の割引現在価値」を最大化する功利主義的アプローチが議論される。功利主義的アプローチは，資源配分の効率性に重点を置いたもので，世代間の公平性の問題を直視して前面に押し出すものではない。しかし，社会的割引率が正であることを前提とすると，功利主義的なアプローチでは将来世代の効用が現世代の効用と比べて低くなる。このような社会的選択を，当然のごとく行うべきなのか？　何か，代替案はないのだろうか？　こうした問いに答える形で登場するのが，マキシミン（マックスミンともいう）原理の下での最適成長経路だ（**第5講**）。

　ここで，マキシミン（max-min）原理とは，最小値の中の最大値を選ぶ原理をいう。具体的には，異なるスキーム $i$ の下での世代 $t$ の効用を $U^i(t)$ で表すとして，各スキームにおいて世代間の比較で最も小さくなる世代の効用を $\min U^i(t)$ とし，次にスキーム間の比較で最小の効用水準が最大になる値を $U^* = \max\{\min U^i(t)\}$ とする。この原理は，所得分布などでのロールズの公平性基準を世代間の効用の比較に適用したもので，結果的には（そうなるのに障害がなければ）すべての世代の効用が等しくなるスキームが選ばれることになる。

世代間の効用に差がある場合には効用水準の高い方を下げることで効用の最も低い世代の状態を改善できることから，マキシミン原理は $U(t)=U^*$ と効用水準一定（constant utility）の経路の中で最も効用水準の高い経路を選択することになる（**第5講**）。

　マキシミン原理の下での成長経路を踏まえると，世代間公平性として最も留意すべきなのは，「時間が経つにつれて登場する世代の効用が減少しないこと」になる。実はこの基準こそが，持続可能な経済発展に対する最も一般的な経済学的解釈といえるのだ。枯渇性資源と環境問題は，1972年のローマクラブの『成長の限界』では，宇宙船地球号にとっては同種の問題として，地球全体がゼロ成長経済へ向かうべしとの提言の根拠とされた。しかしながら，実は，枯渇性資源の場合と環境問題の場合とでは，外部性があるかないかで大きな違いがある。枯渇性資源問題には外部性が関与しないことから，功利主義的アプローチに基づいて市場メカニズムに委ねた成長経路は，中央集権的な計画経済の最適成長経路と一致しパレート効率的なものになる。しかし，この際の世代間の効用の経路は，将来世代の効用を割引くのが一般的なことから，将来世代の生存時の効用は現世代の効用よりも小さくなる。環境問題の場合には，将来世代はより不利な状況に直面せざるを得ないと考えられ，こうした世代間の不公平性を回避するのがマキシミン原理の下での最適成長経路になるのだ。

　しかし，マキシミン原理の下では確かに世代間の効用は公平化（均等化）するが，大別して3つの不都合な問題も孕んでいる。第1は，そもそもある水準以上の効用水準を維持する経路が技術的に不可能な可能性であり，定常状態自体が存在しないケースだ。第2の問題は，初期状態がすべてを決してしまう場合，すなわち効用が最低となる世代が初期世代となる場合であり，この際には先行き経済発展の余地が十分あったとしてもマキシミン原理がそれを排除してしまう。第3は，第2と逆に，効用の最低水準が経済が行きつく先の定常状態で制約される場合であり，この場合には，経済は資源配分の観点ではパレート非効率的になる。

　実は，ロールズ自身もマキシミン原理の世代間分配問題への適用には消極的だった。ただし，ロールズの念頭にあったのは，経済発展が阻害される第2の場合についてであり，「もともと世代間公平性を問題とするのは将来世代が現世代の犠牲になる懸念があるときであり，現世代が将来世代のために自らの効用を犠牲にしているからといって，それを不公平であるとは言わない」との前

提がある。時間は一方向にしか流れないからだ。この意味で，既述のように，世代間公平性として具体的に要求されるのが，「時間が経つにつれて世代効用が減少しないこと」になる。

　ここでは詳しい理論的な分析は割愛せざるを得ないが，将来世代が現世代の犠牲となりやすい枯渇性資源や環境問題を対象としてマキシミン原理を採用した場合に，ロールズの懸念が払拭されるのではとの期待が湧き上がるが，結果は藪蛇的に上の第3の問題が浮上してしまうのだ。ただし，これは理論的な可能性の議論でありごく例外的だと割り切るならば，第2の問題に対しては，期待通りロールズの懸念が払拭され，世代間の公平性が維持され得ることが確認される。なお，第1の懸念に対しても，これは維持する効用を誤らない限り（換言するならば，分不相応に高い効用を維持しようとしない限り）基本的には問題は生じない。

## ■ 持続的成長とハートウィック・ルール

　世代間の効用が一定になる（少なくても時間とともに減少することがない）のが持続可能な経済発展であるとして，そのために必要な最小限の条件とは何だろうか？　もちろん，さまざまな状況設定の違い（モデルの違い）で違った解答があり得るが，一つの共通理解として John Hartwick（1944-）が提唱したハートウィック・ルールがある。これは枯渇性資源の制約の下で一定の消費水準を維持することで考えられたものだが，環境問題にも適応可能だ。

　枯渇性資源に対するハートウィック・ルールは，通常の資源配分に関する効率性の条件（**第5講**，**第8講の**パレート最適性）に加えて，「各時点において，社会は枯渇性資源の利用にかかる競争的な使用料相当額分だけ再生産可能資本の蓄積を行う」というルールを守れとする。すなわち，パレート最適な経路の中で，消費水準を維持するための条件がハートウィック・ルールといえる。枯渇性資源に対して，消費水準を維持し続けるためには，生産能力自体を維持していく必要があり，そのために，枯渇性資源の減少分を投資によって人工資本を蓄積し生産能力を補わなければならない。これがハートウィック・ルールのエッセンスになる。**第2講**で包括的富を見た際に，人工資本（物的資本），人的資本，自然資本の間での代替可能性を前提としたが，代替性はまさにハートウィック・ルールにとっての出発点でもあるのだ。

　ハートウィック・ルールを環境問題の場合に拡張解釈するには，まずは環境

問題には通常外部性が関係することから（**第11講**），ピグー税などの政策手段により，外部性を「内部化」して資源配分の効率性を担保する必要がある。その上で，環境悪化による直接的・間接的効果による社会的効用の減少分を，経済成長による消費増で補償して行くことになる。経済成長がある限り，環境資本が常に一定の水準に保たれる必要はなく，ある程度の環境悪化も許容されることになる。経済成長によって技術進歩や環境浄化投資に資源を割ける余裕が出てくる可能性もある。

　ただし，環境悪化が致命的になる場合には，そのようなゆとりは許されないだろう。最悪のシナリオを回避するためには，環境の機能を正しく評価することが何よりも肝要であり，環境破壊・汚染による外部不経済効果を市場価格に正しく反映させることができれば（すなわち内部化に成功すれば），経済は最適経路をたどることが可能だ。しかし，外部経済不経済効果が空間的・時間的な広がりをもつ場合には，環境機能を正しく評価するのは，現実問題としては著しく困難な相談事だろう。将来世代の割引の是非も古くから議論されてきた問題だが，割引率の大小によって，地球温暖化などの地球環境問題の対処策に大きなインパクトが及ぶことから，慎重性が要求される論点ではある。

### ■ 経済発展：成功への隘路

　持続可能な経済発展を議論するに当たっては，まずは問題となる国民経済が経済成長を経験し，国民経済の規模が一定の水準に到達していることが前提となろう。経済成長は経済規模の大きさが主要関心事になり，GDPなり1人当たりGDPの水準が大きくなっていくことが国民経済のパフォーマンスの指標となる。これに対して，経済発展が問題になる場合には，資本蓄積や技術力の進歩に伴って，未発達で低所得の国民経済が近代的な製造業やサービス産業が中心の国民経済に生まれ変わるプロセスを重要視する傾向がある。換言するならば，経済成長は量的指標のみが注目されるのに対して，経済発展は経済成長の量的指標に加えてQOL（quality of life，生活の質）や幸福といった質的指標も問題視されるのだ。本節で取り上げたように，環境問題や枯渇性資源問題が取り沙汰されるようになるのも，ある程度の経済成長を達成し，QOLないし国民の幸福が問題となる段階に至ったからといえるのであり，それが経済成長から経済発展への橋渡しとなる。

　経済発展途上の国民経済には，潜在的な成長力を削ぐいくつかの共通した隘

路がある。第1に，伝統的な経済構造としては第1次産業の産物に大きく依存するモノカルチャー経済になっており，国家財政もその伝統経済に組み込まれたものになっている。第2に，モノカルチャー経済の帰結として，製造業のウエイトが低く，技術力が未発達であり，大量の余剰人口・労働力を抱えている。しかも，一般に人口増加率が高く，余剰人口を吸収する産業がない。第3に，国民経済の全要素生産性を高めるインフラストラクチャーや金融業が脆弱であり，人的資源も低開発にとどまっている。第4に，発展途上国の多くはかつては欧米列国の植民地だった歴史をもち，独立を遂げた後も旧宗主国の経済支配が続いてきた。

　このような隘路を打破し経済発展の好循環経路に乗せるにはいくつかのショック療法が必要となる。上で挙げた隘路を一つひとつ開けていけばよいのだが，それが困難なのが現実に経済発展を目指す国々にとっての課題になる。しかし，そのような中でも，漸次，モノカルチャー経済から第2次産業の新しい部門を創設して規模の拡大を図ってきており，1950年代以降，後に経済発展に成功することになった多くの発展途上国で，この方策に基づき工業開発が行われた。ただしそれは結果論であり，経済発展の好循環に乗り切れなかった国も多い。新しい産業を育成しようとの政策は，全般的には総じて期待外れだった。ある程度経済成長が促進されたことは間違いないが，資源の多くがインフラストラクチャーの整備に振り向けられたために，国民の大多数が依存する伝統的な経済分野ではほとんど発展が見られなかったからだ。

　もう一つ共通なのは，経済発展を目指す国の多くでは人口抑制に失敗し，人口増加率が顕著に高いことだ。急激な人口増加は，ある程度のGDPと国民所得の成長を相殺してしまった。人材育成のプロジェクトも実行に移されたが，高学歴の人材を生み出しはしたものの有効に高学歴人材を吸収・利用できず，大量の高学歴失業者を生んでしまった。経済発展政策を進めた国から見ると，産業振興のために多額の債務を負った国々は，経済の構造的不均衡状態に閉じ込められることともなり，経済発展の好循環が夢と崩れ，大量の債務を負うといった経済発展の悪循環に陥ってしまうことになった。

### ■ 拡大する格差と達観する国

　経済成長には「2千ドルの壁と1万ドルの罠」（コラム12.2）があり，どの国も安定的な成長経路に収斂できるわけではない。しかし，結果的に経済成

長・経済発展に成功した国々も成功しなかった国々もあり，過去10年から20年の間には，一方では「台頭する新興工業国」，他方では「取り残される最貧国」といったフレーズが頻繁に用いられてきた。実際，G7の主要先進国（米日独英仏伊加）やBRICS（ブラジル，ロシア，インド，中国，南アフリカ）といった新興工業国に続く存在としてのG7＋BRICSの12か国に8か国・地域を加えた主要20か国・地域のG20（アルゼンチン，オーストラリア，インドネシア，韓国，メキシコ，サウジアラビア，トルコ，欧州連合・欧州中央銀行）は，2008年のリーマン・ショック以降，その時その時の世界経済の課題や世界金融危機をめぐっての協調介入・協調政策等を話し合ってきた。

---

### コラム12.2　経済成長の「2千ドルの壁と1万ドルの罠」

　市場経済か社会主義経済かを問わず（**第4講**），国民経済において，1人当たりのGNP（国民所得）が2,000ドルに達しないと民主主義が定着せず，それを超えると民主化が進むという経験則が指摘される。経済成長の「2千ドルの壁と1万ドルの罠」というフレーズで世界銀行によって問題提起され内閣府の『世界経済の潮流』（2013）でも取り上げられたもので，1970年代の日本やスペイン，80年代の東欧革命，南米や韓国の民主化加速がそうした例になる。経済成長が進み，1人当たりのGNPが2,000ドルを超えると，中流層に属することになる国民が存在感を増し，消費意欲が進んだり，教育水準の高まりが平均生産性を高め，国民経済に好循環が生まれることが背景にある。

　経済成長の成果・果実は民主主義ばかりではなく，国民生活の質的なレベルアップがもたらされるとの経済発展の進展が挙げられる。1人当たりのGNPが2,000ドルは経済発展段階で，発展途上国から中所得国への昇格に立ち塞ぐ壁であり，この壁を乗り越えないと中所得国として定着しないことを意味する。しかし，この壁は比較的容易に乗り越えられるというのが，世界銀行が発したメッセージだ。安くて豊富な労働力を生かし，海外からの投資を呼び込み生産性の高い分野に投入できれば，国民所得の増加が十分に可能となる。それぞれ時代は異なるものの，現在の先進国もかつてはそのようなステージを経験してきており，日本も例外ではない。近年では，BRICS諸国，アルゼンチン，コロンビアの中南米諸国，タイやベトナムの東南アジア諸国が典型国として挙げられる。

　一方，1人当たりのGNPなりGDPが5倍の10,000ドルを超えると，成長すればより幸福度が強まる関係が逆転し始めるとの観測もある。図12-1に見られるように，1人当たり実質GDPが2,000ドルを超えた国民経済も，1人当たりGDPが10,000ドル前後から経済成長率が停滞する例が散見される。図12-1では，必ずしも1人当たり実質GDPが10,000ドル前後というわけではないが，いずれの国でも中所得から先進国に仲間入りする高度成長の過程では，成長率の顕著な低下ないしは成長率の屈折が見られている。もちろん，経済規模が拡大するにつれて，それ以上規模が拡大する経

済成長率が減速するのは当然の流れでもあるが，図12-1は減速の程度が異なることを問題としている。

　こうした中所得国の罠については，世界銀行による問題提起以降，その原因や処方箋<sup>せん</sup>をめぐり，さまざまな議論がなされている。そうした議論の総括は，各国でその細部は異なるものの，大枠としては本文中の「経済発展：成功への隘路」でも取り上げた諸要因が該当しよう。

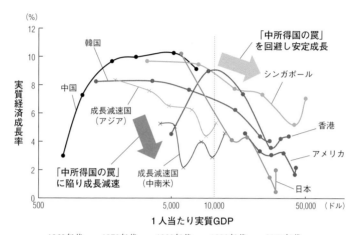

（凡例）● 1960年代　━ 1970年代　━ 1980年代　━ 1990年代　2000年代 ●
（資料）　世界銀行，Penn World Table
（注）　1　実質経済成長率（2005年基準，ドル）及び1人当たり実質GDP（PPP，
　　　　　2005年ドル）は各年代の平均。
　　　　2　アジア減速国はタイ，マレーシア，中南米減速国はアルゼンチン，ブラ
　　　　　ジル，チリ，メキシコの平均。
（出所）　内閣府「世界経済の潮流」（2013年）

**図12-1　実質経済成長率と1人当たりGDPの推移（60年代以降）**

　また，G20のうちBRICS諸国とアルゼンチン，サウジアラビア，インドネシアの8か国を除いた12か国・地域はOECD（経済協力開発機構）の加盟国であり，その加盟条件として経済成長（加盟国の財政金融上の安定を維持しつつ，できる限り高度の経済と雇用，生活水準の向上の達成を図り，もって世界経済の発展に貢献する），開発（経済発展の途上にある地域の健全な経済成長に貢献する），および貿易（多角的・無差別な世界貿易の拡大に寄与する）の3つが設定されている。これらはほぼ先進国が果たすべきと期待される諸条件であり，OECDに加盟するに当たって誓約する。これらの条件を容認していたという意味では，G20

のうち 12 か国・地域には，それなりの経済発展に成功した先進国の自覚が芽生えているといえよう。残りのうち，BRICS 諸国は資本主義経済としては遠回りした発展を遂げたが，いまやそれなりの経済大国の道を歩みだしたといえる。アルゼンチン，サウジアラビア，インドネシアの 3 か国は G20 のうち，それぞれ南米，中東，ASEAN の代表的存在であり，それなりの経済発展途中にある。

　というわけで，G20 諸国は経済発展を達成したか，発展途中の国々に分類され，勝ち組対負け組でいえば明らかな経済発展の「勝ち組」になるだろう。しかし世界中には国連加盟国だけでも 200 か国近くあり，G20 なり OECD 加盟国は数の上では圧倒的な少数といえる。換言するならば，世界には「1 万ドルの罠」にとらわれてしまった国どころか「2 千ドルの壁」にさえ阻まれている段階の国々もあり，勝ち組と負け組の格差は縮小していないどころか，むしろ広がっている。

　経済発展の格差拡大という場合に，どの国も経済発展を望むとの価値判断が入り込む（**第 5 講**）。その価値判断にはおそらく多数が共感するのであろうが，世界には経済規模の拡大となる経済成長は目指さずに，国民の生活レベルを高め国民総幸福量を大きくするのを目標とする国がある。その国はヒマラヤ山脈に連なるブータンであり，世界一幸福な国とか，国民の 97% が幸福な国と紹介される（**第 2 講**）。ブータンは人口 70 万人に満たない小さな国で，国民 1 人当たりの GDP は 2006 年で 1,250 ドル，2017 年で 2,900 ドル程度で，通常の意味での経済発展には成功していない。山間地域にあり経済活動に不向きとの不利な条件もあるが，その国が世界一幸福だとするならば，何かからくりがあるのかもしれないとの疑念が湧くだろう。

　国民総幸福量（GNH, gross national happiness）は国民全体の幸福度を示す尺度であり，精神面での豊かさを数量化する試みといえる。GDP（国内総生産）があらゆる経済活動（付加価値）を集計するとしても，内容については不問として金銭的評価にのみ注目するのに対して，GNH は国民の生活を全く別の方向から比較・評価する基準を示すものになっている。2005 年に初めて行われたブータン政府による国勢調査では，「あなたは今幸せか」という問いに対し，45% が「非常に幸福」，52% が「幸福」，3% が「非常に幸福とはいえない」との回答が寄せられ，これらのうちの前二者を合計した 45＋52＝97% が，「国民の 97% が幸福な国」との解釈の余地を生んだのだ。

これとは別に，ブータンでは2年ごとに聞き取り調査を実施し，合計72項目の指標に1人当たり5時間の面談を行い，8,000人のデータを集めている。これを数値化して，歴年変化や地域ごとの特徴，年齢層の違いを把握する手立てとする。正・負の感情（正の感情が寛容，満足，慈愛，負の感情が怒り，不満，嫉妬）を心に抱いた頻度を地域別に聞き，国民の感情を示す地図を作成し，どの地域のどんな立場の人が怒っているか，慈愛に満ちているのか，一目で分かるものになっているという。

さて，GNHは9つの指標から合成される。①生活水準，②文化，③心理的幸福，④健康，⑤教育，⑥自分の時間の使い方，⑦環境，⑧コミュニティー，⑨良い統治，の9つだ。これらの中でGDPで計測できない項目の代表例としては心理的幸福が挙げられるが，それには国民へのアンケート調査が用いられている。

## ■ SDGs

格差拡大が危惧される経済発展事情であるが，2015年にすべての国連加盟国（当時は193か国）が2030年に向けて採択した開発目標（2030アジェンダ）があり，持続可能な開発目標（sustainable development goals, SDGs）という。持続可能な開発に関する地球規模の優先課題や世界のあるべき姿を明らかにし，地球規模の取組を行おうとするものだ。そもそも「持続可能な開発」とは，経済開発と人々の望む世界を現出させ，環境を守りながら成長とのバランスをとっていくことを意味する。具体的には，SDGs（エスディージーズ）は17のグローバル目標と169のターゲット（達成基準）からなる。17のグローバル目標は，具体的には表12-1のように設定されている。200近い国連加盟国すべてが合意する開発目標ということから，特定の国・地域に偏向した目標とか特別日常生活とかけ離れた目標とかがあるわけではなく，ごく普通の目標が列挙されている印象を受ける。

貧困（目標1）と飢餓（目標2）をなくし，すべての人に健康と福祉を（目標3），人や国の不平等をなくそう（目標10），平和と公正をすべての人に（目標16）といった開発目標は，経済発展の軌道に乗っていない国々にとって喫緊の課題といえる。他方，エネルギーをみんなに，そしてクリーンに（目標7），産業と技術革新の基盤をつくろう（目標9），気候変動に具体的な対策を（目標13），海の豊かさを守ろう（目標14），陸の豊かさも守ろう（目標15）といった開発

表 12-1　17 の持続可能な開発目標（SDGs）

> 1．貧困をなくそう
> 2．飢餓をゼロに
> 3．すべての人に健康と福祉を
> 4．質の高い教育をみんなに
> 5．ジェンダー平等を実現しよう
> 6．安全な水とトイレを世界中に
> 7．エネルギーをみんなに　そしてクリーンに
> 8．働きがいも経済成長も
> 9．産業と技術革新の基盤をつくろう
> 10．人や国の不平等をなくそう
> 11．住み続けられるまちづくりを
> 12．つくる責任 つかう責任
> 13．気候変動に具体的な対策を
> 14．海の豊かさを守ろう
> 15．陸の豊かさも守ろう
> 16．平和と公正をすべての人に
> 17．パートナーシップで目標を達成しよう

目標は，経済発展に成功した先進工業国が発展途上国に働きかけた開発目標であろう。残りの，質の高い教育をみんなに（目標4），ジェンダー平等を実現しよう（目標5），安全な水とトイレを世界中に（目標6），働きがいも経済成長も（目標8），住み続けられるまちづくりを（目標11），つくる責任，つかう責任（目標12），パートナーシップで目標を達成しよう（目標17），といった開発目標は経済発展段階にかかわらずよりよい生活を目指す上で重要な目標であり，開発目標としては中立的なものであろう。

# 12.5 本講のまとめ-------------------------------

　本講では持続可能性が問題となる財政赤字，現行制度の崩壊回避が問題となる年金問題，資産価格のバブルの崩壊の可能性，そして経済発展経路の収斂問題を取り上げ，それぞれの持続可能性について理論的な問題の整理を中心に，現実問題として顕在化する危険の程度を探った。これらの問題の持続可能性には共通に関与する要因とそれぞれの問題に固有の要因がある。共通の要因は，基準となる経済全体の規模の拡張スピードである経済成長率と財政赤字の累増，収支で増減する年金基金，発生・膨張・崩壊する資産価格のバブル，外部経済問題などのそれぞれ固有の問題の増大スピードとの間の相対的関係であり，経済成長率が個別の問題が悪化するスピードよりも高い限り，持続可能性には肯定的であり問題とならない。

　そうした持続可能性は国内経済にとってもグローバルな世界経済にとっても同様となる。世界経済には，現在いくつかの問題で持続可能性の問いが投げかけられている。2酸化炭素 $CO_2$ などの温暖化ガスによる地球温暖化やかつての開発後進国の経済成長による世界規模の経済活動による大気汚染や酸性雨，海洋プラスティック等々，グローバル化した経済はほぼ世界同時に同じ困難に直面する状況になっている。2020年に急展開した新型コロナウイルス感染症によるパンデミック（世界的大流行）は，短期間に1930年代の世界大不況（大恐慌）時を上回る経済減速と各国の失業率の増大をもたらし，世界はまさに一体の存在との認識を新たにした。そのような地球規模の一体性・連動性は，個別の国民経済単独の問題ばかりでなくグルーバル経済の持続可能性にまで疑問を投げかけるまでになった。こうしたグローバル経済の持続可能性の問題は，今後ますます鮮明化するであろう。感染症のパンデミックは短期間の間に世界中に及んでしまうことが，2020年の新型コロナウイルスの世界的伝播ではっきり証明されてしまったのであり，同様のパンデミックは今後も起こる可能性は否定できない。

　パンデミックと同様の世界中への伝播の問題は地球環境問題でも生じているのであり，その対処法についても本講で取り上げた。近年頻繁に発生する異常気象現象も地球温暖化によるものと説明される場合があるように，温暖化ガスによる地球温暖化はさまざまな問題を引き起こしており，今後より大きな災害

をもたらす可能性もある。

問題 12.1　持続可能性の問題の多くは，対 GDP 比の収斂で議論される場合が多く，経済成長率や人口成長率が高いと，持続可能となる。財政赤字や年金，バブルや経済発展も然りといえる。それでは，経済成長率やそもそもの人口成長率を高めるにはどうしたらよいだろうか。

問題 12.2　基礎的財政収支が対 GDP 比で 6% の赤字とする。経済成長率が当分の間 2% で持続すると予測されるが，実質利子率が 3% でこれも当分持続すると予測される。このとき，GDP の 2 倍に達する累積財政赤字は持続可能だろうか？

問題 12.3　バブルはファンダメンタルズを超えて資産価格が上昇した分なので，それが崩壊するのは時間の問題だ，と見定める人は多い。しかし，「もうはまだなり」でバブルと思われていたものが持続する場合もある。これはどのような場合だろうか。

問題 12.4　表 12-1 の 17 の持続可能な開発目標（SDGs）のうち，日本経済では目標が達成されていないのはどれか。

# 第13講
# これができると経済学に強くなる：その1

■『経済学入門15講』も残り3講となった。経済学の入門書としては，一部を除いて経済学の内容そのものには深入りを避け，全体の流れを理解することに努めた。そのために，経済学の細部にわたる知識が十分についたとは言い難い面もあると思われ，本講を含めた残りの3講では有終の美を追求することにしたい。具体的には，**第13講**と**第14講**では，経済学で頻繁に登場する概念や枠組みを取り上げ，それらにはどのように対処したらよいのかの共通項を説明する。それらをマスターできれば，経済学に強くなれるはずだ。最後の**第15講**では，経済学で世の中のどこまで説明できるのか，いわば経済学の射程を探る。

　第13講で取り上げるのは，「経済学を理解する」vs「経済を理解する」，需要と供給の両面を見る，相互関連を見抜く，一時的か永続的か判別する，そして良い投機と悪い投機を見極める，の5つの小項目であり，これらの見極めがさまざまな経済問題を比較対照して全体を理解するのに役立つだろう。もちろん，どの小項目も，ほんらいは奥深い内容がぎっしり詰まった話題を提供するが，本講では，あくまでも直接的に的を射る入門レベルの簡潔な記述に努める。

## 13.1　「経済学を理解する」vs「経済を理解する」···

　経済学を理解するには，現実の経済がどのように展開・機能しているかを理解することが重要であることを，繰り返し指摘してきた（**第2講**，**第6講**）。経済主体間による市場での取引をベースとした資本主義経済をモデル化したのがアダム・スミスを父とする経済学の起源・歴史であり（**第3講**），「経済学を理解する」のには「経済を理解する」のが前提となるといってもよいであろう。

## ■ 経済を見る

　「経済を見る」のは「経済を理解する」と言い換えてもよいが，それには唯一無二の見方があるのではなく，大切なのはどれかの見方で一貫することであり，その際には対立する考え方や解釈があるのは常のことと達観すべきでもあることだ。達観するということは，別の見方を完全に否定することではないし，また他の見方に屈することでもない。いわばある程度のゆとりをもって経済に接するのだ。

　経済学には，近代経済学とマルクス経済学，マクロ経済学とミクロ経済学，古典派経済学とケインズ経済学，……といった対峙する経済学の考え方が併存しているばかりでなく，百花繚乱の経済学が歴代の経済政策や日々の生活の隅々にまで浸透済みといってもよい（**第3講**）。これらの経済学から1つないし数種類を選んでマスターし，自分なりの経済学を確立する。その経済学に沿った形で現実の経済を見て，自分なりの解釈ができるまでになる——その段階に至って初めて経済学が分かることになったのだ。

　かくの如く「経済学を理解する」には「経済を理解する」のが十分条件というわけではないが，触媒のような役割を果たすと考えられる。現実の経済の実態を見ておくことは，経済学を学んで系統だって経済の制度や機能を整理しモデル化するなり，学んだことを整理して何らかのレポートを書いたりする際に大いに役立つだろうし，経済学の理論をストレートに呑み込めない場合にも，現実の経済を思い起こすことによって理解の助けにもなる。

　経済を理解するに当たって，唯一無二の正解の見方があるのではなく，大切なのはどれかの見方で一貫することであり，対立する考え方や解釈があるのは常のことと弁えておくのが重要になる。一貫することが重要なのは，論理展開している中のどこかで矛盾が生じてしまうと，そこまでの論理自体に疑問が生じ瞬時に説得力を失うからだ。

　例えば，価格が上がると需要が減少するという縦軸が価格，横軸が数量の図で右下がりの需要曲線はほとんどの場合正しい。しかしそうとはならずに，価格が上がって需要が逆に増える財サービスとしてギッフェン財がある（**第8講**）。代替効果と所得効果のうち所得効果が大きく，なおかつこの財サービスが下級財の場合だ。制度学派の見せびらかしの消費が優勢な場合と考えてもよい（**第3講**）。

　さて，ある財サービスの消費動向をめぐって議論となり，ギッフェン財でな

い通常の財サービスであることを前提にした議論を展開していたが，途中で，この財サービスが下級財であり所得効果が代替効果を上回るギッフェン財であることが判明したとしよう。その後の論議において，あくまでもギッフェン財でないことを前提とした議論を続けるか，そこで論理展開を修正するかが問われる。論理の一貫性を最重要視する立場からは，ギッフェン財であることが判明した段階で，そこまでの主張が破綻したのであるから，この論争の敗者になったのを認めるのが筋であろう。

　しかし，論争の敗者になるのを容認できない人もいて，ギッフェン財か否かは大勢には影響がないとして論点変更を画策するのも考えられる。しかし，それをすると「経済学を理解しているのか」に疑問符が附され「経済を理解する」にもマイナスのイメージになる。ギッフェン財のような高いレベルの知識が必要な論点は稀なことだが，論争が広い分野にまたがる場合には，時に一貫性が保たれないこともあろう。経済学にはいろいろな経済学があり，経済の見方は大いに異なったものになる可能性がある。経済学者の間では，「10 人の経済学者を 1 つの部屋に集めた場合に，11 の意見が出てくる」との古いジョークがあるほどだ（コラム 13.1）。

---

**コラム13.1　10 人の経済学者に 10+α の考え方がある**

　かつて経済学者の間で流行ったジョークに，「10 人の経済学者を 1 つの部屋に集めた場合に，11 の意見が出てくる」というのがある。これは厳密には 11 の意見に限らず，10 を上回れば 12 でも 20 でもいい。経済学者の意見は多様で，1 人の経済学者も 1 つの意見に拘泥せず，同時にいくつもの意見を表明することがあり，このことは経済学者なら常日頃から感じていることだ。

　このジョークが意味するのは，どの経済学者も自分が身に付けた経済学の考え方をもっているが，同時に別の意見を表明するほどの知識ももちあわせているということで，世の中に唯一無二の経済学があるわけではないことを示す。政府が何をすべきかといった経済政策に関しての意見がしばしば経済学者で分かれるし，また 1 人の経済学者も時期によって異なった政策を支持することがある。経済政策は必ずしも経済学の知識のみがその必然性を確立できるものではなく，歴史的経緯や政治的要因が関与する場合も多いことから，複数の経済政策に意義を認めることもあり，それが複数の意見をもち得ることになるといえよう。

　もう一つの意味は，経済学は社会科学のうちで最も多くの大学の学部が設置されている学問であり（**第 1 講**），広く人口に膾炙しているが，ミクロ経済学にしろマクロ経済学にしろ解答が 1 つという学問体系ではなく，多くの可能性が残されていることである。経済学は価値判断から自由な学問であることを標榜し（**第 5 講**），いろいろな理論が併

存する際には，反証可能性を念頭において，実証分析によって検証してきた（**第10講**）。この実証分析が対象とするデータセットによって異なった判定に至ることもあり，それが経済学の唯一無二性を阻んできたか，あるいは決着がつかずに同時共存性を許してきた経緯がある。

　「経済学を理解する」のに前提（あるいは必要十分条件）として「経済を理解する」ことが挙げられてきたのは，天文学や医学とも同様であるが，理論が現実を説明できることと同時に，現実によって理論が精錬され，現代にまで生きながらえてこられたものになっていることがある。

　この辺は，ラマルク（Jean-Baptiste Lamarck, 1744-1829）の用不用説，すなわち獲得形質の遺伝という進化論を思い起こさせる。他の理論や実証分析結果との競争に勝つことによって，あるいはより端的には，負けずに棄却されなかったことによって理論が生き延びており，そういう理論が複数個共存することが，経済学の唯一無二性から遠ざけているというものだ。経済学にとってはラマルク理論が説得力を有する。しかしながら，ラマルクの理論は，後に偶然のDNA（遺伝子）突然変異のうち適者生存によって生き延びたものから結果的に進化が起こるとのダーウィン（Charles Darwin, 1809-82）の進化論に敗北し，学界での評価が転換した。ラマルクの獲得形質はいくら身に付いたものでも，（後に明らかになったが）DNAレベルで変化が起こるものではなく，遺伝しないのだ。

## 13.2　需要と供給の両面を見る

　新古典派経済学の創始者の一人で命名者でもあったケンブリッジ学派のマーシャル（Alfred Marshall, 1842-1924）（**第3講**）は，その主著『経済学原理』の中で，需要と供給をハサミの両刃にたとえ，価格決定においては両者が等しく役割を果たすことを強調した。右下がりの需要曲線と右上がりの供給曲線が交差する図を同じく交差するハサミの両刃にたとえたもので，ハサミがそうであるように，どちらか一方だけ取り出したのでは使い物にならないと警鐘を鳴らしたのだ。

### ■ 需要と供給のハサミ
　マーシャルと同様に，需要と供給両サイドが市場均衡に同等の役割を担うとの趣旨は，経済学全般の基礎理論に貢献したサミュエルソン（Paul Samuelson, 1915-2009）によっては，「神は経済学者に2つの目を与えた。一つは供給サイ

ドを見るために，もう一つは需要サイドを見るために」と表現されたのだった。この体でいけば，（サミュエルソン自身が言明したわけではないが）耳や手が2つずつあるのも，それぞれ供給と需要に関係付けられよう。また，しばしば需要と供給が分離されず混同されることがあるのは，経済学者にも声を出して説明する口は1つしかないことで納得できるだろう。

サミュエルソンの両眼の指摘は，眼鏡をかけた場合とか白内障で見えにくい場合などの細部の詰めが必要になる場合もあるだろうが，総じて直截的で理解しやすいだろう。これに対して，マーシャルの両刃のハサミのたとえは，ハサミを分解した2つの刃それぞれを問題にしているのか，両刃が交差する支点が市場均衡点になることが問題なのかが，分かりにくい。「どちらか一方だけ取り出したのでは使い物にならない」とのくだりからは，切り離した2つの刃それぞれが対象との印象を受ける。

マーシャルのハサミの両刃のたとえについては，それによってマーシャルは市場の均衡を前提にしていた均衡論者だったとか，（すべての市場を同時に考察する一般均衡分析でなく）個別市場の均衡の図ですべてが理解できるとの部分均衡分析を前提にしているとか，何が大事なのかを明示しており，マーシャルの経済学方法論すべてを彷彿させるものだとの論議がなされる場合もあるほどだ。しかし，ここではそうした問題にまでは立ち入らないで，マーシャルが喚起した需要と供給の2面の理解の重要性のみに焦点を当てる。

実際，マーシャルやサミュエルソンを持ち出すまでもなく，経済学のほとんどの問題は，需要と供給の2面から分析するのがバランスのとれたアプローチになっている。逆にいうならば，経済問題は需要サイドと供給サイドの2面から考察するのが常道となっており，そうしないと真実から遠ざかってしまう危険があるとも主張される。例えば，ある財サービスの価格が上昇したとしよう。それがなぜ起こったかの原因を追究する場合，需要が増加したからか，供給が減ったからなのか，あるいは別の要因があるのだろうか，といった問題に直面する。どの原因かによって，適切な対処法が異なるからである。こうした問いに対しては，マーシャルの両刃のハサミの動き方を追跡することで正しい解答に至ることができるのだ。

供給サイドと需要サイドの見極めは，個別の財サービス市場ばかりでなくマクロ経済にも適用できる。**第9講**で確認したように，インフレにはディマンドプル・インフレとコストプッシュ・インフレがあり，マクロ経済での物価上昇の

原因を解明するには，物価上昇とともに生産量（実質GDP）がどのように変化したかを見極める必要があることを学んだ。総需要曲線が右にシフトして起こるディマンドプル・インフレでは，生産量も増加する。これに対して，総供給曲線が左に（上に）シフトして起こるコストプッシュ・インフレでは，生産量は減少する。物価高の不況ともいわれるスタグフレーションだが，これは総供給曲線が上方にシフトしたために起こるのだ。

　労働市場でも同様であり，価格の変化と同時に数量の変化にも注視する必要がある。賃金が上昇したと同時に労働時間が増加したとすれば，それは労働需要を増大させるショックがあったのであり，労働需要曲線を右にシフトさせたと考えられる。賃金の下落があって同時に労働時間が増えたとすれば，労働供給曲線が下方にシフトしたと考えればよい。

　かくのごとく，労働市場も含めて，経済が問題となるのは，需要と供給に絡むのがすべてであり，それらは一対のハサミの刃の動きで解釈できる。そこに至るには，需要曲線と供給曲線がどのような要因でシフトするか，換言すれば，個々の経済主体が抱く期待感や政府の経済政策に呼応して反応するのは何か，何らかのショックが起こったとして，それが需要と供給にどのように反映されるのか——それらが分かればほぼすべての問題が解決する。その際の大きな助力となるのが，一対のハサミの刃の動きによる市場均衡の変化の確認であり，それはまさに需要と供給のハサミの図を使って分析できるのだ。

### ■ 需要と供給の制約

　需要と供給の両刃が特殊な形状となる例として，完全な需要制約と完全な供給制約のケースを取り上げよう。完全な需要制約とは需要サイドのハサミの刃が（縦軸が価格，横軸が数量のグラフにおいて）垂直になる場合であり，完全な供給制約は逆に供給サイドのハサミの刃が垂直になる場合だ。需要曲線なり供給曲線が垂直になるということは，どのような価格水準であっても需要量や供給量が変わらないことを意味し，いわば需要や供給が価格に反応しない状況になる。こうした数量制約の下でもハサミの両刃が合致する交点が市場均衡に対応し，価格と数量が決まるのだが，そのうちの数量は数量制約のある方の目一杯の数量に落ち着く。

　第9講では，ケインズ経済学の体系は需要制約のある経済，古典派経済学の体系は供給制約のある経済と整理した。ケインズ経済学の体系は，最大限の総

供給をもたらす潜在的生産量を下回る総需要が持続する経済が念頭にあり，労働市場では非自発的失業が発生している。この経済に有効需要（総需要）を増やすための公共投資などの財政政策を発動すると，マクロ経済の需要制約が緩んで，その分生産量が増大し非自発的失業は減少する。これに対して，古典派経済学の体系では労働市場で完全雇用が実現され，マクロ経済の総供給は完全雇用 GDP の水準で決まる。総需要がいくら増大しても，マクロで完全雇用 GDP の供給制約が働き，GDP はその水準を上回ることはない（短期的に上回ることがあるとインフレギャップとなり物価上昇を招く）。

　供給制約がある場合にその制約から解放されるには，個別の財サービスの問題であれば，他の希少資源を代用することによって供給を増やすことが可能であろう。しかしながら，問題がマクロ経済全体だとすれば，自由に利用可能な希少資源がないことが出発点であるから，経済成長によって潜在的生産量でもある完全雇用 GDP を拡大することによって希少資源を確保するしか術がない。2020 年に急展開した新型コロナウイルス感染症のパンデミック（世界的大流行）の際にマスクの品不足が長期間解消せず，緊急事態宣言が発出された後には買物でスーパーに入店する際に人数制限や買物カゴ制限，あるいは 3 日に 1 度の買物が励行された。これらは供給制約の例といえるが，供給が限られる例としては他にも 1 日 30 個限定のランチメニュー，コンサート入場券やスポーツの観戦チケット等々，日常生活でも少なくない数の例が挙げられる。

## ■ セイ法則とワルラス法則

　古典派経済学の体系のついでにセイ法則について指摘しておこう。これは，「供給はそれ自身の需要を創造する」との内容であり，完全雇用 GDP の総供給は価格体系の調整によってそれに等しい総需要を生み出すとの考えで，セイ（Jean-Baptiste Say, 1767–1832）によって主張され，リカードやミルの古典派経済学の完全雇用経済を支える基礎理論であったが，ケインズの『一般理論』で強く批判された（**第 3 講**，**第 9 講**）。ケインズにとっては，財サービス市場でセイ法則が成立するか否かは，労働市場で完全雇用均衡が成立するか否かとともに立ちともに倒れる関係なのだ。

　なお，セイ法則はワルラス法則と似通ったものだが，念のために峻別しておこう。ワルラス法則はフローの市場とストックの市場の 2 つのバージョンが考えられる。フローの市場版では，すべての財サービスとストックの増加分（貯

蓄）が対象であり，各経済主体は予算制約式の下で予算を財サービスと貯蓄に振り分ける。それを合計するとワルラス法則が成立する。ストックの市場版では，すべての種類のストックの総需要と総供給は等しいというもので，各種の市場に振り分けられる貯蓄も含める場合と含めない場合がある（連続モデル分析では含めないが期間分析モデルでは含めることがある）。

セイ法則は，ストックの増加分（貯蓄）を除いて，すべての財サービス市場を対象として，総需要と総供給が等しいとする。フロー市場版のワルラス法則から，貯蓄分を除いた市場でのワルラス法則がセイ法則と考えてもよいが，貯蓄分も含めて考える場合には，貯蓄に関しては需要と供給が常に等しいと仮定したものと解釈することも可能だ。

ワルラス法則は貯蓄も含めてすべてのフローの市場を対象とするので（予算制約が満足されている限り）常に正しいが，そのうちの貯蓄を除いた財サービスのみを対象とするセイ法則については，完全雇用経済を前提としない場合には常に正しいというわけにはいかないのだ。

## 13.3 相互関連を見抜く──────────────────

### ■ 一般均衡は同時決定

第4講で見たように，市場均衡と主体均衡が同時に成立している状況を，問題とする財サービス市場の一般均衡（general equilibrium）という。すなわち，一般均衡では，需要と供給が等しいという意味での市場均衡に加えて，経済主体がその状態で取引するインセンティブを有しているという意味での主体均衡にあることを示している。すなわち一般均衡では，人々は喜んで取引に参加し，取引に過不足が生じない状態にある。しかも，第8講でも確認したが，完全競争下においては，取引による需要者側と供給者側の満足を金銭単位で合計した社会的総余剰は市場均衡での取引の量で最大になる。

他方，第4講や第6講で確認したように，$n$個の財サービスがある経済だと，一般均衡はすべての財サービスについて市場均衡と主体均衡が同時に成立する状態だ。$n$個の財サービスがある経済で，1個の個別の財サービス市場の一般均衡のみを取り上げるのは，部分均衡になる。この意味での一般均衡分析はワルラスに，部分均衡分析はマーシャルに帰着される。$n$個の市場の一般均衡分

析だと，これらの財サービスの市場均衡を表す数式があり，$n$個の連立方程式体系となる。注意しなければならないのは，この経済で活動する経済主体は所得をすべて$n$個の財サービスに使い尽くす（貯蓄を考えてもよいが，問題が複雑になるのでここでは捨象）ことから，予算制約式を踏まえると，$n$個の方程式のうち1つは独立でない。すなわち独立な方程式は$n-1$個になる。ワルラス法則である（**第6講**，**13.2節**）。

さて，どちらの一般均衡を問題にしようとも，その状態においては市場均衡と主体均衡が達成されるのであるから，すべての経済指標なり資源配分状況は同時決定される。換言するならば，どの資源配分状況も，他のそれに影響を及ぼすことなく独立に決定されることはない。さらに言い換えるならば，ワルラス法則からの必然性を待つまでもなく，すべての資源配分は互いに影響し合うのであって，経済問題としての相互関連を見抜く力が問われる。

## ■ 代替財と補完財

消費行動において，財サービスは代替財と補完財に大別される（**第7講**）。財サービスAとBが代替財であるとは，AとBの消費方向が逆になる財の組合せであり，Aが増えるときにはBは減る関係にある。逆にAが減るときには，Bの消費は増加する。次に，財サービスAとBが補完財であるとは，AとBの消費方向が同方向になる財の組合せであり，AとBの消費はともに増えたり減ったりする。

世の中にはコーヒーとミルク・砂糖，あるいは自動車の左側のタイヤと右側のタイヤのように，財サービス同士の支出が補完的になる組合せも多い（他にもいろいろあるだろう）。このような財サービスは独立には支出されない。補完財は同時に消費されるから，予算制約式の制約を満たす範囲で，ともに増えたりともに減ったりするのだ。ちなみに，2財の場合には補完財はあり得ない。予算制約を踏まえると，両方の財を同時に増やそうとすると予算オーバーになり，実現できないからだ。2財の場合には，必然的に代替財にならざるを得ないことになる（仮に本当に補完財の2財しかないならば，予算制約がちょうど満たされるように相対価格が変化するであろう）。しかし，世の中に2財しかないということはまずないであろうから，代替財と補完財は対称的に取り扱うことができよう。

このような財サービス間で見られる需要サイドの消費における代替財と補完

財の関係は，供給サイドでの生産における生産要素の代替・補完関係や産業・企業間での産業連関表の産業間リンクなどにも存在する。需要サイドの消費でも，予算制約の所得の伸び以上に増えるか否かで上級財（普通財）と下級財（劣等財）に分かれ，下級財の中には価格が上がると消費が増えるギッフェン財もある（**第8講，13.1節**）。これらを踏まえるならば，財サービスの間での相互関連はたまたま見られる特殊なものではなく，経済活動全般であまねく認められる相互関連事象なのだ。

## ■ 因果関係を押さえる

　財サービス同士に生じる相互関係としては，代替財と補完財の関係の他にもいくつか考えられる。第1に，時系列としての経済変数（経済指標）の因果関係がある。どのような経済変数（経済指標）についても過去からのデータを時間の流れで整理すると時系列データとなることから，時系列データそのものは普遍的に構築される。時系列データから検証できる関係には，計量経済学の回帰分析などで確認できる関係（例えば消費関数や投資関数）もあるが，そのような時系列データ同士から特別に検証されるのが，経済変数同士に原因と結果としての因果関係が存在することだ（**第10講**）。

　因果関係でしばしば検証の対象となったのに，貨幣供給量と名目 GDP の間での因果性があった。すなわち，「貨幣供給の変動が名目 GDP の変動をもたらす」のか「名目 GDP の変動が貨幣需要の変動をもたらす」のかの論争であり，長い間決着がつかず未解決であった。1976 年のノーベル経済学賞受賞者でマネタリストのフリードマン（Milton Friedman, 1912-2006）が唱えたのが "Only money matters." で 1930 年代の世界大不況についても誤った金融政策が大恐慌を悪化させたと主張し続けた。日本経済を念頭に置くと，アベノミクスを先導したのもリフレ派と呼ばれたマネタリストの信奉者であったが，アベノミクスの下での量的緩和政策によっても年率2%のインフレ目標の実現に成功しなかった（2020 年の上半期までの実績で評価）。フリードマンが生存中には，マネタリストに有利な因果性の検証結果が報告されていたが，現在フリードマンが生存していたら，日本経済や世界経済での量的緩和政策を目の当たりにした際に，マネタリズムの無力さや敗北を認めるであろうか？

　因果性の検証は，それで「卵が先か，鶏が先か」の決着がつくかであるが，この問題の解答としては，どちらの知識（情報）を有することが他の予測に貢

献するかで決着をつけるとの因果関係の整理の仕方に問題があろう。検証対象となる経済の実態から離れたところでの検証にどれだけの意味があるかについては,「天気そのもの」と「天気予報」の間での因果性検定で, 後者が前者を引き起こすとの決着になることで明らかだろう（**第10講**）。

## ■ 相互関連を見極める

一般均衡は同時決定だということと経済全体ではワルラス法則が制約となることを踏まえると, 経済変数間にはすべての変数が他の変数と独立に自由に決定されるわけではないことが理解される。代替財や補完財の程度が大きければ,互いの変動が際立ったものになるだろうし, 回帰分析などで検証済みの関係ならば, それらの変数間の連動性や因果性もはっきりする。こうした経済変数間の相互関連性を理解しているのと理解していないのとでは, 何らかの外生的ショックが発生しその対処法をデザインする際や, 全般的な経済活性化政策を起案する際にも大きく関わってくるだろう。経済学者が経済事情を理解し, 改善策を考える場合にも同様の情報源となるといえる。

経済学者でなく経済学徒としても, 経済の中での相互関連を理解することは重要であり, 経済主体の主体均衡の分析を行ったり, マクロ計量モデルにどのような経済変数が登場するかを吟味すると, 経済変数間や財サービス間に存在する相互関連をベースにして謎解きを行ったりすることにいかに役立つかが分かるであろう。

## ■ 期待形成次第で反応が変わる

経済の中での相互関連を理解することが重要であるとして, **13.3節**を小括するに当たって改めて強調しておきたいのは, 経済主体の期待（予想）形成の多様性である。経済をモデル化したりその説明をするに当たっては, 経済主体の期待形成の多様性については十分考慮するように指摘はする。しかしながら,実際の取り扱いの際には, 多くの経済主体の平均的な期待形成にのみ注目する場合がほとんどである。多数決ルールに則っているというわけではないが, 経済主体の期待形成の平均が実際の経済現象の予想として的中するとの合理的期待形成仮説（rational expectations hypothesis）を前提するか, （結果的には同じことになるが）平均的な経済主体を代表的経済主体と認定し, その期待形成として合理的期待形成仮説を出発点とする場合が多い。

期待形成に立ち入れば，不確実性下や将来の状況を判断した上での人々の考え方が多様なことは，株式市場や商品市場が活況を呈する根源にもなっている。予想が異なるからこそ買い手と売り手が同時に現れ，取引が成立するのだ（他にも初期状態としての資産賦存や資産総額の相違による効果もある）。これらの取引では，順張りと逆張りとの用語があり，例えば株価が下がる兆候があった場合に，今後はもっと下がるだろうと予想して売り手になる投資行動が順張り，逆に下がったのだから今後は上がるだろうとして買い手に回るのが逆張りだ。株価が上昇・下降トレンドにあるときに，そのトレンドに乗っていく投資スタンスが順張り，そのトレンドに逆らう投資スタンスが逆張りといってもよい。

　順張りにしろ逆張りにしろ，その投資によって利益が上がる場合と損失となる場合があろう。長い期間をとれば，勝ち組と負け組に分かれるのだろうが，短期の投資パフォーマンスでは，事前にはどちらが利益が上がるかは不確実で，それゆえに投資行動が異なったものになる。経済の中での相互関連も，こうした期待形成の相違によって，プラスだった相関がマイナスになったり，逆にマイナスだったものがプラスに転じる場合もあることから，相互関連も常に同じというわけではないことに注意する必要がある。

---

### コラム13.2　期待形成仮説のいろいろ

　マクロ経済モデルを構築する際に，将来に向かっての予想インフレ率を示す期待インフレが実際のインフレ率に影響を及ぼすのが普通の理解になっている。フィリップス曲線の関係でも，失業率とのトレードオフ関係に加えて，期待インフレがそのまま（あるいはその一定割合が）実際のインフレを惹起するメカニズムも付加される（**第9講**）。それでは，期待インフレはどのように形成されるのだろうか？

　期待インフレの形成にはいくつかの仮説がある。従来から使われてきたものに，適応的（または適合的）期待形成仮説や定常的期待形成仮説がある。適応的期待形成仮説（adaptive expectations hypothesis）は，$\pi^e$ を前期に形成した当期の期待インフレとして

$$\pi^e = \pi^e_{-1} + \beta(\pi_{-1} - \pi^e_{-1}), \qquad \beta \geqq 0 \qquad (13\text{-}1)$$

を仮定する。ここで，$\pi^e_{-1}$ は前期の期待インフレ率であり，(13-1) 式は前期の実際のインフレ率と前期に形成された期待インフレとの間の事後的な誤り分（$\pi_{-1} - \pi^e_{-1}$）の一定割合 $\beta$ だけ，前期と比べて今期の期待インフレ率が改定されることを意味している。

　なお，適応的期待形成仮説としては (13-1) 式の代わりに，実際のインフレ率のタイミングを代えて

$$\pi^e = \pi^e_{-1} + \gamma(\pi - \pi^e_{-1}), \qquad 0 \leqq \gamma \leqq 1 \qquad (13\text{-}2)$$

とする定式化も考えられる。（13-1）の定式化だと，今期の期待インフレ率は今期の実際のインフレ率とは独立に決定されるのに対し，（13-2）の定式化だと（全体のマクロモデルでは）今期の期待インフレ率と今期の実際のインフレ率は同時に決定されることになる。インフレの動向が不確定であり，それを見極めながら期待インフレを形成する様相のモデル化と考えればよいであろう。

　適応的期待形成仮説の（13-1）式や（13-2）式において $\beta$ や $\gamma$ のパラメータを特定化すると，2 つの特殊ケースが導かれる。第 1 に，（13-1）式の $\beta=0$ と（13-2）式の $\gamma=0$ のケースが同じく $\pi^e=\pi^e_{-1}$ となり，結果的に期待インフレが毎期同一になる定常的期待形成仮説を意味する。第 2 に，（13-1）式の $\beta=\infty$ と（13-2）式の $\gamma=1$ のケースであるが，前者では（13-1）式の両辺を $\beta$ で除した後に $\beta\to\infty$ の極限をとって $\pi_{-1}=\pi^e_{-1}$ が導かれ，後者では（13-2）式の右辺が整理されて $\pi^e=\pi$ が導出される。すなわち，タイミングが異なるものの，いずれも期待インフレ率と実際のインフレ率が等しいという合理的期待形成仮説を意味する。

　定常的期待形成仮説は，文字通り，何事があっても期待インフレ率は変えない期待形成であり，インフレが安定している時期の期待形成仮説に向いているであろう。定常的期待形成仮説は，実現値が次の期の期待インフレになるとの静的期待形成仮説（static expectations hypothesis）を定常状態に当てはめた場合の期待形成と考えることができる。静的期待形成仮説は，もともとの期待形成の対象がランダム・ウォークしている系列ならば，次に述べる合理的期待形成になる。

　その合理的期待形成仮説（rational expectations hypothesis）は，もともとは期待形成時には利用可能な情報を最大限効率的に活用することを前提としており，その帰結としてあらかじめ予想可能なシステマティックな誤りは犯さないと考える。すなわち，予想は平均的には的中するのであり，確率的な要素が存在しない決定論的な世界では完全予見（perfect foresight）を意味する。合理的期待形成仮説は，期待が平均的に的中するという意味での期待形成において学習過程が行きつく中長期の均衡状態として捉えるのがもともとの発想だったが，後に短期の各期各期において各経済主体が「期待均衡」の状態を予想し期待形成をしていると解釈する行動様式として採用されることとなった。

## 13.4　一時的か永続的か判別する--------------

### ■ ショックの持続性

　2020 年に急展開した新型コロナウイルス感染症のパンデミックに対しては経済活動が大きく制約を受け，世界の GDP もマイナス成長となった。この際に国によっては大都市はロックダウン（都市封鎖）の対象となり，公共交通網が途絶え外出を制限される生活を強いられた。人々がこの生活を楽観的に受け

止めたか悲観的に受け止めたかは，ロックダウンとコロナウイルスの感染の収束をどれくらい先のことと見込んでいたかによろう。すなわち，コロナショックの持続可能性だ。2-3年先の長期間とみたか，2-3か月の短期間とみたかによって，所得が抑制された中での貯蓄の取り崩し行動に差が出たろうし，職を失った労働者の職探し行動にも差がでただろう。

　一般に，外生的なショックが永続的なものか一時的なものかによって，それにどのような対応が望ましいのかが異なってくる。永続的なショックならば，それに何も対処しなければ，そのショックは永続することになる。ショック自体が経済や国民生活に望ましいものならば，それが永続するのが望ましいということもあり得るが，望ましくないショックの発生に対しては，瞬時の遅れもない対応策が必要になる。これに対して，ショックが一時的なものであれば，何も対応しなければショックの影響は一時的なもので次の期には消失する。しかしながら，一時的なショックに誤った制度改正や永続的な政策発動をしてしまうと，一時的なショックが消失した後の経済に不必要な負担をかける事態になる。

　すなわち，一般論としての政策対応としては，永続的なショックには直ちに対応し，一時的なショックには静観するのが求められるのだ。理論的な正解になる対応を理解していても，困難なのはショックの見極めであり，そのショックが永続的なものか一時的なものか，あるいは新型コロナウイルス感染症・ショックについてそうであったように，それがどれだけの期間持続するのかの見極めが正確にたてられないことにある。ショックそのものの検証が覚束（おぼつか）なければ，正しい対応策を発動しようがない。

　ここにおいて，政策発動についての大きな政策規模を一度で発動するワンショットの政策運営か，小出しの政策を調整していくステップ・バイ・ステップの政策運営かの決断が必要となる（**第11講**）。実際のショックがどのようなものかに不確実性があることから，最適な政策発動は望めないが，次善の策としてどのようにすればよいのかだが，これも理論的には，ショックの持続性の尺度となる系列相関の値に応じて微調整することになる。当然ながら，持続性が高ければワンショット政策運営に近いものにし，持続性が低いならばステップ・バイ・ステップ政策運営に近いものになる。

## ■ ランダム・ウォークとホワイトノイズ*

ショックの持続性を解明するために時間の連続分析から期間分析に視点を変えよう。期間分析の場合には，永続するショックはランダム・ウォークで表される（第1講，第7講，第12講）。$x_t$ をある経済変数の $t$ 期の値とする。$x_t$ がランダム・ウォークに従っていると

$$x_t = x_{t-1} + u_t \tag{13-3}$$

と表される。ここで $u_t$ は平均が0，分散が一定の確率項で，過去の $u_{t-j}$（$j \geqq 1$）とはいっさい相関がない無自己相関（無系列相関）のホワイトノイズ（白色雑音）の確率変数である（周波数領域で見た場合に，可視領域の広い範囲を万遍なく含んだ光が白色（透明）であることに由来し，光以外の周期性を示す確率変数にも用いられる）。

（13-3）式を $t=0$ まで戻って順次書き換えると，

$$x_t = u_t + u_{t-1} + \cdots + u_1 + u_0 \tag{13-4}$$

となり，ランダム・ウォークの確率変数はホワイトノイズの確率変数の等ウエイトの累積和であることが理解される。言い換えるならば，過去のホワイトノイズ・ショックをそのまますべて抱えたのがランダム・ウォーク系列の特徴であり，ホワイトノイズを一時的なショックとしたならば，ランダム・ウォークは永続的ショックに基づくものであることが理解される。

（13-3）式に戻って，政策変数 $g_t$ を導入する。この政策変数は，前期のショック $u_{t-1}$ をすべて解消しようとするものであり，

$$g_t = -u_{t-1} \tag{13-5}$$

とする。実際にこのようにコントロールできるのかという制御可能性の問題もあるが，ここでは完全に（13-5）式が成立するとしよう。すると，$g_t$ を加えた（13-3）式は

$$x_t = x_{t-1} + u_t - u_{t-1} \tag{13-6}$$

となるが，この政策を過去から行ってきたと想定するか，今後も続けると想定してタイミングを順次過去にさかのぼることによって

$$x_t = x_0 + u_t - u_0 \tag{13-7}$$

となっている。すなわち，前期のショックをすべて打ち消す政策（13-5）は永続的なショックの消去に成功する。

これに対して，各期のショックがホワイトノイズのみで（13-5）式の政策がとられるならば，（13-3）式は

$$x_t = g_t + u_t = u_t - u_{t-1} \tag{13-8}$$

となり，（13-5）式の政策は毎期のショックを持ち越し，各期のバラツキ度（分散）をかえって倍化させてしまうことが分かる。一時的なショックを打ち消すという意味では失敗に帰するのだ。

## ■ 均衡への収斂スピード

リーマン・ショックなり新型コロナウイルス感染症のパンデミックなり，経済を襲う新たな事態にどう対応するかは，その事態を放任した場合に短期的および長期的にどのような結末となるかを見極める必要があり，それぞれの時間軸（タイムホライズン）での目標の達成にかなう政策手段を講じることが望まれよう。

政策発動に当たっては，ショック自体が一時的か永続的かを判別するのが重要になるが，同時に課題となるのは，ショックに対して経済変数がどのくらいの反応を示したか，その反応がどのくらいの時間をかけて落ち着いたかの時間の長さだ。市場均衡への収斂の調整スピードといってもよい。もちろん，この調整スピードには市場均衡の近傍での価格の変化を通じる資源配分の調整に限らず，ショックの持続性に対しての認知ラグやその影響に対しての期待形成など，多くの要因が複雑に関係する。

詳しいメカニズムはさておき，外生的ショックが起こった後の市場均衡への収斂過程が安定的か，安定的であるとしてその収斂スピードは目覚ましいものなのか？　一般論としては，市場均衡が安定的な場合，理論的には，最終的に落ち着く均衡からの乖離度は幾何級数的に減少して収斂する。ショックが起きてすぐに大きく乖離度が減少し，その後はゆっくりと減少する。市場均衡間のシフトが短期間にはなされないとした場合には，最終的に落ち着く均衡からの乖離度は幾何級数的に減少しているか，それとも乖離度はほとんど減少せずに

推移しているのか，といった特性のチェックが望まれる。市場均衡がもともと不均衡の場合もなくはないので，乖離度が時間とともに増加しているかのチェックも必要になる（**第10講**）。

## 13.5　良い投機と悪い投機を見極める----------

　**第1講**でも取り上げたが，経済学を学ぶと株式市場で必ず儲けられるというのは誤った理解であり，現実には，必ず勝利するという投資戦略は存在しない（効率的市場仮説）。要は，経済学をマスターしても金儲けにはつながらないのだが，株式市場等での投機（speculation）については一定の評価が下せる。ただし，その評価としては良いとするものと悪いとするものの両方がある。

　良いとする評価は，「投機での儲けは需給安定化要因」とするものだ。安い時に買い高い時に売ることによる儲け，あるいは高い時に空売りし安い時に買い戻すことによる儲け，は投機そのものの投資戦略の報酬になっている。安い時とは市場が超過供給になっている状態，高い時は市場が超過需要になっている状態であり，安い時の買いは需要を増やし超過供給を減らすことによって安い価格を上昇させる，また高い時の空売りは供給を増やし超過需要を減らすことによって高い価格を下落させる，…すなわち投機が価格の安定に役立つのだ。もしこれと逆の売り買いをすると，損失を被ることとなり，これが長期間にわたって何度も続くと損失が大きくなり，やがてこの投資家は市場から自然と淘汰される。この価格安定化機能と投資家の選別機能の2つが投機を通じて達成されるのであり，したがって投機は規制されるべきではないと主張される。

　これに対して，資産価格のバブル（**第12講**）と結びつけて主張されるのは，投機が投機を呼んでバブルを膨張させ，ある臨界点に達して必然的に崩壊することによって市場を撹乱させる，すなわち「投機によって不安定度が増大する」との投機観であり，こうした投機は規制されるべきとの主張につながるもので，投機の価格安定化機能を指摘するのとは真逆の評価となる。

　真逆の評価となるのは，いずれも投機の一部分を見て都合のよい解釈をしていることによる。投機の価格安定化機能を重視する見方では，今後価格はさらに上がると期待形成して順張りを膨らますバブル的投資行動は排除している。さらに敷衍するならば，投機の価格安定化機能を重視する立場では，その時点

の市場での需給状況と価格メカニズムのみに注視し，将来にわたる市場状況に関わる投資家の期待形成は捨象して，いわば動学的要素を排除して静学的な状況分析にとどまっている。他方，資産価格のバブルの観点から投機を評価する見方では，投機は市場の価格安定化機能を凌駕するバブルのメカニズムで動学的な資産価格形成が持続するものとし，これは市場の不安定性を増長すると論じる。こうしたバブルが発生・膨張・崩壊するメカニズムが働くのは日本の1980年代後半期の資産価格バブルにとどまらず，歴史に残る17世紀オランダでのチューリップ・マニアや18世紀イギリスやフランスでの南海泡沫事件，そして近年のビットコイン・バブルの経験から明らかだとする（**第12講**）。

　確かにバブルは頻繁に発生・膨張・崩壊する。株式市場での個別銘柄の株価ではしばしば観察されるし，マクロ経済全体を巻き込んだバブルが起こることも多くの国民経済で経験済みだ。しかしながら，個別株式銘柄の場合は別として，マクロ経済全体でのバブルの膨張を支えるには多大な過剰流動性が必要だ。バブルの膨張自体がその流動性を生み出す（ときにバンドワゴン効果と呼ばれる）のも事実で，その無理が行かなくなって一触即発の崩壊に至る。そうした大きなバブルが膨張するのはそれなりの要因が重なった場合で，先導する経済主体の世代交代が起こる数十年に1度レベルの稀な事象だ。それをもって，投機の不安定性を強調するのはバランスに欠ける面もあろう。

### ■ 良い〇〇と悪い〇〇

　投機の安定化機能と不安定化機能ほどの極論ではないが，同じ経済現象だが，それをよく解釈するのと悪く解釈する見方が対照的に語られる場合がある。好例の一つが良い円高と悪い円高だ。

　円高が進むと，日本にとっては輸出財がどれだけの輸入財を得られるかとの交換比率である交易条件（terms of trade）は円高になると有利になる。交易条件は，貿易収支が均衡しているとの条件下では輸出価格を輸入価格で除した比率となり，円高になると円表示の輸入物価指数が下がり，交易条件は上がるからだ。こうした円高が輸出・輸入財の競争力など経済のファンダメンタルズを反映したものならば，交易条件が向上するのは特定の輸出財でより多くの輸入財を獲得できる良い円高といえる。これに対して，資本の流れで円高となり，しかも内外の金融政策などの事情によってさらに円高が進むような場合は，とりわけ貿易収支や経常収支の赤字というファンダメンタルズを反映しない場合

には，交易条件が有利になるとはいえ悪い円高に分類される。

別の好例は，良いインフレと悪いインフレだ。これらは物価上昇という意味では同じでも，ディマンドプル型とコストプッシュ型では，実体経済でのGDPには逆の効果となっている。GDPが増えているのが良いインフレで，スタグフレーションとなっているのは悪いインフレだ（**第9講**）。悪いインフレの場合には，しばしば原油価格などエネルギー価格の上昇とか地震によるサプライチェーンの断絶など，供給サイドの制約が働く場合が多い。**13.2節**の需要と供給の両面を見る例でもある。

この他にも，良い金利高（家計の利息収入になる）と悪い金利高（資本コストの上昇），良い倒産（資本と労働の移設・移動につながる）と悪い倒産（関係者の負担発生），良い規制緩和（規制が強い制約となっていた分野）と悪い規制緩和（いたずらに格差拡大をもたらす分野），良い対外経済協力（国民全体の利益になり経済発展を促進するプロジェクト）と悪い対外経済協力（一部の政治家や政府高官のみの利益となるプロジェクト），…といった具合に事例は枚挙にいとまがない。

## 13.6　本講のまとめ

本講では，次の**第14講**と同じく，経済学で頻繁に登場する概念や枠組みを取り上げ，それらにはどのように対処したらよいのかの共通項を説明した。これらをマスターできれば，経済学に強くなれるはずだ。柔道や相撲などの格闘技では，受け身や四股，鉄砲など何度となく繰り返し，無意識に体が動くまで訓練する。体が自然に反応するまでになれば，相手に豪快に投げられたりした場合にも怪我をしないで済む。経済学で頻繁に登場する概念や枠組みを繰り返して反復するのも，同じく，意識しないまでも反射的に正しく経済学の発想ができるようになるためのルーティンを確立する訓練と思えばいいだろう。問題は多数あるとしても，限られた概念や枠組みを駆使することで，基本に戻ることによっておおかた対処できるものなのだ。

**第13講**で取り上げたのは，「経済学を理解する」vs「経済を理解する」，需要と供給の両面を見る，相互関連を見抜く，一時的か永続的か判別する，そして良い投機と悪い投機を見極める，の5つの小項目であり，これらの見極めがさまざまな経済問題を比較対照して全体を理解するのに役立つだろう。もちろ

ん，どの小項目も，ほんらいは奥深い内容がぎっしり詰まった話題を提供するが，本講では，あくまでも直接的に的を射る入門レベルの簡潔な記述に努めた。

■ Active Learning

問題 13.1　あらゆる価格の下で需要量を上回る供給量がある（あるいは，出てくる）財サービスを自由財といい，価格はゼロとなる（**第1講**）。世俗を離れた別天地である桃源郷では，ほとんどの財が自由財になる。自由財の需要と供給のハサミの両刃はどうなるか？

問題 13.2　「卵が先か，鶏が先か」の因果関係の検定の応用として，駅前のラーメン屋の値上げとお客の減少の間の因果関係を調べることとした。ラーメンの値上げがお客減をもたらしたのか？　それともお客の減少がラーメンの値上げをもたらしたのか？　どのように決着がつくだろうか？

問題 13.3　ショックが一時的なものか永続的なものか，どのようにすれば見極められるだろうか？

問題 13.4　「良い○○と悪い○○」として，理由を付けて例を1つ挙げなさい。

■第 13 講に引き続き経済学に強くなるコツを会得するために，第 14 講でも経済学の多くの分野で共通に登場する概念，枠組み，分析手法について整理する。取り上げるテーマは順不同であり，テーマの重要性の意味で順序があるというわけではなく，前講同様に，経済学のいたるところで登場するものを選別し，それらにどのように対処したらよいのかの共通要因を説明する。それらをマスターできれば，経済学に強くなれるはずだ。

第 14 講で具体的に取り上げるのは，「機会費用と埋没費用の発想ができる」，「限界原理を理解する」，「無裁定条件と一物一価の法則」，「不確実性と非対称情報に対処する」，そして「普段から疑問をもつ，メモを残す」，の 5 つの小項目であり，前講同様に，これらの見極めがさまざまな経済問題を比較対照して全体を理解するのに役立つだろう。

個々の小項目は経済学の基本ツールになっている場合も，さまざまな問題を考察する際に登場したのを思い出す読者もいるだろう。どういう問題を扱ったときに登場したのか，それぞれどのように解釈したのか，はたまたどのような結論になったのかが思い出せれば，本書の第 14 講で確認する機会があったことを幸運に思ってもらえよう。少なくとも，本書を読んで良かったことの一つとして記憶してもらえれば幸甚である。

## 14.1 機会費用と埋没費用の発想ができる-------

経済学ではいろいろな費用概念が出てくる。生産における工場建設や設備機械にかかる費用である（生産に必ずしも比例しないで一定の）固定費用（fixed cost），生産量に応じて比例ないし逓増する可変費用（variable cost），外部経済・不経済が伴わない私的費用に対して公害など副産物の費用も考慮する社会的費用，

14.2 節で取り上げる限界費用，等々だ。これらは確かに経済学で頻繁に登場する。本節で問題とするのは，こうした聞き慣れた費用概念ではなく，おおかたの経済学徒にとっても聞き慣れない機会費用と埋没費用の概念を取り上げる。これらの費用の具体例と，それが経済判断にとってどのように重要なのかを説明する。

## ■ 機 会 費 用

　まずは機会費用を考える。機会費用（opportunity cost）とは，選択肢が複数ある際に，最も大きな利益なり効用をもたらす選択肢 A を基準とし，それ以外の選択肢（選択肢 B で代表）との格差を考える際の概念として用いられる。すなわち，選択肢 B にとっては，ほんらい選択肢 A を選んでいたならば得られた利益・効用の一部を失ってしまうことから，その潜在的な格差分を経済学上の機会費用と呼んでいる。つまり，ある選択肢を選ぶと，（次善の策となる）選択肢を選ぶ機会を失ってしまうことから，たとえ会計上は現れない費用であったとしても，経済学上の判断をする際には参照すべき費用と認識すべきなのだ。機会費用の概念の応用としては，リカードの貿易論での比較優位があり（第 3 講，第 11 講），比較すべき他の選択肢よりも優位な（少ない）機会費用を有することを意味する。

　似た概念として，機会損失（opportunity loss）ないし（法学上の概念としての）逸失利益がある。どちらも架空の概念であるが，機会費用がある選択肢を選ぶことによって生じる架空の費用・損失を表現する積極的意味合いがあるのに対して，機会損失・逸失利益は単に実行し損ねたことで生じる架空の損失との消極的意味合いがある。

　機会費用は与えられている"機会"を利用しないことに対する費用──すなわち，ほんらい得られた機会に対して支払うべき対価──となるが，もともとは機会主義に由来する。機会主義（opportunism）とは，14.4 節でも取り上げるが，あらかじめ定められた原理・原則によらず，むしろ変化する状況に応じて臨機応変に行動することをいう。その機会主義に基づく行動に対し支払うべき対価が機会費用であり，これは会計上の費用でなく，行動する主体にとって出発点となる費用として認識される。

## ■ 機会費用の例

　機会費用を理解するのには具体例を参照するとよい。大学進学を取り上げよう。通常，大学進学の費用は入学金と授業料などの合計と考える。これらはいわば会計上の費用であるが，経済学では，これらに加えて大学進学によって失った機会を想定する。その一番は，大学に進学しなければ選んでいた就業であり，就学期間中働いていたら得られたと考えられる賃金所得である。これは実際の会計上の費用には入らないが，経済学上の判断は，経済活動の主体均衡に影響する総費用であり，機会費用を吟味しないと合理的行動とはならないのだ。

　機会費用の例はさまざまな経済問題で現れる。次のそれぞれについて，機会費用がどのようなものになるか考えてみよう。政府が公共事業として建設する高速道路の機会費用，卒業が1年遅れた大学生の機会費用，リストラで失業したサラリーマンの機会費用，専業主婦の機会費用，専業主婦がパートを始めた機会費用，夕食をただでご馳走になった機会費用，感染症で入院した機会費用，新型コロナウイルス感染症対策の自粛勧告を受け外出せずに自宅療養した機会費用，1人暮らしの20代の機会費用，1人暮らしの70代の機会費用，1日8時間パチンコに没頭する青年の機会費用，等々。これらは本講の練習問題の候補にもなろう（講末 **Active Learning** の問題 14.1）。

## ■ 埋没費用

　機会費用に並んでなじみのないのが埋没費用（sunk cost）だろう。このサンクコストはどのような選択をしても回収不可能な固定費用部分であり，企業の新規事業の立ち上げ時等には重要な役割を演じるが，文字通り過去に沈んだ出費として，今後の新たな経済判断にはかかわらない費用全般を指す。

　過去に，来たるべき特別な記念日用に大量の料理を注文し料金も支払ったとする。しかし当日になると，効用を最大化する量に比べて明らかに注文が多すぎたことに気付いたとしよう（予定していた出席者が急用で欠席の連絡があったとしてもよい）。支払済みだったことから，残す（棄てる）のはもったいないとして，無理して食べ進めたが，これは合理的な行動だったろうか？　埋没費用は過去の費用であり，現在において何をしようとも，過去の出費として埋没しており，その事実は変えようがない。経済学的には，現時点で変えようがない過去の事実は，現在の行動に関わる判断には影響しない。覆水盆に返らず（It's no use crying over spilt milk）で，過去に支払済みのお金・時間・資源を現在の判断でそっくり回収しようとするのは，経済学的には合理的とはいえず正しくもないのだ。

公共事業で箱物の建造物（例えば，大型音楽ホールや郷土資料館）を建てたのだが，数年後に当初見込んだ需要がなく，無駄だったと建物を閉鎖し別の用途に衣替えする事例が相次ぐ。しかし，そうした判断がなされるのは，選挙の結果政権（または首長）交代が起こったり，大地震や大型台風など大きな自然災害後であったり，よほどの長期間経過後であったりする。建築したのが間違いだったとしたら，これを埋没費用として整理し，直ちに建造物の建て替えをするのが賢明な判断なのだが，「せっかく建てたのだから，もったいない」「せめて減価償却が終わるまで」として，現状維持を続行する判断に陥りやすい傾向がある。

埋没費用が合理的な主体均衡の際に無関係となるのは，次の **14.2** 節で取り上げる限界原理にとって，過去に支払った費用は登場しないからだ。限界原理は，消費者の効用最大化や企業の利潤最大化にとって必要条件として成立するもので，これらでは消費量や生産量のわずかな変化が問題となり，過去に出費済みの埋没費用は変化なしとして捨象されることになる。

## ■ 水没の埋没費用

2008 年に新しい知事によって建設中止が表明されたが，それ以前には長い間賛否両論が対立し続けた熊本県の球磨川水系川辺川にダム計画があった。このダム自体は"姿の見えない"未着工ダムのままだったが，ダム建設を前提に，周辺事業が坦々着々と進捗した。中でも，川辺川ダム建設によって水没する予定地であった五木村では，住民や公共施設の代替地への移転がほぼ完了し，国道沿いの高台の一角にある「道の駅」には物産館や温泉施設もできていた。

五木村は，1966 年に川辺川ダム建設計画が持ち上がるや直ちに"ダム反対"を表明したが，爾来 30 年間の紆余曲折を経て，96 年には村として「長引くダム問題に起因する水没者の精神的な疲労，高齢化に伴う生活再建への不安と動揺，村の将来やダム建設の目的等から，大局的な見地に立ち"ダム建設やむなし"と苦渋の決断をし，ダム本体着工の同意に至った」旨を，川辺川ダム事業概要の冒頭に「村からのコメント」として記していた。

このコメントにあるように，川辺川ダム建設反対の声は，水没する五木村か

ら発せられたのではなく，ダム建設の目的とされた治水（川辺川・球磨川水系の管理），利水（農業用水，水道水，安定した球磨川下りの水量確保），発電の3つの大義（ベネフィット）それぞれに対する周辺地域からの評価の見直しと，環境負荷と財政負担の観点（コスト）からの見直しがなされ，ベネフィットは減りコストが高まったのである。苦渋の決断をした後の五木村としては，建設中止はいまさら手遅れとの恨みと，いまになって迷惑との戸惑いが混在しているかに見えた。水没には埋没費用があったのだ。

　埋没費用は，過去の行為で発生し現時点でどのような選択をしても決して取り戻せないのであるから，今後の意思決定に際しては何ら影響を及ぼさない所以のものである。川辺川ダムについていえば，事業主である国や県からみれば，五木村の30年間の紆余曲折に絡んだコストは埋没費用であり，いまさら戻ってはこないであろう。となれば，2008年段階でのダム着工の是非の判断にとっては irrelevant になる。ダム着工を断念すると，社会的に全く無駄になってしまうかというとそうではなく，五木村や周辺地域にとっては国道が整備された部分などは，それなりのベネフィットであると解釈できよう。これらは埋没しておらず，将来にわたって便益を生むに違いない。

　とはいえ，五木村も埋没費用から自由なわけではない。川辺川ダム計画が立ち上がった段階で約4,000人いた村民は，中止決定時にはその4割まで減少し，2020年には1,000人近くまで減少した。他の地域の過疎化とは経緯が異なるが，"かつての生活の素朴な延長上"の世界に戻ることはできないのではないか。国や県が支払った埋没費用では埋め合わせできない，不条理な負のベネフィット部分である。哀しい五木子守唄の旋律は，とこしえに五木村に響き続ける宿命なのであろう。

　2020年7月の九州豪雨では球磨川が数か所で氾濫し，流域住民に多大な損害をもたらした。支流の川辺川ダムが完工されていれば避けられた洪水だとの声も上がり，2008年の中止声明以来の10余年間に何をしてきたのかとの批判も殺到した。2016年4月の熊本地震に続く被災であり，いまや熊本県は日本で最も国土強靱化が必要となる地になった。2020年11月に至って，畢竟，熊本県は白紙撤回時と同じ「民意」を引き合いに方針転換し，ダム下部に水路となる穴あき部分を設ける流水型ダム建設を表明し，川辺川ダム建設計画が再度（再々度？）動き出した。

**限界原理を理解する**------------------------

第8講と第9講でミクロ経済学とマクロ経済学を垣間見た際に，消費者の効用最大化行動や企業の利潤最大化行動といった主体均衡を分析すると，それらの最適化行動は必要条件として，わずかな数量の変化によってもたらされる限界代替率なり限界費用が財サービスの価格や相対価格に一致することを見た。これらに一貫する主題を限界原理（marginal principle）と呼ぶことにしよう。

## ■ 経済学の限界原理

経済学では，ミクロ経済学とマクロ経済学にとどまらず，経済主体が合理的な行動を取っていると前提すると，必ず限界原理に出くわす。経済主体の行動をモデル化した場合に，経済主体の最大化なり最小化の最適化行動は，目的関数の極値を求めることによって（すなわち，微分して0と置く1階の必要条件；FOC，first order condition として）導出でき，その際にいたるところで限界原理が確認されるのだ（**第8講**）。

数学を使った数式によるモデル分析でない方法で，限界原理を整理しよう。数式による微分を使わずに直観に訴える。例として，消費者ないし家計の消費行動を取り上げる。簡単化のために2つの財サービス（$x$財と$y$財）の間の選択を考えるが，これら2財についての予算は一定との予算制約があることも考慮する。問題はこうだ！

$x$財と$y$財を消費すると効用を享受でき，家計はこれを予算一定下で最大化しようとする。効用水準を表す効用関数を$U(x, y)$とし，偏微係数に相当する$x$財と$y$財の限界効用をそれぞれ$U_x$と$U_y$と表示する。$x$財と$y$財の組合せを変えると，効用は

$$\Delta U = U_x \Delta x + U_y \Delta y \tag{14-1}$$

だけ変化する。これが正だと，$x$財と$y$財の組合せをさらに変化させると効用が増えるので，家計が効用を最大化しているとの前提に矛盾する。また，(14-1) 式が負だとすると，これも$x$財と$y$財の組合せを元に戻すことによって，効用も元の水準に戻るので，効用を最大化していることと矛盾する。すなわち，効用を最大化しているならば，(14-1) 式は0になっていなければならない。

こうした判定がFOC（1階の必要条件）の必要性を説明するロジックになるのだ。

さて、（14-1）式が0であるので、効用を一定に保つ$x$財と$y$財の組合せ、すなわちミクロ経済学での消費需要の基礎となる無差別曲線（indifference curve）上での限界代替率（marginal rate of substitution）は

$$\lim_{\Delta x \to 0} \frac{\Delta y}{\Delta x} = -\frac{U_x}{U_y} \tag{14-2}$$

となる。効用関数の具体的形状が与えられれば、この限界代替率はさらに特定化されるが、ここではそこまでは必要がないことから、単に、無差別曲線の接線の傾きになっていることに注意しておこう。接線の傾きということは、$x$財と$y$財の交換比率を意味する。しかも無差別曲線上の交換比率であるから、効用水準を保つ上で必要と判断した家計の主観的な交換比率ともいえる。$x$財と$y$財の交換比率としては、市場での取引価格の比率である相対価格もある。こちらは、市場で成立している、いわば客観的な交換比率であり、市場の需要と供給の具合で決まってくる。

この問題の限界原理は、主観的な交換比率である限界代替率と客観的な交換比率である2財の相対価格が等しくなるというものだ。限界代替率は財サービスの需要を決める主体均衡に関わり、相対価格は市場均衡に関わる。主体均衡と市場均衡が成立するのが一般均衡であり（**第4講**、**第6講**、**第8講**）、一般均衡では限界原理が貫徹することが理解される。主観的交換比率と客観的交換比率が乖離していると、希少資源の効率的配分の観点からは、どちらかの交換に有利な財サービスの需要量を増やし、交換に不利な財サービスの需要量を減らすとの、本質的に比較優位の原理（**第11講**のマンデルの定理も思い起こそう）や**14.1節**の機会費用の観点から、需要量調節を進める。その結果が、限界原理の貫徹の方向への資源シフトが起こるのだ。

## ■ 生産における限界原理

限界原理は生産においても貫徹する。労働などの生産要素をどこまで使用するかにおいては、その生産要素の限界生産性なり限界生産力が、生産要素への報酬支払である実質賃金を上回れば労働の投入を増やし、下回れば労働需要を減らす。その結果が、ケインズにとって批判対象でありながら自らのケインズ経済学の体系でも労働需要の原点とした、古典派経済学の第1公準だ（**第9講**）。生産要素の限界生産力が消費における限界代替率同様のいわば企業固有の（労

働から生産物への）限界転形率であり，実質賃金は（労働を調達する）労働市場での客観的な限界転形率になっており，これらが一致するまで労働需要の調整が起こり，限界原理が成立するのだ。

企業がどの生産物を生産するかにおいても，それぞれの生産物の限界生産力を比較し，生産物を決定する。企業が正規雇用者を維持するか，より実質賃金が低い派遣社員やパートといった非正規雇用者に転じるかも，企業にとってそれぞれの労働供給がもたらす利益の大きさで判断されるのであって，限界生産力と実質賃金の比較といった限界原理の呪縛（じゅばく）から逃れられない。

労働者へどれだけ熟練訓練を施すかといった選択も，訓練にかかる費用に見合った熟練に達する労働に限ることになろう。これを企業内で働かせながら行う OJT（on the job training）にするか，それとももともと一定の熟練に達した労働者を高めの賃金を支払って確保するかの判断も，結局は限界原理に基づくのが合理的な意思決定となる。終身雇用制が日本の労働市場の３つの特徴の１つ（他の２つは年功序列制と企業別労働組合）だといわれてきたが，バブル経済崩壊後の失われた 10 年・20 年・30 年の長期不況のうちに変貌を余儀なくされた。同時期に広まった経済のグローバル化によって，世界中の企業との競争力を維持する上で賃金費用を抑えるのが不可避となり，非正規雇用の割合を急激に上昇させた雇用方針の裏返しとして，なし崩し的に終身雇用制が瓦解したのだ。その結果，OJT のウエイトが低下し，企業ひいては日本経済の生産性が停滞する遠因になったことは否定できない。

### ■ 限界での意思決定

経済学で限界原理が貫徹するのは，すべての経済問題，とりわけ主体均衡に関する経済主体の意思決定は限界において（at the margin）のベネフィットとコストの斟酌（しんしゃく）で判断され，それを局所で調整しようとするからである。19 世紀末に経済学に限界革命が起こったのは偶然の産物ではなく，イギリスのジェボンズ（William Jevons, 1835-82），オーストリアのメンガー（Carl Menger, 1840-1921），そしてスイス・ローザンヌのフランス人ワルラス（Léon Walras, 1834-1910）が経済学に新風を吹き込んだのは，経済学への数学的手法の導入との名分があったのは確かだが，加えて当時の主流派であった古典派経済学に対し限界原理の有用性を吹聴したかったからなのだ（**第 3 講**）。

"Making decisions at the margin." だとして，この margin の全体への「遡及

効果」なり「全体効果」を考えてみよう。これは時間軸上で経済活動の変化方向（改善しているか悪化しているか）によって経済活動の水準（良好か不良か）を評価するようなもので，景気循環の局面判断として変化方向の意味（ミッチェルの2局面分割法）と経済活動が平均を上回っているか下回っているかという水準の意味（シュンペーターの2局面分割法）のどちらを採用するかに関わってくる（**第11講**）。景気の波動が厳密な三角関数の正弦（sine）曲線で表されるならば，水準が変わる前に変化方向が変わる。すなわち，変化方向は水準の先行指標になる。

　しかし，世の中のすべての経済指標が厳密な正弦曲線で表現されるとは限らない。その意味では，変化方向も示唆する margin と経済全体の現況の動向は，たとえ時系列においても，必ずしもこうなっていなければならないとの関係があるわけではない。ただし，margin がもっぱらミクロ経済学が扱う各経済主体の主体均衡に集約され，全体効果はマクロ経済に波及した結果論に集約される。ミクロとマクロの合体なり集合論で言う共通集合部分であり，ミクロの積み上げ（aggregation）としてのマクロ経済，あるいはマクロ経済学のミクロ的基礎との整理が可能になるだろう。ミクロの margin は需要の価格弾力性なり所得弾力性といった総需要曲線や総供給曲線のパラメータに反映され，それぞれの曲線の傾きや位置に影響を及ぼす。これが "making decisions at the margin" の実態なり帰結といえるであろう。

## 14.3　無裁定条件と一物一価の法則

　経済学を理解しているか否かの即答試問として「同じ財サービスは同じ価格になる」との一物一価の法則の正否が問われる場合が多い。デパートとスーパーの間だったり，近くの複数のコンビニ間だったり，東京と大阪の間だったり，世界中のマック・ハンバーガーのドル換算価格差が問題になったりする。

### ■ 裁 定 行 動
　財サービスの価格に差があり，その財サービスの移動に何ら費用がかからない場合，価格が安いところでその財サービスを購入し，価格が高いところまで運んで売却すれば，利益が得られる。こうした行動が確実に利益をあげられる

ことを知っている者ならば，当然価格差がある事実を見出すと，利益を上げる購入行動と売却行動を履行するであろう。こうした価格差による売買を裁定（arbitrage）といい，裁定行動が十分追及されると，最終的には価格差が解消する。ここでの価格差は，場所や販売店といった空間の違いだけでなく，現在と将来といった時間の違いで生じる取引にも適応される。現在行われるのは直物<ruby>取引<rt>じきもの</rt></ruby>，将来行われる取引を見込んで現時点で行われる取引は先物取引といい，株式市場や外国為替市場で日常的に裁定取引が行われている。

　直物取引は直接観察可能な価格を見て現時点で行われるが，先物取引については将来のことであり，不確実性なりリスクがある状況に対しての期待形成に基づいて，現時点でその不確実性なりリスクを回避する手段を講じたcovered 取引と，不確実性に積極的に立ち向かってリスクがあるのを承知のuncovered 取引がある。covered 取引と似たものに，価格の変動で生ずる決済時の損失に備え先物で売買しておくヘッジ（hedge）がある。ヘッジは保険つなぎと訳されることがあるように，裁定が成立することを前提にしたリスク回避のための防御的な投資戦略だ。一方，uncovered 取引は現在と将来の取引間でのリスクを承知の投機（speculation）になり，リスクのない裁定とは異なる。しかし，裁定と投機はともに価格差の存在に関係する。裁定は観察される価格差を与えられたものとして同時に反対売買を行うものなのに対し，投機は自ら積極的に価格差を創出させる行為である。

## ■ 裁定執行の条件

　裁定行動によって価格差が解消するのは理解できたが，そのための執行条件を確認しておこう。まず第1に，あらゆる取引に取引費用（transaction cost）がかからないことだ。これには空間の移動費用（運搬料や移送料）や時間の経過に伴う利子費用，そして税金や不動産の場合の登記費用も含まれる。仮にこれらの費用が不可避の場合には，その分は残る価格差に反映されるはずだ。第2は，表面的には同じものに見えても，実際には価格差に反映される違いが存在する場合である。そのうち最も重要なのは品質の差であり，また不良品が混じっている割合もあろう。有名ブランドのバッグや時計などには精巧にできた偽物（模造品）が混じっており，その可能性が価格差に反映される。「安かろう悪かろう」だ。

　第3は，これは個別の財サービスによりも，不動産と株式の間の裁定とか，

日本の株式とアメリカの株式の間の裁定とか，経済全体での胎動に関わる場合には，流動性制約なしに自由に裁定行動が完遂できる必要があることだ。過剰流動性が問題となった日本のバブル経済期やリーマン・ショック前のアメリカ経済が好例になる。

　さて，裁定が行きつくと，価格差が解消される。この状態は，例えば小売米の東京と大阪での価格を $p_T$, $p_O$ とした場合に

$$p_T = p_O \tag{14-3}$$

となる。別の例として，日本とアメリカでの同等の国債の利子率をそれぞれ $i_J$, $i_{US}$，円ドルレートの期待変化率（ドルの減価率）を $\pi$ とすると

$$i_J = i_{US} + \pi \tag{14-4}$$

が成立するのが uncovered 取引であり，$\pi$ の代わりに円ドルレートの先物値で置き換えたのが covered 取引になる（コラム 14.1）。

　（14-3）式や（14-4）式が裁定行動の結果として成立した状態を，その式の名として裁定条件式ないし○○裁定式という（例えば，金利裁定式）。ただし，同じ式を，全く逆に無裁定条件式という場合もある。裁定の余地がないという意味だが，要は裁定が成立しているということで，裁定条件式と同じ意味になる。さらには，条件に替えて均衡が用いられる場合もあり，例えば無裁定条件式が無裁定均衡式となる。どの用語法も一般に使われる。

---

### コラム14.1　金利裁定と金利平価式

　いま，日本の国債とアメリカの国債のどちらで資産運用するかを決めるとしよう。それぞれの国債の利子率が年率で $i_J$ と $i_{US}$ だとし，価格変動リスクは十分小さくリスクプレミアムは無視できると仮定する。別の想定としては，すべての投資家はリスクには無頓着な危険中立的なタイプで，平均的な収益率の水準だけで投資判断するものと考える。1 年後の運用成績が問題で，現在の為替レートが 1 ドル $e$ 円，1 年後に成立していると予想される為替レートを $e^+$ で表す。現在 100 万円もっているとして，日本の国債で運用すると 1 年後には $100(1+i_J)$ 万円になり，100 万円をアメリカの国債で運用すると，まず 100 万円によっては現在 $100/e$ 万ドル分のアメリカの国債が買え，これが 1 年後には $100(1+i_{US})/e$ 万ドルになる。これを日本国内に還流させると，1 年後の為替レートを掛けて $100(1+i_{US})e^+/e$ 万円になるはずだ。

　投資に際しての手数料や税金はいっさい考えないでよいものとすれば，1 円でも収益が多い方に投資するのが合理的になるので，裁定取引によって，最後には $100(1+i_J)$ 万

円と $100(1+i_{US})e^+/e$ 万円は等しくなる。つまり,

$$1+i_J=(1+i_{US})(1+\Delta e^+/e) \qquad (14\text{-}5)$$

が成立する。ただし,右辺の為替レートの比率の部分は,為替レートの予想変化率 $\Delta e^+/e=(e^+-e)/e$ を用いて書き換えた。

さて,(14-5)式の右辺を展開して $i_{US}$ と $\Delta e^+/e$ の交叉項は他の項と比べて小さいので無視すると,

$$i_J=i_{US}+\Delta e^+/e \qquad (14\text{-}6)$$

が得られる。これが日米の利子率と予想為替レートの変化率の間で成立する金利裁定式だ。この式の解釈はいく通りか可能だが,日米の利子率を与えられたものとして予想為替レートの変化率が決まる,と解釈するのが金利平価説になる。

金利平価説からは,日本の利子率がアメリカの利子率よりも高ければ予想為替レートの変化率はマイナスとなり,これは現在に比べて1年後の為替レートが円高になると予想されていることを意味する。日米の利子率の高低が逆ならば,1年後の為替レートに対する市場での予想が円安に動く方向になる。

## ■ 一物一価の法則

裁定行動が十分行われると同じ財サービスの価格差はなくなり,同じものは同じ価格になることが理解された。これを一物一価の法則（law of one price）という。しかしながら,日常生活では野菜・果物や魚介といった生鮮食品の価格は一日の中でも変動するし,すべての小売店で同じ価格になっているとは限らない。同じ店内でも,閉店前の時間帯によっては割引対象として2割引きになったり半額になったりする。これらの価格差にはすでに指摘したような裁定によっても解消しない諸原因があったり,割引販売などは消費者にも周知のものとなっていながら（全くないとはいえないが）価格差を解消するまでには至らないだろう。

個別の財サービスには一物一価の法則からの揺らぎはあるものの,総じて裁定は,それ自体には不確実性が存しないために,確実に遂行者が現れ,一物一価の方向に調整される。言い換えると,日常生活では,価格差を見出したとしても,そのほとんどは取引費用や品質の違いで説明されるだろう。それが現実だろうとしてさらに敷衍するならば,経済学の一般認識としては,一物一価の法則は当然成立しなければならない大原則として位置付けし,現実に価格乖離が認められるならば,むしろその原因を追究する姿勢が望まれるといってよい。

## ■ 市場分断と差別価格

　一物一価の法則が貫徹しない他の要因もある。何らかの理由によって市場が別々になっている場合であり，よく例に上がるのが映画館入場料や電車乗車券の学生割引（学割）だ。割引対象者がそうでない需要者と明らかに見分けられる場合には，一見同じ財サービスでも，実質的には市場分断による差別価格が発生する。分断された市場で供給者が独占的行動をとると，完全競争市場よりも高い価格を設定することによって利益を増やすことができるからだ。

　どれだけ高く設定するのが供給者にとって最も望ましいかは，価格に対して需要がどれだけ反応するかという需要の価格弾力性の大きさに依存する（**第4講**）。価格弾力性が（絶対値で）無限大の場合が完全競争市場に対応するので，それが小さく価格の上昇（下落）に対しての需要の減少（増加）が少ないほど，独占力が発揮可能で価格を高く設定するのが望ましくなる。したがって，学割があるということは，映画館や鉄道会社が一般人と比較して学生の方が価格弾力性が大きいと判断していることを示す。すなわち，価格を下げた減収効果よりも需要の増加による増収効果が大きく，割引価格を設定する意義があるのだ。

　学割と理論的に似ている経済現象にダンピング（不当廉売）がある。これは，海外の市場において，国内市場より大幅に値引きして販売する行為をいう。ダンピングも分断された市場間の価格差が問題となるが，廉売の目的がシェアの拡大であったりして輸入国の産業に被害が及ぶのが決め手となる。産業界からの提訴で政府が調査し，認定すればダンピング関税を課すことがWTO（世界貿易機関）によっても認められており，実際に起こっている貿易国間の紛争事例として珍しくない。

## ■ 購買力平価説（PPP）

　一物一価の法則をマクロ経済，すなわち国民経済全体までに広げると，集計された物価指数のレベルでも各国の物価水準が比例して決定されると考えられる。物価指数は指数であって物価水準そのものはその国民経済特有のものであり，時系列データとしてのみ水準の比較が意味を持つ。ところが，これを世界の異なる国民経済で比較しようとするならば，まさにクロスセクションのデータが構築される。この際，各国の物価指標を例えばアメリカのドルで表示するような加工が必要となる。各国の物価水準が比例する比例係数は，アメリカドル表示の各国の為替レートになる。

したがって，一物一価の法則を国民経済レベルで前提とするならば，為替レートがどのように決定されているかが問題となる。ほんらい，為替レートは国民経済のファンダメンタルズ（基礎的条件）を反映すべきであり，そのうち最も重要な要因が，自国通貨と外国通貨の購買力になる。通貨の購買力とは，その通貨によってどれだけの財サービスが手に入れられるかを表す概念で，物価水準と逆比例する関係にある。国内外の価格に対して一物一価の法則を受け入れ，各国のもつ購買力を前提に2国間の為替レートが満たすべき条件があると考えるのが購買力平価説（purchasing power parity，PPP）だ。

例えば，同じ品質の自動車が国内で1台120万円，アメリカで1台1万ドルならば，一物一価の法則

### 国内の価格＝為替レート×海外での価格

の関係から，為替レートは120万円を1万ドルで割った1ドル＝120円が妥当な相場になる。この一物一価の法則をさまざまな財サービスから構築される物価指数について適応したのが購買力平価説で，妥当な為替レートが購買力平価になる。

購買力平価説を前提とすると，国内にインフレが起こると為替レートは円安方向に動き，物価が下がるデフレならば円高になる。もちろん，厳密にはアメリカでインフレもデフレも起こっていないことが前提で，もし両国でインフレやデフレが起こっているならば，そのスピードの差が問題になり，相対的にインフレ率の高い国の通貨が減価することになる。

ただし，現実には，為替レートが厳密に購買力平価説に従って変動しているとはいえない。国・地域ごとに，存在する財サービスの種類や国民経済に占めるウエイトが異なるのと，そもそも品質の相違が分かりにくく一物一価が成立するかも覚束ないからだ。しかしながら，購買力平価から大きくかけ離れた水準が長く続くこともない。現行の為替レートに基づいて，多くの財サービスについて相対的に安い国で購入し高い国で売却するといった裁定取引を行えば利益があげられ，やがては経常収支の黒字・赤字の調整を通じて為替レートの変動をもたらすからだ。

購買力平価説は財サービス全般について一部一価の法則を適応する考えに基づくが，国民経済のファンダメンタルズの違いに注目する考え方には，購買力平価説の他にも，ISバランス論（**第9講**）に根差した貯蓄率や財政赤字を構造

的要因とする考え方もある。また，為替レートは異なる通貨の交換比率であるから，国民経済での貨幣需要と貨幣供給の関係に注目するマネタリー・アプローチもある。さらに，近年の資本移動の自由化・活発化を反映した金利平価説もある（コラム14.1）。購買力平価説が財サービス価格についての裁定取引を背景としているのに対して，金利平価説は資産の収益率についての裁定取引を前提とするもので，国内外での投資収益率が等しくなるように為替レートの変化率が決まるとする考え方だ。

## 14.4 不確実性と非対称情報に対処する・・・・・・・・・・

経済学でも20世紀の終わり頃から盛んになったテーマに不確実性下の意思決定や非対称情報下の意思決定があり，それぞれの場合の市場均衡の特性の分析が進んだ。不確実性や非対称情報下での戦略的行動やその均衡の特性はゲーム理論の分析対象ともなり，完備情報をベースとした完全競争下の市場均衡とは異なった均衡の概念が提唱されたりした（**第8講**）。

### ■ 効率的市場仮説

**第1講**で株式投資で平均以上の収益率をあげられるかをめぐる効率的市場仮説や情報収集にコストが必要な場合に起こるグロスマン＝スティグリッツのパラドックスに言及した。

効率的市場仮説は成熟した株式市場ではファンダメンタルズに関する情報はすでに現在の株価に反映されているというもので，その結果どの投資家も市場の平均収益率を常に上回る成績をあげることはできないとの結論となる。グロスマン＝スティグリッツのパラドックスは，市場参加者の私的情報が株価に反映されるモデルの均衡を念頭に置くと，情報収集にコストが存在する場合はそもそもの均衡が理論的に存在しないとの結論に至る。なぜならば，もし現行株価から得られる情報があるならば，情報収集にコストがかかるのであるから，市場参加者は私的に情報収集を行うことなく，株価から得られる情報で資産の真の価値を推測するのが合理的となる。しかし，市場参加者が私的情報を持たなければ，そもそも株価に市場参加者の私的情報は反映され得ないので，この論理展開は矛盾をきたすのだ。

第1講でも，現実の株式市場の検証から，必ずしも効率的市場仮説が当てはまるわけではないと整理した。また，グロスマン=スティグリッツのパラドックスも効率的市場仮説が自己矛盾をはらむ可能性を指摘するもので，詳しい情報構造の解明が大切であるとする。しかし，現実の株式市場では日々取引が行われている。グロスマン=スティグリッツのパラドックスを踏まえるならば，私的な情報収集にコストが必要でないか，そもそも株式市場は効率的ではないことになる。合理的な振舞いをしない投資家も含めて，株式市場には多様な投資家が共存していることを忘れてはならない。

## ■ 非対称情報

第8講では完全競争市場の3つの要件の一つとして完備情報を挙げた（他の2つは，ミクロの原子的存在と生産手段の私有制・消費の排除可能性）。完備情報の想定は，すべての市場参加者は財サービスの価格や品質などの情報を対等に有しているというもので，いわば市場参加者の間での異質性を排除することになり，かつさまざまな不確実性の影響を回避させるためだった。

しかし現実には，完備情報の想定は理論的な極論に近く，実際にはすべての市場参加者が財サービスの価格や品質などの情報を対等に賦与されているとの想定には違和感がある。市場参加者の中には，財サービスの価格や品質などの情報に疎いかそもそも関心がない者もいるし，情報を収集するにもコストがかかるとすれば市場の効率性次第ではグロスマン=スティグリッツのパラドックスが起こり，取引が行われなくなる素地もある。それらを踏まえるならば，完備情報の想定ではなく，情報賦与に格差がある非対称情報の余地を考察するのがよいだろう。

非対称情報下の帰結として，モラルハザードと逆選択（または逆選抜）の可能性があり，それぞれ完全競争市場とは異質の均衡に落ち着く。一般に，非対称情報下では，情報賦与の面で優位な経済主体と劣位な経済主体が共存し，とりわけ優位な経済主体はそれを自覚した戦略的行動をとる。完全競争市場のように経済主体が原子的な存在として受動的に行動するのではなく，積極的に戦略的行動をとる経済主体はゲーム理論のプレイヤーとして分析対象となる。

## ■ モラルハザードと逆選択

戦略的行動をとる際に，プレイヤー間の情報の非対称性の問題が重要になり，

特に情報優位者と劣位者の間にさまざまな軋轢（あつれき）が生じる。現実の取引では，実際問題としてあらゆる不確定要素を織り込んだ完備契約を結ぶことは不可能であるから，契約にない事態が生じた場合，取引の当事者は **14.1 節**で見た（変化する状況に応じて，自分にとって都合のよい）機会主義的な行動をとってしまう可能性がある。モラルハザードと逆選抜は，典型的な機会主義的な行動になる。

モラルハザード（道徳的危険，倫理の欠如）は，情報優位者が自分の行動が見られないのを利用して，払うべき注意や努力を怠り，他人の利益を害するまで自己の利益を図る行動を指す。自動車事故保険に入ったがゆえに運転が雑になったり，護送船団方式の金融行政によって保護されていた金融機関が経営努力を怠り横並び行動をとってきたことなどが例になる。有名大学の受験に合格した学生が入学後に勉強をしない，中心打者を打ち取って安堵（あんど）して下位打線に連打を浴びるピッチャーの手抜きの心理もモラルハザードになろう。

逆選択（adverse selection）ないし逆選抜は，コラム 14.2 で見るレモン（欠陥車）のある中古車市場での価格付け，癌（がん）保険など特定の病気に対する保険にその病気にかかりそうな人がより加入したがる傾向，審査が甘い消費者金融を返済能力の低い借り手が利用しやすい，といった現象を指す。

モラルハザードと逆選抜は似ていて紛らわしいのだが，簡明な分別法としては，モラルハザードはある契約（例えば保険契約）が取り結ばれた後の事後的な機会主義的行動であるのに対し，逆選択は契約が取り結ばれる前の事前的な機会主義的行動といえる。

---

### コラム14.2　品質情報とレモンの価格

　完全競争が前提とする完備情報でなく，取引者間で情報の非対称性がある場合に，その情報格差を何らかの工夫によって埋められる可能性がある。その具体例を提供するのが，品質が分かりにくい財サービスの価格だ。商品の価格がその品質に関しての目安となるというのだ。品質に関しては，「安かろう悪かろう」とよくいわれるが，その通り，安いものに対しては品質が低いのではないかとの疑問がつきまとう。建売住宅の手抜き工事，中古自動車の故障，にせものの骨董品，等々例に事欠かない。供給する側としては，安く売るにはコストを切りつめる必要があり，行きすぎると品質を落とす誘惑にかられる。欠陥住宅のように違法のものもあるが，観光地のホテルや旅行のツアーなど法律には違反しない範囲での低品質ということはよくある。

　さて，多くの人が「安かろう悪かろう」と受け止めているとすれば，売り手は早晩ある程度価格を高めに設定しておいた方が，買い手がつく可能性が高いことに気付く。こうして，低品質なのにもかかわらず，価格が高いということも起こり得る。裏返せば，

価格は限度を超えて大きく下がらない。ここから先は，骨董品の蚤の市（flea market）でよくあるように，売り手と買い手の間の交渉なり「腕の見せ所」になろう。

　このように，モノによっては，価格にはそのものの品質に関しての情報を示す役割もある。アメリカでは，中古のポンコツ車をレモンと呼ぶが，中古市場でのレモンの見極めを，人々は価格で判断する傾向がある。そうなると，本質的にギッフェン財（**第 8 講**，**第 13 講**）ではなくても，価格を上げることによって，買い手が増えることも十分あり得ることになる。レモンに当たる確率が下がり安心度が高まると考えるからだ。ちなみに，並みの人はレモンの外観からは中身が腐っているか否か判断できない。レモンの皮が分厚いためで，柑橘類でも温州ミカンやグレープフルーツは大体分かる。このことから，レモンは一般に品質が不確実なもの（運転してみないと分からない欠陥車）の代表にされている。

　レモンのように，一見しただけでは本当の価値が分からない市場をレモン市場という。レモンばかりが流通し，高くて品質の良いものが出回りにくくなる，いわば欠陥品が横行する市場を指す。アカロフ（George Akerlof, 1940-）が 1970 年に発表した論文で，「買い手は欠陥車に相当する金額しか払わないために，レモン市場には優良車を出す売り手がいなくなり，質の悪い欠陥車しか出回らなくなる」とのレモンの原理を説明し，情報の非対称性があると市場の失敗が起こり取引が低迷するとした。レモン市場では，典型的な逆選択が起こるのだ。

## ■ 保険と年金

　不確実性がある場合，「経済学を学んだ証左となるのは保険に入ることだ」とよくいわれる。保険にもいろいろな種類があるが，事故等に対する最も代表的な保険は，保険支払い対象が明記され該当する場合に保険金が給付されるものだ。起こり得るすべての事象・事故が列記されていれば，不確実性に対処する際のいわば完全競争市場の要件の完備情報に匹敵するものといえるが，保険契約の場合にはそこまであらゆる状況が網羅されてはいないだろう。すなわち，保険契約によって不確実性をすべて回避できるわけではない。しかし，すべてではないまでも"おおかた"の不確実性には対処できており，不確実性のすべてに対処する形で発行される Arrow=Debreu 証券に準じたものといえよう。Arrow=Debreu 証券が発行されていれば，不確実性があっても完全競争による市場均衡はパレート最適になることが知られており，不確実性自体は問題とならない。

　しかし，これは理論的な議論であり，現実には Arrow=Debreu 証券が発行され流通していることは，それこそ準じる形の保険や派生証券としてのオプションを除くと考えにくい。Arrow=Debreu 証券は条件付証券であり，事前に契約

される条件が生じたときにその契約が効力を発揮する。競馬の複勝の組合せごとの払戻額の一覧は条件付証券そのものだし，こうした条件付証券が明示的に発行されなくても，雨の日と晴れの日で価格が異なって売られる公園のアイスクリームや混雑しやすい道路の混み具合による料金設定のピークロード・プライシングも条件付証券と同等であり，Arrow=Debreu 証券に準じると解釈される。

　若いときに積み立てる年金も保険に準じたもので，どちらも「備えあれば患いなし」，あるいは「後悔して分かる保険の有難み」といったキャッチフレーズがよく当てはまる。年金は，将来何が起こるかとの不確実性に加えて，自らの寿命が分からないという不確実性もあり，それらの不確実性対策としては盤石(ばんじゃく)といってよい。ただし，年金には国民皆年金制となっている公的年金と加入が自由に選べる私的年金の2種類あり，私的年金の加入者は増えているものの，公的年金の年金財政には持続可能性への懸念があり，一定数の公的年金の保険料未払いの国民もいる（**第12講**）。確かに公的年金の持続可能性問題はあるものの，私的年金の加入者が伸びていることで，（公的・私的の別は問わず）総体的には年金ほんらいの役割は理解されていると判断されよう。

## 14.5　普段から疑問をもつ，メモを残す----------

　「これができると経済学に強くなる」という括(くく)りで**第13講**と**第14講**で，いくつかのノウハウ（know-how）となるべきテーマを見てきたが，結局は，それらの有用性は会得(えとく)できたノウハウをどのように応用し，課題となっている問題を解明できるかに関わってくる。限界原理に代表されるように，ミクロ経済学などで学んできた内容が，1つの視点をベースにさまざまに展開されていたものが，すべて同種・同等のものと整理されると，目から鱗(うろこ)が落ちる思いになったのではないだろうか。経済学はかなり広く雑多なテーマが対象となっており，多くの課題に共通の要因が隠されている場合があるのだが，それが何かを見出し，見出したものを共通の括りで整理するのが，経済学に強くなるコツ，すなわちノウハウなのだ。

　ちなみに，ノウハウには次の類語がある。事実に関するノウホワット（know-what），真理の解明となるノウホワイ（know-why），どこにあるかのノウウエア

（know-where），そしてコミュニケーションに関わるノウフー（know-who）だ。使用法や手続きについてのノウハウと合わせて，5W1H をバランス良く利用できるようにマスターすることが，経済学に強くなる秘訣なのだ。

## ■ 普段から疑問をもつ

　経済学に強くなるには，まずは経済学に興味をもつことだ。興味をもつと，いろいろと疑問が出てくるだろう。なぜそのような制度になっているのか？なぜそのような行動をとったのか？　なぜそのような政策を発動したのか？　なぜ政策が効かないのか？　国民は政策によってより幸福になっているのか？等々と疑問は続く。疑問をもったならば，それを合理的に説明する考えを探り，それによって納得できるか納得できないかで判別する。納得できれば，それはすでに身に付いていると考えてよい。納得できない場合には，（ここが大事なのだが）納得できない理由をリストアップし，どこをどうすれば納得できるのかを精査し，代替案を提案する。そうした機会を何度か経験することによって，だんだんと経済学が身に付き，経済学に強くなって行くのだ。

## ■ メモをとり，残す

　普段から疑問をもって経済問題に当たっていると，似たような問題は去年もあったなとか，この問題は限界原理で説明できるとか，一物一価のはずなのにこれだけ価格差があるのはなぜだろう，といったことに頻繁に出くわすと思われる。一部始終を記憶できるならばそれはそれで結構だが，多くの人にとってはそうもいかないだろう。そこで多くの経済学徒に勧めたいのは，問題に遭遇した場合に手帳なり専用ノートなりにメモを残すことだ。メモは走り書き程度のもので十分で，日付に加えて埋没費用とか裁定とか鍵となる経済用語を記すだけでもよい。

　件<ruby>件<rt>くだん</rt></ruby>の経済問題が後になって何かの拍子に話題になったときに，残してあったメモを参照すると，キーワードとして記してあった経済用語を頼りにその記憶が思い起こされよう。しかも，もともとの経済問題がなぜ生じたかが理解されるまでに経済学の知識が膨らんだということもあって，問題の本質が見通せるまでになったのを実感するであろう。同じテーマに関して複数回にわたって考えをめぐらすことは，経済学を理解する上で絶好のチャンスになる。ともあれ，こうした経験を複数回経ると，経済学に強い学徒になれるのだ。

## ■一貫する

メモをとって残すのには別のメリットもある。自らの思考なり主張を一貫させることだ。経済学には唯一無二で絶対に正しいという理論体系があるわけではなく，古典派経済学とケインズ経済学のように，主流派経済学として一方が他方を睥睨（へいげい）する相対関係になるのは時代によって変遷してきた（**第13講**）。もちろん，それには現実経済の状況がどうだったかという客観的背景と，その時代の政権の動向や市場原理主義の台頭なりリーマン・ショック後のそれまでの規制緩和から規制再強化への回帰といった経済哲学の潮流に棹（さお）さした面もある。どれでもよい。ともかく，どれかの経済・経済学の見方・思考法に拘泥（こうでい）し一貫することだ。

一貫することによって，どれかの経済・経済学の見方・思考法に責任を感じるようになり，ますます意を強くするだろう。それが，その立場での経済学の理解を強くすることにつながり，経済の捉（とら）え方と経済学の理解に好循環が拡大・持続する。

## 14.6　本講のまとめ----------------------------------

**第13講**と同様に，本講でも経済学の多くの分野で共通に登場する概念，枠組み，分析手法について整理し，経済学に強くなる秘訣を会得（えとく）するように試みた。実は，残念ながら，経済学に強くなる絶対的な秘訣があるわけではない。仮にそうした秘訣があったならば，経済学部を卒業した学生のほとんどが経済学に精通した社会人として活躍しているはずで，もしそうならば日本人・日本企業の生産性が上昇し，失われた30年の長期デフレ不況からもう少し早く，しかもより明らかな形で脱却できただろう。アベノミクスの超緩和金融政策にもかかわらず2％のインフレ目標が達成できないのも，経済学の精通具合が足りないからかもしれないのだ。賢い消費者が消費を増やし，賢い企業が利益を内部留保にしないで設備投資を増やし雇用・生産増大を図れば，たやすくデフレ脱却できたとのシナリオが描かれ，賢明な経済学部出身者がそのシナリオに同調し，積極的に実現に勤（いそ）しんだ可能性も有り得たのだろう。

繰り返しになるが，経済学に強くなる絶対的な秘訣があるわけではない。しかし，多くの分野で共通に登場する概念，枠組み，分析手法をマスターしてお

けば，その分ゆとりをもって問題の核心の探求に当てられるわけで，大きなメリットが期待できる。経済ニュースの本質が理解できれば，日本経済の現況や将来の見通しも正しく分析でき，日々の生活に活かせられるだろう。大学生ならば就活（就職活動）で有利に働くだろうし，すでに労働市場に出て働いている者は同期に比べて多少なりとも高い賃金を獲得しているはずだ（**第1講**）。また，経済学の知識は，巷間増加傾向にあるネズミ講やマルチ商法といった "うまい話" の顛末が理解でき，この種の経済詐欺から逃れられるだろう。

## ■ Active Learning

**問題14.1**　**14.1節**でリストされた以下のそれぞれについて，機会費用がどのようなものになるか考えてみよう。

　　政府が公共事業として建設する高速道路の機会費用，卒業が1年遅れた大学生の機会費用，リストラで失業したサラリーマンの機会費用，専業主婦の機会費用，専業主婦がパートを始めた機会費用，夕食をただでご馳走になった機会費用，感染症で入院した機会費用，新型コロナウイルス感染症対策の自粛勧告を受け外出せずに自宅療養した機会費用，1人暮らしの20代の機会費用，1人暮らしの70代の機会費用，1日8時間パチンコに没頭する青年の機会費用。

**問題14.2**　消費者が財サービスの主観的な相対価格（限界代替率）と客観的な相対価格（市場価格）が一致する財サービスの組合せを数量で決めるとの限界原理において，限界代替率は無差別曲線上の接線の傾きであり，無差別曲線の形状を知らない外部者には観察できない。観察できないものをベースとした仮説をどのように正当化するのか？

**問題14.3**　一物一価の法則が成立していないかに見える例を挙げ，それがなぜそうなっているかを説明しなさい。

**問題14.4**　以下のうち，モラルハザードによるものと逆選択によるものを選びなさい。

(1)　集中豪雨による河川の氾濫のニュースが続いて，川沿いの平屋のアパートからの転出者が増えた。

(2)　単位取得が易しいと評判の講義科目の受講者が300人を超え，後日談では，結果として不可の学生も大幅に増えた。

(3)　警察官の見回りが増えたとの情報で，観光地の繁華街への夜の外出者が増えた。

(4)　与党の支持率が低い選挙区から野党系の立候補者が乱立した。

(5)　旅行経験の少ない人が，より多く海外旅行傷害保険に加入する。

# 第 15 講
## 経済学の射程
### ──経済学でどこまで説明できるか

■ いよいよ最後の**第15講**になったが，有終の美を飾るために，学問としての経済学を見つめ直すこととしたい。古典派経済学とケインズ経済学，近代経済学とマルクス経済学，DSGE（動学的確率的一般均衡）マクロモデルや行動経済学とさまざまな経済学の体系やそれらのモデルがあることについては**第3講**や**第4講**で見た通りであり，**第14講**では経済学には時代を超えて唯一無二の絶対的な体系がある（あるいは，あった）わけではないとした。現実世界の経済現象を十分説明できるか，あるいは反証可能なプロセスを経て生き残って来たか（**第1講**，**第6講**），そして人々の生活を向上させ経世済民に役立っているか（**第1講**），といった評価基準をすべてクリアできているかが問われる。

　本講ではそこまで厳格に経済学のすべてを断罪するわけではない。しかし，**第1講**で指摘したように，世の中では経済学に対する誤解が少なくない。これには，経済学と資源配分の効率性，および経済学とすべての経済主体の効率的行動を短絡的に結びつけたり，公平や平等といった社会正義の発露先として経済学に依拠したり，あるいはそもそもの経済学に対する過度の期待によるものと考えられる。こうした誤解が生まれるには，経済学の方にも責任がある。本書も含めて経済学のいたるところで，資源配分の効率性や経済主体の最適化行動が言及され，その上での経済問題の解釈が続くからである。

　本講では，**第1講**や**第3講**-**第6講**などでの論点を踏まえた上で，しかしそれらとは多少異なった視点から，本書を締め括る意味で経済学の現状を見つめ直す。

## 15.1　経済学の体系------------------------------

　経済学は経済主体の行動についての主体均衡，市場での需要と供給が一致する市場均衡，そしてそれら2つの均衡を意味する一般均衡を主な分析対象とす

る（**第4講**）。それらを考察する枠組みが構築されたならば，それが経済学の体系に値する。ところで，ミクロ経済学とマクロ経済学が，「木と森」として一体となって一般均衡の枠組みを構築していることを見てきた（**第7講−第9講**）。ミクロ経済学とマクロ経済学をマスターすれば，それは1つの経済学の体系を習熟したことを意味し，科学（サイエンス）としての経済学（**第1講**）を支える資格を授与されたようなものだ。

## ■ 経済学の対象分野

　ミクロ経済学とマクロ経済学が経済学の体系としての核となるが，大学の経済学部のカリキュラムではその他の科目も多数ある。大学によって多少異なるが，経済学部の講義科目としては，基礎科目でありコア科目ともなり単位の上では必修科目となるのが，ミクロ経済学とマクロ経済学だ。著者が経済学部の学生だった40年以上前は，これらの科目はそれぞれ価格理論と所得分析ないし国民所得論と分類され，教科書もそのような名称で出版されていた（**第3講**，**第7講**）。これらの古い時代の名称は，ミクロ経済学とマクロ経済学といった視点の違いよりも，（結局は同じことになるのだが）価格による調整と所得による調整，あるいはそれらの決定メカニズムに焦点を当てるとの意図があったと思われる。

　名称が変遷したのには，ミクロ経済学やマクロ経済学の内容が変遷したこともある。すなわちこの40年間のうちに，ミクロ経済学では非対称情報（**第14講**），ゲーム理論による戦略的行動，行動経済学といった新領域が包含されるようになり（**第6講**），経済問題として分析できる範囲が広がった。マクロ経済学でも，経済主体の合理的行動をバックグラウンドとする必要性（マクロ経済学のミクロ的基礎，**第7講**，**第9講**）が不可避とされるようになり，合理的期待形成仮説（**第13講**）に代表される期待形成が将来と現在を連結させ，現在から将来への経済のダイナミクスが発散しないように期待形成を調整する。このようなダイナミクスに政府による政策介入があれば，それも期待形成に組み込み政策効果を無力化したり，政策のアナウンスメントを前倒しして反応したりする（**第11講**）。

　名称の変遷はともあれ，ミクロ経済学もマクロ経済学も内容が豊富になったのは確実であり，かつては基礎科目・コア科目・必修科目であったミクロ経済学とマクロ経済学は，かつての扱いでは到底時間数が足りず，（これも大学によ

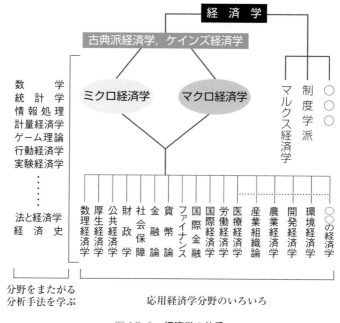

図 15-1　経済学の体系

るが）それぞれ初級レベルと中級レベルの２段構えにしたり，従来はミクロ経済学とマクロ経済学に含まれていた領域を，その細部についてはそれぞれ厚生経済学・公共経済学と財政学・金融論のような応用経済学分野に割くことになった。

　図 15-1 は，ミクロ経済学とマクロ経済学が双璧の頂点となる基礎科目・コア科目・必修科目と位置付け，その下の周辺の科目を整理したものである。この図はマルクス経済学や制度学派およびその他考えられる○○○経済学を除いた正統派というべき近代経済学に絞った体系（**第 3 講**，**第 7 講**）であり，古典派経済学とケインズ経済学を包含する。その頂点の経済学は，本書のような経済学全体の入門書であったり，近代経済学の視点からの経済学原理ないし経済原論が相当しよう。

　経済学の体系の底部を構成するのは，いわゆる応用経済学の領域であり，ここには経済学部のカリキュラムのうちの語学や一般教養科目以外の 8 割近くが

属するだろう。図 15-1 の応用科目のうち左側から，厚生経済学，公共経済学，財政学，社会保障，金融論，ファイナンス，国際金融，国際経済学，労働経済学，産業組織論，農業経済学，環境経済学，等々が学生数の多い選択科目となろう。大学によっては一定の単位数が必修になったり，選択必修科目に設定されている。

　もちろん，大学の学科やコースによっては，これらの科目が必修科目となる場合もあろう。また，リストには上がっていないが，日本経済論や経済事情といった科目もある。また，少人数授業となるゼミナール（演習）や各地・工場を訪問するフィールドワーク，それに古典や外書の購読もあろう。

　さて，図 15-1 の左側には，経済学の体系の外側として，分野をまたがる分析手法をマスターする科目として，数学と統計学をはじめとして，情報処理，計量経済学，ゲーム理論，行動経済学，法と経済学，経済史をリストしてある。数学や統計学は経済学の多くの領域でのモデルを用いた分析で使用されるツールであり，これらを経済学履修前に履修しておくことが進められる。これらを必修とする大学もあるが，多くの大学では選択必修にとどまっているとみられる。選択相手としては経済史（日本経済史や西洋経済史）や経済思想史が挙げられる。

　必要な数学の知識については多くの個所で言及した（**第 1 講，第 6 講**）が，最大値・最小値の求め方，連立方程式体系の解法，微分と積分あたりが要求されよう。統計学では，平均と分散，最小 2 乗法，推定と検定の知識が必要だ。情報処理はこうした統計的手法を扱うプログラムに通じること，そして Word, Excel, Power Point 等のソフトに通暁しているのが望まれ，レポート作成や卒業論文のデータ解析に必須となろう。

## 15.2 「〇〇の経済学」の氾濫--------------------

### ■ 〇〇の経済学

　図 15-1 の右端には応用経済学の 1 科目として〇〇の経済学がある。これはそうしたタイトルの本が巷で氾濫しているからだ。大きな本屋さんなどで経済学関係の書籍コーナーを見るか，あるいは大学や市立図書館などで経済学関係の本棚を閲覧すると，『〇〇の経済学』といったタイトルの本が多いことに気

付く。インターネットで「・の経済学」で検索した場合にも，○○としてデフレ，社会保障，株式市場，等々と本書でも対象としてきたテーマもあるものの，プロ野球，相撲，結婚，離婚，浮気，犯罪，賄賂，…，と一見すると経済学とは無縁そうなテーマも多いことに気付く。

　およそ経済問題で，人や企業などの経済主体が決めることは，経済学で説明できないことはないとまで言い切る経済学者もいるくらいなので，『○○の経済学』がなかなか思い付かないテーマにまで及んでいるとするならば，本当に経済学で何でも説明できるのだろうかとの疑問が湧くだろう（**第1講**）。経済学で説明できるのは，経済の金銭的な流れとその背後にある利益や金銭で評価可能な満足を得るための経済主体の行動，すなわち意思決定過程だ。選択の問題といってもよい（**第1講**）。この際，経済学は自らの利益を最大化する利己主義的な行動をとる経済主体を前提としており，「自己を犠牲にしてまでも他人の利益を優先する」利他的行動は経済学の趣旨に合わない。利他主義（ultruism）を前提とすると，「予算制約を満たしながら自らの効用のみを最大化する」ことは忌み嫌われるべきで，結果として，**第8講**で説明したような需要関数は導出できないことになる。

　寄付行為やボランティア活動は，利他主義的行動に含まれる可能性がある。また，最近よく耳にするゆとりを大切にするスローライフ，環境保全を目指すエコライフ，健康と持続可能な社会を心掛けるロハス（LOHAS）などの生活スタイルも，経済的な利益一辺倒とは相容れないところがある。ただし，これらでは厳密な利他主義とは異なり経済学的な説明が不可能なわけではなく，利益一辺倒でない要素を1つの財サービスと見なし，それが効用をもたらすとすれば通常の意味での需要関数が導出され，したがってそれらの行為や生活スタイルもオーソドックスな経済学でも説明が付く。

---

**コラム15.1　経済学で説明できること，説明できないこと**

　『○○の経済学』がなかなか思い付かない○○のテーマにまで及んでいるとするならば，そうした本の著者は，○○のテーマを経済学の論理で説明しようとするのだろうか，本当に経済学で何でも説明できるのだろうか？　経済学が対象とする一般均衡は，経済主体の行動目的が成就する主体均衡と需要と供給が一致する市場均衡が同時に達成される状態だ。この状態をベースに○○のテーマを説明しようとすると，まずは経済主体の行動に関する合理的行動を前提とする必要がある。ミクロ経済学で導出される財サービスの需要関数や企業の利潤最大化行動から導出される供給関数のいずれか，ある

いは両方をベースとした説明になる。このプロセスを財サービスがもたらす効用や金銭的利益でなく，○○のテーマに説得力をもって当てはめるよう努力するが，それだけでは壁にぶち当たる可能性が高い。

そこで，ゲーム理論的な戦略的行動や，行動経済学のナッジ効果を引き出すだろう。例えば，恋愛の経済学だとすると，相手の関心を引くように，わざと冷たくしたり約束を破ったりするといった戦略を練る。お互いがそうした非協調的・非協力ゲームの戦略をとると囚人のジレンマ状態に陥り，何らかの外からの介入がないと膠着状態が続く。外からの力が，ちょいと背中を押すナッジ効果であり，そこを自然の流れとしてうまく描写するのが恋愛の経済学の真骨頂となろう。

別の例として，ラグビーの経済学を取り上げよう。2019 年の日本開催でのワールドカップ（WC）大会で日本がベスト 8 入りしたことから，ラグビーに対する人気が急上昇した。ラグビーは 15 人のチームスポーツだが，15 人の役割分担がはっきりしており，アダム・スミスが注目した分業体制が出来上がっているスポーツだ。スクラムを組む体格のがっちりしたフォワード，ゲームを組み立てる相対的に小柄で機敏なスクラムハーフやスタンドオフ，そして足が速いバックスといった体制で，ともかく全員が動き回る。応援するチームが勝っているときは痛快だが，負けているときはなかなか点差が縮まらないまま時間が経ち諦めの境地になる。しかし，何といっても，ラグビーに経済学が登場するのは，選択可能なゲームのルールだからだ。経済学にとって「選択」はキーワードになる（**第 1 講**）。

日本代表に何人もの外国国籍の選手が入っているルールも妙だが，選択が大きく関与するのは，相手チームの反則に対して，ボールをゴール近くまで蹴りだしてトライの最大 7 点を目指すか，ペナルティキックによる 3 点を選択するか，スクラムによる相手チームへのプレッシャーを持続するか，が攻撃側のチームが選択できることによる。もちろん，どれを選択しても確実に点がとれるわけではなく不確実性が残るが，ともかく試合の流れやフィールドのどの辺で反則が犯されたか，そして試合の残り時間に依存して意思決定される選択肢が見ている観客を奮い立たせる。2015 年の WC イギリス大会で日本が南アフリカに勝った試合では，時間切れ寸前にペナルティキックを決めて引分けにもっていくか，攻撃を続けてトライによって逆転するかの選択となり，結局，ゴール前でのスクラムを選択して功を奏し最終的に逆転した。この試合では，試合の残り時間との綾で，限界原理が働いた（＝この流れでは勝てる）感があり，戦略面で試合全体としての費用便益基準による判断（＝引分け狙い）を上回ったのであろう。

他にも，○○の経済学の○○次第で，限界原理と費用便益（B/C 比率）基準の緊張状況を面白く説明したり，読者の裏を突く帰結を解説したりすることが，読者の関心を呼ぶだろう。しかし，一般論としては，読者にとって○○の経済学のどこが経済学と関係があるかを理解するのは難しいかもしれない。中には，何でも金銭評価するのが経済学と誤解している読者もいるだろう（**第 1 講**）。結婚も浮気も犯罪も，一般にベネフィットは過大に評価し，コストは過小評価する傾向がある。ベネフィットは身近に感じていることばかりなのに対し，コストは思いもよらぬところでも発生するからだ。ほんらい

ならば，こうした費用便益をバランスよく計上するのが経済学の知識のなせる業なのだが，往々にして○○の経済学の著者は，経済学の厳密性よりも読者へのサービスを優先してしまい，そうした結果になってしまうといえよう。

## ■ 戦略的行動とゲーム理論

　次に，○○の経済学でしばしば登場する戦略的行動について触れておこう。戦略的行動は寡占企業の行動などに応用する考え方で，相手の行動を考慮しながら自らの行動を決める，あるいは自分の行動に対して相手がどう反応するかを予測して意思決定する，といった行動全般を代表する用語だ（**第 6 講**）。戦略的行動からは，限界原理とは異なった帰結がもたらされる可能性も否定できない。完全競争の場合には受動的にプライステイカーとして行動し，パレート最適性（**第 5 講**）がもたらされるが，自分や相手が価格に影響を与える分完全競争下の均衡から乖離し，いわば外部性が発生し社会的損失の種となる可能性があるのだ。

　戦略的行動を定式化するものとしてゲーム理論がある。囲碁・将棋やトランプなどのゲームでは，まさに相手の行動を読んでプレイするが，ゲーム理論はそのような行動をモデル化し分析する手法ということで命名された経緯がある（近年では，囲碁将棋ではプロ棋士も人工知能の AI 棋士に敵わない）。しかし，ゲーム理論は文字通りのゲームに適用されるだけでなく，1980 年代頃から急速に経済問題や政治問題に応用され出した。この際に，ゲームのプレイヤーともいうべき登場人物がお互いに協調して行動するか，それとも協力せずにむしろ敵対して行動するか，ゲームはゼロサム（零和，パイの取り合いで誰かの勝ちは他の誰かの負けになる）か非ゼロサム（ともに良くなる win-win になることもある）か，またゲームは 1 回限りのものか何回も繰り返して行われるか，といった状況設定やゲームのルールによって「ゲームの解」が特徴付けられることになる。もちろん，各プレイヤーがどのような情報をもっているかも戦略の選択に大いに影響する。

　一般論として，非ゼロサムの場合，非協力ゲームや 1 回限りのゲームでは資源配分の効率性が達成されるパレート最適の状態にはならず，社会的損失が発生してしまうが，これはプレイヤーが協調することによって解消され得る。あるいは，ゲームが繰り返されることが分かっている場合には，1 回限りのゲームでは回避できない社会的損失を協調して回避しようとの暗黙の合意ができる。

旅の恥は掻き捨てても，そこに住み着くとなると馬鹿なことはできないのと同じだ。

ゲーム理論は人間などの行動全般を定式化しようとするもので，いろいろな解釈が可能だ。経済学の応用としては合理的行動を前提とする思い入れは強いのだが，国と国との戦争や外交，プレイヤーの面子のつぶし合い，などに応用する際には経済合理性は制約とせずにより緩い条件の下での交渉なり非経済的目的の行動を分析する。また野生動物の本能的行動を模したモデル化もあり，良い行動をしたプレイヤーの重要度（例えば，子孫の割合）が増して行くといった進化ゲームとして社会現象に応用する動きもある。こうした試みによって，今後さらに従来にない視点での経済問題への取り組みが広まる可能性がある。

○○の経済学が氾濫している要因の一つが，単なる金銭関係を超えた戦略的行動が結婚，離婚，浮気，犯罪，賄賂といった多くの人間関係に適応可能であり，○○の経済学の展開を面白くしているところにある。男女の恋愛過程はまさしく戦略的行動で満ち溢れており，お互いの駆け引きが正面からぶつかるゲームといってもよく，戦略的行動が雌雄を決することになる。

## ■ 行動経済学による説明

ゲーム理論による戦略的行動とは別に○○の経済学に進出しているのが，行動経済学だ（**第6講**）。行動経済学は，経済主体の合理性を前提にするメインストリームの経済学に対する批判として生まれたが，その後 1990 年代以降に発展し，現在では多くの大学でも主要な経済科目を構成する科目の一つになるまで昇格している。経済主体の終始一貫した完全な合理性を前提とする正統派経済学に対し，一部で非合理的な余地がある限定合理性（bounded rationality）を受け入れ，結果として人間味のある意思決定が行動に現れると指摘する。端的には，心理学的に観察された事実を取り入れていく研究手法である。人間が潜在的に持つ危険回避行動，モラルハザードや逆選択の機会主義的行動，バンドワゴン効果などの不和雷同行動，等々による経済現象の説明に合点がいくとして，人口に膾炙してきている。

その行動経済学的説明によれば，○○の経済学は事実として根拠のある（evidence based）具体例に裏付けられたものになっている可能性が高く，本の読者にとっては面白い本で，自分（ないし身の回りの人々）の人生にとっても参考になると受け止められているのかもしれない。人気があること自体は結構な

のだが，それが「経済学」のタイトルの付いた本であり，読者も「経済学」と受けとめていることには（伝統的な経済学の方からは）多少の違和感なり「いる場所が違う」といった疎外感が残るだろう。

## 15.3 何事も「コスト vs ベネフィット」で……判断する

経済学には「何ごとも局所の限界で意思決定される」との限界原理（**第14講**）があるが，別の基準に「何ごともコスト（費用）とベネフィット（便益）の比較で決まるとのコスト・ベネフィット基準も叫ばれる。

### ■ B/C 比率

コスト・ベネフィット（費用便益）基準は，局所に限らず全域での費用と便益を算出し比較するもので，ベネフィットを分子，コストを分母とした B/C 比率（ビーバイシー比率）が 1 を上回れば，便益が費用に勝るのでそのプロジェクトなり事業を遂行する意義があることを示す。もちろん，B/C 比率が 1 を下回ると費用が便益を超えるので，そのプロジェクトなり事業は断念するのが望ましいとなる。

コスト・ベネフィット基準あるいは費用便益基準は，公共事業の査定や企業の海外進出なり M&A（merger and acquisition）による他社の買収や吸収合併の是非といったゼロイチ（all or nothing）タイプの決断に際して意識されよう。この際のコストやベネフィットの計算を行うのを費用便益分析といい，費用・便益いずれの項目の計上にも遺漏のないように行われる。

費用便益分析なりコスト・ベネフィット基準と限界原理の住み分けとしては，大域のゼロイチの意思決定にはコスト・ベネフィット基準が用いられ，局所の数量の決定には限界原理が適用される，と整理するのが穏当であろう。限界での B/C 比率が 1 となる局所を探すのが限界原理，大域いたるところでの B/C 比率を積分したとしてその値で判断するのがコスト・ベネフィット基準といえよう。大域での積分は，平均値で判断すると言い換えてもいいだろう。限界原理では，局所域外での B/C 比率の動向には関心を寄せないが，コスト・ベネフィット基準は大域にわたっての総費用と総便益を計上した上で判断することになる。コスト・ベネフィット基準だと，過去の埋没費用（**第14講**）も意思

決定に復活する余地がある。ただし，埋没費用はあくまでも時間軸上は過去のものであり，現状なり将来に向けての意思決定にはそぐわないのは変わらない。

### ■ 生産の意思決定

コスト・ベネフィット基準と限界原理の住み分けのより身近な例として企業の生産を取り上げよう。企業がある財サービスの生産を始めるとして設備投資の機械設備を購入する。その後労働者を配置し，原材料の中間財を投入して生産を開始する。以上の流れにおいて，設備投資の断行に際しては，この財の生産における費用便益分析を行いコスト・ベネフィット基準で B/C 比率が 1 を上回ると試算したはずである。それほどこの財サービスの将来の売行が好調になると期待し，ベネフィットを過大気味に評価した可能性はある。しかしながら，その決断があったからこそ，この生産を始めることになったのだ。その後の生産量の決定は，限界原理によって，生産の限界費用が完全競争市場での生産物の価格に等しくなるところでの生産に落ち着く。

この財の生産を決定した最初の段階では，設備投資の決断はコスト・ベネフィット基準でゴーサインが出たからだ。しかし，生産体制が整備され生産量を決定する段階になると，設備投資した分は固定費となり，しかも生産にとっては埋没費用扱いになる。どれだけ生産しようとも固定費は変わらない過去の意思決定によるのであり，生産量によって増えも減りもしないからだ。すなわち，生産開始以降は生産量によって変わる可変費用に対して限界原理が当てはまる。

## 15.4　経済学の隣接領域--------------------------

本書では，ここまでは経済学が社会科学の中心であるのが当然として見てきた。社会科学の中で最も理科系のサイエンスに近い学問体系となっており，反証可能性を意識して発展してきたからだ（**第 1 講**）。しかし，例えばゲーム理論の応用にしても，最近では議会での議決や外交交渉をめぐっての戦略的行動が政治学や国際関係論の対象となったり，行動経済学や実験経済学の手法が社会学や心理学でも導入されている。すなわち，全部が全部というわけではないが，分析手法の面では経済学と他の社会科学との垣根は相当低いものとなって

いる。

　経営学，商学，会計学などは経済学部の一部を構成する大学も少なくなく，これらと経済学では古くから一体感が共有されている。法と経済学や経済社会学は近年生まれた科目名だが，これらはまさに経済学と法律学や社会学との懸け橋となっている。法と経済学は経済学と法学の共同作業として法および法政策の研究を行う学際領域であり，経済学が求める経済主体の合理的行動や資源配分の効率性と制度としての法体系の融合を図る。具体的には，民法の素材を対象とした基礎分析から，消費者契約法や不法行為法といった民事訴訟の課題，さらには競争政策，行政訴訟，国際法といった応用分野へと展開する。経済社会学は経済現象を社会学的に分析する分野であり，主流派経済学があまり重視してこなかった規範や価値，制度，ネットワークといった要因を強調する。経済学でもマルクス経済学や制度経済学に重なる部分が多い。

## ■ ビッグデータの数量分析*

　近年，経済学とその他の社会科学で交叉する研究テーマが増えたり，分析手法に共通のものが生まれている。経済学の研究手法や研究テーマについては歴史上大きな流れがあり，ここ 10 年ぐらいは実験経済学や行動経済学が注目を浴びている。それに至るには経済学の最先端の分析手法や分析ツールが，経済理論，計量経済学，時系列分析，DSGE（動学的確率的一般均衡）マクロモデルと変遷してそれぞれ研究蓄積が進み，研究テーマが漸次飽和するにつれて，新しい分析手法や新しい研究テーマが必要とされ開花する宿命にあったのが大きい。敢えて整理するならば，その流れの一つには DSGE マクロモデルのカリブレーションなり実験経済学や行動経済学のビッグデータを対象としたランダム化比較試験（randomized controlled trial, RCT）がある（**第 6 講，第 10 講**）。ランダム化比較試験ないし無作為化実験 RCT は理工系での精密な実験管理手法として，あるいは農薬や医薬品の安全性・有効性の管理手法として考案されたものであり，それがコンピューター容量の拡大とともに経済学に導入されたものである。したがって，ほんらいその手法の有用性や精緻性は科学として確認済みのものであり，その手法ゆえに，経済学の分野でも幾多のファクトファインディングやデータ間の意外な因果性を見出すものと考えられる。

　経済学やその他の社会科学でも，多量のマイクロデータが年々蓄積され，大きなパネル・データとなっている。また大規模のアンケート調査を行いその結

果を整理するなど，いわゆるビッグデータの解析の必要性が増している。経済社会学がマルクス経済学と重なる部分があるばかりでなく，社会学全般にも経済学と重なる研究テーマが急増しており，根拠のある（evidence-based）実証結果として，制度変更や政策形成に役立てることを目標としている。無作為化実験 RCT 等の分析手法もそうした目的に沿って利用されているもので，その意味ではますます経済学と同じ土俵に上がっているといえるだろう。経営学，政治学，国際関係論などほとんどの社会科学において，複数の人々や企業・機関が意思決定する問題を扱う分野では，ゲーム理論を用いて協調解・非協調解をはじめとしてさまざまなゲームの均衡の応用について研究が進んでいる。古典的ケースというべき非協調の囚人のジレンマ問題（別室で取り調べを受けると，共犯者が進んで自白する）ばかりでなく，協調解としての解釈の分析等も進められている。

## 15.5 経済学で生きてゆく

　本書のエピローグとなる場を借りて，入門したての経済学で生きていくことに思いを致そう。多くの読者は，大学生だとして，就活した後に就職し社会へ飛躍していくであろうから，この道は（何の選択肢も選ばない）デフォルトコースとして設定し，以下ではもっぱらそれ以外の道を考察する。

### ■ 大学院への進学

　大学の経済学部を卒業して，就職して社会に出ないとすると，いくつかの選択肢に狭められる。その一つが大学院に進学して経済学を学び続ける場合だ。大学院進学は，さらには修士課程を卒業し修士号を得てから社会に出る場合と，博士課程まで進学し博士号の獲得を念頭に置く場合の 2 通りに分かれる。修士号獲得者は公務員になったり，民間シンクタンクや企業・金融機関の調査畑研究員になるのを目指す。博士号取得者（または取得見込者）は大学教員や民間シンクタンクの研究員，または国連や世界銀行，国際通貨機関（IMF）といった機関で働く国際公務員を目指すことになろう。

　大学院で学位をとるには修士論文や博士論文を書き上げる必要があり，そのために自ら積極的な研究活動をする必要がある。まず研究テーマを選び出し，

そのテーマについての既存の文献を調査し，何らかのオリジナルな付加価値となる貢献を生み出さなければならない。実際に付加価値が認められれば，晴れて学位取得後の目標にも近づけるだろう。博士学位取得後にも研究生活を続け，大学教員などの学者生活に繋げられる可能性もある。もっとも研究者を目指すと，オリジナルな研究業績を挙げ続ける覚悟も必要となり，これはこれで大変なプレッシャーとなるであろう。

## ■ 資格をとる

　大学院を修了し研究者，民間シンクタンクや企業・金融機関の調査畑研究員になるまではいかずに，何らかの資格を獲得することも考えられる。経済学を学んだ後の資格には，国家公務員・地方公務員試験，税理士，公認会計士，証券アナリスト，ファイナンシャルプランナー，社会保険労務士，不動産鑑定士，宅地建物取引士，等々が挙げられる。経済学検定試験や簿記検定試験も，それらに対する通暁度が証明される。

　これらの資格取得者は文字通りその業種に就職する際に有利になるばかりでなく，業種的には遠い仕事を目指す場合にも，採用側からは基礎的な学力面で好ましい能力のある学生と見なされ，最終的には一目置かれる存在になろう。経済学とは直接の関係性は見られないものの，語学やワープロ，コンピューター・プログラミング関係の資格取得も，回りまわった機会に思わぬ僥倖に恵まれることもあろう。語学については，海外の大学や語学学校への留学が代表的だが，費用を浮かす意味で海外で学ぶ・働く・旅するの3つを同時に行うワーキングホリデーによる研修制度もある。

　コンピューター・プログラミングに関しては，統計学・計量経済学の知識があると，一般的なデータ管理・処理ソフトで扱うことが困難なほど巨大で複雑なビッグデータの解析や不特定多数の人々からインターネット経由等で財源の提供や協力を得るクラウド・ファンディング，ICT（情報通信技術）やAI（人工知能）関連の解析に向けた有能力者と見なされ，広義のデータアナリストやデータサイエンティスト候補として大きな需要があるだろう。人々のさまざまな属性と消費行動，企業の生産行動と設備投資や財務データをマッチングさせたビッグデータは実験経済学や行動経済学のRCT（ランダム化比較試験）の対象としても急浮上している。ビッグデータに関連しては，情報の収集・取捨選択・保管・共有の問題および検索・解析・可視化等多岐にわたる課題があり，

どの経済主体にとっても，外注によらずに内部スタッフによる管理・解析を遂行することがまさに喫緊の課題となっている。

### ■ いずれ起業する

大学の経済学部を卒業して通常の新卒就職市場に出向かず大学院進学もしない学生は，15-34 歳までの非労働力人口のうちの若年無業者であるニート（not in education, employment or training，NEET）やパートタイム，派遣社員，契約社員といった非正規雇用のフリーターに流れるか，それらに分類されずに起業を目指す一匹狼的な野心家になるかだろう。2005 年に会社法が制定され，株式会社の起業手続きが大幅に簡易化され，資本金 1 円で新しく会社を作る 1 円起業も可能となった。

こうした制度変更のおかげもあって，2000 年代の後半以降，続々と新しい会社が設立されている。その中に，大学を卒業したばかりの者や学生その者が代表となっている会社も珍しくない。起業する業種も自分がインターンシップで関係した業種や学生時代に身に付けた知識・熟練に基づく業種もある。残念ながら経済学部出身者は，身に付けた知識・熟練だけでの起業は困難であり，特定の知識・熟練を身に付けた知人友人との共同出資による起業となっている場合が多いであろう。もちろん，中には親や親類が経営していた会社の跡継ぎという場合もあり，その場合には後継と同時に何らかの新機軸を打ち出すケースもあろう。

そうした経緯はともあれ，起業した企業をどのように運営し利益を上げられるまでにするかが大問題となる。企業の継続を図るのが起業した当事者の責任であり，その企業の成功を物語る何よりの証左となるであろうから，当初は一匹狼的存在であったとしても，一定の期間経過後は企業の持続・成長をevidence-based の数字で示す必要があろう。

## 15.6　本講のまとめ

本書を締め括る**第 15 講**では，学問としての経済学を見つめ直してみた。経済学には時代を超えて唯一無二の絶対的な体系がある（あるいは，あった）わけではなく，古典派経済学とケインズ経済学といったように，自らの体系を是

とし対峙する体系を非として批判する論争を展開してきた。そうした論争を経て，また現実経済の動向を観察することによって，多くの経済問題の解明がなされてきた。対峙する体系があったからこそ，論理実証主義なり弁証法的な発展が可能であったわけで，その動きはゲーム理論や行動経済学の勃興によって，ますますの発展が期待されている。

　本書の読者は全15講を読破し，現実の経済を観察してきたことから，"before"と"after"では大きく変化し成長したものと期待される。今後は，ミクロ経済学とマクロ経済学を本格的に学び，その知識をベースとして応用経済学の分野に進んでもらいたい。もちろんその過程で，分野をまたがる分析手法を学びしっかり身に付けてもらいたい。統計学や計量経済学を身に付けると，レポートを作成したり卒業論文を執筆する際に自分の中で大きな違いが起こったことが自覚されよう。同じ感覚は，経済学のどの分野を学ぶことによっても自覚されることであり，それをいくつか経験することによって漸次進級し，経済学からの卒業に近づけるはずだ。

---

### コラム15.2　さまざまな教科書がある中でどれが良いか？

　今の時代，経済学にはさまざまな教科書が出版されている。ミクロ経済学でもマクロ経済学でもそうだし，図15-1に挙げた経済学の体系を構成するさまざまな領域についてもそれぞれ名著と呼ばれる教科書もある。経済学を学ぶ側から捉えた場合に，どの教科書が良い教科書なのだろうか？

　読者にとって読みやすい教科書は，初版，第2版，第3版と版を重ねたベストセラー的な教科書が，記述がこなれ，取り上げた話題も豊富になっている可能性が高く，また理論と同時に現実にも言及し，読者にとって知らず識らずのうちに経済学が身に付くように工夫したものになっている。版を重ねるにつれて，黒一色から多色刷りになったものが多く，図表も直観的に分かりやすい。データが最新のものにアップデイトされているのもよいだろう。ただし，だからといって，版も重ねないで出版年が古くなった教科書は避けた方がよいというわけではない。古い教科書でも継続して刷られていれば，それなりの売れ行きがあるのだろうから，著者が名を成した経済学者だったり，敢えて新しい知見を組み込んでいない意図があるのかもしれない。それはそれで貴重な見識だろう。

　本書では随所で指摘してきたが，経済学は限界原理や機会費用といった基本知識が繰り返し登場し，それらを身に付ければ経済問題に広く応用でき役に立つ（**第13講，第14講**）。

　およそ経済学の教科書ならば，その因果関係に自然と気が付くようにテーマが配置され，基本知識が記憶に残るように文章が記述されているはずである。教科書の著者がどこまで意識しているかは別として，教科書はそうした役目を果たすものであり，また教

科書として利用されるのならば最低限果たして欲しい特性である。逆にいうならば，そうした要件が満たされていないならば，そもそも良い教科書として持続して利用されてきてはいないのではなかろうか。

　教科書の中には翻訳書もある。世界的に販売されている翻訳された教科書は，概して分厚いものが多い。これは初級レベルで内容が丁寧に書かれているのと，ミクロとマクロ，金融論と財政学，国際貿易等々と，カバーしているテーマが多いことによる。経済学理論を解説すると同時に，現実の経済でどのような数値になっているかを図表にしたものも多く，おのずと頁数が増える宿命にある。経済学に初めて接する場合や週に1回程度のゼミで進度がゆっくりとした授業の教科書として用いられる場合に有用になる。そのような環境の際に，読者に優しい易しい教科書であることが証明されるともいえよう。もっとも，分厚い分，価格が高いのが欠点ではある。

## ■ Active Learning

問題 15.1　あなたが読んでみたい「○○の経済学」はどのようなものか？　その本に対して，あなたは何を期待しているか？

問題 15.2　あなたが意思決定を迫られる際に，コストとベネフィットの大小を考えてみたり，限界原理を意識したことがあったか？　イエスならばその経験を，ノーならばなぜだったかを説明しなさい。

問題 15.3　本書を読み終えるに当たって，経済学にもいろいろなアプローチがあることが理解できたと思う。その中でどれに一番興味を覚えたか。経済学とは結局何だろうか？

問題 15.4　あなたの将来において，経済学とどのような縁が続くだろうか？　学んだ経済学の知識を積極的に利用して生きていく道を歩むか？　縁を切ったとして，どのような生活になるだろうか？

# 参 考 文 献

本書は「ライブラリ 経済学 15 講」の一冊であり，しかも BASIC 編の「いの一番」に配置され，ライブラリ全体の手引書の役目を負っている。「ライブラリ 経済学 15 講」全体が各分野での初級者を想定した入門レベルの内容を目指しており，その意味では，「いの一番」の入門書としては，いわば入門の入門を意識しなければならない。敷衍するならば，「ライブラリ 経済学 15 講」に採択されている経済学の分野は，それぞれ入門レベルから始めていることから，本書はそれらの共通要因を意識し，経済哲学や経済分析の方法論も射程に置いたものにならなければならない。

以上の問題意識の下，本書は経済学の入門書を企図して執筆されたが，既存の入門書とは異なったスタイルをとったことから，製品差別化のある独占的競争市場に直面すると考えている。従来からのスタイルの経済学入門書はそれぞれの著者の拘りを反映し，ベストセラーなりロングセラーになっているものも多い。日本語のものも，英語のもの（そしてその翻訳）もある。各入門書にはそれぞれ特徴があり，経済学理論に重きを置いたものから日常生活における経済活動の解説に重きを置いたものまで，多種多様でまさに製品差別化されている。そうした中で，中庸的存在で調和のとれた入門書として，経済学理論の解説と同時に日本経済なり日々の生活なりに応分のスペースを割いてある

- 藪下史郎・猪木武徳・鈴木久美（編）『入門・経済学 第 3 版』有斐閣，2013 年。初級者向け入門書。
- 浅子和美・石黒順子『グラフィック経済学 第 2 版』新世社，2013 年。日本経済の経済循環の実際や制度・政策に重点を置き，ミクロ経済学やマクロ経済学の手始めを解説する。高校生にとっての啓蒙書，一般教養科目としての経済学の入門書を目指す。

が推薦される。

経済学の前提なり基本的な考え方を解説し，本書の第 1 講，第 3 講‐第 6 講と内容的に重複する書籍としては，

- 佐和隆光『経済学とは何だろうか』岩波書店，1982 年。岩波新書［黄版 182］として刊行され，経済学のさまざまな潮流にある考え方を解説する。
- 宇沢弘文『経済学の考え方』岩波書店，1989 年。岩波新書［新赤版 53］として刊行され，アダム・スミス以来の主流派経済学の立場を批判的に解説し，経済

学のあるべき姿を提唱する。

がある。また，第 3 講の経済学が歩んだ道のりに関連しても，多くの経済学説史の書籍がある。それらの中で，古典から現代までを万遍なく見通した

- 小畑二郎『経済学の歴史』慶應義塾大学出版会，2014 年。

や，著者（編集者）の思い入れのある経済思想を歴史の流れの中で展開した

- 根岸隆『経済学のパラダイム：経済学の歴史と思想から』有斐閣，1995 年。
- 西沢保・平井俊顕（編）『ケンブリッジ 知の探訪：経済学・哲学・文芸』ミネルヴァ書房，2018 年。

が推薦される。経済学説史からは経済学の歴史のみならず，読み物としてのストーリー展開も楽しめるはずだ。

　さて，本書では，随所でミクロ経済学とマクロ経済学の知識を援用した議論がなされた。ただし，本書では意図的に，ミクロ経済学とマクロ経済学の本格的な紹介はせずに，第 8 講と第 9 講になって，はじめてそれぞれを垣間見る機会をもった。もちろん，これには理由があった。「ライブラリ 経済学 15 講」には，『ミクロ経済学 15 講』と『マクロ経済学 15 講』も含まれ，それぞれが入門レベルのミクロ経済学とマクロ経済学を解説しており，本書では極力その部分との重複は避けて，役割分担に徹した意味合いもある。BASIC 編に限らず APPLIED 編に至るも，すべての経済学分野においてミクロ経済学とマクロ経済学が，経済学理論と現実経済の経済循環の実態を理解する上での共通知見なり常識になるべきものであって，経済分析を実践する際の車の両輪となるのは自明といえよう。

　そうしたミクロ経済学とマクロ経済学について馴染みのうすい読者に対しては，「ライブラリ 経済学 15 講」所収外の入門テキストとして，それぞれ

- 倉澤資成『入門 価格理論 第 2 版』日本評論社，1988 年。第 2 版以降新たに改訂されていないが，ミクロ経済学の考え方が分かり易く説明されているとの評判のロングセラー。
- 浅子和美・加納悟・倉澤資成『マクロ経済学 第 2 版』新世社，2009 年。古典派経済学の体系とケインズ経済学の体系が対比され，経済学の理論と日本経済の現状を強く意識した初級レベルから中級レベルのテキスト。

を推奨したい。一般論として，たとえ一時代を画したテキストであっても，新しく刊行されるテキストに駆逐される定めにある。時代の流れとともに経済学が変貌し，その内容を取り込められるのは新しいテキストだけだからだ。ただし，そうした定めを打破するテキストも稀ではなく，それらが改訂を重ねながら定評のある古いテキストとして生き残るのだ。

　生き残りという意味では，アダム・スミスの『国富論（あるいは諸国民の富）』を始めとした古典本は，多くが翻訳され文庫本になったりしており，特段手に入れにくい

ということはない。図書館から借り出すことも含めて，ともかく手に入れたら，執筆された時代背景を理解しながら読み進めるといいだろう。そうした中の一冊であり，「経済理論の若干の基本原理に関する研究」との副題の付いた

- Hicks, J. R., *Value and Capital*, Oxford University Press, 1939（安井琢磨・熊谷尚夫（訳）『価値と資本』（上）（下），岩波書店，1995 年。岩波文庫［白 146-1, 2]）。

は，ミクロ経済学のバイブル的な存在といえよう。同様に，マクロ経済学の古典およびその解説書としては，

- Keynes, J. M., *The General Theory of Employment, Interest and Money*, Macmillan, 1936（間宮陽介（訳）『雇用，利子および貨幣の一般理論』（上）（下），岩波書店，2008 年。岩波文庫［白 145-1, 2]）。
- 宇沢弘文『ケインズ「一般理論」を読む』岩波書店，1984 年。

を推奨したい。ケインズの一般理論にはいくつかの翻訳本があるが，間宮訳が読み易いであろう。

　本書では，理論的考え方の説明を重視したために，現実のデータについては第 2 講を除いてほとんど言及しなかった。日本経済の現実を知るには，

- 浅子和美・飯塚信夫・篠原稔一（編）『入門・日本経済　第 6 版』有斐閣，2020 年。日本経済の全体像がわかる入門的テキスト。
- 三橋規宏・内田茂男・池田吉紀『新・日本経済入門』日本経済新聞社，2015 年。同じ著者による改訂を 25 回重ねた『ゼミナール 日本経済入門』を引き継いだ，日本経済についての早分かり入門書。

がよい。その他，各年版の内閣府「経済白書（年次経済財政報告）」，経済産業省「通商白書」，環境省「環境白書・循環型社会白書・生物多様性白書」等々の政府刊行物もある。金融政策や物価関連指標についての日本銀行の報告書や公表資料も，経済学徒にとって有用性が高い。

　最後に，繰り返しになるが，「ライブラリ 経済学 15 講」には BASIC 編と APPLIED 編があり，経済学の手ほどき満載といえる。数式の展開が苦手な読者には，『経済数学 15 講』やその前段階としての『経済学のための数学の基礎 15 講』があり，『統計学 15 講』や『計量経済学 15 講』もある。このように，ライブラリの外からの参考文献を必要としないほど，「ライブラリ 経済学 15 講」はほぼ自給自足体制が確立していることは特筆に値しよう。環境経済学，財政・金融，国際金融論，等々の分野についても然りである。本書は結果的にそうした恩寵を受けているが，それはもともと「ライブラリ 経済学 15 講」が意図したライブラリとしての外部経済効果の賜物でもあるのだ。

# Active Learning 解答

**問題 1.1〜1.4**　それぞれ自由記述。必ずしも正解という模範解答はない。

第 2 講
**問題 2.1〜2.4**　それぞれ自由記述。必ずしも正解という模範解答はない。

第 3 講
**問題 3.1**　市場に委ねて自在に！
**問題 3.2**　穀物に加えて肉・魚類も対象となり，全体としての食糧生産が増えた。
**問題 3.3**　ノーベルは「人類のために最大たる貢献をした人々」を対象としたが，19 世紀末の段階では，数学も経済学も人類のための成果が分かりにくかったのだろう。
**問題 3.4**　ない。

第 4 講
**問題 4.1**　一国全域というわけではなく，感染が広まった大都市に限られたので，統制経済とか計画経済とまではいえない。
**問題 4.2**　需要曲線も供給曲線も右上がりで，需要曲線の傾きの方が緩やかな場合。ワルラスの調整過程では，均衡価格を上回る場合に超過需要があるので，価格はさらに上昇し不安定。マーシャルの調整過程では，均衡数量を超えて需要価格が供給価格を下回る場合に供給量が減少するので安定。
**問題 4.3**　(1)　$\Delta p/p = -\Delta x/x$ より $\eta = -1$
　(2)　$\Delta p/p\{p/(p-10)\} = -\Delta x/x$ より $\eta = -p/(p-10)$。$p=20$ とすると，$\eta = -2$。$p=10$ とすると，$\eta = -\infty$。
　(3)　$\Delta p/p\{p/(p-10)\} = \Delta x/x$ より $\eta = p/(p-10)$。$\eta < 0$ となるのは $0 < p < 10$。
**問題 4.4**　模範解答はない。寡占企業の談合，耐震基準や賞味期限書換えなど企業不祥事の発覚，産業廃棄物の不法投棄，河川敷での無届野菜栽培，ゴミ屋敷の悪臭放置，等々。

第 5 講
**問題 5.1**　模範解答なし。
**問題 5.2**　模範解答なし。
**問題 5.3**　いくつかのもっともらしい条件をすべて満たす集団の合意形成が，いかに困難なのかが数学的手法で厳密に示された。
**問題 5.4**　経済のグローバル化により世界的規模での競争が広まり，日本より安い賃金諸国

に追い上げられ敗退するようになった。製造業企業が海外に出る空洞化や終身雇用制を転換した非正規雇用の急増により所得格差が広がった。加えて、同時に進んだ流通革命やICT（情報通信技術）革命により、大型店舗から小回りのきく24時間営業店舗やオンラインショッピングの興隆が起こり、駅前商店街がシャッター街となるなど業種間格差、企業規模間格差、地域間格差も広まった。

## 第6講

**問題6.1** 模範解答なし。

**問題6.2** 模範解答なし。

**問題6.3** (1) $x^2=1$ であるので、$x$ の範囲を踏まえて、$x=1$。

(2) 不動点はない。$f(x)$ は常に $x$ よりも1だけ大きくするので、有界ではない。

(3) 不動点候補は $x=2$、$x=-1$。このうち $0 \leq x \leq 2$ の範囲では $x=2$。

**問題6.4** 対抗策として2割5分安くする、素泊まり料金を大幅に安くする、連泊を3割引きにする、といったようにさまざまな戦略が考えられる。これらのうち、最も利益が確保できる料金設定を選択することになろう（非協力ゲーム）。ただし、相手旅館もさらに対抗してくると考えられるので、どこかで妥協策を話し合うのが賢明だろう（協力ゲーム）。

## 第7講

**問題7.1** 模範解答なし。

**問題7.2** アマゾンの熱帯雨林、カリフォルニア州のセコイア/キングスキャニオン国立公園内の巨木セコイアの森、シベリア・タイガの針葉樹林、京都嵐山の紅葉林、沖縄西 表島のマングローブの森、等々候補は多々ある。

**問題7.3** 「分解の誤謬」があるとすれば、マクロでは表に出てこない分配面がミクロでは重要となることで生じる可能性がある。2019年の1世帯（2人以上の世帯）当たりの貯蓄現在高1,755万円とされるが、富裕層の残高が平均値を押し上げており、普通の世帯にはその実感がない。「株高によってあなたの消費は？」との質問に対して、マクロのデータ間では消費増となるが、ミクロでは「全く影響はない」「考えたこともない」といった回答が多いだろう。

**問題7.4** 不可能。最初に四角形を取り除いた後は三角形が4つ残るだけになり、四角形はなくなる。

## 第8講

**問題8.1** (3)以外、どれも完全競争市場での取引と見なせる。(3)は商品が一般公開されていないのに加えて相対交渉なので、お互いが価格支配力をもつ双方独占になる。(5)は修理屋の指摘が虚偽とすれば完備情報に反するが、虚偽でなければ完全競争市場と矛盾しない。

**問題8.2** 固定費用を含めた総費用を $T(x)$、平均費用と限界費用を $A(x)$、$M(x)$ とすると、$A(x)=T(x)/x$ であり、平均費用が最低となることから $A'(x)=\{M(x)-A(x)\}/x=0$。したがって、$M(x)=A(x)$ となり、平均費用の最低点では限界費用と等しくなる。

**問題8.3** ショートサイドの仮定下で分析した図を用いて、丁寧に消費者余剰と生産者余剰を確認すれば、ロングサイドの仮定の場合も同様の結論が得られる。

**問題8.4** 雪印牛肉偽装事件（2001年），耐震構造計算書偽造問題（2005年），ハリー・ポッター翻訳者の35億円申告漏れ（2006年），白い恋人賞味期限改竄事件（2007年），伊勢の老舗赤福による製造年月日の偽装（2007年），タカタの乗用車エアバッグリコール事件（2014年）等々，食品や財サービスの安全性をめぐって悪意で増収を図る事件が多い。

第9講
**問題9.1** 貨幣需要の利子弾力性が（マイナス）無限大の場合。
**問題9.2** マクロ経済を正しく理解するためには，どの情報も必要だ。
**問題9.3** 経済成長の早期の段階では，労働力と資本の生産要素投入の伸びに余裕があり，先進国からの技術導入，社会資本（インフラ）整備等によって全要素生産性の伸びも高水準を維持できる。国内の総需要も所得増によって高水準で成長する。
**問題9.4** 景気後退期には政府の景気対策の発動がなされ，これが景気後退から拡張に転じさせる転機となることが多い。景気拡張期を持続させる政策発動の効果も大きい。

第10講
**問題10.1** (4)と(5)が推測統計に基づく予測。(1)-(3)は事実（真偽は問わない）を述べた記述統計。
**問題10.2** $t$分布は母集団の分散が未知の正規分布の場合に，それを標本分散で代理した場合の分布だが，標本分散は標本の数（サンプルサイズ）に依存する。しかし標本数が増えていくと，分散の推計精度が上がり，自由度が大きくなる極限では正規分布に収斂する。
**問題10.3** 経済成長率はマイナスにもなり得るので，両側検定にする。しかしながら，経済成長率はプラスでなければならないとの「先入観」があるなり，政策効果を評価する検証作業ならば，片側検定とすることもあり得よう。
**問題10.4** この経済理論をどうしたいのかによってデータセットを選ぶのが一つの選択。もう一つは，より大きなデータセットを利用して再度検証しそれをもって最終結果とするか，他にいくつものデータセットで検証し，より多く得られた検証結果を最終結果とする。

第11講
**問題11.1** (2)以外。(2)は(3)と同じだが，(3)は市場で取引される桃と枇杷なのに対し，(2)は自家消費用でそもそも市場には出荷しないことから死加重にならない。
**問題11.2** 長期的な見通しなく，毛皮や肉・羽毛など短期的な利益目的で乱獲したのは，確かにコモンズの悲劇の例といえよう。なお，絶滅には森林の伐採や農薬の散布などで餌の減少があったのも大きい。トキやコウノトリについては，大きな費用をかけて，絶滅（コモンズの悲劇）からの復活がはかられている。
**問題11.3** 脱ダム宣言によるダム建設計画の白紙撤回，箱物公共投資（図書館・美術館・体育館・多目的ホールなどの建物）の中止・削減，原子力発電所の廃止方針，等々の公共事業の変革はなされた。しかし，地震・津波・集中豪雨による河川氾濫に対しての国土強靭化（アベノミクスの第2の矢）は不可避な状況であるのは変わらない。消費税率の引き上げと年金改革も進められたが，非伝統的財政政策手段とまではいえない。財政再建下でリーマン・

ショック，東日本大震災，新型コロナウイルス感染症パンデミック等に対して大型の財政支出がなされたのは特筆される。

**問題11. 4**　経済の構造変化がすべて分かっているならば裁量政策の有効性も考えられるが，経済構造が不確かなまま政策発動を持続させると，想定外の効果が蓄積しかえって経済を不安定化させてしまうと考えるので。

## 第12講

**問題12. 1**　経済成長率を高めるには，人口成長率を高めると同時に全要素生産性（TFP）の伸びを高めるのが王道となる。人口成長率を高める際の元凶となるのが合計特殊出生率の低位安定で，女性の生涯就業，晩婚・非婚化，晩産・少産化が原因と考えられる。これらにもかかわらず出生率を高めるには，サポート体制の構築が社会的な課題となろう。TFPの伸びを高めるには，産業構造の変革（ICT革命，人工知能IT，ロボット），研究開発（R&D）投資，生産関連のインフラ整備が望まれる。天変地異に強い国土強靱化による防災・減災の取組も，国民経済レベルでのTFPの増長に役立つだろう。

**問題12. 2**　(12-2) 式より，$\Delta(B/Y)/(B/Y)=(G-T)/B+r-n$ であり，この右辺は，$\{((G-T)/Y)/(B/Y)+r-n=-0.06/2+0.03-0.02=-0.02$ なので，$B/Y$ は2倍から漸次減少するので，しばらくは持続可能性の条件が満たされている。

**問題12. 3**　この企業が革新的な技術を開発したとか，既存製品が決定的に高く再評価されたとか，M&A（企業買収と合併）の対象になったとか，企業の業容が一新すると期待される場合など。

**問題12. 4**　どれも達成されていると評価するのも誤りとはいえないが，「5. ジェンダー平等を実現しよう」「10. 人や国の不平等をなくそう」「13. 気候変動に具体的な対策を」の3つの開発目標は途半ばとの評価もあるだろう。

## 第13講

**問題13. 1**　自由財の場合，供給は無限に出てくることから，供給側のハサミはない。需要側も予算制約が無効なことから需要側のハサミも定義されない。そもそも自由財は市場での取引対象とはならないことから，需要供給の両刃バサミのない財サービスと見なすのが妥当だろう。

**問題13. 2**　ラーメンが値上げされると，値上げ幅にもよるが，値上げ前と比べればまず客は減るだろう。他方，客が減ると，店を続けるための収入を確保するためにラーメンの値上げが必要となる。少なくとも100日間以上のデータを集めて因果性の検定を行うと，どちらが正しいか決着がつくだろう。

**問題13. 3**　ショックの持続性で判断するが，一般論としては，フローのショックは一時的，ストックのショックは永続的になりやすいだろう。

**問題13. 4**　説明次第で説得力が違ってくるので注意。

## 第14講

**問題14. 1**　それぞれについて次善の策を念頭に置き，その費用を算出しよう。

**問題 14.2** 　無差別曲線をめぐる説明は消費者行動を理解するのに有益だが，確かに途中のプロセスを逐次実証するのは困難な面もある。無差別曲線に頼らずに消費者行動を説明しようとする顕示選好理論もあったが，難解な割に新しく得られる知見が少なく廃れてしまった。

**問題 14.3** 　風邪薬などの有名企業の大衆薬品でも，ドラッグストアによって価格が異なる。仕入れ価格の違いが大きいのだろうが，価格差が持続するのは情報が伝わっていないからかドラッグストアの店舗が離れているため。

**問題 14.4** 　モラルハザードによるものが (1)(3)，逆選択によるものが (2)(4)(5)。

第 15 講

**問題 15.1〜15.4** 　それぞれ自由記述。必ずしも正解という模範解答はない。

# 索 引

## 人 名 索 引

**著者紹介**

## 浅子　和美（あさこ　かずみ）

1974 年　東京大学経済学部卒業

1979 年　イェール大学大学院卒業（Ph.D. in Economics）

1980-83 年　筑波大学社会工学系講師

1983-95 年　横浜国立大学経済学部助教授，教授

1995-2015 年　一橋大学経済研究所教授

現　在　立正大学経済学部教授，一橋大学名誉教授

### 主要著書・論文

*Multiple q and Investment in Japan,* (with Jun-ichi Nakamura and Konomi Tonogi), Springer, 2020.

『入門・日本経済［第 6 版］』（飯塚信夫・篠原総一との共編著。有斐閣，2020 年）

『家計・企業行動とマクロ経済変動：一般均衡モデル分析と実証分析』（岩波書店，2015 年）

『グラフィック環境経済学』（落合勝昭・落合由紀子との共著。新世社，2015 年）

『グラフィック経済学［第 2 版］』（石黒順子との共著。新世社，2013 年）

*Studies on the Japanese Business Cycle,* Maruzen Publishing Co., Ltd., 2012.

『マクロ経済学［第 2 版］』（加納悟・倉澤資成との共著。新世社，2009 年）

ライブラリ 経済学 15 講［BASIC 編］ 1

## 経済学入門 15 講

2021 年 8 月 10 日© 　　　　　　　初 版 発 行

著 者　浅 子 和 美　　　発行者　森 平 敏 孝
　　　　　　　　　　　　印刷者　加 藤 文 男
　　　　　　　　　　　　製本者　小 西 惠 介

【発行】　　　　　　　株式会社　新世社
〒 151-0051　東京都渋谷区千駄ヶ谷 1 丁目 3 番 25 号
編集☎(03)5474-8818(代)　　　サイエンスビル

【発売】　　　　　　　株式会社　サイエンス社
〒 151-0051　東京都渋谷区千駄ヶ谷 1 丁目 3 番 25 号
営業☎(03)5474-8500(代)　　　振替 00170-7-2387
FAX☎(03)5474-8900

印刷　加藤文明社　　　　　製本　ブックアート
《検印省略》

ISBN978-4-88384-334-3
PRINTED IN JAPAN

サイエンス社・新世社のホームページのご案内
https://www.saiensu.co.jp
ご意見・ご要望は
shin@saiensu.co.jp まで.